ABD-RU-SHIN

IM LICHTE DER WAHRHEIT · GRALSBOTSCHAFT

II

ABD-RU-SHIN

IM LICHTE DER WAHRHEIT

GRALSBOTSCHAFT

II

VERLAG DER STIFTUNG GRALSBOTSCHAFT
STUTTGART

Abd-ru-shin, »Im Lichte der Wahrheit«, Gralsbotschaft. Taschenbuch-Ausgabe, Band II. 18. Auflage 1991. Einzige autorisierte Ausgabe. Inhaberin der Urheberrechte Stiftung Gralsbotschaft, Stuttgart, Bundesrepublik Deutschland.
Druck und Bindung: Clausen & Bosse, Leck. Printed in Germany.

Taschenbuch-Ausgabe, Band I, II, III
Abgabe nur komplett im Schuber: ISBN 3-87860-186-7

NUN SCHREITE RÜSTIG AUFWÄRTS!

VERANTWORTUNG

Diese Frage ist immer eine der ersten, da die weitaus größte Zahl der Menschen zu gern jede Verantwortung von sich abwälzen und auf irgend etwas anderes als auf sich selbst bürden möchte. Daß dies an sich eine Selbstentwertung ist, spielt ihnen dabei keine Rolle. Hierin sind sie wirklich recht demütig und bescheiden, aber nur, um umso lustiger und skrupelloser daraufzuleben zu können.

Es wäre ja so schön, alle seine Wünsche erfüllen und alle seine Gelüste auch anderen Menschen gegenüber ruhig ungesühnt austoben lassen zu dürfen. Die irdischen Gesetze lassen sich im Notfalle umgehen und Konflikte vermeiden. Geschicktere können sogar unter deren Deckmantel ganz erfolgreiche Fischzüge vornehmen und so manches tun, was keiner moralischen Prüfung standhalten würde. Sie genießen dabei sogar noch oft den Ruf ganz besonders tüchtiger Menschen.

Es ließe sich also mit einiger Klugheit eigentlich recht gemütlich seinen eigenen Ansichten entsprechend leben, wenn ... nicht irgendwo irgend etwas wäre, das ein unbehagliches Empfinden weckte, eine zeitweise aufsteigende Unruhe sich zeigte darüber, daß manches doch schließlich etwas anders sein könnte, als das eigene Wünschen es sich formt.

Und so ist es auch! Die Wirklichkeit ist ernst und unerbittlich. Die Wünsche der Menschen können in dieser Beziehung keinerlei Abweichung herbeiführen. Ehern bleibt das Gesetz bestehen: »Was der Mensch säet, das wird er vielfach ernten!«

Diese wenigen Worte bergen und sagen viel mehr, als so mancher sich dabei denkt. Haarscharf und genau entsprechen sie dem wirklichen Vorgange der in der Schöpfung ruhenden Wechselwirkung. Es könnte kein treffenderer Ausdruck dafür gefunden werden. Genau wie die Ernte das Vielfache einer Saat ergibt, so trifft den Menschen stets vervielfältigt das wieder, was er in seinen eigenen Empfindungen erweckt und ausschickt, je nach der Art seines Wollens.

Der Mensch trägt also geistig die Verantwortung für alles, was er tut. Diese Verantwortung setzt schon bei dem Entschlusse ein, nicht erst bei der vollbrachten Tat, die ja nur eine Folge des Entschlusses ist. Und der Entschluß ist das Erwachen eines ernsten Wollens!

Es gibt keine Trennung zwischen dem Diesseits und dem sogenannten Jenseits, sondern alles ist nur ein einziges großes Sein. Die ganze gewaltige, den Menschen sichtbare und unsichtbare Schöpfung greift wie ein erstaunlich-geschicktes, nie versagendes Getriebe ineinander, geht nicht nebeneinander. *Einheitliche* Gesetze tragen das Ganze, die Nervensträngen gleich alles durchdringen, zusammenhalten und sich gegenseitig in steter Wechselwirkung auslösen!

Wenn die Schulen und Kirchen nun dabei von Himmel und Hölle sprechen, von Gott und dem Teufel, so ist das richtig. Falsch aber ist eine Erklärung von guten und bösen Kräften. Das muß jeden ernsthaft Suchenden sofort in Irrtümer und Zweifel stürzen; denn wo *zwei* Kräfte sind, müßten logisch auch zwei Herrscher, in diesem Falle also zwei Götter sein, ein guter und ein böser.

Und das ist nicht der Fall!

Es gibt nur *einen* Schöpfer, einen Gott, und deshalb auch nur *eine* Kraft, die alles Seiende durchströmt, belebt und fördert!

Diese reine, schöpferische Gotteskraft durchfließt fortwährend die ganze Schöpfung, liegt in ihr, ist untrennbar von ihr. Überall ist sie zu finden: in der Luft, in jedem Wassertropfen, in dem wachsenden Gestein, der strebenden Pflanze, dem Tier und natürlich auch dem Menschen. Es gibt nichts, wo sie nicht wäre.

Und wie sie alles durchflutet, so durchströmt sie auch ohne Unterlaß den Menschen. Dieser ist nun derart beschaffen, daß er einer Linse gleicht. Wie eine Linse die sie durchströmenden Sonnenstrahlen sammelt und konzentriert weiterleitet, so daß die wärmenden Strahlen auf einen Punkt vereinigt sengen und zündend Feuer entflammen, so sammelt der Mensch durch seine besondere Beschaffenheit die durch ihn strömende Schöpfungskraft durch seine Empfindung und leitet sie konzentriert weiter durch seine Gedanken.

Je nach der Art dieses Empfindens und der damit zusammenhängenden Gedanken *lenkt* er also die selbsttätig wirkende schöpferische Gotteskraft zu guter oder zu böser Auswirkung!

Und das ist die Verantwortung, die der Mensch tragen muß! Darin liegt auch sein freier Wille!

Ihr, die Ihr oft so krampfhaft sucht, den rechten Weg zu finden, warum macht Ihr es Euch so schwer? Stellt Euch in aller Einfachheit das Bild vor, wie die reine Kraft des Schöpfers durch Euch fließt und Ihr sie lenkt mit Eueren Gedanken nach der guten oder nach der schlechten Richtung. Damit habt Ihr ohne Mühe und ohne Kopfzerbrechen alles!

Überlegt, daß es an Euerem einfachen Empfinden und Denken liegt, ob diese gewaltige Kraft nun Gutes oder Übles hervorrufen wird. Welche fördernde oder verderbenbringende Macht ist Euch damit gegeben!

Ihr braucht Euch dabei nicht anzustrengen, daß der Schweiß auf die Stirne tritt, braucht Euch nicht an eine sogenannte okkulte Übung anzukrampfen, um durch alle möglichen und unmöglichen körperlichen und geistigen Verkrümmungen irgendeine für Eueren wahren geistigen Aufschwung völlig nichtssagende Stufe zu erreichen!

Laßt ab von dieser zeitraubenden Spielerei, die schon so oft zur peinigenden Quälerei geworden ist, die nichts anderes bedeutet als die früheren Selbstgeißelungen und Kasteiungen in den Klöstern. Es ist nur eine andere Form derselben, die Euch ebensowenig Gewinn zu bringen vermag.

Die sogenannten okkulten Meister und Schüler sind moderne Pharisäer! In dem wahrsten Sinne des Wortes. Sie geben das getreue Spiegelbild der Pharisäer zu der Zeit Jesu von Nazareth.

Mit reiner Freude denkt daran, daß Ihr mühelos durch Euer einfaches, gutwollendes Empfinden und Denken die einzige und gewaltige Schöpfungskraft zu lenken vermögt. Genau in der Art Eueres Empfindens und Euerer Gedanken wirkt sich die Kraft dann aus. *Sie arbeitet allein,* Ihr braucht sie nur zu lenken.

Das geschieht in aller Einfachheit und Schlichtheit! Dazu bedarf es keiner Gelehrsamkeit, nicht einmal des Lesens und des Schreibens. Es ist *jedem* von Euch in gleichem Maße gegeben! Darin besteht kein Unterschied.

Wie ein Kind spielend an dem Schalter einen elektrischen Strom einzuschalten vermag, der ungeheuere Wirkungen ausübt, so ist es Euch geschenkt, durch Euere einfachen Gedanken göttliche Kraft zu lenken.

Ihr könnt Euch darüber freuen, könnt darauf stolz sein, sobald Ihr es benützt zum Guten! Aber zittert, wenn Ihr es nutzlos vergeudet oder gar zu Unreinem verwendet! Denn den in der Schöpfung ruhenden Gesetzen der

Wechselwirkung könnt Ihr nicht entgehen. Und hättet Ihr Flügel der Morgenröte, die Hand des Herrn, dessen Kraft Ihr damit mißbrauchet, würde Euch durch diese selbsttätig arbeitende Wechselwirkung treffen, wo Ihr Euch auch verbergen wolltet.

Das Böse wird mit der gleichen reinen, göttlichen Kraft bewirkt wie das Gute!

Und diese jedem freigestellte Art der Verwendung dieser einheitlichen Gotteskraft birgt die Verantwortung in sich, der niemand zu entgehen vermag. Deshalb rufe ich jedem Suchenden zu:

»Halte den Herd Deiner Gedanken rein, Du stiftest damit Frieden und bist glücklich!«

Frohlocket, Ihr Unwissenden und Schwachen; denn Euch ist dieselbe Macht gegeben wie den Starken! Macht es Euch also nicht zu schwer! Vergeßt nicht, daß die reine, selbstschaffende Gotteskraft auch durch Euch strömt, und daß auch Ihr als Menschen befähigt seid, dieser Kraft eine bestimmte Richtung zu geben durch die Art Euerer inneren Empfindungen, also Eueres Wollens, zum Guten wie zum Bösen, verheerend oder aufbauend, Freude oder Leid bringend!

Da es nur diese eine Gotteskraft gibt, klärt sich auch damit das Geheimnis, warum das Dunkel dem Lichte, das Übel dem Guten in jedem ernsten Endkampfe weichen muß. Lenkt Ihr die Gotteskraft zum Guten, so bleibt sie in ihrer ursprünglichen Reinheit ungetrübt und entwickelt dadurch eine viel stärkere Kraft, während mit der Trübung ins Unreine gleichzeitig eine Schwächung vor sich geht. So wird in einem Endkampfe die *Reinheit* der Kraft immer durchschlagend wirken und ausschlaggebend sein.

Was gut ist und was böse, das fühlt ein jeder bis in die Fingerspitzen, unausgesprochen. Darüber zu grübeln würde nur verwirren. Dumpfes Grübeln ist Kraftverschwendung, wie ein Sumpf, zäher Morast, der alles Erreichbare lähmend umklammert und erstickt. Frische Fröhlichkeit jedoch zerreißt den Bann des Grübelns. Ihr habt es nicht nötig, traurig und gedrückt zu sein!

Jeden Augenblick könnt Ihr den Weg zur Höhe beginnen und Vergangenes gutmachen, was es auch sei! Macht weiter nichts, als an den Vorgang der Euch stets durchströmenden reinen Gotteskraft zu denken, dann scheut Ihr selbst davor zurück, diese Reinheit in schmutzige Kanäle übler Gedanken zu leiten, weil Ihr ohne jede Anstrengung auf gleiche Weise das Höchste und

Edelste erreichen könnt. Ihr braucht ja nur zu *lenken,* die Kraft wirkt dann allein in der von Euch gewollten Richtung.

Ihr habt damit das Glück oder das Unglück in eigener Hand. Hebt deshalb stolz das Haupt und frei und kühn die Stirn. Das Übel kann nicht nahen, wenn Ihr es nicht ruft! Wie Ihr es *wollt,* so wird es Euch geschehen!

SCHICKSAL

DIE MENSCHEN reden von verdientem und unverdientem Schicksal, von Lohn und Strafe, Vergeltung und Karma.

Das alles sind nur Teilbezeichnungen eines in der Schöpfung ruhenden Gesetzes: *Das Gesetz der Wechselwirkung!*

Ein Gesetz, das in der ganzen Schöpfung von Urbeginn an liegt, das in das große, nimmer endende Werden unlösbar hineingewoben wurde als ein notwendiger Teil des Schaffens selbst und der Entwickelung. Wie ein Riesensystem feinster Nervenfäden hält und belebt es das gewaltige All und fördert dauernde Bewegung, ein ewiges Geben und Nehmen!

Einfach und schlicht, und doch so treffend hat es Christus Jesus schon gesagt: *»Was der Mensch säet, das wird er ernten!«*

Die wenigen Worte geben das Bild des Wirkens und Lebens in der ganzen Schöpfung so glänzend wieder, wie es kaum anders gesagt werden kann. Ehern eingewebt ist der Sinn der Worte in dem Sein. Unverrückbar, unantastbar, unbestechlich in der fortwährenden Auswirkung.

Ihr könnt es sehen, wenn Ihr sehen *wollt!* Beginnt damit bei der Beobachtung der Euch jetzt sichtbaren Umgebung. Was Ihr Naturgesetze nennt, sind ja die göttlichen Gesetze, sind des Schöpfers Wille. Ihr werdet schnell erkennen, wie unentwegt sie sich in dauernder Betätigung befinden; denn so Ihr Weizen säet, werdet Ihr nicht Roggen ernten, und so Ihr Roggen streut, kann Euch nicht Reis erstehen!

Das ist jedem Menschen so selbstverständlich, daß er über das eigentliche Geschehen dabei gar nicht nachdenkt. Er wird sich deshalb des darin ruhenden strengen und großen Gesetzes gar nicht bewußt. Und doch steht er dabei vor der Lösung eines Rätsels, das ihm kein Rätsel zu sein braucht.

Das gleiche Gesetz nun, das Ihr hierbei zu beobachten vermögt, wirkt sich mit derselben Sicherheit und Stärke auch in den zartesten Dingen aus, die Ihr nur durch Vergrößerungsgläser zu erkennen fähig seid, und noch weitergehend in dem feinstofflichen Teile der ganzen Schöpfung, der der weitaus größere ist. In *jedem* Geschehen liegt es unabänderlich, auch in der zartesten

Entwickelung Euerer Gedanken, die ja auch noch eine gewisse Stofflichkeit haben.

Wie konntet Ihr wähnen, daß es gerade dort anders sein soll, wo Ihr es anders haben möchtet? Euere Zweifel sind in Wirklichkeit weiter nichts als ausgesprochene innere Wünsche!

Es ist in dem ganzen Euch sichtbaren und unsichtbaren Sein nicht anders, als daß jede Art die ihr gleiche Art bringt, gleichviel von welchem Stoffe. Ebenso fortdauernd ist das Wachsen und Werden, Früchtebringen und Die-gleiche-Art-Gebären. Dieses Geschehen geht *einheitlich* durch alles, macht keine Unterschiede, läßt keine Lücke, hält nicht vor einem anderen Teile der Schöpfung an, sondern trägt die Wirkungen hindurch wie einen unzerreißbaren Faden, ohne abzusetzen oder abzubrechen.

Wenn sich auch der größte Teil der Menschheit in ihrer Beschränkung und Einbildung von dem Weltall isolierte, die göttlichen oder Naturgesetze haben deshalb nicht aufgehört, sie als dazugehörig zu betrachten und in unveränderter Art ruhig und gleichmäßig weiter zu arbeiten.

Das Gesetz der Wechselwirkung bedingt aber auch, daß der Mensch alles, was er sät, also dort, wo er die Ursache zu einer Wirkung oder Auswirkung gibt, auch ernten *muß!*

Der Mensch hat immer nur den freien Entschluß, die freie Entscheidung bei Beginn einer jeden Sache darüber, wohin die ihn durchströmende Allkraft geleitet werden soll, nach welcher Richtung. Die daraus entstehenden Folgen der sich in der von ihm gewollten Richtung betätigten Kraft *muß* er dann tragen. Trotzdem beharren viele auf der Behauptung, daß der Mensch doch keinen freien Willen habe, wenn er einem Schicksale unterworfen ist!

Diese Torheit soll nur den Zweck einer Selbstbetäubung haben, oder ein grollendes Sichfügen in etwas Unvermeidliches sein, eine murrende Resignation, hauptsächlich aber eine Selbstentschuldigung; denn jede dieser auf ihn zurückfallenden Auswirkungen hat einen Anfang genommen, und bei *diesem Anfange* lag die Ursache für die spätere Auswirkung in einem vorausgegangenen *freien Entschluß* des Menschen.

Dieser freie Entschluß ist *jeder* Wechselwirkung, also jedem Schicksal, einmal vorausgegangen! Mit einem ersten Wollen hat der Mensch jedesmal etwas erzeugt, erschaffen, in dem er später, über kurz oder lang, selbst einmal zu leben hat. *Wann* dies erfolgt, ist aber sehr verschieden. Es kann noch in dem gleichen Erdendasein sein, in dem das erste Wollen den Anfang dazu schuf, ebensogut kann es aber nach Ablegen des grobstofflichen Körpers in der feinstofflichen Welt geschehen, oder aber noch später wieder in einem grobstofflichen Erdendasein.

Die Veränderungen spielen dabei keine Rolle, sie befreien den Menschen nicht davon. Dauernd trägt er die Verbindungsfäden mit sich, bis er davon erlöst, das heißt »gelöst« wird durch die endliche Auswirkung, die durch das Gesetz der Wechselwirkung erfolgt.

Der Formende ist an sein eigenes Werk gebunden, wenn er es auch anderen zugedacht hat!

Wenn also heute ein Mensch den Entschluß faßt, einem anderen irgend etwas Übles zu tun, sei es nun in Gedanken, Worten oder Werken, so hat er damit etwas »in die Welt gesetzt«, ganz gleichgiltig, ob allgemein sichtbar oder nicht, ob also grobstofflich oder feinstofflich, es hat Kraft und somit Leben in sich, das sich in der gewollten Richtung weiter entwickelt und betätigt.

Wie sich die Wirkung nun bei dem auslöst, dem es gelten soll, liegt ganz an der seelischen Beschaffenheit des Betreffenden, dem es dadurch entweder großen oder kleinen, vielleicht auch anderen als den gewollten, oder auch gar keinen Schaden bringen kann; denn der seelische Zustand des Betreffenden ist wiederum allein maßgebend für diesen selbst. Es ist also niemand solchen Dingen schutzlos preisgegeben.

Anders mit dem, der durch seinen Entschluß und sein Wollen die Ursache zu dieser Bewegung gegeben hat, also deren Erzeuger war. Mit diesem bleibt seine Erzeugung unbedingt verbunden und kommt nach einer kurzen oder langen Wanderung im Weltall wieder zu ihm zurück, verstärkt, wie eine Biene beladen durch die Anziehung der Gleichart.

Das Gesetz der Wechselwirkung löst sich dabei aus, indem eine jede Erzeugung bei ihrer Bewegung durch das All verschiedene Gleicharten anzieht oder von solchen selbst angezogen wird, durch deren Zusammenschluß dann eine Kraftquelle entsteht, die verstärkte Kraft der gleichen Art wie von einer Zentrale aus an alle die zurücksendet, die durch ihre Erzeugungen wie an Schnüren mit dem Sammelplatze gleicher Arten verbunden werden.

Durch diese Verstärkung tritt auch eine immer größere Verdichtung ein, bis zuletzt ein grobstofflicher Niederschlag davon entsteht, in dem der einstige Erzeuger nun in der damals von ihm gewollten Art sich selbst ausleben muß, um endlich davon befreit zu werden.

Das ist das Entstehen und der Werdegang des so gefürchteten und verkannten Schicksals! Es ist gerecht bis in die kleinste und feinste Abstufung, weil es durch die Anziehung *nur gleicher Arten* in der Rückstrahlung nie anderes bringen kann, als es wirklich ursprünglich selbst gewollt war.

Ob für einen bestimmten anderen oder im allgemeinen, ist dabei gleichgiltig; denn derselbe Werdegang ist es natürlich auch, wenn der Mensch sein Wollen nicht unbedingt auf einen anderen Menschen oder auf mehrere richtet, sondern überhaupt in irgendeiner Art Wollen lebt.

Die Art des Wollens, für die er sich entscheidet, ist maßgebend für die Früchte, die er am Ende ernten muß. So hängen zahllose feinstoffliche Fäden an dem Menschen, oder er an ihnen, die alle das auf ihn zurückströmen lassen, was immer er einmal gewollt hat. Diese Strömungen geben ein Gebräu, das dauernd stark einwirkt auf die Bildung des Charakters.

So sind in der gewaltigen Maschinerie des Weltalls viele Dinge, die mitwirken an dem »Ergehen« des Menschen, aber es gibt nichts, wozu der Mensch nicht selbst zuerst die Ursache gegeben hat.

Er liefert die Fäden, aus denen im unermüdlichen Webstuhle des Seins der Mantel gefertigt wird, den er zu tragen hat.

Christus drückte klar und scharf dasselbe aus, als er sagte: »Was der Mensch säet, das *wird* er ernten.« Er sagte nicht, »kann« er ernten, sondern er *»wird«*. Das ist dasselbe wie: er *muß* das ernten, was er sät.

Wie oft hört man sonst sehr vernünftige Menschen sagen: »Daß Gott so etwas zuläßt, ist mir unbegreiflich!«

Unbegreiflich aber ist es, daß Menschen so etwas reden können! Wie klein stellen sie sich dieser Äußerung nach Gott vor. Sie geben damit den Beweis, daß sie sich ihn als einen *»willkürlich* handelnden Gott« denken.

Aber Gott greift in alle diese kleinen und großen Menschensorgen, Kriege, Elend und was Irdisches noch mehr ist, gar nicht direkt ein! Er hat von Anfang an in die Schöpfung seine vollkommenen Gesetze gewoben, die selbsttätig ihre unbestechliche Arbeit durchführen, so daß sich alles haarscharf erfüllt, ewig gleich sich auslöst, wodurch eine Bevorzugung ebenso ausgeschlossen ist wie eine Benachteiligung, jede Ungerechtigkeit unmöglich bleibt.

Gott braucht sich also darum nicht besonders zu kümmern, sein Werk ist lückenlos.

Ein Hauptfehler so vieler Menschen ist aber der, daß sie nur nach dem

Grobstofflichen urteilen und sich darin als Mittelpunkt sehen, sowie mit *einem* Erdenleben rechnen, während sie in Wirklichkeit schon *mehrere* Erdenleben hinter sich haben. Diese, sowie auch die Zwischenzeiten in der feinstofflichen Welt, gelten als ein *einheitliches* Sein, durch das die Fäden, ohne abzubrechen, straff gezogen sind, so daß also in den Auswirkungen eines jeweiligen irdischen Daseins nur ein kleiner Teil dieser Fäden sichtbar wird.

Ein großer Irrtum ist es demnach, zu glauben, daß mit dem Geborenwerden ein vollkommen neues Leben einsetzt, daß ein Kind also »unschuldig« ist*, und daß alle Geschehnisse nur auf das kurze Erdendasein berechnet werden dürfen. Wäre dies wirklich, so müßten selbstverständlich bei bestehender Gerechtigkeit Ursachen, Wirkungen und Rückwirkungen geschlossen auf die Spanne eines Erdendaseins fallen.

Wendet Euch ab von diesem Irrtum. Ihr werdet dann schnell die jetzt so oft vermißte Logik und Gerechtigkeit in allen Geschehnissen entdecken!

Viele erschrecken dabei und fürchten sich vor dem, was sie nach diesen Gesetzen in der Rückwirkung von früher her noch zu erwarten haben.

Doch das sind unnötige Sorgen für die, denen es ernst ist mit dem guten Wollen; *denn in den selbsttätigen Gesetzen liegt auch gleichzeitig die sichere Gewähr für Gnade und Vergebung!*

Ganz abgesehen davon, daß mit dem festen Einsetzen des guten Wollens sofort eine Grenze gesetzt wird für den Punkt, wo die Kette der üblen Rückwirkungen ein Ende erreichen muß, tritt noch ein anderer Vorgang in Kraft, der von ungeheuerem Werte ist:

Durch das dauernd gute Wollen in allem Denken und Tun fließt ebenfalls rückwirkend aus der gleichartigen Kraftquelle beständige Verstärkung, so daß das Gute fester und fester in dem Menschen selbst wird, aus ihm heraustritt und zunächst die feinstoffliche Umgebung darnach formt, die ihn wie eine Schutzhülle umgibt, so ähnlich, wie die Luftschicht um die Erde dieser Schutz gewährt.

Kommen nun üble Rückwirkungen von früher her zur Auslösung auf diesen Menschen zurück, so gleiten sie an der Reinheit von dessen Umgebung oder Hülle ab und werden so von ihm abgelenkt.

Dringen sie aber trotzdem in diese Hülle ein, so werden die üblen Strah-

* Vortrag: »Das Geheimnis der Geburt«.

lungen entweder sofort zersetzt oder doch bedeutend abgeschwächt, wodurch die schädliche Auswirkung gar nicht oder nur in ganz geringem Maße stattfinden kann.

Außerdem ist durch die erfolgte Wandlung auch der eigentliche innere Mensch, auf den die Rückstrahlungen eingestellt sind, mit dem andauernden Bestreben zum guten Wollen viel verfeinerter und leichter geworden, so daß er der größeren Dichtheit übler oder niederer Strömungen nicht mehr gleichartig gegenübersteht. Ähnlich wie bei der drahtlosen Telegraphie, wenn der Empfangsapparat nicht auf die Stärke des Sendeapparates eingestellt ist.

Die natürliche Folge davon ist, daß die dichteren Strömungen, weil andersartig, nicht festhaken können und ohne üble Auswirkung schadlos hindurchgehen, gelöst durch eine unbewußt ausgeführte symbolische Handlung, von deren Arten ich später einmal sprechen werde.

Deshalb ungesäumt ans Werk! Der Schöpfer hat Euch in der Schöpfung alles in die Hand gelegt. Nützet die Zeit! Jeder Augenblick birgt für Euch das Verderben oder den Gewinn!

DIE ERSCHAFFUNG DES MENSCHEN

»Gott schuf den Menschen nach seinem Ebenbilde und hauchte ihm seinen Odem ein!« Das sind zwei Begebenheiten: das Schaffen und das Beleben!

Beide Vorgänge waren wie alles streng den bestehenden göttlichen Gesetzen unterworfen. Nichts kann aus dem Rahmen derselben treten. Kein göttlicher Willensakt wird sich diesen den göttlichen Willen selbst tragenden unverrückbaren Gesetzen gegenüberstellen. Auch jede Offenbarung und Verheißung erfolgt im Hinblick auf diese Gesetze und muß sich in diesen erfüllen, nicht anders!

So auch die Menschwerdung auf der Erde, die ein Fortschritt der gewaltigen Schöpfung war, der Übergang des Grobstofflichen in ein ganz neues, gehobeneres Stadium.

Von der Menschwerdung zu sprechen, bedingt das Wissen von der feinstofflichen Welt; denn der Mensch in Fleisch und Blut ist als förderndes Bindeglied geschoben zwischen den feinstofflichen und den grobstofflichen Schöpfungsteil, während seine Wurzel in dem Geistigen bleibt.

»Gott schuf den Menschen nach seinem Ebenbilde!«

Dieses Schaffen oder Erschaffen war eine lange Kette der Entwickelung, die sich streng innerhalb der von Gott selbst in die Schöpfung gewobenen Gesetze abspielte. Von dem Höchsten eingesetzt, arbeiten diese Gesetze eisern, unentwegt an der Erfüllung seines Willens, selbsttätig als ein Stück von ihm der Vollendung entgegen.

So auch mit der Erschaffung des Menschen als Krone des ganzen Werkes, in dem sich alle Arten vereinigen sollten, die in der Schöpfung lagen. Deshalb wurde in der grobstofflichen Welt, der irdisch sichtbaren Materie, nach und nach in der Fortentwicklung das Gefäß geformt, in das ein Funke aus dem Geistigen inkarniert werden konnte, der unsterblich war.

Durch das andauernd strebende Formen entstand mit der Zeit das höchstentwickelte Tier, das denkend sich schon verschiedener Hilfsmittel zum Lebensunterhalte und zur Verteidigung bediente. Wir können auch heute

Tierarten beobachten, die sich einzelner Hilfsmittel zur Erlangung und Aufbewahrung ihrer Lebensbedürfnisse bedienen und die zur Verteidigung oft verblüffende Schlauheit zeigen.

Die vorhin erwähnten höchstentwickelten Tiere, die mit den stattgefundenen Erdumwälzungen hinweggenommen wurden, bezeichnet man heute mit dem Namen »Urmenschen«. Sie aber *Vorfahren der Menschen* zu nennen, ist ein großer Irrtum! Mit demselben Rechte könnte man die Kühe als »Teilmütter« der Menschheit bezeichnen, da die meisten Kinder in den ersten Monaten ihres Lebens die Milch der Kühe zum Aufbau ihres Körpers brauchen, durch ihre Hilfe also lebensfähig bleiben und wachsen.

Viel mehr hat das edle und denkende Tier »Urmensch« auch nicht mit dem wirklichen Menschen zu tun; denn der grobstoffliche Körper des Menschen ist weiter nichts als das unerläßliche Hilfsmittel, das er braucht, um in dem grobstofflich Irdischen nach jeder Richtung hin wirken zu können und sich verständlich zu machen.

Mit der Behauptung, daß der Mensch vom Affen abstamme, wird buchstäblich »das Kind mit dem Bade ausgeschüttet«! Es ist damit weit über das Ziel hinausgegriffen. Ein Teilvorgang zur alleinigen Volltatsache erhoben. Die Hauptsache fehlt dabei!

Es würde zutreffen, wenn der Körper des Menschen tatsächlich »der Mensch« wäre. So aber ist der grobstoffliche Körper nur seine Bekleidung, die er ablegt, sobald er in die Feinstofflichkeit zurückkehrt.

Wie erfolgte nun die erste Menschwerdung?

Nach dem Höhepunkte in der grobstofflichen Welt mit dem vollendetsten Tiere mußte eine Veränderung zur Weiterentwicklung kommen, wenn kein Stillstand eintreten sollte, der mit seinen Gefahren Rückgang werden konnte. Und diese Veränderung war vorgesehen und kam:

Als Geistfunken ausgegangen, durch die feinstoffliche Welt niedersinkend, dabei alles hebend, stand an deren Grenze in dem Augenblicke, als das grobstofflich-irdische Gefäß aufsteigend in seiner Entwicklung den Höhepunkt erreicht hatte, der feinstofflich-geistige Mensch ebenfalls fertig bereit, sich mit dem Grobstofflichen zu verbinden, um dieses zu fördern und zu heben.

Während also das Gefäß in der Grobstofflichkeit herangereift war, hatte sich die Seele in der Feinstofflichkeit so weit entwickelt, daß sie genügend Kraft besaß, bei Eintritt in das grobstoffliche Gefäß ihre Selbständigkeit zu bewahren.

Die Verbindung dieser beiden Teile bedeutete nun eine innigere Vereinigung der grobstofflichen Welt mit der feinstofflichen Welt bis hinauf in das Geistige.

Erst dieser Vorgang war die Geburt des Menschen!

Die Zeugung selbst ist auch heute noch bei den Menschen ein rein tierischer Akt. Höhere oder niedere Empfindungen dabei haben mit dem Akte selbst nichts zu tun, aber sie bringen geistige Auslösungen, deren Wirkungen in der *Anziehung* unbedingter Gleichart von großer Bedeutung werden.

Rein tierischer Art ist auch die Entwicklung des Körpers bis zur Mitte der Schwangerschaft. Rein tierisch ist eigentlich nicht der richtige Ausdruck, sondern ich will es vorläufig mit rein grobstofflich bezeichnen und in späteren Vorträgen erst näher darauf eingehen.

In der Mitte der Schwangerschaft, bei einer bestimmten Reife des werdenden Körpers, wird der für die Geburt vorgesehene Geist inkarniert, der bis dahin sich viel in der Nähe der werdenden Mutter aufhält. Das Eintreten des Geistes löst die ersten Zuckungen des kleinen sich entwickelnden grobstofflichen Körpers aus, also die ersten Kindesbewegungen.

Hier entsteht auch das eigenartig beseligte Gefühl des schwangeren Weibes, bei dem von diesem Augenblick an ganz andere Empfindungen eintreten: das Bewußtsein der Nähe des zweiten Geistes in ihm, das Fühlen desselben. Und je nach Art des neuen, zweiten Geistes in ihm werden auch die eigenen Empfindungen sein.

So ist der Vorgang bei jeder Menschwerdung. Nun aber zurück zur ersten Menschwerdung.

Es war also der große Abschnitt in der Entwicklung der Schöpfung gekommen: Auf der einen Seite in der grobstofflichen Welt stand das höchstentwickelte Tier, das den grobstofflichen Körper als Gefäß für den kommenden Menschen liefern sollte, auf der anderen Seite in der feinstofflichen Welt stand die entwickelte Menschenseele, die der Verbindung mit dem grobstofflichen Gefäß entgegenharrte, um damit allem Grobstofflichen einen weiteren Aufschwung zur Durchgeistigung zu geben.

Als nun ein Zeugungsakt zwischen dem edelsten Paare dieser hochentwickelten Tiere erfolgte, wurde zur Stunde der Inkarnierung nicht wie bisher eine Tierseele*, sondern an deren Stelle die dafür bereitstehende Menschen-

* Vortrag: »Der Unterschied im Ursprung zwischen Mensch und Tier«.

seele inkarniert, die den unsterblichen Geistesfunken in sich trug. Die feinstofflichen Menschenseelen mit vorwiegend positiv entwickelten Fähigkeiten inkarnierten sich der Gleichart entsprechend in männliche Tierkörper, die mit vorwiegend negativen, zarteren Fähigkeiten in die ihrer Art näher kommenden weiblichen Körper.*

Dieser Vorgang gibt keinen Stützpunkt zu der Behauptung, daß der Mensch, der seinen wirklichen Ursprung im Geistigen hat, von dem Tiere »Urmensch« abstamme, der nur das grobstoffliche Übergangsgefäß dazu liefern konnte. Es würde auch heute den stärksten Materialisten nicht einfallen, sich unmittelbar verwandt mit einem Tiere zu betrachten, und doch ist jetzt wie damals eine enge Körperverwandtschaft, also eine grobstoffliche Gleichart vorhanden, während der wirklich »lebende« Mensch, also das eigentliche geistige »Ich« des Menschen, in gar keiner Gleichart oder Ableitung zu dem Tiere steht.

Nach der Geburt des ersten Erdenmenschen stand nun dieser in Wirklichkeit allein, elternlos, da er die Tiere trotz deren hoher Entwicklung nicht als Eltern erkennen konnte und keine Gemeinschaft mit ihnen zu haben vermochte.

Er brauchte es auch nicht; denn er war ganz Empfindungsmensch und lebte als solcher mit in der feinstofflichen Welt, die ihm Werte gab, die alles andere ergänzten.

Die Abspaltung des Weibes von dem ersten Menschen war eine feinstofflich-geistige. Sie geschah nicht grobstofflich-irdisch, wie ja die Bezeichnungen der Bibel und alten religiösen Niederschriften sich vorwiegend nur auf geistige und feinstoffliche Begebenheiten beziehen. Der Mensch als solcher stand allein und verwendete nun im Wachsen vorwiegend die schrofferen, strengeren Empfindungen bei seinem Lebensunterhalte, wodurch die zarteren mehr und mehr zur Seite gedrängt und isoliert wurden, bis sie sich als der zartere Teil des geistigen Menschen ganz abspalteten.

Dieser zweite Teil nun wurde, um nicht unwirksam im Grobstofflichen zu bleiben, wo er zur Hebung unbedingt in erster Linie notwendig war, in ein zweites Gefäß inkarniert, das der Feinheit entsprechend weiblichen Geschlechtes war, während die schrofferen Empfindungen dem grobstofflich stärkeren Manne blieben. Genau den Gesetzen der feinstofflichen Welt ent-

* Vortrag: »Geschlecht«.

sprechend, in der sich alles sofort formend, Zartes und Schwaches in weiblichen Formen zeigt, Strenges und Starkes in männlichen.

Die Frau sollte und könnte nun in Wirklichkeit durch ihre wertvolleren geistigen Eigenschaften vollkommener sein als der Mann, wenn sie sich nur bemüht hätte, die ihr gegebenen Empfindungen mehr und mehr harmonisch abzuklären, wodurch sie eine Macht geworden wäre, die umwälzend und hochfördernd in der ganzen grobstofflichen Schöpfung wirken mußte.

Leider aber hat gerade sie in erster Linie versagt, da sie sich zum Spielball der ihr zugeteilten starken Empfindungskräfte hingab, die sie dazu noch trübte und verunreinigte durch Gefühl und Phantasie.

Welch tiefer Sinn liegt in der biblischen Erzählung von dem Naschen von dem Baume der Erkenntnis! Wie das Weib, durch die Schlange dazu angeregt, dem Manne den Apfel reichte. Besser konnte der Vorgang in der Stofflichkeit bildlich gar nicht ausgedrückt werden.

Das Apfelreichen, von dem Weibe ausgehend, war das Sichbewußtwerden des Weibes ihrer Reize dem Manne gegenüber und das *gewollte Benützen* derselben. Das Nehmen und Essen des Mannes aber war dessen Eingehen darauf mit dem erwachenden Drange, die Aufmerksamkeit des Weibes nur auf sich zu lenken, indem er begann, sich durch Ansammeln von Schätzen und Aneignung verschiedener Werte begehrenswert zu machen.

Damit begann das Großziehen des Verstandes mit seinen Nebenerscheinungen der Gewinnsucht, Lüge, Unterdrückung, dem sich die Menschen zuletzt völlig unterwarfen und somit sich freiwillig zu Sklaven ihres Werkzeuges machten.

Mit dem Verstande aber als Herrscher ketteten sie sich in unvermeidbarer Folge nach dessen eigener Beschaffenheit auch fest an Raum und Zeit und verloren damit die Fähigkeit, etwas zu erfassen oder zu erleben, was über Raum und Zeit erhaben ist, wie alles Geistige, Feinstoffliche.

Das war die vollständige *Abtrennung* von dem eigentlichen Paradiese und von der feinstofflichen Welt, die sie sich selbst zuzogen; denn unabwendbar war es nun, daß sie alles Feinstoffliche, das weder irdischen Raum- noch Zeitbegriff kennt, mit ihrem durch den Verstand fest an Irdisches gebundenen und damit eng begrenzten Horizont ihres Begriffsvermögens nicht mehr »verstehen« konnten.

So wurden für die Verstandesmenschen die Erlebnisse und das Schauen der Empfindungsmenschen sowie auch die unverstandenen Überlieferungen zu

»Märchen«. Die an Zahl immer mehr zunehmenden Materialisten, also die Menschen, die nur noch die grobe, an irdischen Raum und Zeit gebundene Materie anzuerkennen fähig sind, lachten zuletzt spöttelnd über die Idealisten, denen durch ihr viel größeres und erweitertes Innenleben der Weg zu der feinstofflichen Welt noch nicht ganz verschlossen war, schalten sie Träumer, wenn nicht Narren oder sogar Betrüger.

Das alles war eine Entwickelungszeit von langer Dauer, die Millionen Jahre umfaßt.

Doch heute stehen wir endlich dicht vor der Stunde, wo der nächste große Abschnitt in der Schöpfung kommt, der unbedingter Aufschwung ist und das bringt, was schon der erste Abschnitt mit der Menschwerdung bringen sollte: die Geburt des durchgeistigten Vollmenschen! Des Menschen, der fördernd und veredelnd auf die ganze grobstoffliche Schöpfung wirkt, wie es der eigentliche Zweck der Menschen auf der Erde ist.

Dann ist kein Raum mehr für den niederhaltenden, an nur irdische Raum- und Zeitbegriffe geketteten Materialisten. Ein Fremder wird er sein in allen Landen, heimatlos. Er wird verdorren und vergehen wie Spreu, die sich vom Weizen scheidet. Habt acht, daß Ihr bei dieser Scheidung nicht zu leicht befunden werdet!

DER MENSCH IN DER SCHÖPFUNG

Der Mensch soll in Wirklichkeit nicht nach den bisherigen Begriffen leben, sondern mehr *Empfindungsmensch* sein. Dadurch würde er ein zur Fortentwicklung der ganzen Schöpfung notwendiges Bindeglied bilden.

Weil er das Feinstoffliche des Jenseits und das Grobstoffliche des Diesseits in sich vereinigt, ist es ihm möglich, beides zu überschauen, beides gleichzeitig zu erleben. Dazu steht ihm noch ein Werkzeug zur Verfügung, das ihn an die Spitze der gesamten grobstofflichen Schöpfung stellt: der Verstand. Mit diesem Werkzeuge vermag er zu lenken, also zu führen.

Verstand ist das höchste Irdische und soll das *Steuer* sein durch das Erdenleben, während die *treibende Kraft* die Empfindung ist, die der geistigen Welt entstammt. Der Boden des Verstandes ist also der Körper, der Boden der Empfindung aber ist der Geist.

Der Verstand ist an irdischen Raum- und Zeitbegriff gebunden, wie alles Irdische, als Produkt des Gehirnes, das zum grobstofflichen Körper gehört. Der Verstand wird sich niemals raum- und zeitlos betätigen können, trotzdem er an sich feinstofflicher als der Körper ist, aber doch noch zu dicht und schwer, um sich über irdische Raum- und Zeitbegriffe zu erheben. Er ist also vollkommen erdgebunden.

Die Empfindung aber (nicht das Gefühl) ist raum- und zeitlos, kommt deshalb aus dem Geistigen.

So ausgerüstet, konnte der Mensch innig verbunden sein mit dem Feinstofflichen, ja sogar Fühlung haben mit dem Geistigen selbst, und doch inmitten alles Irdischen, Grobstofflichen leben und wirken. Der Mensch allein ist in dieser Weise ausgestattet.

Er allein sollte und konnte die gesunde, frische Verbindung geben als die einzige Brücke zwischen den lichten Höhen und dem grobstofflichen Irdischen! *Durch ihn allein in seiner Eigenart konnte das reine Leben vom Lichtquell herab in das tiefste Grobstoffliche und von diesem wieder hinauf in herrlichster, harmonischer Wechselwirkung pulsieren!* Er steht verbindend zwischen beiden Welten, so daß durch ihn diese zu *einer* Welt geschmiedet sind.

Er erfüllte jedoch diese Aufgabe *nicht*. Er *trennte* diese beiden Welten, anstatt sie fest vereinigt zu erhalten. *Und das war der Sündenfall!* –

Der Mensch war durch die soeben erklärte Eigenart tatsächlich zu einer Art Herr der grobstofflichen Welt bestellt worden, weil die grobstoffliche Welt von seiner Mittlerschaft abhängig ist, insoweit, daß sie je nach seiner Art mitzuleiden gezwungen war, oder durch ihn emporgehoben werden konnte, je nachdem die Strömungen vom Licht- und Lebensquell aus *rein* durch die Menschheit fließen konnten oder nicht.

Der Mensch aber *unterband* das für die feinstoffliche und für die grobstoffliche Welt notwendige Fließen dieses Wechselstromes. Wie nun ein guter Blutumlauf den Körper frisch und gesund erhält, so ist es mit dem Wechselstrome in der Schöpfung. Ein Unterbinden muß Verwirrung bringen und Erkrankung, die sich zuletzt in Katastrophen löst.

Dieses schlimme Versagen des Menschen konnte geschehen, weil er den Verstand, der nur vom Grobstofflichen kommt, nicht nur als Werkzeug nützte, sondern sich ihm völlig unterwarf und *ihn* zum Herrscher setzte über alles. Er machte sich damit zum Sklaven seines Werkzeuges und wurde nur Verstandesmensch, der sich mit Stolz Materialist zu nennen pflegt!

Indem der Mensch sich nun ganz dem Verstande unterwarf, kettete er sich selbst an alles Grobstoffliche. Wie der Verstand nichts über den irdischen Raum- und Zeitbegriff hinaus begreifen kann, vermag es selbstverständlich auch nicht der, der sich ihm völlig unterwarf. Sein Horizont, also Begriffsvermögen, verengte sich mit dem begrenzten Vermögen des Verstandes.

Die Verbindung mit dem Feinstofflichen war damit gelöst, eine Mauer aufgerichtet, die dicht und immer dichter wurde. Da nun der Lebensquell, das Urlicht, Gott, weit über Raum und Zeit erhaben ist und noch weit über dem Feinstofflichen steht, muß selbstverständlich durch die Bindung des Verstandes jede Fühlung abgeschnitten sein. Aus diesem Grunde ist es dem Materialisten gar nicht möglich, Gott zu erkennen.

Das Essen von dem Baume der Erkenntnis war nichts weiter als das Großziehen des Verstandes. Die damit verbundene Trennung von dem Feinstofflichen war auch das Verschließen des Paradieses als natürliche Folge. Die Menschen schlossen sich selbst aus, indem sie sich durch den Verstand ganz dem

Grobstofflichen zuneigten, sich also erniedrigten und freiwillig oder selbstgewählt in Knechtschaft schmiedeten.

Wohin aber führte das? Die rein materialistischen, also erdgebundenen, tiefstehenden Gedanken des Verstandes mit all ihren Nebenerscheinungen der Erwerbs- und Gewinnsucht, Lüge, des Raubes, der Unterdrückung, Sinneslust usw. *mußten* die unerbittliche Wechselwirkung der Gleichart herbeiführen, die alles dementsprechend formte, die Menschen trieb, und zuletzt über allem sich entladen wird mit... Vernichtung!

Ein Weltgericht, das den bestehenden Schöpfungsgesetzen entsprechend nicht zu vermeiden ist. Wie bei einem Gewitter, das sich zusammenzieht und zuletzt Entladung und Vernichtung bringen muß. Gleichzeitig aber auch Reinigung!

Der Mensch diente nicht wie notwendig als Bindeglied zwischen den feinstofflichen und den grobstofflichen Teilen der Schöpfung, ließ den stets erfrischenden, belebenden und fördernden notwendigen Wechselstrom nicht hindurch, sondern trennte die Schöpfung in zwei Welten, indem er sich der Bindung entzog und ganz an das Grobstoffliche kettete. Somit mußten beide Weltteile nach und nach erkranken; der Teil, der den Lichtstrom ganz entbehren mußte, oder durch die wenigen Menschen, die noch Verbindung gaben, zu schwach erhielt, natürlich viel schwerer. Das ist der grobstoffliche Teil, der deshalb einer furchtbaren Krisis entgegentreibt und von gewaltigen Fieberschauern durchrüttelt werden wird, bis alles Kranke darin verzehrt ist und unter neuem, starkem Zustrome aus dem Urquell endlich gesunden kann.

Wer aber wird dabei verzehrt?

Die Antwort darauf liegt in dem natürlichen Geschehen selbst: Jeder *empfundene* Gedanke nimmt sofort durch die in ihm lebende schöpferische Kraft eine dem Inhalt des Gedankens entsprechende feinstoffliche Form an, bleibt stets wie durch eine Schnur mit seinem Erzeuger verbunden, wird aber von ihm ab- und hinausgezogen durch die Anziehungskraft der Gleichart in allem Feinstofflichen und getrieben durch das Weltall mit den dieses dauernd durchpulsenden Strömungen, die wie alles in der Schöpfung eiförmig sich bewegen.

So kommt die Zeit, wo die im Feinstofflichen zu Leben und Wirklichkeit gewordenen Gedanken mit den unterwegs angezogenen Gleicharten auf ihren Ursprung und *Ausgangspunkt zurückfallen*, da sie trotz ihrer Wanderung mit diesem in Verbindung bleiben, um nun dort sich zu entladen, auszulösen.

Die Vernichtung wird also in *erster Linie* bei der nun zu erwartenden letzten geschlossenen Auswirkung die treffen, die durch ihr Denken und Empfinden Erzeuger und dauernde Ernährer waren. Daß die schädigende zurückfallende Gewalt noch größere Kreise zieht und streifend auch nur annähernde Gleicharten dieser Menschen packt, ist unausbleiblich.

Dann aber werden die Menschen *das* erfüllen, was sie in der Schöpfung sollen. Sie werden das Bindeglied sein, durch ihre Befähigung aus dem Geistigen schöpfen, also sich von der gereinigten Empfindung leiten lassen, und diese in das Grobstoffliche, also Irdische, übertragen, wobei sie den Verstand und die gesammelten Erfahrungen nur als Werkzeug dazu benutzen, um, mit allem Irdischen rechnend, diese reinen Empfindungen im grobstofflichen Leben durchzusetzen, wodurch die ganze grobstoffliche Schöpfung dauernd gefördert, gereinigt und gehoben wird.

Dadurch kann auch in der Wechselwirkung Gesünderes zurückfließen von dem Grobstofflichen in das Feinstoffliche, und es wird eine neue, einheitliche und harmonische Welt entstehen.

Die Menschen werden in richtiger Erfüllung ihrer Tätigkeit die ersehnten Voll- und Edelmenschen sein; denn auch sie erhalten durch die rechte Einstellung in das große Schöpfungswerk ganz andere Kräfte als bisher, die sie Zufriedenheit und Glückseligkeit dauernd empfinden lassen.

ERBSÜNDE

Die Erbsünde ging hervor aus dem ersten Sündenfalle.

Die Sünde, also die falsche Handlung, war das Zugroßziehen des Verstandes, die damit verbundene freiwillige Kettung an Raum und Zeit und die dann eintretenden Nebenwirkungen der strikten Verstandesarbeit, wie Gewinnsucht, Übervorteilung, Unterdrückung usw., die viele andere, im Grunde eigentlich alle Übel in Gefolgschaft haben.

Dieser Vorgang hatte natürlich bei den sich entwickelnden reinen Verstandesmenschen nach und nach immer stärkeren Einfluß auf die Bildung des grobstofflichen Körpers. Das den Verstand erzeugende vordere Gehirn wurde durch die andauernden Bemühungen einseitig größer und größer, und es war ganz selbstverständlich, daß bei Zeugungen diese sich verändernden Formen in der Fortpflanzung des irdischen Körpers zum Ausdruck kamen und die Kinder bei den Geburten ein immer mehr entwickeltes, stärkeres Vordergehirn mitbrachten.

Darin lag aber und liegt auch heute noch die Anlage oder Veranlagung zu einer über allen anderen Dingen herrschenden Verstandeskraft, die die Gefahr in sich birgt, bei voller Erweckung den Träger des Gehirnes nicht nur fest an Raum und Zeit zu ketten, also an alles irdisch Grobstoffliche, so daß er unfähig wird, Feinstoffliches und Geistiges zu erfassen, sondern ihn auch noch in alles Übel verwickelt, das bei Oberherrschaft des Verstandes unabwendbar bleibt.

Das Mitbringen dieses freiwillig großgezüchteten Vordergehirnes, in dem die Gefahr der reinen Verstandesherrschaft liegt, mit den dann unvermeidlichen üblen Nebenerscheinungen, *ist die Erbsünde!*

Also die körperliche Vererbung des jetzt durch seine künstlich gesteigerte Entfaltung mit Großgehirn bezeichneten Teiles, wodurch der Mensch bei der Geburt eine Gefahr mitbringt, die ihn sehr leicht in Übel verstricken kann. Auf jeden Fall erschwert sie Gotterkennen durch die engen Grenzen der Bindung an die grobe Stofflichkeit.

Doch das entzieht ihn nicht etwa einer Verantwortung. Diese bleibt ihm; denn er ererbt nur die Gefahr, nicht die Sünde selbst. Es ist durchaus nicht notwendig, daß er bedingungslos den Verstand herrschen läßt und sich ihm dadurch unterwirft. Er kann im Gegenteile die große Kraft seines Verstandes wie ein scharfes Schwert benutzen und sich in dem irdischen Getriebe damit den Weg freimachen, den ihm seine Empfindung zeigt, die auch die innere Stimme genannt wird.

Wird aber nun bei einem Kinde durch Erziehung und Schulung der Verstand zu absoluter Herrschaft gehoben, so fällt ein Teil der Schuld oder besser der durch das Gesetz der Wechselwirkung erfolgenden Rückwirkung von dem Kinde ab, da dieser Teil den Erzieher oder Lehrer trifft, der solchen verursachte. Er ist von diesem Augenblicke an das Kind gebunden, bis dieses von dem Irrtume und den Folgen desselben befreit ist, und wenn dies Jahrhunderte oder Jahrtausende währen sollte.

Was aber ein derartig erzogenes Kind dann tut, nachdem ihm Gelegenheit zu einer Ein- und Umkehr geboten wurde, trifft es in der Rückwirkung ganz allein. Derartige Gelegenheiten kommen durch gesprochenes oder geschriebenes Wort, durch Erschütterungen im Leben oder ähnliche Vorkommnisse, die einen Augenblick tiefen Empfindens erzwingen. Sie bleiben nie aus. –

Zwecklos würde es sein, noch weiter darüber zu sprechen, es könnten in allen Streiflichtern nur dauernde Wiederholungen sein, die sich alle in dem einen Punkte treffen müssen. Wer darüber nachdenkt, dem ist bald ein Schleier von den Augen weggezogen, viele Fragen hat er in sich selbst dabei gelöst.

GOTT

WARUM gehen die Menschen so scheu um dieses Wort herum, das ihnen doch vertrauter sein sollte als alles andere?

Ist es Ehrfurcht? Nein. Ihr seid verwirrt, weil Euch darüber niemals, weder von der Schule noch der Kirche klare Auskunft wurde, die Eueren inneren Drang nach Wahrheit stillte. Die wirkliche Dreifaltigkeit blieb Euch im Grunde noch ein Rätsel, mit dem Ihr Euch zuletzt nach besten Kräften abzufinden suchtet.

Kann unter diesen Umständen das Gebet so innig, so vertrauensvoll erfolgen, wie es sein soll? Es ist unmöglich.

Und näherkommen sollt und müßt Ihr Euerem Gott! Wie töricht ist es doch, zu sagen, es könne Unrecht sein, wenn man sich so ausführlich mit Gott befaßt. Die Trägheit und Bequemlichkeit behauptet sogar, es sei Frevel!

Ich aber sage Euch: die Bedingung der Annäherung liegt in der ganzen Schöpfung! Deshalb hat der nicht Demut, der sich davor drückt, sondern im Gegenteil grenzenlose Anmaßung! Verlangt er doch damit, daß Gott sich ihm nähere, anstatt daß er sich Gott zu nähern versucht, um ihn zu erkennen.

Heuchelei, Bequemlichkeit, wohin man blickt, wohin man hört, und alles in dem Mantel falscher Demut!

Ihr aber, die Ihr nicht mehr schlafen wollt, die Ihr mit Inbrunst sucht und nach der Wahrheit strebt, nehmt auf die Kunde, sucht das Rechte zu erfassen:

Es gibt nur *einen* Gott, nur *eine* Kraft! Was ist aber nun die Dreifaltigkeit? Dreieinigkeit? Gottvater, Gottsohn und der Heilige Geist?

Als sich die Menschheit selbst das Paradies verschloß, indem sie sich nicht mehr von der Empfindung leiten ließ, die geistig ist und demnach auch Gott nahesteht, sondern selbstwählerisch sich irdischen Verstand großzog und sich ihm unterwarf, sich somit also zum Sklaven ihres eigenen Werkzeuges machte, das ihr zur Benutzung mitgegeben war, entfernte sie sich ganz naturgemäß auch mehr und mehr von Gott.

Die Spaltung war damit vollzogen, indem die Menschheit sich vorwiegend nur dem Irdischen zuneigte, das unbedingt an Raum und Zeit gebunden ist, was Gott in seiner Art nicht kennt, womit er deshalb auch nie zu erfassen ist.

Mit jeder Generation wurde die Kluft größer, die Menschen ketteten sich immer mehr nur an die Erde. Sie wurden zu den erdgebundenen Verstandesmenschen, die sich Materialisten nennen, sogar mit Stolz so nennen, weil sie ihre Ketten gar nicht ahnen, da mit dem fest an Raum und Zeit Gebundensein auch gleichzeitig naturgemäß ihr Horizont verengte.

Wie sollte davon aus der Weg zu Gott gefunden werden?

Es war unmöglich, wenn die Hilfe nicht von Gott ausging. Und Er erbarmte sich. Gott selbst in seiner Reinheit konnte sich den niederen Verstandesmenschen nicht mehr offenbaren, weil diese nicht mehr fähig waren, seine Boten zu fühlen, zu sehen oder zu hören, und die wenigen, die es noch vermochten, wurden verlacht, weil der verengte, nur an Raum und Zeit gebundene Horizont der Materialisten jeden Gedanken an eine darüber hinaus bestehende Erweiterung als unmöglich, weil für sie nicht begreifbar, ablehnte.

Deshalb genügten auch die Propheten nicht mehr, deren Kraft nicht durchzudringen vermochte, weil zuletzt auch sogar die Grundgedanken aller religiösen Bestrebungen rein materialistisch geworden waren.

Es mußte also ein Mittler kommen zwischen der Gottheit und der verirrten Menschheit, der mehr Kraft besaß als bisher alle anderen, damit er durchzudringen vermochte. Soll man sagen: um der wenigen willen, die unter dem krassesten Materialismus noch nach Gott verlangten? Es wäre richtig, würde aber von Gegnern lieber als Anmaßung der Gläubigen bezeichnet werden, anstatt darin die Gottesliebe und doch auch strenge Gerechtigkeit zu erkennen, die in Lohn und Strafe gleichmäßig Erlösung bietet.

Deshalb trennte Gott in seiner Liebe durch einen Willensakt ein *Stück* von sich selbst ab und senkte es in Fleisch und Blut, in einen Menschenkörper männlichen Geschlechtes: Jesus von Nazareth, als nunmehr fleischgewordenes Wort, fleischgewordene Gottesliebe, Gottes Sohn!

Ein Strahlungsvorgang, der noch zur Erklärung kommt.

Das so abgetrennte und trotzdem eng verbunden bleibende Stück war dadurch *persönlich* geworden. Es blieb auch nach Ablegung des irdischen Körpers bei engster Wiedervereinigung mit Gottvater weiterhin persönlich.

Gottvater und Gottsohn sind also zwei und in Wirklichkeit nur eins!

Und der »Heilige Geist«? Christus sagte von ihm, daß wohl Sünden gegen

Gottvater und Gottsohn vergeben werden könnten, nie aber die Sünden gegen den »Heiligen Geist«!

Ist der »Heilige Geist« nun höher oder mehr als Gottvater und Gottsohn? Diese Frage hat schon so manches Gemüt bedrückt und beschäftigt, so manches Kind verwirrt gemacht.

Der »Heilige Geist« ist der Wille Gottvaters, der Geist der Wahrheit, der abgetrennt von ihm gesondert in der ganzen Schöpfung wirkt, und der wie auch die Liebe als Sohn trotzdem noch eng mit ihm verbunden, eins mit ihm geblieben ist.

Die ehernen Gesetze in der Schöpfung, die gleich Nervensträngen durch das ganze Weltall gehen und die unbedingte Wechselwirkung bringen, des Menschen Schicksal, oder sein Karma, sind ... von dem »Heiligen Geist« oder deutlicher: dessen Wirken!*

Deshalb sagte der Heiland, daß niemand sich ungestraft gegen den Heiligen Geist zu versündigen vermag, weil in dessen unerbittlicher und unverrückbarer Wechselwirkung die Vergeltung auf den Urheber zurückkommt, auf den Ausgangspunkt, sei es nun Gutes oder Böses.

Wie Gottsohn Jesus vom Vater ist, so ist auch der Heilige Geist von ihm. Beide also Teile von ihm selbst, ganz zu ihm gehörend, untrennbar. Wie die Arme eines Körpers, die selbständige Handlungen vornehmen und doch zu ihm gehören, wenn der Körper ganz sein soll; die aber auch nur selbständige Handlungen vornehmen können in Verbindung mit dem Ganzen.

So ist Gottvater in seiner Allmacht und Weisheit, zur Rechten als ein Stück von ihm Gottsohn, die Liebe, und zur Linken, Gott der Heilige Geist, die Gerechtigkeit. Beide von Gottvater ausgegangen und als einheitlich dazu gehörend. Das ist die Dreifaltigkeit des *einen* Gottes.

Vor der Schöpfung war Gott eins! Während der Schöpfung gab er einen Teil seines Willens als in der Schöpfung selbständig wirkend von sich ab und wurde dadurch zweifältig. Als es sich nötig machte, der verirrten Menschheit einen Mittler zu geben, weil die Reinheit Gottes keine direkte Verbindung mit der sich selbst gekettet habenden Menschheit zuließ, spaltete er dazu aus Liebe ein Stück von sich selbst zur vorübergehenden Menschannäherung ab, um sich der Menschheit wieder verständlich machen zu können, und wurde mit der Geburt Christi *dreifältig!*

* Vortrag: »Schöpfungsentwicklung«.

6. GOTT

Was Gottvater und Gottsohn ist, war schon vielen klar, aber der »Heilige Geist« verblieb ein verworrener Begriff. Er ist die ausübende Gerechtigkeit, dessen ewige, unverrückbare und unbestechliche Gesetze das Weltall durchpulsen und bisher nur ahnend genannt wurden: Schicksal! Karma! Der Gotteswille!

DIE INNERE STIMME

Die sogenannte »innere Stimme«, das Geistige im Menschen, auf das er hören kann, ist die Empfindung! Nicht umsonst sagt der Volksmund: »Der erste Eindruck ist immer der rechte.«

Wie in allen diesen und ähnlichen Redensarten und Sprüchen tiefe Wahrheit liegt, so auch hier. Unter Eindruck versteht man durchweg das Empfinden. Was ein Mensch zum Beispiel bei einer ersten Begegnung mit einem ihm bisher Fremden empfindet, ist entweder eine Art Warnung zur Vorsicht bis zum vollständigen Abgestoßensein, oder etwas Angenehmes bis zur vollen Sympathie, in manchen Fällen auch Gleichgiltigkeit.

Wenn nun dieser Eindruck im Laufe des Gespräches und des weiteren Verkehres durch das Urteil des Verstandes verschoben oder ganz verwischt wird, so daß der Gedanke auftaucht, die ursprüngliche Empfindung sei falsch gewesen, so ergibt sich fast immer am Schlusse solcher Bekanntschaften die Richtigkeit der allerersten Empfindung. Oft zum herben Schmerze derer, die sich durch den Verstand infolge des von anderen vorgetäuschten Wesens hatten irreführen lassen.

Die Empfindung, die nicht an Raum und Zeit gebunden ist und mit dem Gleichartigen in Verbindung steht, dem Geistigen, erkannte in dem anderen sofort die rechte Art, ließ sich nicht täuschen durch die Gewandtheit des Verstandes.

Irrung ist bei der Empfindung völlig ausgeschlossen.

Sooft es vorkommt, daß Menschen irregeführt werden, sind es zwei Gründe, die die Irrungen herbeiführen: entweder der Verstand oder das Gefühl!

Wie oft hört man auch sagen: »Bei dieser oder jener Sache habe ich mich einmal von meinem Gefühle leiten lassen und bin hineingefallen. Man soll doch nur auf den Verstand bauen!«

Solche begingen den Fehler, das Gefühl für die innere Stimme zu halten. Sie predigen dem Verstande ein Lob und ahnen nicht, daß gerade dieser bei dem Gefühle eine große Rolle spielt.

Darum wachet! Gefühl ist nicht Empfindung! Gefühl geht von dem grobstofflichen Körper aus. Dieser erzeugt Triebe, welche, vom Verstand gelenkt, Gefühl entstehen lassen. Ein großer Unterschied zu der Empfindung. Die gemeinsame Arbeit des Gefühles und Verstandes aber gebiert die Phantasie.

Wir haben also auf der geistigen Seite nur die über Raum und Zeit erhabene Empfindung*. Auf der irdischen Seite in erster Linie den an Raum und Zeit gebundenen grobstofflichen Körper. Von diesem Körper gehen Triebe aus, die sich durch Mitarbeit des Verstandes in *Gefühl* auslösen.

Der Verstand, ein Produkt des an Raum und Zeit gebundenen Gehirnes, vermag nun wieder als Feinstes und Höchstes der Materie unter Mitwirkung des Gefühles die *Phantasie* zu erzeugen.

Phantasie ist also das Ergebnis der Zusammenarbeit des Gefühles mit dem Verstande. Sie ist feinstofflich, aber *ohne* geistige Kraft. Deshalb vermag die Phantasie nur *rückwirkend* zu sein. Sie vermag immer nur das Gefühl des eigenen Erzeugers zu beeinflussen, niemals aus sich heraus eine Kraftwelle auf andere zu senden.

Sie wirkt also nur *rückwärts* auf das Gefühl dessen, dessen Phantasie sie ist, kann nur zu *eigener* Begeisterung entflammen, nie auf die Umgebung wirken. Damit ist der Stempel der niederen Stufe deutlich erkennbar. Anders mit der Empfindung. Diese trägt geistige Kraft in sich, schöpferische und belebende, und wirkt damit ausströmend auf andere, diese mitreißend und überzeugend.

Wir haben also auf der einen Seite die Empfindung, auf der anderen Seite Körper - Triebe - Verstand - Gefühl - Phantasie.

Die Empfindung ist geistig, steht über irdischen Raum- und Zeitbegriffen. Das Gefühl ist feine Grobstofflichkeit, von den Trieben und dem Verstande abhängig, also auf niederer Stufe.

Trotz dieser feinen Grobstofflichkeit des Gefühls kann aber eine *Vermischung* mit der geistigen Empfindung *nie* erfolgen, also auch keinerlei Trübung der Empfindung. Die Empfindung wird immer rein und klar bleiben, weil sie geistig ist. Sie wird auch immer von den Menschen klar empfunden oder »gehört«, wenn ... es wirklich die Empfindung ist, die spricht!

Die meisten Menschen haben sich aber von dieser Empfindung abgeschlossen, indem sie das Gefühl vorlagerten wie eine dichte Hülle, eine Wand,

* Vortrag: »Empfindung«.

und halten dann irrtümlich das Gefühl für ihre innere Stimme, wodurch sie viel Enttäuschungen erleben und sich dann um so mehr nur auf den Verstand verlassen, nicht ahnend, daß sie gerade durch die Mitwirkung des Verstandes getäuscht werden konnten.

Aus diesem Irrtume heraus verwerfen sie vorschnell alles Geistige, mit dem ihre Erfahrungen absolut nichts zu tun hatten, und schließen sich noch mehr an das Minderwertige an.

Das Grundübel ist wie in vielem anderen auch hierbei immer wieder die freiwillige Unterwerfung dieser Menschen unter den an Raum und Zeit gebundenen Verstand!

Der Mensch, der sich seinem Verstande völlig unterwirft, unterwirft sich damit auch vollkommen *den Beschränkungen* des Verstandes, der als Produkt des grobstofflichen Gehirnes fest an Raum und Zeit gebunden ist. Somit kettet sich der Mensch dann ganz nur an das Grobstoffliche.

Alles, was der Mensch tut, geschieht von seiner Seite aus und freiwillig. So wird er nicht etwa gekettet, sondern er kettet sich selbst! Er läßt sich vom Verstand beherrschen (denn wenn er nicht selbst wollte, so könnte es nie geschehen), der ihn nach seiner Eigenart auch mit an Raum und Zeit bindet, ihn Raum- und Zeitloses nicht mehr erkennen läßt, nicht mehr verstehen.

Deshalb legt sich dabei über die raum- und zeitlose Empfindung durch das beengte Begriffsvermögen eine fest an Raum und Zeit gebundene Hülle, eine Grenze, und der Mensch vermag dadurch entweder gar nichts mehr zu hören, seine »reine, innere Stimme« ist verhallt, oder er ist nur noch fähig, das mit dem Verstand zusammenhängende Gefühl zu »hören« an Stelle der Empfindung.

Es erzeugt einen falschen Begriff, zu sagen: Das Gefühl unterdrückt die reine Empfindung; denn nichts ist stärker als die Empfindung, sie ist die höchste Kraft des Menschen, kann nie von etwas anderem unterdrückt oder nur beeinträchtigt werden. Richtiger ist zu sagen: Der Mensch macht sich unfähig dazu, die Empfindung zu erkennen.

Das Versagen liegt immer nur an dem Menschen selbst, nie an der Stärke oder Schwäche einzelner Gaben; denn gerade die Grundgabe, die eigentliche Kraft, das Stärkste von allem im Menschen, das alles Leben in sich trägt und unsterblich ist, ist einem jeden einzelnen *gleich* gegeben! Damit hat niemand dem anderen etwas voraus. Alle Unterschiede liegen lediglich an der *Verwendung!*

Auch kann diese Grundgabe, der unsterbliche Funke, nie getrübt oder beschmutzt werden! Rein bleibt er auch im größten Schlamme. Nur die Hülle müßt Ihr sprengen, die Ihr Euch selbst durch die freiwillige Begrenzung des Begriffsvermögens auferlegtet. Dann wird er ohne Übergang ebenso rein und klar emporlodern, wie er im Anfang war, sich frisch und stark entfalten und mit dem Geistigen verbinden!

Freut Euch dieses Schatzes, der unantastbar in Euch liegt! Gleichviel, ob Ihr von Eueren Nebenmenschen als wertvoll angesehen werdet oder nicht! Ein jeder Schmutz kann abgeworfen werden, der sich wie ein Damm um diesen Geistesfunken angesammelt hat, durch ehrlich gutes Wollen. Habt Ihr die Arbeit dann getan und den Schatz wieder freigelegt, so seid Ihr ebensoviel wert wie jeder, der ihn nie vergrub!

Doch wehe, wer sich dauernd aus Bequemlichkeit dem Wollen zu dem Guten streng verschließt! Ihm wird zur Stunde des Gerichtes dieser Schatz genommen, und er hört damit auf zu sein.

Deshalb wacht auf, die Ihr Euch abgeschlossen haltet, die Ihr die Decke des Verstandes über Euere Empfindung legtet mit der Begrenzung des Begriffsvermögens! Habt acht und höret auf die Rufe, die Euch treffen! Sei es nun ein gewaltiger Schmerz, starke seelische Erschütterung, großes Leid oder hohe, reine Freude, das die verdunkelnde Decke niederen Gefühles zu sprengen vermag, laßt nichts Derartiges nutzlos an Euch vorübergehen. Es sind Hilfen, die Euch den Weg zeigen!

Besser ist es, wenn Ihr nicht erst darauf wartet, sondern mit ernstem Wollen zu allem Guten und zum geistigen Aufstieg einsetzt. Dadurch wird die trennende Schicht bald wieder dünner und leichter werden, bis sie zuletzt zerflattert und der noch immer reine, unbefleckte Funke zu lodernder Flamme emporsteigt.

Doch dieser erste Schritt kann und muß *nur von dem Menschen selbst* ausgehen, sonst ist ihm nicht zu helfen.

Dabei müßt Ihr streng unterscheiden zwischen Wünschen und dem Wollen. Mit dem Wünschen ist noch nichts getan, es reicht zu keinem Fortschritt aus. Das Wollen muß es sein, das auch die Tat bedingt, diese schon in sich trägt. Mit dem ernsten Wollen setzt die Tat schon ein.

Wenn auch so mancher dabei viele Nebenwege gehen muß, weil er sich bisher nur an den Verstand gebunden hatte, so scheue er doch nicht davor zurück. Auch er gewinnt! Für ihn gilt es, seinen Verstand zu klären, in dem einzelnen Durchleben aller Nebenwege langsam alles Hemmende abzuschälen und zu lösen.

Deshalb unverzagt voran. Mit ernstem Wollen führt zuletzt ein jeder Weg zum Ziele!

DIE RELIGION DER LIEBE

Die Religion der Liebe ist falsch erfaßt durch vielseitige Verzerrungen und Entstellungen des Begriffes *Liebe;* denn der wahren Liebe größter Teil ist Strenge!

Das, was *jetzt* Liebe genannt wird, ist alles andere mehr als Liebe. Wenn allen sogenannten Lieben unerbittlich auf den Grund gegangen wird, so bleibt dort weiter nichts als Selbstsucht, Eitelkeit, Schwachheit, Bequemlichkeit, Einbildung oder Triebe.

Wahrhafte Liebe wird nicht darauf sehen, was dem anderen gefällt, was diesem angenehm ist und Freude bereitet, sondern sie wird sich nur darnach richten, was dem anderen *nützt!* Gleichviel, ob es dem anderen Freude bereitet oder nicht. Das ist wahres Lieben und Dienen.

Wenn also geschrieben steht: »Liebet Euere Feinde!«, so heißt das: »Tut das, was ihnen nützt! Züchtigt sie also auch, wenn sie nicht anders zur Erkenntnis kommen können!« Das ist ihnen dienen. Nur muß Gerechtigkeit dabei walten; denn Liebe läßt sich von Gerechtigkeit nicht trennen, sie sind eins!

Unangebrachte Nachgiebigkeit hieße die Fehler der Feinde noch größer ziehen und sie dadurch weiter auf abschüssige Bahn gleiten lassen. Wäre das Liebe? Man würde sich im Gegenteil damit eine Schuld aufbürden!

Die Religion der Liebe ist nur aus unausgesprochenen Wünschen der Menschen heraus zu einer Religion der Schlaffheit gemacht worden, wie auch die Person des Wahrheitsbringers Christus Jesus zu einer Weichlichkeit und Nachgiebigkeit herabgezerrt wurde, die er nie besaß. Er war gerade durch All-Liebe herb und ernst unter den Verstandesmenschen.

Seine Traurigkeit, die ihn oft befiel, war im Hinblick auf seine hohe Mission und das dieser gegenüberstehende Menschheitsmaterial nur selbstverständlich. Sie hatte mit Weichheit durchaus nichts zu tun.

Die Religion der Liebe wird nach Ablegung aller Entstellungen und dogmatischen Beengungen eine Lehre strengster Konsequenz sein, in der keine Schwachheit und unlogische Nachgiebigkeit zu finden ist.

DER ERLÖSER

DER HEILAND am Kreuze! Zu Tausenden sind diese Kreuze aufgestellt, als Wahrzeichen dafür, daß Christus um der Menschheit willen litt und starb. Sie rufen den Gläubigen von allen Seiten zu: »Denket daran!«

Auf einsamer Flur, in den belebten Großstadtstraßen, in stiller Kammer, in den Kirchen, an Gräbern und zu Hochzeitsfeiern, überall dient es zum Trost, zur Stärkung und zur Mahnung. Denket daran! Um Euerer Sünden willen ist es geschehen, daß der Gottessohn, der Euch das Heil zur Erde brachte, an dem Kreuze litt und starb.

Mit innigem Erschauern tritt der Gläubige herzu, in tiefer Ehrfurcht und voll Dankbarkeit. Mit Frohgefühl verläßt er dann die Stätte in dem Bewußtsein, durch den Opfertod auch seiner Sünden ledig geworden zu sein.

Du ernsthaft Suchender jedoch, geh hin, tritt vor das Wahrzeichen heiligen Ernstes und bemühe Dich, Deinen Erlöser zu verstehen! Wirf ab den weichen Mantel der Bequemlichkeit, der Dich so angenehm erwärmt und Wohlgefühl behaglichen Geborgenseins erzeugt, das Dich hindämmern läßt bis zu der letzten Erdenstunde, wo Du dann jäh aus Deinem Halbschlummer gerissen wirst, Dich loslöst von der irdischen Befangenheit und plötzlich ungetrübter Wahrheit gegenüberstehst. Dann ist Dein Traum schnell ausgeträumt, an den Du Dich geklammert hast, mit dem Du Dich in Tatenlosigkeit versenktest.

Deshalb erwache, Deine Erdenzeit ist kostbar! Um Eurer Sünden willen kam der Heiland, das ist unantastbar und buchstäblich richtig. Auch daß er um der Schuld der Menschheit willen starb.

Doch *dadurch werden Deine Sünden nicht von Dir genommen!* Das Erlösungswerk des Heilands war, den Kampf mit dem Dunkel aufzunehmen, um der Menschheit Licht zu bringen, *ihr den Weg zu öffnen zur Vergebung aller Sünden.*

Wandern muß ein jeder diesen Weg allein, nach des Schöpfers unumstößlichen Gesetzen. Auch Christus kam nicht, die Gesetze umzustoßen, sondern zu erfüllen. Verkenne doch nicht den, der Dir Dein bester Freund sein soll! Nimm für die wahren Worte nicht irrtümlichen Sinn!

Wenn es ganz richtig heißt: Um der Menschheit Sünden willen geschah dies alles, so ist damit gesagt, daß Jesu Kommen nur deshalb notwendig wurde, weil sich die Menschheit nicht mehr allein aus dem selbstgeschaffenen Dunkel herauszufinden und von dessen Klammern zu befreien vermochte.

Christus mußte diesen Weg der Menschheit zeigen. Hätte sich diese nicht so tief in ihre Sünden verstrickt, das heißt, wäre die Menschheit nicht den *falschen* Weg gegangen, so würde das Kommen Jesu nicht notwendig geworden sein, ihm wäre der Kampf- und Leidensweg erspart geblieben.

Deshalb ist es ganz richtig, daß er nur um der Sünden der Menschheit willen kommen mußte, wenn diese nicht auf dem falschen Wege ganz in den Abgrund, in das Dunkel gleiten sollte.

Das sagt aber nicht, daß damit jedem Einzelmenschen *im Handumdrehen* auch seine persönliche Schuld quittiert werden soll, sobald er nur wirklich an die Worte Jesu glaubt und darnach lebt. Lebt er aber nach den Worten Jesu, so werden ihm seine Sünden vergeben *werden.* Allerdings erst nach und nach zu einer Zeit, sobald die Auslösung durch die Gegenarbeit des guten Wollens in der Wechselwirkung erfolgt. Nicht anders. Zum Unterschiede dafür ist bei denen, die nicht nach den Worten Jesu leben, eine Vergebung überhaupt nicht möglich.

Das besagt nun aber nicht, daß nur Angehörige der christlichen Kirche Vergebung der Sünden erlangen können.

Jesus verkündete die *Wahrheit.* Seine Worte müssen deshalb auch alle Wahrheiten anderer Religionen mitenthalten. Er wollte nicht eine Kirche gründen, sondern der Menschheit den wahren Weg zeigen, der ebensogut auch durch die Wahrheiten anderer Religionen führen kann. Deshalb finden sich in seinen Worten auch so viele Anklänge an damals schon bestehende Religionen.

Jesus hat diese nicht daraus entnommen, sondern, da er die Wahrheit brachte, mußte sich darin auch alles das wiederfinden, was in anderen Religionen schon von Wahrheit vorhanden war.

Auch wer die Worte Jesu selbst nicht kennt und ernsthaft nach der Wahrheit und Veredelung strebt, lebt oft schon ganz im Sinne dieser Worte und geht deshalb mit Sicherheit auch einem reinen Glauben und der Vergebung seiner Sünden zu. Hüte Dich deshalb vor einseitiger Anschauung. Es ist Entwertung des Erlöserwerkes.

Wer ernsthaft nach der Wahrheit, nach der Reinheit strebt, dem fehlt auch nicht die Liebe. Er wird, wenn auch manchmal durch harte Zweifel und Kämpfe, geistig von Stufe zu Stufe emporgeführt und, *gleichviel, welcher Religion er angehört,* schon hier oder auch erst in der feinstofflichen Welt dem Christusgeiste begegnen, der ihn dann *letzten Endes* weiterführt bis zur Erkenntnis Gottvaters, worin sich das Wort erfüllt: »Niemand kommt zum Vater denn durch mich.«

Das »letzte Ende« beginnt aber nicht mit den letzten irdischen Stunden, sondern auf einer gewissen Stufe in der Entwicklung des geistigen Menschen, für den das Hinübergehen aus der grobstofflichen in die feinstoffliche Welt nur eine Wandlung bedeutet.

Nun zu dem Geschehen des großen Erlösungswerkes selbst: Die Menschheit irrte in geistiger Dunkelheit. Sie hatte sich diese selbst geschaffen, indem sie sich mehr und mehr nur dem Verstande unterwarf, den sie erst mühsam großgezogen hatte. Damit zogen die Menschen auch die Grenzen des Begriffsvermögens immer enger, bis sie gleich dem Gehirn bedingungslos an Raum und Zeit gebunden waren und den Weg zu Unendlichem und Ewigem nicht mehr erfassen konnten.

So wurden sie ganz erdgebunden, beschränkt auf Raum und Zeit. Jede Verbindung mit dem Licht, dem Reinen, Geistigen war damit abgeschnitten. Das Wollen der Menschen vermochte sich nur noch auf Irdisches zu richten bis auf wenige, die als Propheten nicht die Macht besaßen, durchzudringen, freie Bahn zu schaffen zu dem Licht.

Durch diesen Zustand waren dem Übel alle Tore geöffnet. Dunkel quoll herauf und strömte unheilbringend über die Erde. Das konnte nur *ein* Ende bringen: geistigen Tod. Das Furchtbarste, das den Menschen treffen kann.

Die Schuld an allem diesem Elend aber trugen die Menschen selbst! Sie hatten es herbeigeführt, da sie freiwillig diese Richtung wählten. Sie hatten es gewollt und großgezogen, waren sogar noch stolz auf die Errungenschaft in ihrer maßlosen Verblendung, ohne in der sich mühevoll selbst aufgezwungenen Beschränktheit des Begreifens die Furchtbarkeit der Folgen zu erkennen. Von dieser Menschheit aus war kein Weg zu dem Licht zu schaffen. Die freiwillige Einengung war schon zu groß.

Wenn Rettung überhaupt noch möglich werden sollte, mußte von dem Lichte aus Hilfe kommen. Sonst war der Untergang der Menschheit in das Dunkel nicht mehr aufzuhalten.

Das Dunkel selbst hat durch die Unreinheit eine größere Dichtheit, die

Schwere mit sich bringt. Wegen dieser Schwere vermag es von sich aus nur bis zu einer bestimmten Gewichtsgrenze emporzudringen, wenn ihm nicht von anderer Seite her eine Anziehungskraft zu Hilfe kommt. Das Licht aber besitzt eine seiner Reinheit entsprechende Leichtheit, die es ihm unmöglich macht, sich bis zu diesem Dunkel hinabzusenken.

Es ist dadurch zwischen beiden Teilen eine unüberbrückbare Kluft, in der der Mensch mit seiner Erde steht!

In der Menschen Hand nun liegt es, je nach Art ihres Wollens und Wünschens dem Lichte oder dem Dunkel entgegenzukommen, die Tore zu öffnen und die Wege zu ebnen, damit entweder das Licht oder das Dunkel die Erde überflutet. Sie selbst bilden dabei das Postament, durch dessen Wollenskraft Licht oder Dunkel festen Halt bekommt und von da aus mehr oder weniger kraftvoll wirken kann.

Je mehr das Licht oder das Dunkel dadurch auf Erden Macht gewinnt, desto mehr überschüttet es die Menschheit mit dem, was es zu geben hat, mit Gutem oder Bösem, Heil oder Unheil, Glück oder Unglück, Paradiesesfrieden oder Höllenqual.

Der Menschen reines Wollen war zu schwach geworden, um in dem schon überwiegenden schweren, alles erstickenden Dunkel auf Erden dem Lichte einen Punkt zu bieten, an den es sich halten konnte, mit dem es sich zu verbinden vermochte, derart, daß es in ungetrübter Reinheit und dadurch ungeschmälerter Kraft das Dunkel spaltete und die Menschheit erlöste, die sich dann an der dadurch angeschlagenen Quelle Kraft holen und den Weg aufwärts finden konnte zu den lichten Höhen.

Dem Lichte selbst aber war es nicht möglich, sich so weit herabzusenken in den Schmutz, ohne daß ein starker Halt dazu geboten wurde. Deshalb mußte ein Mittler kommen. Nur ein Gesandter aus lichten Höhen konnte durch *Fleischwerdung* die durch der Menschen Wollen gebildete dunkle Mauer sprengen und unter allem Bösen *das* grobstoffliche Postament für das göttliche Licht bilden, das fest mitten in dem schweren Dunkel steht. Von dieser Verankerung aus vermochten dann die reinen Strahlen des Lichtes die dunklen Massen zu spalten und zu zerstreuen, damit die Menschheit nicht vollständig im Dunkel versank und erstickte.

So *kam* Jesus um der Menschheit und deren Sünde willen!

Die so geschaffene neue Verbindung mit dem Licht konnte bei der Reinheit und Stärke des Lichtgesandten nicht vom Dunkel abgeschnitten werden.

Damit war für die Menschen ein neuer Weg zu den geistigen Höhen gebahnt.

Von Jesus, diesem entstandenen irdischen Postament des Lichtes, gingen nun dessen Strahlen in das Dunkel durch das lebendige Wort, das die Wahrheit brachte. Er konnte diese Wahrheit unverfälscht übermitteln, da er Wort und Wahrheit selbst war.

Die Menschen wurden nun aus ihrem Dämmerzustand aufgerüttelt durch die gleichzeitig geschehenden Wunder. Diesen nachgehend, stießen sie auf das Wort. Mit dem Hören der von Jesus gebrachten Wahrheit aber und dem Nachdenken darüber erwachte nach und nach in Hunderttausenden der Wunsch, dieser Wahrheit nachzugehen, mehr davon zu wissen. Und damit strebten sie dem Lichte langsam entgegen.

Durch den Wunsch wurde das sie umgebende Dunkel gelockert, ein Lichtstrahl nach dem anderen drang sieghaft ein, indem die Menschen über die Worte nachdachten und sie für richtig fanden. Es wurde heller und heller um sie, das Dunkel fand keinen festen Halt mehr an solchen und fiel zuletzt von ihnen abgleitend zurück, womit es mehr und mehr an Boden verlor. So wirkte das Wort der Wahrheit in dem Dunkel wie ein keimendes Senfkorn und wie Sauerteig im Brote.

Und *das* war das Erlöserwerk des Gottessohnes Jesus, des Licht- und Wahrheitsbringers.

Das Dunkel, das die Herrschaft über die gesamte Menschheit schon zu haben wähnte, bäumte sich dagegen auf in wildem Kampfe, um das Erlöserwerk unmöglich zu machen. An Jesus selbst konnte es nicht heran, es glitt an seiner reinen Empfindung ab. Da war es selbstverständlich, daß es sich seiner willigen Werkzeuge bediente, die es zum Kampfe zur Verfügung hatte.

Dies waren die Menschen, die sich ganz richtig »Verstandesmenschen« nannten, also sich dem Verstande fügten und somit wie dieser fest an Raum und Zeit gebunden waren, wodurch sie höhere, geistige Begriffe, weit über Raum und Zeit stehend, nicht mehr erfassen konnten. Es wurde ihnen deshalb auch unmöglich, der Lehre der Wahrheit zu folgen.

Sie alle standen ihrer eigenen Überzeugung nach auf zu »realem« Boden, wie auch heute noch so viele. Realer Boden aber heißt in Wirklichkeit ein arg beschränkter Boden. Und alle diese Menschen waren gerade die Mehrzahl derer, die die Macht vertraten, also obrigkeitliche und religiöse Gewalt in den Händen hatten.

So peitschte das Dunkel in tobender Gegenwehr diese Menschen auf bis zu den groben Übergriffen, die sie gegen Jesus mit der in ihren Händen liegenden irdischen Gewalt ausübten.

Das Dunkel hoffte, dadurch das Erlöserwerk zerstören zu können. Daß es diese Macht auf Erden überhaupt ausüben konnte, war lediglich Schuld der Menschheit, die durch ihre selbstgewählte falsche Einstellung ihr Begriffsvermögen verengt und somit dem Dunkel Oberhand gegeben hatte.

Und um dieser Sünde der Menschheit willen mußte Jesus leiden! Das Dunkel peitschte weiter bis zum äußersten: Jesus erlitt den Kreuzestod, wenn er bei seinen Behauptungen blieb, der Wahrheit- und Lichtbringer zu sein. Es galt die letzte Entscheidung. Eine Flucht, ein Sichzurückziehen von allem konnte ihn von dem Kreuzestod retten. Das aber würde Sieg des Dunkels im letzten Augenblicke bedeutet haben, weil dann das ganze Wirken Jesu langsam im Sande verlaufen wäre und das Dunkel sich siegreich über allem schließen konnte. Jesus hätte seine Sendung nicht erfüllt, das begonnene Erlösungswerk wäre unvollendet geblieben.

Der innere Kampf in Gethsemane war hart, aber kurz. Jesus scheute den irdischen Tod nicht, sondern ging für die von ihm gebrachte Wahrheit ruhig in den irdischen Tod. Mit seinem Blute am Kreuze drückte er das Siegel auf alles das, was er gesagt und gelebt hatte.

Durch diese Tat überwand er das Dunkel völlig, das den letzten Trumpf damit ausgespielt hatte. Jesus siegte. Aus Liebe zur Menschheit, der dadurch der Weg zur Freiheit in das Licht blieb, weil sie durch diesen Tod an der Wahrheit seiner Worte bestärkt wurde.

Ein Entziehen durch die Flucht und das damit verbundene Aufgeben seiner Arbeit hätte ihnen Zweifel bringen müssen.

Jesus starb also um der Menschheit Sünde willen! Wäre die Sünde der Menschheit nicht gewesen, die Abwendung von Gott in Einengung durch den Verstand, so konnte sich Jesus sein Kommen ersparen, ebenso seinen Leidensweg und seinen Kreuzestod. Deshalb ist es ganz richtig, wenn es lautet: Um unserer Sünde willen kam Jesus, litt und starb den Kreuzestod!

Darin liegt aber nicht, daß Du Deine eigenen Sünden nicht selbst zu lösen hättest!

Du kannst es nur jetzt leicht, weil Jesus Dir den Weg durch Überbringung der Wahrheit *in seinen Worten gezeigt* hat.

So vermag auch der Kreuzestod Jesu nicht einfach Deine eigenen Sünden wegzuwaschen. Sollte derartiges geschehen, so müßten vorher die ganzen Gesetze des Weltalls gestürzt werden. Das geschieht aber nicht. Jesus selbst beruft sich oft genug auf alles das, »was geschrieben steht«, also auf das Alte. Das neue Evangelium der Liebe hat auch nicht die Absicht, das alte der Gerechtigkeit zu stürzen oder abzustoßen, *sondern zu ergänzen.* Es will damit verbunden sein.

Vergiß deshalb nicht die Gerechtigkeit des großen Schöpfers aller Dinge, die sich nicht um ein Haar verrücken läßt, die ehern steht von Anbeginn der Welt und bis zu deren Ende! Sie würde gar nicht zulassen können, daß jemand die Schuld eines anderen auf sich nimmt, um sie zu sühnen.

Jesus konnte um anderer Schuld willen, also wegen der Schuld anderer, kommen, leiden, sterben, als Kämpfer auftreten für die Wahrheit, aber er selbst blieb unberührt und rein von dieser Schuld, deshalb vermochte er sie auch nicht persönlich auf sich zu nehmen.

Das Erlöserwerk ist deshalb nicht geringer, sondern ein Opfer, wie es größer nicht sein kann. Jesus kam aus der lichten Höhe für Dich in den Schmutz, er kämpfte um Dich, litt und starb für Dich, um Dir Licht zu bringen zu dem rechten Weg aufwärts, damit Du nicht im Dunkel Dich verlierst und untergehst!

So steht Dein Erlöser vor Dir. *Das* war sein gewaltiges Liebeswerk.

Gottes Gerechtigkeit blieb in den Weltgesetzen ernst und streng bestehen; denn was der Mensch säet, das wird er ernten, sagt auch Jesus selbst in seiner Botschaft. Kein Heller kann ihm nachgelassen werden auf Grund der göttlichen Gerechtigkeit!

Daran denke, wenn Du vor dem Wahrzeichen heiligen Ernstes stehst. Danke innig dafür, daß Dir der Erlöser mit seinem Wort den Weg neu eröffnete zur Vergebung Deiner Sünden, und verlasse die Stätten mit dem ernsten Vorsatze, diesen Dir gezeigten Weg zu gehen, damit Dir Vergebung werden kann.

Den Weg gehen aber heißt nicht etwa nur, das Wort zu lernen und daran zu glauben, sondern dieses Wort zu *leben!* Daran zu glauben, es für richtig zu halten und nicht in allem auch darnach zu handeln, würde Dir gar nichts nützen. Im Gegenteil, Du bist schlimmer daran als solche, die gar nichts von dem Worte wissen.

Deshalb wache auf, die Erdenzeit ist für Dich kostbar!

DAS GEHEIMNIS DER GEBURT

Wenn die Menschen sagen, daß in der Art der Verteilung der Geburten eine große Ungerechtigkeit liegt, so wissen sie nicht, was sie damit tun!

Mit großer Beharrlichkeit behauptet der eine: »Wenn es eine Gerechtigkeit gibt, wie darf ein Kind dann mit einer erblichen Krankheit belastet geboren werden! Das unschuldige Kind muß die Sünden der Eltern mittragen!«

Der andere: »Das eine Kind wird in Reichtum, das andere in bitterer Armut und Not geboren. Dabei kann kein Glaube an Gerechtigkeit aufkommen.«

Oder: »Angenommen, den Eltern soll eine Strafe werden, so ist es nicht richtig, daß dies durch Krankheit und Tod eines Kindes geschieht. Das Kind muß doch dabei unschuldig leiden.«

Diese und ähnliche Reden schwirren zu Tausenden unter der Menschheit. Selbst ernsthaft Suchende zerbrechen sich manchmal den Kopf darüber.

Mit der einfachen Erklärung der »unerforschlichen Wege Gottes, die alles zum Besten führen«, ist der Drang nach dem »Warum« nicht aus der Welt geschafft. Wer damit zufrieden sein soll, muß sich *stumpf* darein ergeben, oder jeden fragenden Gedanken sofort als Unrecht unterdrücken.

So ist es nicht gewollt! Durch Fragen findet man den rechten Weg. Stumpfsinn oder gewaltsames Zurückdrängen erinnert nur an Sklaventum. Gott aber will nicht Sklaven! Er will nicht das stumpfsinnige Sichfügen, sondern freies, bewußtes Aufwärtsschauen.

Seine herrlichen, weisen Einrichtungen brauchen nicht in mystisches Dunkel gehüllt zu sein, sondern gewinnen an ihrer erhabenen, unantastbaren Größe und Vollkommenheit, wenn sie frei vor uns liegen! Unwandelbar und unbestechlich, in gleichmäßiger Ruhe und Sicherheit verrichten sie unaufhaltsam ihr ewiges Wirken.

Sie kümmern sich nicht um Groll oder Anerkennung der Menschen, nicht um ihre Unwissenheit, sondern sie geben jedem einzelnen bis auf das

Allerfeinste abgetönt in reifen Früchten das zurück, was er als Saat ausstreute.

»Gottes Mühlen mahlen langsam, aber sicher«, heißt es in dem Volksmunde so treffend über dieses Weben unbedingter Wechselwirkung in der ganzen Schöpfung, deren unverrückbare Gesetze die Gerechtigkeit Gottes in sich tragen und auswirken. Es rieselt, fließt und strömt und ergießt sich über alle Menschen, gleichviel, ob diese es nun wünschen oder nicht, ob sie sich hingeben oder dagegen sträuben, sie müssen es empfangen als gerechte Strafe und Vergebung, oder Lohn in der Erhebung.

Wenn ein Murrender oder Zweifelnder nur ein einziges Mal einen Blick werfen könnte in das feinstoffliche, von straffem Geist durchzogene und getragene Wogen und Weben, das die ganze Schöpfung durchdringt, umfaßt, in dem sie ruht, das selbst ein Stück der Schöpfung ist, lebendig als ein ewig treibender Webstuhl Gottes, er würde sofort verschämt verstummen und bestürzt die Anmaßung erkennen, die in seinen Worten liegt.

Die ruhige Erhabenheit und Sicherheit, die er erschaut, zwingt ihn abbittend in den Staub.

Wie klein hat er doch seinen Gott gedacht! Und welche ungeheuere Größe findet er in dessen Werken. Er sieht dann ein, daß er in seinen höchsten irdischen Begriffen nur versuchen konnte, Gott herabzuzerren, die Vollkommenheit des großen Werkes zu schmälern mit dem vergeblichen Bemühen, es hineinzuzwängen in kleinliche Enge, die Verstandeszucht erschuf, die sich nie über Raum und Zeit erheben kann.

Der Mensch darf nicht vergessen, daß er in dem *Werke* Gottes steht, selbst ein Stück des Werkes ist, und somit unbedingt auch den Gesetzen dieses Werkes unterworfen bleibt.

Das Werk aber umfaßt nicht nur irdischen Augen sichtbare Dinge, sondern auch die feinstoffliche Welt, die den größten Teil des eigentlichen Menschenseins und Menschenwirkens in sich trägt. Die jeweiligen Erdenleben sind nur kleine Teile davon, *aber immer große Wendepunkte.*

Die irdische Geburt bildet stets nur den Beginn eines besonderen Abschnittes in dem ganzen Sein eines Menschen, nicht aber dessen Anfang überhaupt.

Beginnt der Mensch als solcher seinen Lauf in der Schöpfung, so steht er frei, ohne Schicksalsfäden, die dann erst durch sein Wollen von ihm ausgehend hinausziehen in die feinstoffliche Welt, durch Anziehungskraft der

Gleichart unterwegs immer stärker werden, sich mit anderen kreuzen, ineinanderweben und zurückwirken auf den Urheber, mit dem sie verbunden blieben, so das Schicksal oder Karma mit sich führend.

Die Auswirkungen gleichzeitig zurückströmender Fäden fließen dann ineinander, wodurch ursprünglich scharf ausgeprägte Farben andere Abtönungen erhalten und neue, kombinierte Bilder bringen*.

Die einzelnen Fäden bilden den Weg der Rückwirkungen so lange, bis der Urheber in seinem Innenwesen keinen Anhaltspunkt mehr für die gleiche Art bietet, diesen Weg also von sich aus nicht mehr pflegt und frisch hält, wodurch sich diese Fäden nicht mehr festhalten können, nicht mehr einzuhaken vermögen und verdorrend von ihm abfallen müssen, gleichviel, ob es nun Übles oder Gutes ist.

Jeder Schicksalsfaden wird also durch den Willensakt bei dem Entschluß zu einer Handlung feinstofflich geformt, zieht hinaus, bleibt aber trotzdem in dem Urheber verankert und bildet so den sicheren Weg zu gleichen Arten, diese stärkend, gleichzeitig aber auch wieder von diesen Stärke erhaltend, die den Weg zurückläuft zu dem Ausgangspunkte.

In diesem Vorgange liegt die Hilfe, die den nach Gutem Strebenden kommt, wie es verheißen ist, oder aber der Umstand, daß »Böses fortzeugend Böses gebären muß«**.

Jedem Menschen bringen nun die Rückwirkungen dieser laufenden Fäden, zu denen er täglich neue knüpft, sein Schicksal, das er sich selbst geschaffen hat und dem er unterworfen ist. Jede Willkür ist dabei ausgeschlossen, also auch jede Ungerechtigkeit. Das Karma, das ein Mensch mit sich trägt und das wie eine einseitige Vorausbestimmung erscheint, ist in Wirklichkeit nur die unbedingte *Folge* seiner Vergangenheit, soweit diese sich in der Wechselwirkung noch nicht ausgelöst hat.

Der wirkliche Anfang des Seins eines Menschen ist *immer* gut, und bei vielen auch das Ende, mit Ausnahme derer, die durch sich selbst verlorengehen, indem sie zuerst von sich aus durch ihre Entschlüsse dem Übel die Hand reichten, das sie dann ganz ins Verderben zog. Die Wechselfälle liegen immer nur in der Zwischenzeit, der Zeit des inneren Werdens und Reifens.

Der Mensch formt sich also stets sein zukünftiges Leben selbst. Er liefert die Fäden und bestimmt somit die Farbe und das Muster des Gewandes, das

* Vortrag: »Schicksal«.

** Vortrag: »Der Mensch und sein freier Wille«.

der Webstuhl Gottes durch das Gesetz der Wechselwirkung für ihn webt.

Weit zurück liegen oft die Ursachen, die bestimmend wirken für die Verhältnisse, in die eine Seele hineingeboren wird, ebenso für die Zeit, unter deren Einflüssen das Kind in die irdische Welt tritt, damit diese dann während seines Erdenwallens dauernd einwirkt und das erzielt, was zum Auslösen, Abschleifen, Abstoßen und Weiterbilden gerade dieser Seele notwendig ist.

Aber auch das geschieht nicht einseitig nur für das Kind, sondern die Fäden spinnen sich selbsttätig so, daß in dem Irdischen auch eine Wechselwirkung liegt.

Die Eltern geben dem Kinde gerade das, was es zu seiner Fortentwickelung braucht, ebenso umgekehrt das Kind den Eltern, sei es nun Gutes oder Übles; denn zur Fortentwicklung und zum Aufschwunge gehört natürlich auch das Freiwerden von einem Übel durch Ausleben desselben, wodurch es als solches erkannt und abgestoßen wird. Und die Gelegenheit dazu bringt stets die Wechselwirkung. Ohne diese würde der Mensch nie wirklich frei werden können von Geschehenem.

Also liegt in den Gesetzen der Wechselwirkung als großes Gnadengeschenk der Weg zur Freiheit oder zum Aufstiege. Es kann daher von einer Strafe überhaupt nicht gesprochen werden. Strafe ist ein falscher Ausdruck, da ja gerade darin die gewaltigste Liebe liegt, die dargereichte Hand des Schöpfers zur Vergebung und Befreiung.

Das irdische Kommen des Menschen setzt sich zusammen aus Zeugung, Inkarnation und Gebären. Die Inkarnation ist der eigentliche Eintritt des Menschen in das irdische Sein*.

Tausendfältig sind nun die Fäden, die mitwirken zur Bestimmung einer Inkarnation. Immer aber ist es auch in diesen Geschehnissen der Schöpfung eine bis zum Allerfeinsten abgetönte Gerechtigkeit, die sich auswirkt und zu einer Förderung *aller* dabei Beteiligten treibt.

Dadurch wird die Geburt eines Kindes zu noch viel Wichtigerem und Wertvollerem, als es im allgemeinen angenommen ist. Geschieht doch damit gleichzeitig dem Kinde, den Eltern und auch sogar etwaigen Geschwistern und anderen mit dem Kinde in Berührung kommenden Menschen mit dessen Eintreten in die irdische Welt eine neue, besondere Gnade des Schöpfers, in-

* Vortrag: »Die Erschaffung des Menschen«.

dem sie damit alle Gelegenheit erhalten, in irgendeiner Weise weiterzukommen.

Den Eltern kann durch notwendig werdende Krankenpflege, schwere Sorge oder Kummer die Gelegenheit zu geistigem Gewinn gegeben sein, sei es nun als einfaches Mittel zum Zweck oder auch als wirkliche Ablösung einer alten Schuld, vielleicht sogar als Vorablösung eines drohenden Karmas.

Es geschieht sehr oft, daß bei schon eingesetztem gutem Wollen eines Menschen dessen *eigene* schwere Krankheit, die ihn selbst nach dem Gesetz der Wechselwirkung als Karma treffen soll, aus Gnade infolge seines guten Wollens *vorabgelöst* wird durch aus freiem Entschlusse heraus erfolgende aufopfernde Pflege eines anderen oder eines eigenen Kindes.

Eine wirkliche Ablösung kann nur in der Empfindung erfolgen, in dem vollen Erleben. Bei Ausübung einer echt liebenden Pflege nun ist das Erleben oft noch größer als bei eigener Krankheit. Es ist tiefer in dem Bangen, dem Schmerze während der Krankheit des Kindes oder eines anderen, den man wirklich als seinen lieben Nächsten betrachtet. Ebenso tief auch die Freude bei dessen Genesen.

Und dieses starke Erleben allein drückt seine Spuren fest in die Empfindung, in den geistigen Menschen, formt ihn damit anders und schneidet mit dieser Umformung Schicksalsfäden ab, die ihn sonst noch getroffen hätten.

Durch dieses Abschneiden oder Fallenlassen schnellen die Fäden wie gespannter Gummi nach der Gegenseite zurück, den gleichartigen feinstofflichen Zentralen, von deren Anziehungskraft nunmehr einseitig gezogen. Damit ist jede weitere Wirkung auf den umgeformten Menschen ausgeschlossen, da der Verbindungsweg dazu fehlt.

So gibt es tausende Arten von Ablösungen in dieser Form, wenn ein Mensch freiwillig und gern irgendeine Pflicht anderen gegenüber auf sich nimmt, aus Liebe heraus.

Jesus hat darin in seinen Gleichnissen die besten Vorbilder gezeigt. Ebenso in seiner Bergpredigt und allen anderen Reden ganz deutlich auf die guten Erfolge derartiger Ausübungen hingewiesen. Er sprach dabei immer von dem »Nächsten« und zeigte damit den besten Weg zur Ablösung des Karmas und zum Aufstiege in schlichtester, lebenswahrster Form.

»Liebe Deinen Nächsten wie Dich selbst«, mahnte er und gab damit den Schlüssel zu dem Tore alles Aufsteigens. Es muß sich dabei nicht immer um

Krankheit handeln. Die Kinder, ihre notwendige Pflege und Erziehung, geben auf die natürlichste Art so viele Gelegenheiten, daß sie *alles* in sich bergen, was überhaupt nur als Ablösung in Betracht kommen kann. Und deshalb bringen Kinder Segen, gleichviel, wie sie geboren und entwickelt sind!

Das, was den Eltern gilt, gilt auch Geschwistern und allen, die viel mit Kindern in Berührung kommen. Auch diese haben Gelegenheiten, durch den neuen Erdenbürger zu gewinnen, indem sie sich bemühen, sei es auch nur durch Ablegung übler Eigenschaften oder ähnlicher Dinge, in Geduld, in sorgsamen Hilfeleistungen verschiedenster Art.

Dem Kinde selbst aber ist nicht weniger geholfen. Jeder ist durch die Geburt vor die Möglichkeit gestellt, ein gewaltiges Stück Weg aufwärts zu kommen! Wo es nicht geschieht, ist der Betreffende selbst schuld daran. Dann hat er nicht gewollt.

Deshalb ist jede Geburt als ein gütiges Gottesgeschenk zu betrachten, das gleichmäßig zur Verteilung kommt. Auch wer nun selbst keine Kinder hat und nimmt ein fremdes Kind zu sich, dem ist der Segen nicht verkürzt, sondern nur noch größer durch die Tat der Annahme, wenn diese um des Kindes willen erfolgt und nicht zur eigenen Befriedigung.

Bei einer gewöhnlichen Inkarnierung spielt die Anziehungskraft der geistigen Gleichart als mitwirkend bei der Wechselwirkung eine führende Rolle. Eigenschaften, die als ererbt angesehen werden, sind in Wirklichkeit nicht vererbt, sondern lediglich auf diese Anziehungskraft zurückzuführen. Es ist nichts geistig von Mutter oder Vater Ererbtes dabei, da das Kind ein ebenso abgeschlossener Mensch für sich ist, wie diese selbst, nur gleiche Arten in sich trägt, durch die es sich angezogen fühlte.

Doch nicht allein diese Anziehungskraft der Gleichart ist es, die bei der Inkarnierung ausschlaggebend wirkt, sondern es sprechen auch noch andere laufende Schicksalsfäden mit, an die die zu inkarnierende Seele gebunden ist und die vielleicht in irgendeiner Weise mit einem Angehörigen der Familie verknüpft sind, in die sie geführt wird. Alles das wirkt mit, zieht und führt zuletzt die Inkarnation herbei.

Anders aber ist es, wenn eine Seele eine freiwillige Mission auf sich nimmt, um entweder bestimmten irdischen Menschen zu helfen oder an einem Hilfswerke für die ganze Menschheit mitzuwirken. Dann nimmt eine Seele auch alles vorher gewollt auf sich, was sie auf Erden trifft, wodurch ebensowenig von Ungerechtigkeit gesprochen werden kann. Und der Lohn muß ihr ja in der Folge der Wechselwirkung dafür werden, wenn alles in aufopfernder Liebe geschieht, die aber wiederum nicht nach dem Lohne fragt.

In Familien, in denen erbliche Krankheiten sind, kommen Seelen zur Inkarnation, die diese Krankheiten durch Wechselwirkung zur Ablösung, Läuterung oder zum Vorwärtskommen brauchen.

Die führenden und haltenden Fäden lassen eine falsche, also ungerechte Inkarnation gar nicht zu. Sie schließen jeden Irrtum darin aus. Es wäre der Versuch des Schwimmens gegen einen Strom, der mit eiserner, unverrückbarer Gewalt seine geordneten Bahnen fließt und jeden Widerstand von vornherein ausschließt, so daß es gar nicht einmal zu einem Versuche kommen kann. Unter genauer Beachtung seiner Eigenschaften aber spendet er nur Segen.

Und Beachtung findet alles auch bei freiwilligen Inkarnationen, bei denen die Krankheiten freiwillig zur Erreichung eines bestimmten Zweckes übernommen werden. Wenn vielleicht der Vater oder die Mutter durch eine Schuld die Krankheit auf sich lud, sei es auch nur durch Nichtbeachtung der natürlichen Gesetze, die eine unbedingte Rücksichtnahme auf Gesunderhaltung des anvertrauten Körpers fordern, so wird der Schmerz darüber, diese Krankheit auch wieder an dem Kinde zu sehen, schon eine Sühne in sich tragen, die zur Läuterung hinführt, sobald der Schmerz echt empfunden wird.

Besondere Beispiele anzuführen hat wenig Zweck, da jede einzelne Geburt durch die vielverschlungenen Schicksalsfäden ein neues Bild ergeben würde, abweichend von den anderen, und sogar jede Gleichart sich durch die feinen Abtönungen der Wechselwirkungen in ihren Mischungen in tausendfältigen Variationen zeigen muß.

Nur ein einfaches Beispiel sei gebracht: Eine Mutter liebt ihren Sohn derart, daß sie ihn mit allen Mitteln daran hindert, durch eine Heirat von ihr zu gehen. Sie fesselt ihn dauernd an sich. Diese Liebe ist falsch, rein selbstsüchtig, auch wenn die Mutter nach ihrer Meinung alles bietet, um dem Sohne das Erdenleben so schön wie möglich zu machen. Sie hat mit ihrer selbstsüchtigen Liebe zu Unrecht in das Leben ihres Sohnes eingegriffen.

Die wahre Liebe denkt nie an sich selbst, sondern immer nur zugunsten des geliebten Anderen und handelt darnach, auch wenn es mit eigener Entsagung verknüpft ist.

Die Stunde der Mutter kommt, da sie abgerufen wird. Der Sohn steht nun allein. Es ist für ihn zu spät geworden, um noch den freudigen Schwung zur Erfüllung seiner eigenen Wünsche aufzubringen, den die Jugend verleiht. Trotz allem hat er dabei noch etwas gewonnen; denn er löst durch die herbeigeführte Entsagung irgend etwas aus. Sei es nun eine Gleichart aus seinem früheren Sein, womit er gleichzeitig der inneren Vereinsamung in einer Ehe ausgewichen ist, die ihn sonst bei Verheiratung hätte treffen müssen, oder irgend etwas anderes. Es gibt in solchen Dingen nur Gewinn für ihn.

Die Mutter aber hat ihre selbstsüchtige Liebe mit hinübergenommen. Die Anziehungskraft geistiger Gleichart zieht sie deshalb unwiderstehlich zu Menschen hin mit gleichen Eigenschaften, da sie in deren Nähe die Möglichkeit findet, in dem Empfindungsleben solcher Menschen einen kleinen Teil ihrer eigenen Leidenschaft mitempfinden zu können, wenn diese ihre selbstsüchtige Liebe anderen gegenüber ausüben. Dadurch bleibt sie erdgebunden.

Wenn nun bei den Menschen, in deren Nähe sie sich dauernd befindet, eine Zeugung erfolgt, kommt sie durch diese Bindung des sich geistig Aneinanderkettens zur Inkarnation.

Dann wendet sich das Blatt. Sie muß nun als Kind unter der gleichen Eigenschaft des Vaters oder der Mutter dasselbe erleiden, was sie einst ihr Kind erleiden ließ. Sie kann sich nicht lösen von ihrem Elternhause trotz ihres Verlangens und der sich bietenden Gelegenheiten. Damit wird ihre Schuld getilgt, indem sie durch das Erleben an sich selbst derartige Eigenschaften als Unrecht erkennt und damit davon befreit wird.

Durch die Verbindung mit dem grobstofflichen Körper, also die Inkarnation, wird jedem Menschen eine Binde vorgelegt, die ihn hindert, sein rückwärtiges Sein zu überschauen. Auch das ist, wie alles Geschehen in der Schöpfung, nur zu dem Vorteile des Betreffenden. Es liegt darin wieder die Weisheit und die Liebe des Schöpfers.

Würde sich ein jeder auf das frühere Sein genau besinnen, so bliebe er in seinem neuen Erdenleben nur ruhiger Beobachter, danebenstehend, in dem Bewußtsein, einen Fortschritt damit zu gewinnen oder etwas abzulösen. Es würde aber gerade dadurch dann für ihn kein Vorwärtskommen werden, sondern vielmehr eine große Gefahr des Abwärtsgleitens bringen.

Das Erdenleben soll wirklich *erlebt* werden, wenn es Zweck haben soll. Nur was innerlich mit allen Höhen und Tiefen durchgelebt, also durchempfunden wird, hat man sich zu eigen gemacht. Wenn ein Mensch von vornherein die genaue Richtung stets klar wüßte, die ihm nützlich ist, so gäbe es für ihn kein Erwägen, kein Entscheiden. Dadurch könnte er wiederum keine Kraft und keine Selbständigkeit gewinnen, die er unbedingt notwendig hat.

So aber nimmt er jede Situation seines Erdenlebens wirklicher. Jedes wirklich Erlebte prägt Eindrücke fest in die Empfindung ein, in das Unvergängliche, das der Mensch mit hinübernimmt bei seiner Wandlung als sein Eigen, als ein Stück von ihm selbst, neu nach den Eindrücken geformt. Aber auch *nur* das wirklich Erlebte, alles andere erlischt mit dem irdischen Tode. Das *Erlebte* aber bleibt als abgeklärter Extrakt des Erdendaseins sein Gewinn!

Zu dem Erlebten gehört nicht alles Erlernte. Sondern von dem Erlernten nur das, was man sich davon durch Erleben zu eigen machte. Der ganze übrige Wust des Erlernten, wofür so mancher Mensch sein ganzes Erdendasein opfert, bleibt als Spreu zurück. Deshalb kann jeder Augenblick des Lebens nie ernst genug genommen werden, damit durch die Gedanken, Worte und Werke starke Lebenswärme pulsiert, sie nicht zu leeren Gewohnheiten herabsinken.

Das neugeborene Kind erscheint nun durch die bei der Inkarnierung vorgelegte Binde als vollkommen unwissend und wird deshalb irrtümlich auch für unschuldig angesehen. Dabei bringt es oft ein gewaltiges Karma mit, das ihm Gelegenheiten bietet, frühere Irrwege abzulösen in dem Ausleben. Karma ist in der Vorausbestimmung nur die notwendige Folge des Geschehenen. Bei Missionen eine freiwillige Übernahme, um damit das irdische Verständnis und die irdische Reife zur Erfüllung der Mission zu erlangen, soweit es nicht zur Mission selbst gehört.

Deshalb sollte der Mensch nicht mehr murren über Ungerechtigkeit bei den Geburten, sondern dankbar zu dem Schöpfer blicken, der mit jeder einzelnen Geburt nur neue Gnaden spendet!

IST OKKULTE SCHULUNG ANZURATEN?

DIESE Frage muß mit einem absoluten »Nein« beantwortet werden. Okkulte Schulung, zu der im allgemeinen die Übungen zur Erlangung von Hellsehen, Hellhören usw. zählen, ist ein Hemmnis zur inneren freien Entwicklung und zum wirklichen geistigen Aufschwunge. Was damit großgezogen werden kann, darunter verstand man in der Vorzeit sogenannte Magier, sobald die Schulung einigermaßen günstig verlaufen war.

Es ist ein einseitiges Vorwärtstasten von unten nach oben, wobei der sogenannte Erdenbann nie überschritten werden kann. Es wird sich bei allen diesen unter Umständen zu erreichenden Vorkommnissen immer nur um Dinge niederer und niederster Art handeln, die die Menschen an sich innerlich nicht höher zu bringen vermögen, wohl aber irreführen können.

Der Mensch vermag damit nur in die ihm zunächstliegende feinstoffliche Umgebung zu dringen, deren Intelligenzen oft noch unwissender sind als die Erdenmenschen selbst. Alles, was er damit erreicht, ist, daß er sich ihm unbekannten Gefahren öffnet, vor denen er gerade durch Nichtöffnen geschützt bleibt.

Ein durch Schulung hellsehend oder hellhörend Gewordener wird in dieser niederen Umgebung oft auch Dinge sehen oder hören, die den Anschein des Hohen und Reinen haben und doch weit davon entfernt sind. Dazu kommt noch die eigene, durch Übungen noch mehr gereizte Phantasie, die ebenfalls eine Umgebung erzeugt, die der Schüler dann tatsächlich sieht und hört, und die Verwirrung ist da.

So ein durch künstliche Schulung auf unsicheren Füßen stehender Mensch kann nicht unterscheiden, kann mit dem besten Willen keine scharfe Grenze ziehen zwischen Wahrheit und Täuschung, sowie der tausendfältigen Gestaltungskraft im feinstofflichen Leben. Zuletzt kommen noch die niederen, für ihn unbedingt schädlichen Einflüsse dazu, denen er sich selbst freiwillig mit vieler Mühe geöffnet hat, denen er nicht eine höhere Kraft entgegenstellen kann, und so wird er bald ein steuerloses Wrack auf unbekannter See, das für alles, was mit ihm zusammentrifft, gefährlich werden kann.

Es ist genau so, als wenn ein Mensch nicht schwimmen kann. Er ist vollkommen fähig, in einem Kahne ganz geborgen durch das ihm nicht vertraute Element zu fahren. Dem irdischen Leben vergleichbar. Zieht er aber während der Fahrt aus dem ihn schützenden Kahne eine Planke fort, so reißt er in den Schutz eine Lücke, durch die das Wasser eindringt, ihn seines Schutzes beraubt und hinabzieht. Dieser Mensch, des Schwimmens unkundig, wird dadurch nur ein Opfer des ihm unvertrauten Elementes.

So ist der Vorgang der okkulten Schulung. Der Mensch zieht damit nur eine Planke seines ihn schützenden Schiffes fort, *lernt aber nicht schwimmen!*

Es gibt aber auch Schwimmer, die sich Meister nennen. Schwimmer auf diesem Gebiete sind solche, die eine schon fertige Veranlagung in sich tragen und dieser durch einige Schulung die Hand reichten, um sie zur Geltung zu bringen, sie auch immer mehr zu erweitern suchen. In solchen Fällen wird sich also eine mehr oder weniger fertige Veranlagung mit künstlicher Schulung verbinden. Doch auch bei dem besten Schwimmer sind stets ziemlich enge Grenzen gesetzt. Wagt er sich zu weit hinaus, so erlahmen ihm die Kräfte, und er ist zuletzt ebenso verloren wie ein Nichtschwimmer, wenn ... ihm, wie auch dem Nichtschwimmer, nicht Hilfe kommt.

Solche Hilfe kann aber in der feinstofflichen Welt nur aus der lichten Höhe kommen, aus dem reinen Geistigen. Und diese Hilfe wiederum kann nur dann heran, wenn der in Gefahr Befindliche in seiner seelischen Entwicklung eine bestimmte Stufe der Reinheit erreicht hat, mit der sie sich zu einem Halt verbinden kann. Und solche Reinheit wird nicht durch okkulte Schulung für Versuche erreicht, sondern kann nur kommen durch Hebung der inneren echten Moral in dauerndem Aufblick zu der Reinheit des Lichtes.

Ist ein Mensch nun *diesem* Wege gefolgt, der ihn mit der Zeit zu einem gewissen Grade innerer Reinheit bringt, die sich naturgemäß dann auch in seinen Gedanken, Worten und Werken widerspiegelt, so erhält er nach und nach Verbindung mit den reineren Höhen und von dort in Wechselwirkung auch verstärkte Kraft.

Er hat damit eine Verbindung durch alle Zwischenstufen hindurch, die ihn hält und an die er sich halten kann. Es währt dann nicht lange, so wird ihm alles das ohne eigene Mühe gegeben, was die Schwimmer vergebens zu erreichen strebten. Aber mit einer Sorgfalt und Vorsicht, die in den straffen Gesetzen der Wechselwirkung liegt, daß er immer gerade nur so viel davon bekommt, wie er in mindestens gleicher Stärke Gegenkraft zu geben vermag, womit jede Gefahr von vornherein beseitigt ist.

Zuletzt wird die trennende Schranke, die mit den Planken eines Kahnes zu vergleichen ist, dünner und dünner und fällt schließlich ganz. Das ist dann aber auch der Augenblick, wo er wie der Fisch im Wasser sich in der feinstofflichen Welt bis hinauf zu lichten Höhen ganz zu Hause fühlt. Dies ist der einzig richtige Weg.

Alles durch künstliche Schulung Verfrühte ist dabei verfehlt. Nur dem Fisch im Wasser ist das Wasser wirklich ungefährlich, weil es »sein Element« ist, für das er jede Ausrüstung in sich trägt, die auch ein geschulter Schwimmer *nie erreichen* kann.

Nimmt ein Mensch die Schulung vor, so geht dem Anfang ein freiwilliger Entschluß voraus, dessen Folgen er dann unterworfen ist. Deshalb kann er auch nicht damit rechnen, daß ihm Hilfe werden *muß*. Er hatte vorher seinen freien Willensentschluß.

Ein Mensch aber, der zu solchen Schulungen andere veranlaßt, die dann dadurch Gefahren verschiedenster Art preisgegeben sind, hat einen großen Teil der Folgen als Schuld von jedem einzelnen auf sich zu nehmen. Er wird an alle feinstofflich gekettet. Unwiderruflich muß er nach seinem irdischen Ableben hinab zu den Vorausgegangenen, die den Gefahren unterlagen, bis zu dem, der dabei am tiefsten sank.

Nicht eher vermag er selbst emporzusteigen, als bis er jedem einzelnen von denen wieder hinaufgeholfen hat, der Irrweg ausgelöscht und außerdem auch das dadurch Versäumte nachgeholt ist. Das ist der Ausgleich in der Wechselwirkung und gleichzeitig der Gnadenweg für ihn, das Unrecht gutzumachen und emporzukommen.

Hat ein solcher Mensch nun darin nicht nur durch das Wort, sondern auch durch die Schrift gewirkt, so trifft es ihn noch schwerer, weil diese Schrift auch nach seinem eigenen irdischen Ableben weiterhin Unheil anrichtet. Er muß dann im feinstofflichen Leben abwarten, bis keiner mehr hinüberkommt, der durch die Schrift sich irreführen ließ, dem er deshalb wieder aufzuhelfen hat. Jahrhunderte können dabei vergehen.

Damit ist aber nicht gemeint, daß das Gebiet der feinstofflichen Welt im irdischen Leben unberührt und unerschlossen bleiben soll!

Innerlich Gereiften wird es stets zu rechter Stunde zufallen, daß sie sich zu Hause fühlen, was für andere Gefahren birgt. Sie dürfen die Wahrheit schauen und sie weitergeben. Aber dabei werden sie auch die Gefahren klar überblicken, die denen drohen, die durch okkulte Schulung einseitig hineinreichen wollen in die Niederungen ihnen unbekannten Landes. Sie werden niemals zu okkulten Schulungen Veranlassung geben.

SPIRITISMUS

Spiritismus! Mediumschaft! Heftig brennt der Streit dafür und auch dagegen. Es ist nicht meine Aufgabe, über die Gegner und deren Eifer der Verneinung etwas zu sagen. Das würde Zeitverschwendung sein; denn jeder logisch denkende Mensch braucht nur die Art der sogenannten Prüfungen oder Forschungen zu lesen, um selbst zu erkennen, daß diese völlige Unkenntnis und entschiedenes Unvermögen der »Prüfenden« zeigen.

Warum? Wenn ich das Erdreich erforschen will, muß ich mich nach der Erde richten und deren Beschaffenheit. Will ich dagegen das Meer ergründen, bleibt mir weiter nichts anderes übrig, als mich dabei nach der Beschaffenheit des Wassers zu richten und mich der Beschaffenheit des Wassers entsprechender Hilfsmittel zu bedienen.

Dem Wasser mit Spaten und Schaufel oder mit Bohrmaschinen zu Leibe zu gehen, würde mich in meinen Forschungen wohl nicht weit führen. Oder soll ich etwa das Wasser verneinen, weil ich im Gegensatz zu der mir gewohnteren, festeren Erde mit dem Spaten glatt hindurchfahre? Oder weil ich nicht ebenso, wie auf fester Erde gewöhnt, mit den Füßen darauf wandern kann?

Gegner werden sagen: »Das ist ein Unterschied; denn das Dasein des Wassers *sehe* ich und fühle ich, das kann also niemand ableugnen!«

Wie lange ist es her, daß man die Millionen buntfarbiger Lebewesen in einem Wassertropfen sehr energisch ableugnete, von deren Bestehen jetzt ein jedes Kind schon weiß? Und weshalb leugnete man? Nur weil man sie nicht sah! Erst, nachdem man ein Instrument erfand, das auf ihre Beschaffenheit eingestellt war, konnte man die neue Welt erkennen, sehen und beobachten.

Also auch mit der außerstofflichen Welt, dem sogenannten Jenseits! Werdet doch sehend! Und *dann* erlaubt Euch ein Urteil! Es liegt an *Euch*, nicht an der »anderen Welt«. Ihr habt außer Euerem grobstofflichen Körper auch noch den Stoff der anderen Welt in Euch, während die Jenseitigen Euer Grobstoffliches nicht mehr besitzen.

Ihr verlangt und erwartet, daß sich Euch die Jenseitigen nähern (Zeichen geben usw.), die über keinerlei Grobstofflichkeit mehr verfügen. Ihr wartet darauf, daß sie ihr Bestehen *Euch* nachweisen, während Ihr selbst, die Ihr außer dem Grobstofflichen auch ebenso über den Stoff der Jenseitigen verfügt, abwartend sitzt mit den Gesten eines Richters.

Schlagt *Ihr* doch die Brücke, die *Ihr* schlagen *könnt,* arbeitet endlich mit dem gleichen Stoff, der auch Euch zu Gebote steht, und werdet dadurch sehend! Oder schweigt, wenn Ihr es nicht versteht, und mästet weiter nur das Grobstoffliche, das das Feinstoffliche immer mehr beschwert.

Einst kommt der Tag, wo sich das Feinstoffliche von dem Grobstofflichen trennen muß und dann ermattet liegen bleibt, weil es des Fluges ganz entwöhnt wurde; denn auch das ist alles den irdischen Gesetzen unterworfen wie der irdische Körper.

Nur Bewegung bringt Kraft! Ihr braucht nicht Medien, um Feinstoffliches zu erkennen. Beobachtet nur das Leben, das Euer eigenes Feinstoffliche in Euch führt. Gebt ihm durch Eueren Willen, wessen es bedarf, um zu erstarken. Oder wollt Ihr das Bestehen Eueres Willens auch bestreiten, da Ihr ihn nicht seht und nicht betasten könnt?

Wie oft fühlt Ihr die Auswirkungen Eueres Willens in Euch selbst. Ihr fühlt diese wohl, könnt sie aber weder sehen noch anfassen. Sei es nun Erhebung, Freude oder Leid, Zorn oder Neid. Sobald der Wille Wirkung hat, muß er auch Kraft besitzen, die einen Druck erzeugt; denn ohne Druck kann keine Wirkung sein, kein Fühlen. Und wo ein Druck ist, muß ein Körper wirken, etwas Festes von dem gleichen Stoff, sonst kann kein Druck entstehen.

Es müssen also feste Formen sein von einem Stoff, den Ihr mit Eurem grobstofflichen Körper weder sehen noch betasten könnt. Und so ist die Stofflichkeit des Jenseits, die Ihr nur mit der auch Euch innewohnenden Gleichart zu erkennen vermögt.

Sonderbar ist der Streit über das Für und Wider eines Lebens nach dem irdischen Tode, eigentlich oft bis zur Lächerlichkeit. Wer ruhig, vorurteilsfrei und wunschlos zu denken und beobachten vermag, wird bald finden, daß tatsächlich *alles,* aber auch alles für die Wahrscheinlichkeit einer bestehenden andersstofflichen Welt spricht, die der jetzige Durchschnittsmensch nicht zu sehen vermag. Es sind so viele Vorgänge, die daran immer und immer wieder mahnen und die nicht einfach als nichtbestehend achtlos zur Seite geschoben werden können.

Dagegen ist für ein unbedingtes Aufhören nach dem irdischen Ableben weiter nichts vorhanden als der Wunsch vieler, die sich damit gern jeder geistigen Verantwortung entziehen möchten, bei der Klugheit und Geschicklichkeit nicht in die Waagschale fallen, sondern nur das wirkliche Empfinden. –

Doch nun zu den *Anhängern* des Spiritismus, Spiritualismus und so weiter, wie sie es auch nennen mögen, es kommt zuletzt auf eins heraus, auf große Irrtümer!

Die Anhänger sind oft der Wahrheit viel gefährlicher als Gegner, viel schadenbringender!

Von den Millionen sind nur wenige, die sich die Wahrheit sagen lassen wollen. Die meisten sind in einem Riesenkranze kleiner Irrtümer verstrickt, die sie den Weg daraus zu schlichter Wahrheit nicht mehr finden lassen. Woran liegt die Schuld? Etwa am Jenseitigen? Nein! Oder an Medien? Auch nicht! *Nur an dem Einzelmenschen selbst!* Er ist nicht ernst und scharf genug gegen sich selbst, will vorgefaßte Meinungen nicht stürzen, scheut sich, ein selbstgebautes Bild vom Jenseits zu zertrümmern, das ihm in seiner Phantasie geraume Zeit *heilige Schauer und gewisses Wohlbehagen gab.*

Und wehe dem, der daran rührt! Ein jeder Anhänger hat schon den Stein zum Wurf auf ihn bereit! Er klammert sich daran fest und ist bereit, viel eher Jenseitige Lügen- oder Neckgeister zu nennen, oder Medien der Mangelhaftigkeit zu zeihen, bevor er ruhig prüfend an sich selbst geht, überlegt, ob *sein Begriff* nicht etwa falsch gewesen ist.

Wo sollte ich da anfangen, das viele Unkraut auszurotten? Es würde eine Arbeit ohne Ende sein. Deshalb sei das, was ich hier sage, nur für die, die wirklich ernsthaft suchen; denn nur solche sollen finden.

Ein Beispiel: Ein Mensch besucht ein Medium, sei dies nun bedeutend oder nicht. Es sind noch andere mit ihm. Eine »Sitzung« beginnt. Das Medium »versagt«. Es wird nichts. Die Folge? Es gibt Leute, die sagen darauf: Das Medium taugt nichts. Andere: Der ganze Spiritismus ist nichts. Prüfende werfen sich in die Brust und verkünden: Die oft erprobten medialen Eigenschaften des Mediums waren Schwindel; denn sobald *wir* kommen, wagt das Medium nichts. Und die »Geister« schweigen!

Gläubige und Überzeugte aber gehen bedrückt fort. Der Ruf des Mediums leidet und kann bei mehrmaligem »Versagen« ganz verschwinden.

Ist nun gar eine Art Manager für das Medium vorhanden, und sind Geldeinnahmen damit verbunden, so wird der Manager nervös das Medium drängen, daß es sich doch Mühe geben soll, wenn die Leute Geld dafür ausgeben usw. Kurz: Es gibt Zweifel, Spott, Unzufriedenheit, und das Medium wird bei einem neuen Versuche sich krampfhaft in medialen Zustand zu wühlen suchen, dabei in einer Art nervöser Selbstbetörung vielleicht unbewußt etwas sagen, das es zu hören vermeint, oder aber zum direkten Betruge greifen, der zum Beispiel einem Sprechmedium nicht sehr schwer wird.

Urteil: Schwindel, Verneinung des ganzen Spiritismus, weil vielleicht einige der Medien unter genannten Umständen zum Betruge griffen, um zunehmender Feindschaft auszuweichen. Dazu einige Fragen:

1. In welcher Menschenklasse, wie sie auch sei, gibt es keine Schwindler? Verurteilt man wegen einiger Schwindler auch bei anderen Dingen gleich das Können der ehrlich Arbeitenden?

2. Warum gerade hierin und tatsächlich nirgends anderswo?

Diese Fragen kann sich jeder selbst leicht beantworten.

Wer aber trägt nun die Hauptschuld an solchen unwürdigen Zuständen? Das Medium nicht, wohl aber die Menschen selbst! Durch ihre etwas sehr einseitigen Anschauungen, vor allem aber durch ihre völlige Unwissenheit zwingen sie das Medium, zu wählen zwischen ungerechten Anfeindungen oder Täuschungen.

Einen Mittelweg lassen die Menschen einem Medium nicht so leicht.

Ich spreche hierbei nur von einem ernstzunehmenden Medium, nicht von den zahlreichen medial Angehauchten, die ihre geringen Fähigkeiten in den Vordergrund zu drängen suchen. Es liegt mir auch fern, für die großen Gefolgschaften der Medien in irgendeiner Weise einzutreten; denn eigentlicher Wert solcher sich um Medien scharender Spiritisten ist in den seltensten Fällen vorhanden, mit Ausnahme der ernsten Forscher, die sich diesem Neuland *lernend,* nicht aber unwissend richtend gegenüberstellen.

Für die größte Zahl der sogenannten Gläubigen bringen diese Besuche oder »Sitzungen« keinen Fortschritt, sondern Stillstand oder Rückgang. Sie werden so unselbständig, daß sie sich selbst für nichts mehr entscheiden können, sondern immer den Rat »Jenseitiger« dazu einholen wollen. Oft in den lächerlichsten Dingen und meistens für irdische Kleinigkeiten.

Ein ernster Forscher oder ehrlich suchender Mensch wird sich dabei immer empören über die unsagbare Beschränktheit gerade solcher, die sich bei Medien seit Jahren als ständige Besucher »heimisch« fühlen.

Mit außerordentlich kluger und überlegener Miene reden sie den größten Unsinn und sitzen dann mit heuchlerischer Andacht da, um den angenehmen Nervenkitzel über sich ergehen zu lassen, den der Verkehr mit unsichtbaren Kräften in der Einbildung bringt.

Viele Medien sonnen sich dabei in den schmeichlerischen Reden solcher Besucher, die in Wirklichkeit nur das eigensüchtige Verlangen damit kundtun, daß sie selbst recht viel »erleben« möchten. Das »Erleben« aber ist für sie gleichbedeutend nur mit Hören oder Sehen, also Unterhaltenwerden. Zum »Erleben« wird nie etwas in ihnen.

Was soll ein *ernster* Mensch nun bei solchen Vorkommnissen bedenken?

1. Daß ein Medium überhaupt nichts zu einem »Gelingen« beitragen kann, außer sich innerlich zu öffnen, also hinzugeben, und im übrigen abzuwarten; denn es ist ein Werkzeug, das benützt wird, ein Instrument, das allein keinen Klang hervorzubringen vermag, wenn es nicht gespielt wird. Ein sogenanntes *Versagen* kann es also deshalb gar nicht geben. Wer davon spricht, zeigt Beschränktheit, er soll die Hände davon lassen und auch keine Meinungen äußern, da er ja kein Urteil haben kann. Genau wie jeder, dem das Lernen schwerfällt, auch die Universität meiden sollte. Ein Medium ist also einfach eine Brücke, oder ein Mittel zum Zweck.

2. Daß dabei aber die *Besucher* eine große Rolle spielen! Nicht in ihrem Äußeren oder gar weltlichen Stande, sondern *mit ihrem Innenleben!*

Das Innenleben ist, wie auch den größten Spöttern bekannt, eine Welt für sich. Es kann natürlich kein »Nichts« sein mit seinen Empfindungen, mit seinen zeugenden und nährenden Gedanken, sondern es müssen logischerweise feinstoffliche Körper oder Dinge sein, die durch Druck oder Einwirkung Empfindungen erwecken, weil sonst keine solchen entstehen könnten.

Ebensowenig können im Geiste Bilder gesehen werden, wenn nichts da ist. Gerade eine derartige Auffassung würde ja das größte Loch bedeuten in den Gesetzen exakter Wissenschaften.

Also *muß* etwas da sein, und es *ist* auch etwas da; denn der zeugende Gedanke schafft in der feinstofflichen, also jenseitigen Welt sofort entsprechende Formen, deren Dichtheit und Lebensfähigkeit von der Empfindungskraft der betreffenden zeugenden Gedanken abhängig sind. So entsteht also mit dem, was »Innenleben« eines Menschen genannt wird, auch eine entsprechende feinstofflich gleichgeformte Umgebung um diesen.

Und diese Umgebung ist es, die ein Medium, das geöffneter auf die feinstoffliche Welt eingestellt ist, wohltuend oder unangenehm, sogar auch schmerzhaft berühren muß. Dadurch kann es vorkommen, daß wirkliche Kundgebungen aus der feinstofflichen Welt nicht so rein wiedergegeben werden, wenn das Medium durch Gegenwart von Menschen mit feinstofflich oder geistig unreinem Innenleben beengt, bedrückt oder verwirrt wird.

Aber es geht noch weiter. Diese Unreinheit bildet eine Mauer für reinere Feinstofflichkeit, so daß eine Kundgebung aus diesem Grunde gar nicht erfolgen kann, oder nur von gleich unrein-feinstofflicher Art.

Bei Besuchern mit *reinem* Innenleben ist natürlich Verbindung mit entsprechender reiner feinstofflicher Umgebung möglich. Jeder Unterschied aber bildet eine unüberbrückbare Kluft! Daher die Unterschiede bei sogenannten Sitzungen, daher oft völliges Versagen oder eintretende Verworrenheit. Das alles besteht auf unverrückbaren, rein physikalischen Gesetzen, die im Jenseits genau so wirken wie im Diesseits.

Somit kommen die abfälligen Berichte von »Prüfenden« in ein anderes Licht. Und wer die feinstofflichen Vorgänge zu beobachten imstande ist, muß lächeln, da sich so mancher Prüfende mit seinem Berichte sein *eigenes* Urteil spricht, sein eigenes Innenleben preisgibt, nur *seinen* Seelenzustand tadelt.

Ein zweites Beispiel: Ein Mensch besucht ein Medium. Es geschieht ihm, daß ein hinübergegangener Verwandter durch das Medium zu ihm spricht. Er fragt ihn dabei um Rat über eine vielleicht ganz wichtige irdische Angelegenheit. Der Hinübergegangene gibt ihm darüber einige Anweisungen, die der Besucher wie ein Evangelium, eine Offenbarung aus dem Jenseits entgegennimmt, sich dann genau darnach richtet und dadurch ... hineinfällt, oft schweren Schaden erleidet.

Die Folge? Der Besucher wird in erster Linie an dem Medium zweifeln, in seiner Enttäuschung und aus dem Ärger des Schadens heraus vielleicht gegen das Medium arbeiten, in manchen Fällen sogar sich verpflichtet fühlen, öffentliche Angriffe zu führen, um andere vor dem gleichen Schaden und Hereinfallen zu bewahren. –

Hier müßte ich nun anschließend das jenseitige Leben erklären, wie ein solcher Mensch sich dadurch ähnlichen jenseitigen Strömungen öffnet durch die Anziehungsart der geistigen Gleichart, und wie er dann als Werkzeug solcher Gegenströmungen zum Eiferer zu werden vermag in dem stolzen

Bewußtsein, für die Wahrheit einzutreten und der Menschheit damit einen großen Dienst zu erweisen, während er sich in Wirklichkeit zu einem Sklaven der Unreinheit macht und sich ein Karma aufbürdet, zu dessen Lösung er ein Menschenalter und noch mehr benötigt, aus dem dann immer wieder neue Fäden ausgehen, so daß ein Netz entsteht, in das er sich verstrickt, er zuletzt überhaupt nicht mehr ein noch aus weiß, und dann feindlich um so wütender eifert. –

Oder der enttäuschte Besucher wird, wenn er das Medium nicht als Schwindler betrachtet, mindestens sehr zweifelnd dem ganzen Jenseitigen gegenüberstehen oder den üblichen bequemen Weg einschlagen, den Tausende gehen, und sich sagen: »Was geht mich schließlich das Jenseits an. Darüber mögen sich andere den Kopf zerbrechen. Ich habe Besseres zu tun.« Das »Bessere« aber ist, durch Gelderwerben nur dem Körper zu dienen und sich damit noch mehr von dem Feinstofflichen zu entfernen.

Woran aber liegt nun eigentlich die Schuld? *Nur wieder an ihm selbst!* Er hatte sich ein *falsches* Bild gemacht, indem er das Gesagte wie ein Evangelium hinnahm. Das war *sein* Fehler ganz allein und kein Verschulden anderer. Weil er annahm, daß ein Hinübergegangener durch seine Feinstofflichkeit gleichzeitig auch zum Teil allwissend oder doch wenigstens mehrwissend wurde.

Darin liegt der Irrtum vieler Hunderttausende. Alles, was ein Hinübergegangener mehr weiß durch seine Wandlung, ist, daß er wirklich mit dem sogenannten Sterben nicht aufgehört hat zu sein.

Das ist aber auch alles, solange er nicht die Gelegenheit wahrnimmt, in der feinstofflichen Welt weiterzukommen, was auch dort von seinem eigenen, freien Entschlusse abhängig ist, sowie von seinem ehrlichen und fleißigen Sichmühen.

Er wird also bei Befragung um irdische Dinge in dem guten Wollen, den Wunsch zu erfüllen, seine Meinung kundtun, auch in der Überzeugung, daß er damit das Beste gibt; aber er ist selbst unbewußt gar nicht in der Lage, irdische Dinge und Verhältnisse so klar zu beurteilen, wie ein noch darin lebender Mensch in Fleisch und Blut, da ihm die Grobstofflichkeit abgeht, die er zu richtiger Beurteilung unbedingt benötigt.

Sein Standpunkt muß also ein ganz anderer sein. Doch er gibt das, was er vermag, und gibt damit im besten Wollen auch das Beste. Es ist also weder ihm noch dem Medium ein Vorwurf zu machen. Er ist deshalb auch kein Lügengeist, wie wir überhaupt nur wissende und unwissende Geister unterscheiden sollten; denn sobald ein Geist sinkt, also unreiner und schwerer wird, verengt sich gleichzeitig auch ganz naturgemäß sein Horizont.

Er gibt und wirkt stets das, was er selbst fühlt: *Und er lebt nur der Empfindung*, nicht dem berechnenden Verstande, den er nicht mehr hat, da dieser an das irdische Gehirn gebunden war, und damit auch an Raum und Zeit. Sobald das mit dem Sterben wegfiel, gab es für ihn kein Denken und kein Überlegen mehr, sondern nur ein Empfinden, *ein unmittelbares, dauerndes Erleben!*

Der Fehler liegt an denen, die um Irdisches, an Raum und Zeit Gebundenes noch Rat einholen wollen von denen, die die Einengung nicht mehr haben und deshalb auch nicht begreifen können.

Die Jenseitigen sind wohl in der Lage, zu erkennen, welche Richtung in irgendeiner Sache die richtige und welche die falsche ist, aber dann muß der Mensch mit seinen irdischen Hilfsmitteln, also dem Verstande und seiner Erfahrung abwägen, wie er die rechte Richtung zu gehen vermag. Er muß es in Einklang mit allen irdischen Möglichkeiten bringen! Das ist *seine* Arbeit.

Auch wenn ein tiefgesunkener Geist Gelegenheit zum Einfluß und Sprechen erlangt, so kann niemand sagen, daß er lügt oder falsch zu führen versucht, sondern er gibt das wieder, was er lebt, und sucht auch andere davon zu überzeugen. Er kann nichts anderes geben.

So sind zahllose Irrtümer in der Auffassung der Spiritisten.

Der »Spiritismus« ist sehr anrüchig geworden, doch nicht aus sich selbst, sondern durch die größte Zahl der Anhänger, die schon nach wenigen und oft sehr kärglichen Erlebnissen begeistert wähnen, daß der Schleier für sie weggezogen sei, und die dann eifrig andere beglücken wollen mit einer Vorstellung vom feinstofflichen Leben, die sie sich selbst erdachten, die eine zügellose Phantasie erschuf und die vor allen Dingen ihre eigenen Wünsche völlig deckt. Selten aber stehen solche Bilder ganz im Einklang mit der Wahrheit!

ERDGEBUNDEN

Das Wort wird viel gebraucht. Doch wer versteht dabei auch wirklich, was er damit sagt? »Erdgebunden« klingt wie eine fürchterliche Strafe. Die meisten Menschen fühlen ein gelindes Grauen, fürchten sich vor denen, die noch erdgebunden sind. Dabei ist die Bedeutung dieses Wortes nicht so schlimm.

Gewiß, es gibt so manches Düstere, das diesen oder jenen erdgebunden werden läßt. Vorwiegend sind es aber ganz einfache Dinge, die zum Erdgebundensein hinführen müssen.

Nehmen wir zum Beispiel einen Fall: Die Sünden der Väter rächen sich bis ins dritte und vierte Glied!

Ein Kind stellt in der Familie irgendeine Frage über das Jenseits oder über Gott, was es in der Schule oder Kirche gehört hat. Der Vater weist es kurz ab mit dem Bemerken: »Ach geh mit dem dummen Zeug! Wenn ich gestorben bin, ist alles aus.«

Das Kind stutzt, wird zweifelnd. Die wegwerfenden Äußerungen des Vaters oder der Mutter wiederholen sich, es hört dasselbe auch von anderen, und zuletzt nimmt es deren Ansicht auf.

Nun kommt die Stunde, daß der Vater hinübergehen muß. Er erkennt dabei zu seinem Erschrecken, daß er damit nicht aufgehört hat zu sein. Nun wird der heiße Wunsch in ihm erwachen, sein Kind diese Erkenntnis wissen zu lassen. Dieser Wunsch bindet ihn an das Kind.

Das Kind aber hört ihn nicht und fühlt nicht seine Nähe; denn es lebt nun in der Überzeugung, daß der Vater nicht mehr ist, und das steht wie eine feste, undurchdringliche Mauer zwischen ihm und den Bemühungen seines Vaters. Die Qual des Vaters aber, beobachten zu müssen, daß das Kind durch seinen Anstoß nun den falschen Weg verfolgt, der es immer weiter ab von der Wahrheit treibt, die Angst, daß das Kind auf diesem falschen Wege den Gefahren tieferen Sinkens nicht auszuweichen vermag und vor allen Dingen viel leichter ausgesetzt ist, wirkt nun gleichzeitig als sogenannte Strafe für ihn, dafür, daß er das Kind auf diesen Weg leitete.

Selten gelingt es ihm, diesem die Erkenntnis auf irgendeine Art beizubringen. Er muß sehen, wie sich die falsche Idee von seinem Kinde weiter auf dessen Kinder überträgt, und so fort, alles als Mitfolge seiner eigenen Verfehlung. Er kommt nicht los, bis eines der Kindeskinder den rechten Weg erkennt, geht, und auch Einfluß auf die anderen mit ausübt, wodurch er nach und nach gelöst wird und an seinen eigenen Aufstieg denken kann.

Ein anderer Fall: Ein Gewohnheitsraucher nimmt den starken Drang zum Rauchen mit hinüber; denn dieser Drang ist ein Hang, der die Empfindung streift, also das Geistige, wenn auch nur an dessen äußersten Ausläufern. Er wird zum brennenden Wunsche und hält ihn dort, wo er Befriedigung erreichen kann ... auf Erden. Er findet sie, indem er Rauchern nachläuft und *mit diesen in deren Empfindung* auch genießt.

Wenn Derartige kein schweres Karma an andere Stelle bindet, fühlen sie sich ganz wohl, sie werden sich einer eigentlichen Strafe sehr selten bewußt. Nur wer das ganze Sein überschaut, erkennt die Strafe in der unausbleiblichen Wechselwirkung, die dahin geht, daß der Betreffende nicht höher kommen kann, solange ihn der dauernd in »Erleben« schwingende Wunsch zur Befriedigung an andere noch in Fleisch und Blut lebende Menschen auf Erden bindet, durch deren Empfindung allein er Mitbefriedigung erlangen kann.

So ist es auch mit sexueller Befriedigung, mit Trinken, ja sogar mit besonderer Vorliebe zum Essen. Auch da sind viele durch diese Vorliebe daran gebunden, in Küchen und Kellern herumzustöbern, um dann bei dem Genießen der Speisen durch andere mit dabei sein und wenigstens einen kleinen Teil des Genusses nachempfinden zu können.

Ernst genommen ist es natürlich »Strafe«. Aber der dringende Wunsch der »Erdgebundenen« läßt sie es nicht empfinden, sondern übertönt alles andere, und deshalb kann die Sehnsucht nach Edlerem, Höherem nicht so stark werden, daß es zum Haupterleben wird, sie dadurch von dem anderen befreit und hebt.

Was sie eigentlich damit versäumen, wird ihnen gar nicht bewußt, bis dieser Wunsch der Befriedigung, die ja immer nur eine kleine Teilbefriedigung durch andere werden kann, gerade dadurch wie eine langsame Entwöhnung nachläßt und verblaßt, so daß andere noch in ihm ruhende Empfindungen mit weniger starker Wunschkraft nach und nach an gleiche und dann an erste Stelle kommen, wodurch sie sofort zum Erleben und damit zur Kraft der Wirklichkeit gelangen.

Die Art der zum Leben gelangten Empfindungen bringt ihn dann dorthin, wo die Gleichart ist, entweder höher oder tiefer, bis auch diese wie die erste nach und nach sich auslöst durch Entwöhnung, und die nächste zur Geltung kommt, die noch vorhanden ist.

So kommt mit der Zeit die Reinigung von all den vielen Schlacken, die er mit hinübernahm. Bleibt er da nicht bei einer letzten Empfindung einmal irgendwo stehen? Oder verarmt an Empfindungskraft? Nein! Denn wenn endlich die niederen Empfindungen nach und nach abgelebt oder abgelegt sind, und es höher geht, erwacht die Dauersehnsucht nach immer Höherem und Reinerem, und diese treibt stetig aufwärts.

So ist ein *normaler* Gang! Nun gibt es aber tausend Zwischenfälle. Die Gefahr des Sturzes oder Hängenbleibens ist viel größer, als in Fleisch und Blut auf Erden.

Bist Du schon höher und gibst Dich einer niederen Empfindung hin, nur einen Augenblick, so wird dieses Empfinden unmittelbar Erleben und dadurch zur Wirklichkeit. Du bist verdichtet und wirst schwerer, sinkst hinab in gleichartige Regionen. Dein Horizont verengt sich damit, und Du mußt Dich langsam wieder hocharbeiten, wenn es Dir nicht geschieht, daß Du noch tiefer, immer tiefer sinkst.

»Wachet und betet!« ist deshalb kein leeres Wort. Jetzt ist das Feinstoffliche in Dir noch geschützt durch Deinen Körper wie durch einen festen Anker. Kommt aber dann die Loslösung im sogenannten Sterben und Zerfall des Körpers, so bist Du ohne diesen Schutz und wirst als feinstofflich unwiderstehlich von der Gleichart angezogen, ob tief, ob hoch, Du kannst dem nicht entfliehen. Nur eine große Triebkraft kann Dir aufwärts helfen, Dein starkes Wollen zu dem Guten, Hohen, das zur Sehnsucht und Empfindung wird, und damit auch zu dem Erleben und zur Wirklichkeit nach dem Gesetz der feinstofflichen Welt, die nur Empfindung kennt.

Darum rüste Dich, schon jetzt mit diesem Wollen zu beginnen, daß es nicht bei der Wandlung, die Dich jede Stunde treffen kann, übertönt wird durch ein zu starkes irdisches Begehren! Wahre Dich, Mensch, und halte Wacht!

IST GESCHLECHTLICHE ENTHALTSAMKEIT GEISTIG FÖRDERND?

WENN sich die Menschen erst von dem Irrtume der Vorzüge geschlechtlicher Enthaltsamkeit werden losgerungen haben, wird auch viel Unglück weniger sein. Erzwungene Enthaltsamkeit ist ein Übergriff, der sich bitter rächen kann.

Die Gesetze in der ganzen Schöpfung zeigen doch deutlich genug den Weg, wohin man auch blickt. Unterdrückung ist widernatürlich. Alles Widernatürliche aber ist ein Aufbäumen gegen die natürlichen, also die göttlichen Gesetze, das wie in allen Dingen auch hierin keine guten Folgen bringen kann.

Es wird nicht gerade in diesem einen Punkte eine Ausnahme gemacht. Nur darf sich der Mensch nicht von der geschlechtlichen Regung beherrschen lassen, darf sich nicht zum Sklaven seiner Triebe machen, sonst zieht er diese zur Leidenschaft groß, wodurch das Natürliche, Gesunde zum krankhaften Laster wird.

Der Mensch soll *darüber* stehen, das heißt, nicht etwa Enthaltsamkeit erzwingen, sondern mit innerer, reiner Moral eine Kontrolle ausüben, damit ihm und anderen dadurch nicht Übel widerfahre.

Wenn mancher Mensch wähnt, durch Enthaltsamkeit geistig höher zu kommen, so kann es ihm leicht geschehen, daß er damit gerade das Gegenteil erreicht. Je nach seiner Veranlagung wird er mehr oder weniger dauernd im Kampfe mit den natürlichen Trieben stehen. Dieser Kampf nimmt einen großen Teil seiner geistigen Kräfte in Anspruch, hält sie also im Bann, so daß sie anderweit sich nicht betätigen können. Somit ist eine freie Entfaltung der geistigen Kräfte gehindert. Ein solcher Mensch leidet zu Zeiten an einer drükkenden Gemütsschwere, die ihn an einem inneren, frohen Aufschwunge hindert.

Der Körper ist ein vom Schöpfer anvertrautes Gut, das der Mensch zu pflegen verpflichtet ist. Ebenso wie er sich dem Verlangen des Körpers nach Essen, Trinken, Ruhe und Schlaf, Blasen- und Darmentleerung nicht ungestraft enthalten kann, wie Mangel an frischer Luft und zu geringe Bewegung sich bald unangenehm fühlbar machen, so wird er auch nicht an dem gesunden Verlangen eines reifen Körpers zu geschlechtlicher Betätigung herumkünsteln können, ohne sich irgendeinen Schaden damit zuzufügen.

Erfüllung des natürlichen Verlangens des Körpers kann das Innere des Menschen, also die Entwicklung des Geistigen, nur fördern, niemals hemmen, sonst würde es der Schöpfer nicht hineingelegt haben.

Aber wie überall, so schadet auch hierin jede Übertreibung. Es muß scharf darauf geachtet werden, daß das Verlangen nicht etwa nur die Folge einer durch Lesen oder andere Ursache künstlich angeregten Phantasie, eines geschwächten Körpers oder überreizter Nerven ist. Es muß sich wirklich nur um die Forderung eines gesunden Körpers handeln, die durchaus nicht sehr oft an den Menschen herantritt.

Das wird nur geschehen, wenn vorher zwischen beiden Geschlechtern bereits eine vollkommene geistige Harmonie eingesetzt hat, die zum Schluß manchmal auch einer körperlichen Vereinigung zustrebt.

Alle anderen Ursachen sind für beide Teile entehrend und unrein, unsittlich, *auch in der Ehe.* Dort, wo die geistige Harmonie nicht vorhanden ist, wird die Fortsetzung einer Ehe zur unbedingten Unsittlichkeit.

Wenn die gesellschaftliche Ordnung hierin noch keinen rechten Weg fand, so vermag dieser Mangel nichts an den Naturgesetzen zu ändern, die sich nach menschlichen Anordnungen und falsch erzogenen Begriffen niemals richten werden. Den Menschen dagegen wird nichts weiter übrig bleiben, als ihre staatlichen und gesellschaftlichen Einrichtungen zuletzt den Naturgesetzen, also den göttlichen Gesetzen, anzupassen, wenn sie wirklich inneren Frieden haben und gesunden wollen.

Die geschlechtliche Enthaltsamkeit hat auch mit Keuschheit nichts zu tun. Enthaltsamkeit könnte höchstens in den Begriff »Züchtigkeit« eingereiht werden, von Zucht, Erziehung oder Selbstzucht abgeleitet.

Unter wahrer Keuschheit ist die *Reinheit der Gedanken* zu verstehen, aber in *allen* Dingen, bis hinab zu den beruflichen Gedanken. Keuschheit ist eine rein geistige Eigenschaft, keine körperliche. Auch in der Erfüllung des Geschlechtstriebes kann die Keuschheit voll bewahrt werden durch gegenseitige Reinheit der Gedanken.

Außerdem aber hat die körperliche Vereinigung nicht nur den Zeugungszweck, sondern es soll dabei der nicht minder wertvolle und notwendige Vorgang einer innigen Verschmelzung und eines Austausches gegenseitiger Fluide zu höherer Kraftentfaltung erfolgen.

GEDANKENFORMEN

Setzt Euch in irgendein Kaffee- oder Bierhaus und beobachtet dort die besetzten Tische Euerer Umgebung. Lauscht auf die Unterhaltungen. Hört, was die Menschen sich zu sagen haben. Geht in Familien, beachtet Eueren engsten Kreis in den Ruhestunden, wenn die Arbeit nicht mehr drängt.

Mit Bestürzung werdet Ihr die Hohlheit alles dessen finden, was die Menschen reden, wenn sie nicht über ihre sonstige Beschäftigung sprechen können. Ihr werdet die Leere der Gedanken, die erdrückende Enge des Interessenkreises, sowie die erschreckende Oberflächlichkeit bis zum Abscheu empfinden, sobald Ihr Euch einmal ernsthaft mit scharfer Beobachtung befaßt.

Die wenigen Ausnahmen, die Euch dabei begegnen, deren Worte in den *Ruhestunden* des Alltagslebens von Sehnsucht nach seelischer Vervollkommnung durchdrungen sind, werden Euch wie einsame Fremdlinge inmitten eines Jahrmarktlebens erscheinen.

Gerade in den sogenannten Ruhestunden vermögt Ihr das eigentliche Innere des Menschen am leichtesten zu erkennen, nachdem der äußere Halt und das Spezialgebiet seines Wissens mit dem Zurseiteschieben seiner gewohnten beruflichen Tätigkeit weggefallen ist. Was *dann* übrig bleibt, ist der eigentliche Mensch. Seht Euch diesen an und lauscht als Unbeteiligte auf seine Worte. Sehr bald werdet Ihr die Beobachtungen abbrechen, weil sie Euch unerträglich werden.

Tiefe Traurigkeit kommt über Euch, wenn Ihr erkennt, wie viele Menschen nicht viel anders als die Tiere sind. Nicht ganz so stumpf, mit höherem Intellekt, in der Hauptlinie aber dasselbe. Wie mit Scheuledern gehen sie einseitig durch das Erdenleben und sehen nur immer das rein Irdische vor sich. Sie sorgen für Essen, Trinken, mehr oder weniger Aufspeicherung irdischer Werte, streben nach körperlichen Genüssen und halten alles Nachdenken über Dinge, die sie nicht schauen können, für Verschwendung von Zeit, die sie nach ihrer Meinung zur »Erholung« weit besser verwenden.

Daß das Erdenleben mit allen seinen Genüssen und Freuden erst dann den rechten Inhalt erhält, wenn man mit der dazugehörenden feinstofflichen Welt einigermaßen vertraut ist, die uns mit ihr verbindenden Wechselwirkungen kennt und damit nicht mehr das Gefühl hat, Zufällen preisgegeben zu sein, können und werden sie nicht verstehen. Sie weisen es weit von sich in dem Irrtume, daß ihnen, wenn es eine feinstoffliche Welt wirklich gibt, davon nur Unbequemlichkeiten oder auch Schrecken kommen können, sobald sie sich damit befassen.

Fremd ist ihnen der Gedanke, daß mit dem Höherstreben das ganze Erdenleben erst eigentlichen Wert erhält, daß damit herrlichste Lebenswärme auch alle Erdenfreuden und Genüsse durchpulst. Diese also nicht etwa zur Seite schiebt, sondern den sich nach Reinerem und Höherem Sehnenden und ernsthaft Suchenden als schönste Wechselwirkung glühende Lebensbejahung zu Teil wird, die oft in jubelnder Begeisterung für alles Bestehende und sich Darbietende ausklingt.

Toren, die daran vorübergehen! Feiglinge, denen die herrlichen Freuden eines mutig Vordringenden immer versagt bleiben werden.

Frohlocket doch, daß alles um Euch *lebt,* bis weit hinaus in scheinbar unermeßliche Gefilde! Nichts ist tot, nichts leer, wie es den Anschein hat. Und alles wirkt und webt an dem Gesetz der Wechselwirkung, in dessen Mitte Ihr als Menschen steht, die Fäden neu zu formen und zu lenken, als Ausgangspunkte und als Endziele, machtvolle Herrscher, von denen jeder einzelne sein Reich sich bildet, daß es ihn emporhebt oder unter sich begräbt.

Wacht auf! Benutzt die Macht, die Euch gegeben ist, in voller Kenntnis des gewaltigen Geschehens, damit Ihr nicht in Dummheit, Starrsinn oder auch in Trägheit nur schädigende Mißgeburten zeugt, die das Gesunde, Gute überwuchern und den Erzeuger selbst zuletzt ins Wanken und zum Stürzen bringen.

Schon die nächste feinstoffliche Umgebung des Menschen vermag viel beizutragen, ihn zu heben oder hinabzudrücken. Es ist dies die sonderbare Welt der Gedankenformen, deren Lebendigkeit nur einen kleinen Teil ausmacht von dem Riesenräderwerk der ganzen Schöpfung. Ihre Fäden aber gehen in das Grobstoffliche, wie weiter in das Feinstoffliche hinauf, ebenso jedoch auch abwärts in das Reich des Dunkels. Wie ein Riesennetz von Adern oder Nervensträngen ist alles ineinander verwoben und verschlungen, unzerreißbar, untrennbar! Darauf achtet!

Begünstigte vermögen hier und da einen Teil davon zu schauen, vieles aber nur zu ahnen. So kam manches schon zur Kenntnis der Menschheit. Diese suchte darauf weiter aufzubauen, um ein vollkommenes Bild zu erhalten. Doch dabei blieben Lücken und Fehler nicht aus. Viele Forscher auf feinstofflichem Gebiete machten Sprünge, die den Zusammenhang verlieren lassen mußten. Andere wieder füllten Lücken mit phantastischen Gebilden aus, die Entstellungen und Verzerrungen brachten, welche den Glauben an das Ganze erschüttern lassen mußten. Die Folge war berechtigter Spott, der, gestützt auf die Unlogik der sogenannten geistigen Forscher, den Sieg davontragen mußte.

Wenn schon davon gesprochen werden soll, so muß in erster Linie eine Schnur durch das ganze Geschehen in dem Schöpfungswerke gezogen werden, an die sich der Beschauer halten kann, an der er emporzuklimmen vermag. Viele ihm unverständliche Vorgänge finden ihren Ausgangspunkt schon in der näheren Umgebung. Ein Blick in die Welt der Gedankenformen müßte ihn manches verstehen lernen lassen, was vorher unerklärlich schien.

Auch die ausübende Gerechtigkeit würde bei Beurteilung mancher Fälle als eigentliche Urheber ganz andere finden, als die von ihr Bezichtigten, und solche in erster Linie mit zur Verantwortung ziehen. Der Schlüssel dazu liegt in dem Zusammenhange des Einzelmenschen mit der Welt der Gedankenformen, die als nächste zu der Erdenmenschheit steht.

Es ist allerdings eine Wohltat für viele, daß sie die Binde tragen, die sie nicht weiter schauen läßt, als ihr irdisch-körperliches Auge es aufzunehmen fähig ist. Die Art der jetzigen Gedankenformen würde sie erschrecken lassen.

Lähmendes Entsetzen würde sich auf viele legen, die jetzt in naiver oder auch leichtsinniger Weise skrupellos dahinleben. Denn *jeder gezeugte Gedanke* nimmt, wie alles in der feinstofflichen Welt, sofort eine Form an, die den eigentlichen Sinn des Gedankens verkörpert und darstellt.

Die lebendige Schöpfungskraft, die die Menschen durchflutet, rafft durch den geschlossenen Willen eines fertigen Gedankens Feinstoffliches zusammen und schließt es bindend zu einer Form, die dem Willen dieses Gedankens Ausdruck gibt. Also etwas Wirkliches, Lebendiges, das nun Gleichartiges in dieser Welt der Gedankenformen durch das Gesetz der Anziehungskraft der Gleichart anzieht oder sich von solchen anziehen läßt, je nach seiner eigenen Stärke.

Wie ein Gedanke bei seinem Entstehen gleichzeitig *mitempfunden* wird, schwächer oder stärker, so wird auch sein feinstoffliches Gebilde entsprechendes *Leben* in sich tragen. Dicht bevölkert ist diese Gedankenwelt. Ganze Zentralen haben sich durch die gegenseitige Anziehungskraft gebildet, von denen durch ihre gesammelte Kraft Beeinflussungen ausströmen auf die Menschen.

In erster Linie immer auf die, die für die Gleichart geneigt sind, die also Ähnliches in sich tragen. Diese werden dadurch gestärkt in ihrem entsprechenden Willen und zu immer erneuter Zeugung ähnlicher Gebilde angeregt, die gleichartig wirkend in die Welt der Gedankenformen treten.

Aber auch andere Menschen, die diese Eigenarten nicht in sich tragen, können davon belästigt und nach und nach dazu herangezogen werden, wenn diese Zentralen durch dauernd neuen Zustrom ungeahnte Kraft erhalten. Geschützt davor sind nur die, die Andersartiges in größerer Stärke besitzen, wodurch eine Verbindung mit Nichtähnlichem unmöglich wird.

Nun sind es aber leider Haß, Neid, Mißgunst, Lüsternheit, Geiz und alle anderen Übel, die durch ihre größere Zahl der Anhänger die stärksten Kraftzentralen in der Welt der Gedankenformen haben. Weniger die Reinheit und die Liebe. Aus diesem Grunde nimmt das Übel mit unheimlicher Schnelligkeit an Ausdehnung zu. Dazu kommt, daß diese Kraftzentralen der Gedankenformen wiederum Verbindungen erhalten mit den gleichartigen Sphären des Dunkels. Von dort werden sie besonders angefacht zu immer stärkerer Wirksamkeit, so daß sie weiterleitend unter der Menschheit förmliche Verheerungen anzurichten vermögen.

Gesegnet soll deshalb die Stunde sein, wo die Gedanken der reinen Liebe unter der Menschheit wieder größeren Platz einnehmen, damit gleichartig starke Zentralen in der Welt der Gedankenformen sich entwickeln, die Zufuhr aus den lichteren Sphären erhalten können und dadurch nicht nur Stärkung den nach dem Guten Strebenden erteilen, sondern auch langsam reinigend auf dunklere Gemüter wirken.

Es ist aber auch noch eine andere Tätigkeit in dieser feinstofflichen Welt zu beobachten: Gedankenformen werden durch die Wünsche des Erzeugers auf bestimmte Personen zugetrieben, denen sie anhaften können.

Sind diese Gedankenformen reiner und edler Art, so bilden sie eine Verschönerung der Person, der sie gelten, verstärken um diese den Schutz der Reinheit und können sie bei Ähnlichkeit der inneren Empfindungen noch weiter heben, zum Aufstieg kräftigen.

Gedanken der Unreinheit aber müssen die Person, der sie gelten, beschmutzen, genau so wie ein grobstofflicher Körper durch Kot und Schlamm beschmutzt wird. Ist ein so angeworfener Mensch innerlich nicht fest verankert mit Zentralen der Lichtströmungen, so kann es ihm geschehen, daß sein Empfinden durch diesen Anwurf von unsauberen Gedanken mit der Zeit verwirrt wird. Es ist dies möglich, weil die anhaftenden unsauberen Gedankenformen Gleichartiges anzuziehen vermögen, wodurch sie, also erstarkt, die Gedanken der umklammerten Person nach und nach vergiften.

Selbstverständlich fällt die Hauptverantwortung auf den Menschen zurück, der die unsauberen Gedanken erzeugte und nach der betroffenen Person durch sein Wünschen oder Begehren ausschickte; denn die Gedankenformen bleiben auch mit dem Erzeuger verbunden, auf diesen entsprechend zurückwirkend.

Deshalb muß allen wahrhaft Suchenden immer wieder zugerufen werden: »Achtet auf die Reinheit Euerer Gedanken!« Setzt Euere ganzen Kräfte dafür ein. Ihr könnt nicht ahnen, was Ihr damit schafft. Es liegt etwas Gewaltiges darin! Wie starke Kämpfer könnt Ihr damit wirken, Bahnbrecher für das Licht und damit für Befreiung Euerer Mitmenschen aus den Schlinggewächsen der Giftfelder in der Welt der Gedankenformen.

Wenn einem Menschen jetzt die Binde von den Augen genommen würde, so daß er in die nächste feinstoffliche Umgebung schauen kann, würde er zuerst erschreckt ein wildes Durcheinander sehen, das ihm bange machen könnte. Aber nur so lange, bis er die Kraft erkennt, die in ihm ruht, mit der er wie mit einem scharfen Schwert sich freie Bahn zu schaffen fähig ist. Mühelos, nur durch sein Wollen.

In hunderttausenden Verschiedenheiten sieht er die Gedankenformen, alle möglichen und für irdische Augen oft unmöglichen Gestaltungen. Jede einzelne aber scharf ausgeprägt genau das zeigend und lebend, was das eigentliche Wollen bei Zeugung des Gedankens gewesen ist. Ungeschminkt, aller künstlichen Bemäntelung bar.

Aber trotz der tausenderlei Arten erkennt man mit der Zeit sofort das Wesen jeder Gedankenform, das heißt, man weiß, wohin sie trotz verschiedener Gestaltungen gehören. Genau wie man einen Menschen vom Tier durch das Gesicht zu unterscheiden vermag oder auch sogar die verschiedenen Menschenrassen an bestimmten Merkmalen des Gesichtes erkennt, genau so haben die Gedankenformen ganz bestimmte Ausdrücke, die klar darauf hinweisen, ob die Form zum Haß, zum Neid, zur Lüsternheit oder zu irgendeiner anderen Grundklasse gehört.

Jede dieser Grundklassen hat ihren bestimmten Stempel, der den einzelnen Gedankenformen als Grundlage ihrer von ihnen verkörperten Eigenschaften aufgedrückt ist, gleichviel, welche äußere Gestaltung diese Formen durch den zeugenden Gedanken angenommen haben. So ist also trotz groteskester Verunstaltungen einer Form zu gräßlichsten Mißbildungen sofort zu erkennen, zu welcher Grundart sie gehört. Mit dieser Erkenntnis hört auch das anscheinend wilde Durcheinander auf, als solches zu erscheinen.

Man sieht die unverrückbare Ordnung und Strenge der die ganze Schöpfung durchströmenden Grundgesetze, die, wenn man sie kennt und sich ihrem Lauf anschmiegend fügt, unabsehbaren Schutz gewähren und großen Segen bringen.

Wer sich diesen Gesetzen aber entgegenstellt, der wird natürlich angegriffen und erfährt, wenn er nicht umgeworfen und zermalmt wird, mindestens scharfe Abschleifungen, die ihn unter Schmerzen und bitteren Erfahrungen selbst so lange umformen, bis er in die Strömung dieser Gesetze paßt und kein Hindernis mehr bedeutet. Erst dann kann er mit emporgetragen werden.

Diese Gedankenformen senden ihre Wirkungen nicht nur auf die Menschheit zurück, sondern sie greifen weiter; denn in die gleiche feinstoffliche Welt der näheren Umgebung gehört auch der größte Teil der Naturwesen. Wer sich einmal mit der Tatsache abgefunden hat, daß alles lebt und damit auch alles in Formen ist, ob es irdisch sichtbar oder nicht sichtbar erscheint, dem wird es kein schwerer Schritt sein, sich vorzustellen, daß auch Elementarkräfte geformt sind.

Zu diesen gehören die schon von vielen – früher mehr als jetzt – geschauten Gnomen, Elfen, Sylphen, Nixen usw., Erd-, Luft-, Feuer- und Wasserwesen. Sie werden beeinflußt von den Gedankenformen, wodurch auch wiederum viel Heil oder Unheil entsteht. Und so geht es weiter. Eins greift in das andere, wie bei dem Räderwerk eines bis zur höchsten Kunst vollendeten Mechanismusses.

Inmitten all dieses Getriebes aber steht der Mensch! Ausgerüstet mit den Mitteln, die Art der Gewebe anzugeben, die aus dem Wirken in der Schöpfung hervorgehen sollen, das Räderwerk nach verschiedenen Richtungen hin einzustellen.

Seid Euch dieser unermeßlichen Verantwortung bewußt; denn alles spielt sich nur in dem eigenen Kreise Eueres Erdenbannes ab. Darüber hinaus geht nach der weisen Einrichtung des Schöpfers nichts, sondern es kommt nur auf Euch selbst zurück. Ihr vermögt das Dies- und Jenseits der Erde zu vergiften durch Euer Wünschen, Denken und Wollen, oder auch reinigend emporzuheben, dem Lichte zu. Deshalb werdet Lenker des Geschickes, das nach oben führt, durch Reinheit Euerer Gedanken!

WACHE UND BETE!

Wie oft wird dieser Ausspruch des Gottessohnes weitergegeben als wohlgemeinter Rat und Warnung, wobei aber weder der Ratgeber noch der, dem dieser Rat gegeben wird, sich die Mühe nehmen, darüber nachzudenken, was mit diesen Worten eigentlich gesagt sein soll.

Was unter Beten zu verstehen ist, weiß ein jeder Mensch, oder, besser gesagt, er *glaubt* es zu wissen, trotzdem er es in Wirklichkeit *nicht* weiß. Auch das Wachen wähnt er genau zu verstehen und ist doch weit entfernt davon.

»Wachet und betet« ist die bildliche Wiedergabe für die Mahnung zur Regsamkeit der Empfindungsfähigkeit, also zur Tätigkeit des Geistes! Geist im *wahren* Sinne, nicht etwa als Gehirntätigkeit genommen; denn die Ausdrucksweise des lebendigen Menschengeistes ist einzig und allein die *Empfindung. In nichts anderem* betätigt sich der Geist des Menschen, also sein Ursprungskern, der zu dem eigentlichen »Ich« sich geformt hat in der Wanderung durch die Nachschöpfung.

»Wache und bete« heißt also nichts anderes als die Forderung zur Verfeinerung und Verstärkung der Empfindungsfähigkeit des Erdenmenschen, gleichbedeutend mit Lebendigmachung des Geistes, der der einzige Ewigkeitswert des Menschen ist, welcher allein zurückzukehren vermag in das Paradies, von dem er ausgegangen ist. Er *muß* dorthin zurück, entweder als gereift sich selbst bewußt, oder als wieder unbewußt geworden, als ein lebendes, lichtgewolltes, in der Schöpfung nutzbar gewordenes Ich, oder als ein zerrissenes, getötetes Ich, wenn es in der Schöpfung unbrauchbar war.

Die Mahnung des Gottessohnes »Wache und bete« ist deshalb eine der ernstesten, die er den Erdenmenschen hinterließ. Gleichzeitig eine drohende Warnung dafür, nützlich in der Schöpfung zu stehen, so daß nicht die Verdammung folgen muß in selbsttätigem Wirken göttlicher Gesetze in der Schöpfung.

Sehet das Weib! Es hat als höchstes Gut der Weiblichkeit in der Empfindung eine Zartheit, die sonst kein Geschöpf erreichen kann. *Deshalb* sollte man aber nur von *edler* Weiblichkeit in dieser Schöpfung sprechen können, weil Weiblichkeit die stärksten Gaben zur Verwirklichung von allem Guten in sich trägt.

Damit ruht aber auch die größte der Verantwortungen auf der Frau. Aus *diesem* Grunde hat Luzifer mit den ganzen Scharen, die ihm angehören, sein Hauptziel auf das Weib gerichtet, um damit die ganze Schöpfung seiner Macht zu unterwerfen.

Und Luzifer fand bei der Frau der Nachschöpfung leider nur allzu leichtfertigen Boden. Offenen Auges flog sie ihm entgegen und vergiftete in ihrer Art die ganze Nachschöpfung durch Umstellung reiner Begriffe in verzerrte Spiegelbilder, die Verwirrung unter allen Menschengeistern nach sich ziehen mußte.

Die reine Blüte edler Weiblichkeit als Krone dieser Nachschöpfung erniedrigte sich selbst durch Einfluß des Versuchers schnell zu einer Giftpflanze, welche schimmernde Farben trägt und mit lockendem Dufte alles nach der Stelle zieht, auf welcher sie gedeiht, dem *Sumpf*, in dessen schwüle Weichheit die also Herangezogenen versinken.

Wehe der Frau! Da ihr die höchsten aller Werte wurden, die sie nicht richtig verwandte, muß sie die erste sein, auf die das Schwert der göttlichen Gerechtigkeit herniedersaust, wenn sie sich nicht entschließt, mit der ihr eigenen Beweglichkeit der geistigen Empfindung nun voranzugehen bei dem notwendigen Aufstiege der Erdenmenschheit aus den Trümmern eines falschen Aufbaues verdorbener Begriffe, die nur durch Einflüsterung Luzifers erstanden.

Das Erdenweib setzte an Stelle vorbildlichen Strebens nach dem Schmuck der weißen Blüte edler Reinheit die Gefallsucht und die Eitelkeit, die ihren Tummelplatz in einem verkehrt gezüchteten Gesellschaftsleben fanden.

Die Frau fühlte wohl, daß ihr der wahre Schmuck der Weiblichkeit dabei verlorenging, und griff zu dem vom Dunkel ihr gebotenen Ersatz, indem sie ihre Körperreize feilzubieten suchte, zu dem schamlosen Modenarren wurde, wodurch sie nur noch weiter in die Tiefe trieb, die Männer mit sich reißend durch Verstärkung deren Triebe, was die Entfaltung ihres Geistes hindern mußte.

Doch damit pflanzten sie in sich den Keim, der nun in dem notwendigen Gericht sie alle wechselwirkend ins Verderben stürzen muß, die also fehlten und zu faulen Früchten dieser Schöpfung wurden, weil sie damit unfähig wurden, den heranbrausenden, reinigenden Stürmen standzuhalten.

Es soll sich keiner an den Anbetern des Götzen Eitelkeit und der Gefallsucht seine Hände schmutzig machen, wenn diese zur Errettung aus den Nöten darnach greifen wollen. Laßt sie sinken und stoßt sie zurück, es ist kein Wert in ihnen, der verwendet werden könnte zu dem neuen Aufbau, der verheißen ist.

Sie sehen nicht das Lächerliche und das Hohle ihres Tuns. Ihr Lachen und ihr Spott aber über die Wenigen, welche den Anstand und die Reinheit wahrer Weiblichkeit noch zu erhalten suchen vor sich selbst, welche die schönste Zier des Mädchens und der Frau, das zarte Schamgefühl, sich *nicht* ertöten ließen, der Spott darüber soll nun bald in Schmerzensschreie übergehen und darin verstummen!

Die Frau der Nachschöpfung steht wie auf eines Messers Schneide durch die hohen Gaben, welche sie empfing. Rechenschaft hat sie nunmehr abzulegen darüber, was sie damit bisher tat. Für diese gibt es keinerlei Entschuldigung! Rückkehr und Umkehr ist unmöglich; denn die Zeit ist um. Sie alle hätten früher daran denken sollen und wissen, daß nicht *ihre* Meinung dem ehernen Gotteswillen gegenübertreten kann, in welchem nur die *Reinheit* ruht, klar wie Kristall. –

Die Frau der Zukunft aber, die sich mit ihren Werten retten konnte durch die Zeit des wüsten Lebens eines Sodom und Gomorra in der Jetztzeit, und die, die neu geboren werden wird, sie wird die Weiblichkeit endlich zu jener Blüte bringen, der sich alles nur mit der heiligen Scheu *reinster* Verehrung nahen kann. Sie wird *die* Frau sein, die nach dem göttlichen Willen lebt, das heißt, *so* in der Schöpfung steht, daß sie als die strahlende Krone gilt, die sie sein *kann* und *soll*, alles durchflutend mit den Schwingungen, welche sie aufnimmt aus den lichten Höhen und unverdunkelt weitergeben kann kraft ihrer Fähigkeit, die in der Zartheit weiblicher Empfindung liegt.

Das Wort des Gottessohnes »Wachet und betet« wird verkörpert sein in *jeder* Frau der Zukunft, wie es bereits verkörpert sein sollte in jeder Frau der Gegenwart; *denn in dem Schwingen weiblicher Empfindungsfähigkeit liegt, wenn sie der Reinheit und dem Licht entgegenstrebt, das andauernde Wachen und das schönste Beten, das Gott wohlgefällig ist!*

Ein solches Schwingen bringt Erleben dankerfüllter Freude! Und *das* ist *das* Gebet, wie es sein soll! Das Schwingen birgt aber auch gleichzeitig ein stetes Auf-der-Hut-Sein, also *Wachen!* Denn jedes Unschöne, das sich zu nähern sucht, und jedes üble Wollen wird von derartigen Schwingungen zarter Empfindsamkeit schon aufgenommen und bemerkt, noch ehe es sich in Gedanken formen kann, und dann ist es dem Weibe leicht, sich noch und *stets* zu rechter Zeit zu schützen, wenn es nicht selbst es *anders will.*

Und trotz der Feinheit dieser Schwingungen liegt eine Kraft darin, die *alles* in der Schöpfung umzuformen fähig ist. Nichts gibt es, was ihr widerstehen könnte; denn diese Kraft birgt Licht und damit Leben!

Das wußte Luzifer sehr wohl! Und deshalb wandte er sich auch hauptsächlich mit den Angriffen und den Versuchungen an alle Weiblichkeit! Er wußte, daß ihm *alles* zufiel, wenn er nur das Weib gewann. Und leider, leider ist es ihm gelungen, wie ein jeder heute deutlich sehen kann, wer sehen will!

In erster Linie gilt der Ruf des Lichtes deshalb wiederum dem Weibe! Es *müßte* nun erkennen, welche tiefe Stufe es jetzt eingenommen hat. Müßte, wenn ... es die Eitelkeit zuließe. Doch *dieser* Fallstrick Luzifers hält alles Weibliche im Bann, so fest, daß es sogar das Licht nicht mehr erkennen kann, ja, *nicht mehr will!* Nicht will, weil die moderne Frau der Jetztzeit sich von ihrer leichtfertigen Tändelei nicht trennen kann, trotzdem sie in sich dunkel schon empfindet, was sie damit verloren hat. *Sie weiß es sogar ganz genau!* Und um diese dem Wissen gleichkommende, mahnende Empfindung zu betäuben, rennt sie wie blind gepeitscht der neuen Lächerlichkeit verblendet entgegen, *mannbar zu werden im Beruf und in dem ganzen Wesen!*

Anstatt zurückzukehren zu der echten Weiblichkeit, dem köstlichsten der Güter in der ganzen Schöpfung! Und damit zu der Aufgabe, die ihr vom Lichte aus bestimmt!

Sie ist es, die damit dem Manne alles Hehre raubt und damit auch das Aufblühen der edlen Männlichkeit verhindert.

Dort, wo der Mann nicht aufzublicken fähig ist zum Weibe in deren Weiblichkeit, vermag keine Nation, kein Volk emporzublühen!

Nur echte, reinste Weiblichkeit kann einen Mann zu großen Taten führen und erwecken! Nichts anderes. Und *das* ist der Beruf der Frau in der Schöpfung nach göttlichem Willen! Denn damit hebt sie Volk und Menschheit, ja, die ganze Nachschöpfung; denn in ihr ganz allein liegt diese hohe Kraft des sanften Wirkens! Eine Macht, unwiderstehlich und bezwingend, gesegnet von göttlicher Kraft dort, wo sie reinsten Wollens ist! Nichts kommt ihr gleich; denn sie trägt Schönheit in der reinsten Form bei allem, was sie wirkt, was von ihr ausgeht!

Deshalb soll ihr Weben durch die ganze Schöpfung ziehen, erfrischend, hebend, fördernd und belebend wie ein Hauch aus dem ersehnten Paradies!

Nach dieser Perle in den Gaben Eures Schöpfers griff Luzifer nun *zuerst* mit aller List und aller Tücke, wissend, daß er damit Euren Halt und Euer Streben nach dem Licht zerriß! Denn in dem Weibe liegt das kostbare Geheimnis, das in der Schöpfung auszulösen fähig ist die Reinheit und die Erhabenheit aller Gedanken, den Aufschwung zu dem größten Schaffen, dem edelsten Tun ... vorausgesetzt, daß dieses Weib so ist, wie es der Schöpfer wollte, indem er es mit diesen Gaben überschüttete.

Und Ihr ließt Euch nur zu leicht betören! Seid den Versuchungen ganz ohne Kampf erlegen. Als die willige Sklavin Luzifers lenkt nun die Frau die Auswirkung der schönen Gottesgaben in das Gegenteil und macht damit die ganze Nachschöpfung dem Dunkel untertan!

Es sind wüste Zerrbilder von allem dem vorhanden, was Gott in dieser Schöpfung zu der Freude und zum Glücke aller Geschöpfe erstehen lassen wollte! Wohl ist alles erstanden, aber unter dem Einflusse Luzifers verändert und verbogen, falsch!

Die Frau der Nachschöpfung gab sich dazu als Mittler her! Über dem klaren Boden der Reinheit wurde schwüler Sumpf errichtet. Strahlende Begeisterung mit Sinnenrausch vertauscht. *Jetzt* wollt Ihr kämpfen, aber gegen jede Forderung des Lichtes! Um in dem Taumel eitler Selbstgefälligkeiten zu verbleiben, der Euch trunken macht!

Es sind nicht viele mehr, die heute einem klaren Blicke standzuhalten fähig bleiben. Die größte Zahl entpuppt sich als Aussätzige, deren Schönheit, also wahre Weiblichkeit, bereits zerfressen ist, was nie mehr wiederherzustellen geht. Ein Ekel wird so vielen kommen vor sich selbst, wenn sie doch noch gerettet werden können und nach Jahren dann zurückdenken an alles das, was sie heute als schön und gut ansehen. Es wird wie ein Erwachen und Genesen aus den schwersten Fieberträumen sein!

So wie aber die Weiblichkeit die ganze Nachschöpfung tief herabzuziehen fähig war, so hat sie auch die Kraft, sie wiederum zu heben und zu fördern, da der Mann ihr darin nachfolgt.

Bald wird dann nach der Reinigung die Zeit herbeikommen, in der man freudig rufen kann: »Sehet das Weib, wie es sein soll, das *echte* Weib in aller seiner Größe, edelsten Reinheit und Macht«, und Ihr erlebt an ihm das Christuswort »Wachet und betet« in aller Natürlichkeit und in der schönsten Form!

DIE EHE

EHEN werden im Himmel geschlossen! Dieser Satz wird oft mit Grimm und Bitterkeit von Verheirateten gerufen. Aber er wird auch gleisnerisch von solchen angewendet, die vom Himmel am weitesten entfernt sind. Die natürliche Folge ist, daß man über diesen Spruch nur noch die Achseln zuckt, lächelt, spottet und sogar auch höhnt.

Im Hinblick auf alle die Ehen, die ein Mensch im Laufe der Jahre in seiner nächsten und weiteren Umgebung kennenlernt, wird dies verständlich. Die Spottenden haben recht. Nur würde es besser sein, nicht über den Ausspruch zu spotten, sondern über die Ehen selbst! *Diese* sind es, denen in der Mehrzahl nicht nur Spott und Hohn, sondern sogar Verachtung gebührt.

Die Ehen, wie sie heute sind und wie sie schon vor Hunderten von Jahren waren, machen die Wahrheit des Spruches zuschanden, lassen niemand daran glauben. Sie sind mit leider nur sehr seltenen Ausnahmen ein ausgesprochen unsittlicher Zustand, dem ein Ende zu bereiten nicht schnell genug geschehen kann, um Tausende vor dieser Schande zu bewahren, in die sie der Gepflogenheit der Jetztzeit entsprechend blind hineinrennen. Sie wähnen, daß es nicht anders sein kann, weil es so üblich ist. Dazu kommt, daß gerade in der Jetztzeit alles bis zur Schamlosigkeit darauf zugeschnitten ist, jede reinere Empfindung zu trüben und zu ersticken. Kein Mensch denkt daran, die Persönlichkeit auch durch Ehrfurcht dem Körperlichen gegenüber zu dem zu machen, was sie sein sollte, sein kann und sein muß.

Der Körper hat gleich der Seele etwas Kostbares, deshalb Unantastbares zu sein, das man nicht zur Anlockung zur Schau stellt. Und deshalb läßt sich auf Erden auch in dieser Beziehung der Körper von der Seele nicht trennen. Beides ist gleichzeitig als Unantastbares zu achten und zu bewahren, wenn es irgendeinen Wert haben soll. Sonst wird es Plunder, an dem man sich beschmutzt, dem nur gebührt, in die Ecke geworfen zu werden, um dem ersten besten vorüberziehenden Trödler billig anzugehören.

Ergießt sich heute ein Heer solcher Trödler und Aufkäufer über die Erde, so finden sie ungeahnte Mengen dieses Plunders. Jeder Schritt bringt ihnen neue Ansammlungen, die schon ihrer harren. Und solche Aufkäufer und Trödler ziehen tatsächlich schon in dichten Scharen umher. Sie sind die Gesandten und Werkzeuge der Finsternis, die gierig die wohlfeile Beute an sich reißen, um sie weiter und weiter triumphierend hinabzuführen in ihr dunkles Reich, bis alles über ihnen schwarz zusammenschlägt und sie den Weg zum Licht nie mehr zurückfinden können.

Es ist kein Wunder, daß alles lacht, sobald noch jemand ernsthaft davon spricht, daß Ehen im Himmel geschlossen werden!

Die staatliche Eheschließung ist nichts anderes als ein nüchterner Geschäftsakt. Die sich dadurch Verbindenden nehmen ihn vor, nicht etwa um gemeinsam ernsthaft an ein Werk heranzutreten, das den inneren und äußeren Wert der beteiligten Personen hebt, das sie gemeinsam hohen Zielen zustreben läßt, und somit sich selbst, der Menschheit, sowie der ganzen Schöpfung zum Segen gereicht, sondern als einfachen Vertrag, mit dem sie sich gegenseitig materiell sicherstellen, damit die beiderseitige körperliche Preisgabe ohne rechnerische Bedenken erfolgen kann.

Die Frau nimmt dabei eine entwürdigende Stellung ein. In achtzig von hundert Fällen verdingt oder verkauft sie sich einfach in den Dienst des Mannes, der nicht einen gleichwertigen Kameraden in ihr sucht, sondern außer einem Schauobjekt eine billige und willige Wirtschafterin, die ihm das Heim behaglich macht, mit der er auch unter dem Deckmantel einer falschen Ehrenhaftigkeit gemeinsam den Begierden ungestört frönen kann.

Aus den nichtigsten Gründen verlassen junge Mädchen oft das Elternhaus, um eine Ehe einzugehen. Manchmal sind sie des Elternhauses müde, sehnen sich nach einem Wirkungskreise, in dem sie selbst bestimmen können. Andere denken es sich reizvoll, eine junge Frau zu spielen, oder erhoffen mehr Bewegtheit im Leben. Sie glauben vielleicht auch in bessere materielle Verhältnisse zu kommen.

Ebenso gibt es Fälle, wo junge Mädchen aus Trotz heraus eine Ehe eingehen, um damit einen anderen zu ärgern. Auch rein körperliche Triebe geben die Veranlassung zum Eheschluß. Durch falsche Lektüre, falsche Unterhaltung und Spielerei wurden sie erweckt und künstlich großgezogen.

Selten ist es wirkliche seelische Liebe, die sie zu diesem erstesten aller Schritte im Erdenleben veranlaßt. Die Mädchen sind unter treuer Assistenz vieler Eltern angeblich »zu klug«, um sich nur von reineren Empfindungen leiten zu lassen, rennen aber damit erst recht in das Unglück hinein. Solche haben ihren Lohn für diese Oberflächlichkeit zum Teil schon in der Ehe selbst. Zum Teil aber nur! Das bittere Erleben der Wechselwirkung als Folge solcher falschen Ehen kommt viel später; denn das Hauptübel dabei liegt in der Versäumnis, die damit im möglichen Fortschritte leichtsinnig herbeigeführt wird.

So manches Erdenleben ist dadurch für den eigentlichen *Zweck* des persönlichen Seins vollkommen verloren. Es bringt sogar noch einen schweren Rückgang, der mühsam wieder nachgeholt werden muß.

Wie anders, wenn eine Ehe auf rechter Grundlage geschlossen ist und harmonisch sich gestaltet! Freudig, einer im freiwilligen Dienste des anderen, wachsen sie aneinander empor zu geistiger Veredelung, Schulter an Schulter lächelnd den irdischen Mühsalen entgegenblickend. Die Ehe wird dann zum Gewinn fürs ganze Sein, aus Glück heraus. Und in dem Glücke ruht ein Aufschwung nicht nur für die einzelnen, sondern für die ganze Menschheit!

Wehe deshalb den Eltern, die ihre Kinder durch Überredung, List oder Zwang aus Vernunftsgründen in falsche Ehen treiben. Die Wucht der Verantwortung, die darin weiter greift als nur für ihr Kind, fällt früher oder später so nachhaltig auf sie, daß sie wünschen, nie auf solche »glänzenden Gedanken« gekommen zu sein.

Die kirchliche Eheschließung nun wird von vielen nur als ein Teil einer rein irdischen Feier angesehen. Die Kirchen selbst oder deren Vertreter wenden das Wort an: »Was Gott zusammengefügt, das soll der Mensch nicht scheiden!«

Religiösen Kulten liegt der Grundgedanke vor, daß die beiden Eheschließenden durch diese Handlung einer Trauung von Gott zusammengefügt werden. »Fortgeschrittene« nehmen statt dessen auch den Sinn, daß die beiden Eheschließenden damit *vor* Gott zusammengefügt werden. Die letzte Deutung hat immer noch mehr Berechtigung als die erste.

Gewollt ist aber mit diesen Worten eine derartige Deutung nicht! Sie sollen etwas ganz anderes sagen. Es ist dabei die Tatsache zu Grunde gelegt, daß Ehen wirklich im Himmel geschlossen sind.

Werden von diesem Satze alle falschen Begriffe und Deutungen entfernt, so hört sofort jede Ursache zum Lachen, Spotten oder Höhnen auf, und der Sinn liegt in seinem ganzen Ernste und seiner unabänderlichen Wahrheit vor uns. Die natürliche Folge ist aber dann auch die Erkenntnis, daß die Ehen ganz anders gemeint und gewollt sind, als die heutigen es sind, das heißt, daß ein Eheschluß nur unter ganz anderen Voraussetzungen, mit ganz anderen Ansichten und Überzeugungen und mit ganz reinen Absichten erfolgen darf.

»Die Ehen werden im Himmel geschlossen« zeigt in erster Linie, daß schon bei Eintritt in das irdische Leben ein jeder Mensch bestimmte Eigenschaften mitbringt, deren harmonische Entwicklung nur Menschen mit den dazu passenden Eigenschaften bewirken können. Dazu passende Eigenschaften sind aber nicht die gleichen, sondern solche, *die ergänzen* und durch diese Ergänzung vollwertig machen.

In der Vollwertigkeit aber erklingen alle Saiten in einem harmonischen Akkord. Wird nun der eine Teil durch den anderen vollwertig gemacht, so wird auch dieser andere dazukommende Teil durch den zweiten ebenso vollwertig, und in dem Zusammenschluß beider, also in dem Zusammenleben und Wirken, wird dieser harmonische Akkord erklingen. *So* ist die Ehe, die im Himmel geschlossen ist.

Damit ist aber nicht gesagt, daß für einen Menschen zu einer harmonischen Ehe nur *ein* ganz bestimmter anderer Mensch auf Erden befähigt ist, sondern es sind meistens *einige* da, die die Ergänzung des anderen Teiles in sich tragen.

Man braucht also nicht etwa Jahrzehnte um die Erde zu wandern, um diesen zweiten, wirklich passenden und ergänzenden Teil zu finden. Es heißt nur, den nötigen Ernst dazu zu verwenden, Augen, Ohren und Herz offen zu halten, vor allem von den bisher als Vorbedingung zu einer Ehe gestellten Forderungen abzusehen. Gerade das, was heute gilt, soll *nicht* sein.

Gemeinsame Arbeit und hohe Ziele bedingt eine *gesunde* Ehe ebenso unerläßlich, wie ein gesunder Körper die Bewegung und frische Luft. Wer auf Bequemlichkeit und möglichste Sorglosigkeit rechnet und darauf das Zusammenleben aufzubauen sucht, wird zuletzt nur Ungesundes mit allen Nebenerscheinungen ernten. Deshalb sucht endlich Ehen einzugehen, die im Himmel geschlossen sind. Dann wird das Glück Euch finden!

Das im Himmel geschlossen sein bedeutet, vor oder mit Eintritt in das Erdenleben schon füreinander vorgesehen zu sein. Das Vorgesehensein liegt aber nur in den mitgebrachten Eigenschaften, mit denen sich zwei gegenseitig voll ergänzen. Solche sind dadurch füreinander bestimmt.

Bestimmtsein kann man aber ebensogut auch ausdrücken mit »füreinander passen«, sich also wirklich ergänzen. Darin liegt die Bestimmung.

»Was Gott zusammengefügt, das soll der Mensch nicht scheiden.«

Das Nichtverstehen dieses Wortes Christi hat schon so manches Unheil angerichtet. Viele wähnten bisher unter: »was Gott zusammengefügt« den Eheschluß. Dieser hat mit dem Sinn der Worte bisher so gut wie nichts zu tun gehabt. Das, was Gott zusammengefügt, ist ein Bund, in dem die Bedingungen erfüllt sind, die eine volle Harmonie erfordert, der also im Himmel geschlossen ist. Ob darüber nun die staatliche und kirchliche Erlaubnis erteilt wurde oder nicht, ändert an der Sache nichts.

Selbstverständlich ist es notwendig, sich dabei auch in die staatliche Ordnung einzufügen. Wird dann eine Trauung bei einem so geschlossenen Bund noch nach dem jeweiligen religiösen Kult in entsprechender Andacht vorgenommen, so ist es ganz natürlich, daß dieser Bund durch die innere Einstellung der Beteiligten eine noch viel höhere Weihe erhält, die wirklichen und starken geistigen Segen über das Paar bringt. Eine solche Ehe ist dann wirklich *von* und *vor* Gott zusammengefügt und im Himmel geschlossen.

Nun folgt die Warnung: »das soll der Mensch nicht scheiden!« Wie klein ist auch der hohe Sinn *dieser* Worte herabgedrückt worden.

Dabei liegt die Wahrheit doch so klar zutage! Wo immer auch ein Bund sich findet, der im Himmel geschlossen ist, das heißt, wo zwei sich so ergänzen, daß ein voller harmonischer Akkord entsteht, dort soll kein Dritter versuchen, eine Trennung herbeizuführen. Sei es, um Mißklang hineinzubringen, eine Vereinigung unmöglich zu machen oder eine Trennung herbeizuführen, gleichviel, ein solches Unterfangen wäre Sünde. Ein Unrecht, das sich in seiner Wechselwirkung schwer an den Urheber heften muß, da zwei Menschen gleichzeitig davon betroffen werden, und mit diesen auch der Segen, der durch ihr Glück sich ausgebreitet hätte in die grob- und feinstoffliche Welt.

Es ist in diesen Worten eine schlichte Wahrheit, die sich nach allen Seiten kenntlich macht. Die Warnung ist zum Schutze nur solcher Bündnisse, die durch die schon vorher erwähnten Vorbedingungen im Himmel geschlossen sind, wofür sie ihre Bestätigung durch die mitgebrachten beiderseitig sich ergänzenden seelischen Eigenschaften haben.

Zwischen solche soll sich kein Dritter drängen, auch nicht die Eltern! Den beiden Beteiligten selbst wird es nie einfallen, eine Trennung zu wünschen.

Die ihnen durch ihre gemeinsamen seelischen Eigenschaften zu Grunde gelegte göttliche Harmonie läßt einen solchen Gedanken nicht aufkommen. Ihr Glück und die Beständigkeit ihrer Ehe ist damit von vornherein gewährleistet.

Wird ein Antrag auf Scheidung von einem der Ehegatten gestellt, so gibt dieser damit den besten Beweis, daß die notwendige Harmonie *nicht* zu Grunde liegt, die Ehe also auch nicht im Himmel geschlossen sein kann. In solchem Falle sollte eine Ehe unbedingt geschieden werden; zur Hebung des sittlichen Selbstbewußtseins beider auf solcher ungesunden Stufe lebenden Ehegatten.

Derartige falsche Ehen bilden jetzt die große Mehrzahl. Dieser Übelstand liegt vorwiegend an dem moralischen Rückgange der Menschheit sowie in der herrschenden Anbetung des Verstandes.

Das Scheiden dessen, was Gott zusammengefügt, betrifft aber nicht nur die Ehe, sondern auch schon das vorhergehende Sichnähern zweier Seelen, die durch die sich ergänzenden Eigenschaften nur Harmonie entwickeln können, also füreinander bestimmt sind. Ist dann ein solcher Bund geschlossen, und ein Dritter versucht sich hineinzuzwängen durch Verleumdung oder ähnliche bekannte Mittel, so ist diese Absicht schon der vollendete Ehebruch!

Der Sinn der Worte: »Was Gott zusammengefügt, das soll der Mensch nicht scheiden«, ist so einfach und klar, daß schwer zu begreifen ist, wie hierüber eine irrige Auffassung auftauchen konnte. Es war das nur möglich durch unrichtige Trennung der geistigen Welt von der irdischen Welt, wodurch beschränkte Verstandesauffassung zur Geltung kommen konnte, die noch nie wirkliche Werte zeitigte.

Aus dem Geistigen wurden diese Worte gegeben, nur aus dem Geistigen können sie deshalb ihre wahre Erklärung finden!

DAS RECHT DES KINDES AN DIE ELTERN

VIELE Kinder leben den Eltern gegenüber in einem unseligen Wahne, der für sie zum größten Schaden wird. Sie glauben den Eltern die Veranlassung zu ihrem eigenen Erdensein aufbürden zu können. Oft hört man die Bemerkung: »Selbstverständlich müssen meine Eltern für mich sorgen; denn sie haben mich ja in die Welt gesetzt. Meine Schuld ist es nicht, daß ich da bin.«

Etwas Törichteres kann gar nicht gesagt werden. Ein jeder Mensch ist auf sein eigenes Bitten hin auf dieser Erde, oder auf seine eigene Schuld hin! Eltern geben lediglich die Möglichkeit der Inkarnierung, weiter nichts. Und jede inkarnierte Seele muß dankbar sein, daß ihr die Möglichkeit dazu gegeben wurde!

Die *Seele* eines Kindes ist weiter nichts als *Gast* bei seinen Eltern. In dieser Tatsache allein schon liegt genug Erklärung, um zu wissen, daß ein Kind in Wirklichkeit keinerlei Rechte den Eltern gegenüber geltend machen kann! Geistige Rechte an die Eltern hat es nicht! Irdische Rechte aber sind ja lediglich aus der rein irdischen, gesellschaftlichen Ordnung hervorgegangen, die der Staat vorsieht, damit er selbst keine Verpflichtungen zu übernehmen braucht.

Das Kind ist geistig eine für sich abgeschlossene Persönlichkeit! Außer dem irdischen Körper, der als Werkzeug zur Betätigung auf dieser grobstofflichen Erde nötig ist, hat es nichts von den Eltern empfangen. Also nur eine Behausung, welche die schon vorher selbständige Seele benützen kann.

Doch durch die Zeugung übernehmen Eltern die Verpflichtung, die damit geschaffene Behausung zu pflegen und instand zu halten, bis die Seele, die davon Besitz genommen hat, die Unterhaltung selbst zu übernehmen fähig ist. Den Zeitpunkt dafür zeigt der natürliche Werdegang des Körpers selbst. Was darüber hinaus geschieht, ist von den Eltern ein Geschenk.

Die Kinder sollten deshalb endlich einmal aufhören, sich auf die Eltern zu verlassen, und lieber daran denken, daß sie selbst so bald als irgend möglich sich auf eigene Füße stellen.

Es ist dabei natürlich gleichgiltig, ob sie sich in dem Elternhause selbst betätigen, oder außerhalb. Aber Betätigung muß sein, die nicht in Vergnügungen und Erfüllung sogenannter Gesellschaftspflichten bestehen darf, sondern in einer bestimmten wirklichen und nützlichen Pflichterfüllung, derart, daß die betreffende Betätigung durch eine andere, besonders dafür eingestellte Person ausgeführt werden müßte, wenn das Kind diese Arbeit nicht mehr erledigt. Nur so kann von einem nützlichen Sein auf der Erde gesprochen werden, das Reife des Geistes nach sich zieht!

Erfüllt ein Kind im Elternhause eine derartige Aufgabe, gleichviel, ob es männlichen oder weiblichen Geschlechtes ist, so soll ihm von den Eltern aus aber auch *der* Lohn werden, der einer fremden dafür angestellten Person zukommen müßte. Mit anderen Worten: Das Kind muß dann in seiner Pflichterfüllung auch als wirklich selbständiger Mensch beachtet und behandelt werden.

Schlingen sich um Eltern und Kinder besondere Bande der Liebe, des Vertrauens und der Freundschaft, so ist es um so schöner für beide Teile; denn dann ist dies ein freiwilliges Verbundensein, aus innerer Überzeugung heraus, und deshalb um so wertvoller! Dann ist es echt und hält verbunden auch für das Jenseits, zur gegenseitigen Förderung und Freude.

Familienzwang und Familiengepflogenheiten aber sind ungesund und verwerflich, sobald eine gewisse Altersgrenze der Kinder überschritten ist.

Es gibt natürlich auch keine sogenannten Verwandtschaftsrechte, auf welche namentlich Tanten, Onkel, Basen und Vettern, und was sich sonst noch alles verwandtschaftlich herauszuschälen sucht, sich so oft stützen. Gerade diese Verwandtschaftsrechte sind ein verwerflicher Mißbrauch, der einem in sich selbst abgeschlossenen Menschen stets zum Ekel sein muß.

Aus Überlieferungen heraus ist dies leider zur Gewohnheit geworden, derart, daß gewöhnlich ein Mensch gar nicht anders zu denken versucht und sich still darein fügt, wenn auch mit Abneigung. Wer aber einmal den kleinen Schritt wagt und frei darüber nachdenkt, dem kommt das alles aus der Tiefe der Seele heraus so lächerlich vor, so widerlich, daß er sich empört abwendet von den damit geschaffenen Anmaßungen.

Mit solchen widernatürlichen Dingen muß einmal aufgeräumt werden! Sobald ein frischer und gesunder Menschenschlag in sich erwacht, werden derartige Mißbräuche dann sowieso nicht mehr ertragen, weil sie gegen jeden gesunden Sinn stehen.

Aus solchen gekünstelten Verzerrungen des natürlichen Lebens könnte ja auch nie etwas wirklich Großes erstehen, da die Menschen dabei viel zu unfrei bleiben. In diesen anscheinenden Nebensachen liegt gewaltiges Gebundensein.

Hier muß die Freiheit einsetzen, indem der Einzelmensch sich losreißt von unwürdiger Gepflogenheit! Wahre Freiheit liegt nur in der rechten Pflicht*erkennung*, die verbunden bleibt mit freiwilliger Pflicht*erfüllung!* Pflichterfüllung ganz allein gibt *Rechte!* Dies bezieht sich auch auf Kinder, denen ebenfalls nur aus der treuesten Pflichterfüllung heraus Rechte werden können. –

Es gibt aber nun eine ganze Reihe strengster Pflichten aller Eltern, die mit Kinderrechten nicht zusammenhängen.

Jeder Erwachsene hat sich bewußt zu sein, was mit der Zeugung eigentlich verbunden ist. Der bisherige Leichtsinn darin, die Gedankenlosigkeit und auch die falschen Anschauungen haben sich ja in so unheilvoller Art gerächt.

Macht Euch nur klar, daß in dem allernächsten Jenseits eine große Anzahl Seelen schon bereit stehen in der Erwartung einer Möglichkeit zur Wiederinkarnierung auf der Erde. Es sind dies meistens solche Menschenseelen, die, von Karmafäden festgehalten, irgendwelche Ablösung in einem neuen Erdenleben suchen.

Sowie sich ihnen eine Möglichkeit dazu ergibt, heften sie sich an Stellen, wo ein Zeugungsakt erfolgte, um wartend das Heranreifen des neuen Menschenkörpers als Behausung zu verfolgen. In diesem Warten spinnen sich dann feinstoffliche Fäden von dem jungen Körper aus zur Seele, die sich hartnäckig in großer Nähe der werdenden Mutter hält, und umgekehrt, und bei bestimmter Reife dienen dann die Fäden zu der Brücke, die die fremde Seele aus dem Jenseits einläßt in den jungen Körper, den sie auch sofort für sich in Anspruch nimmt.

Ein fremder Gast zieht damit ein, der durch sein Karma den Erziehern manchen Kummer machen kann! Ein fremder Gast! Welch ungemütlicher Gedanke! Das sollte sich ein Mensch doch stets vor Augen halten und sollte nie vergessen, daß er in der Auswahl unter den wartenden Seelen *mit*bestimmen kann, wenn er die Zeit dazu nicht leichtsinnig versäumt.

Es ist die Inkarnierung allerdings einem Gesetz der Anziehung der Gleichart unterworfen. Doch braucht dazu nicht unbedingt die Gleichart eines der Erzeuger als ein Pol zu dienen, sondern manchmal irgendeines Menschen, der viel in der Nähe der werdenden Mutter ist.

Wie manches Unheil kann nun abgewendet werden, sobald der Mensch den ganzen Vorgang richtig kennt und sich bewußt damit befaßt. So aber tändeln sie nur leichtfertig dahin, besuchen Spiel und Tanz, geben Gesellschaften und kümmern sich nicht viel darum, was während dieser Zeit an Wichtigem sich vorbereitet, um später in ihr ganzes Leben machtvoll einzugreifen.

Bewußt sollten sie im Gebet, dem ja das heiße Wünschen stets zu Grunde liegt, so manches darin lenken, Übel abschwächen, Gutes verstärken. Der fremde Gast, der dann als Kind bei ihnen einzieht, würde dadurch derart sein, daß er *willkommen* bleibt in *jeder* Art! Man faselt viel von vorgeburtlicher Erziehung, in dem gewohnten Halbverstehen oder Falschverstehen mancher Auswirkungen, die sich äußerlich bemerkbar machen.

Wie aber oft, so ist auch hier menschliche Folgerung aus den Beobachtungen falsch. Es gibt gar keine Möglichkeit der vorgeburtlichen Erziehung, doch dafür unbedingte Möglichkeit einer *Beeinflussung der Anziehung*, wenn es zu rechter Zeit und mit dem rechten Ernst geschieht! Das ist ein Unterschied, der in den Folgen weiter greift, als es je eine vorgeburtliche Erziehung fertigbringen könnte.

Wer nun darüber klargeworden ist, und trotzdem noch in leichtsinniger Weise sich gedankenlos verbindet, verdient es ja nicht anders, als daß ein Menschengeist in seinen Kreis sich drängt, der ihm darin nur Unruhe und vielleicht sogar Übel bringen kann.

Die Zeugung soll für einen geistig freien Menschen nichts andres sein als der Beweis seiner Bereitwilligkeit, einen fremden Menschengeist als Dauergast in die Familie aufzunehmen, ihm Gelegenheit zu geben, auf der Erde abzulösen und zu reifen. Nur wo auf beiden Seiten der innige Wunsch *für diesen Zweck* vorhanden ist, soll die Gelegenheit zu einer Zeugung erfolgen.

Betrachtet nun einmal die Eltern und die Kinder nur von diesen Tatsachen ausgehend, so wird vieles sich von selbst ändern. Gegenseitige Behandlung, die Erziehung, alles erhält andere, ernstere Grundlagen als bisher in zahlreichen Familien üblich war. Es wird mehr Rücksicht und mehr Achtung gegenseitig sein. Selbständigkeitsbewußtsein und Verantwortungsbestreben werden sich fühlbar machen, die als Folge den natürlichen, sozialen Aufstieg in dem Volke bringen.

Die Kinder aber werden bald verlernen, sich Rechte anmaßen zu wollen, welche nie bestanden.

DAS GEBET

Wenn überhaupt von dem Gebet gesprochen werden soll, so ist es selbstverständlich, daß die Worte nur denen gelten, die sich mit dem Gebet befassen.

Wer nicht den Drang zu einem Gebet in sich fühlt, kann ruhig davon Abstand nehmen, weil seine Worte oder die Gedanken doch in nichts zerfließen müssen. Wenn ein Gebet nicht gründlich durchempfunden ist, so hat es keinen Wert und deshalb auch keinen Erfolg.

Der Augenblick eines aufwallenden Dankgefühles in großer Freude, wie auch die Empfindung tiefsten Schmerzes im Leide, gibt die beste Grundlage zu einem Gebet, das Erfolg erwarten kann. In solchen Augenblicken ist der Mensch durchdrungen von einer bestimmten Empfindung, die alles andere in ihm übertönt. Dadurch ist es möglich, daß der Hauptwunsch des Gebetes, sei es nun ein Dank oder eine Bitte, ungetrübte Kraft erhält.

Die Menschen machen sich überhaupt oft ein falsches Bild von dem Geschehen und Werden eines Gebetes und dessen Weiterentwicklung. Nicht jedes Gebet dringt zu dem höchsten Lenker der Welten. Im Gegenteil, es ist eine sehr seltene Ausnahme, daß ein Gebet wirklich einmal bis zu den Stufen des Thrones zu dringen vermag. Auch hierbei spielt die Anziehungskraft der Gleichart als Grundgesetz die größte Rolle.

Ein ernstgemeintes, tiefempfundenes Gebet kommt, selbst anziehend und von der Gleichart angezogen werdend, in Verbindung mit einer Kraftzentrale derjenigen Art, von der der Hauptinhalt des Gebetes durchdrungen ist. Die Kraftzentralen können ebensogut Sphärenabteilungen oder anderswie benannt werden, es wird im Grunde immer auf dasselbe herauskommen.

Wechselwirkung bringt dann das, was der Hauptwunsch des Gebetes war. Entweder Ruhe, Kraft, Erholung, plötzlich im Innern aufstehende Pläne, Lösung schwieriger Fragen oder sonstiger Dinge. Ein Gutes wird immer dabei herauskommen, sei es auch nur die eigene verstärkte Ruhe und Sammlung, die dann wiederum zu einem Auswege, zu einer Rettung führt.

Es ist auch möglich, daß diese ausgesandten Gebete, in ihrer Stärke vertieft durch die Wechselwirkung gleichartiger Kraftzentralen, einen feinstofflichen Weg zu Menschen finden, die dadurch angeregt auf irgendeine Weise Hilfe und damit Erfüllung des Gebetes bringen.

Alle diese Vorgänge sind bei der Beachtung des feinstofflichen Lebens leicht verständlich. Auch hier liegt die Gerechtigkeit wieder darin, daß das Ausschlaggebende bei dem Gebet immer die innere Beschaffenheit des Betenden bleiben wird, die je nach seiner Innigkeit die Kraft, also die Lebensfähigkeit und Wirksamkeit des Gebetes bestimmt.

In dem großen feinstofflichen Geschehen des Weltalls findet jede Art des Empfindens ihre bestimmte Gleichart, da sie von anderen nicht nur nicht angezogen werden könnte, sondern sogar abgestoßen würde. Nur wenn eine Gleichart kommt, erfolgt Verbindung und damit Verstärkung.

Ein Gebet, welches verschiedene Empfindungen birgt, die durch große Vertiefung des Betenden trotz der Zergliederung immerhin noch eine gewisse Kraft in sich tragen, wird also Verschiedenes anziehen und Verschiedenes in der Wechselwirkung zurückbringen.

Ob darin dann eine Erfüllung liegen kann, hängt ganz von der Art der einzelnen Teile ab, die einander fördernd oder hemmend sich auswirken können. In jedem Falle aber ist es besser, bei einem Gebet nur *einen* Gedanken als Empfindung hinauszusenden, damit keine Verwirrung entstehen kann.

So hat Christus durchaus nicht gewollt, daß das »Vaterunser« unbedingt geschlossen gebetet werden soll, sondern er gab damit nur zusammenfassend alles *das* an, was der Mensch bei ernstem Wollen in erster Linie mit Sicherheit auf Erfüllung erbitten kann.

In diesen Bitten sind die Grundlagen für *alles* enthalten, was der Mensch zu seinem leiblichen Wohlbefinden und geistigen Aufstiege notwendig hat. Sie geben aber noch mehr! Die Bitten zeigen gleichzeitig die *Richtlinien* für das Streben an, das der Mensch in seinem Erdenleben verfolgen soll. Die Zusammenstellung der Bitten ist ein Meisterwerk für sich.

Das »Vaterunser« allein kann dem suchenden Menschen *alles* sein, wenn er sich hinein vertieft und es richtig erfaßt. Er brauchte gar nicht mehr als das »Vaterunser«. Dieses zeigt ihm das ganze Evangelium in konzentriertester Form. Es ist der Schlüssel zu den lichten Höhen für den, der es richtig zu erleben weiß. Es kann für jedermann *Stab* und *Leuchte* zugleich sein für das Vorwärts- und Aufwärtsschreiten! So unermeßlich viel trägt es in sich*.

* Vortrag: »Das Vaterunser«.

Schon dieser Reichtum zeigt den eigentlichen Zweck des »Vaterunsers«. *Jesus* gab der Menschheit in dem »Vaterunser« den *Schlüssel zu dem Reiche Gottes! Den Kern seiner Botschaft.* Er hat aber damit nicht gemeint, daß es in dieser Weise hergebetet werden soll.

Der Mensch braucht nur darauf zu achten, wenn er gebetet hat, und er wird von selbst erkennen, wieviel Ablenkung es ihm brachte, und wie es die Tiefe seiner Empfindung schwächte, indem er der Reihenfolge der einzelnen Bitten folgte, auch wenn diese ihm noch so geläufig sind. Es ist ihm unmöglich, mit für ein richtiges Gebet notwendiger Inbrunst der Reihe nach aus einer Bitte in die andere zu gleiten!

Jesus hat in seiner Art der Menschheit alles leicht gemacht. Der richtige Ausdruck ist »kinderleicht«. Er wies besonders darauf hin: »Werdet wie die Kinder!« Also so einfach denkend, so wenig Schwierigkeiten suchend. Er würde nie von der Menschheit so etwas Unmögliches erwartet haben, wie es das wirklich vertiefte Beten des »Vaterunsers« verlangt.

Das muß der Menschheit auch die Überzeugung bringen, daß Jesus damit etwas anderes wollte, etwas Größeres. Er gab den Schlüssel zu dem Reiche Gottes, nicht ein einfaches Gebet!

Vielseitigkeit eines Gebetes wird es immer abschwächen. Ein Kind kommt auch nicht mit sieben Bitten gleichzeitig zum Vater, sondern immer nur mit dem, was sein Herz gerade am ärgsten bedrückt, sei es nun ein Leid oder ein Wunsch.

So soll auch ein Mensch in Not sich bittend an seinen Gott wenden, mit dem, was ihn bedrückt. Und in den meisten Fällen wird es doch immer nur *eine* besondere Angelegenheit sein, nicht vieles zusammen. Um etwas, was ihn nicht gerade bedrückt, soll er auch nicht bitten. Da eine solche Bitte in seinem Innern nicht lebendig genug mitempfunden werden kann, wird sie zu leerer Form und schwächt naturgemäß eine vielleicht wirklich nötige andere Bitte.

Deshalb soll immer nur um das gebeten werden, was wirklich nötig ist! Nur keine leeren Formen, die zersplittern müssen und mit der Zeit die Heuchelei großziehen!

Das Gebet erfordert tiefsten Ernst. Man bete in Ruhe und in Reinheit, damit durch Ruhe die Empfindungskraft erhöht wird und sie durch Reinheit jene lichte Leichtigkeit erhält, die das Gebet emporzutragen fähig ist bis zu den Höhen alles Lichtes, alles Reinen. Dann wird auch diejenige Erfüllung kommen, die dem Bittenden am meisten nützt, ihn wirklich vorwärts bringt in seinem ganzen Sein!

Die *Kraft* des Gebetes vermag dieses *nicht* emporzuschleudern oder emporzudrängen, sondern *nur die Reinheit* in ihrer entsprechenden Leichtigkeit. Reinheit aber im Gebet kann jeder Mensch erreichen, wenn auch nicht in allen seinen Gebeten, sobald der Drang zum Bitten in ihm lebendig wird. Es ist dazu nicht notwendig, daß er schon mit seinem ganzen Leben im Reinen steht. Es vermag ihn nicht zu hindern, wenigstens zeitweise hier und da einmal im Gebet sich in Reinheit seiner Empfindung sekundenlang zu erheben.

Zur Kraft des Gebetes aber verhilft nicht nur die abgeschlossene Ruhe und die dadurch ermöglichte vertiefte Konzentration, sondern auch jede starke Gemütsaufwallung, wie die Angst, die Sorge, die Freude.

Es ist nun nicht gesagt, daß die Erfüllung eines Gebetes immer *irdisch* gedachten Vorstellungen und Wünschen unbedingt entspricht und mit diesen im Einklange steht. Die Erfüllung greift wohlmeinend weit darüber hinaus und führt *das Ganze* zum Besten, nicht den irdischen Augenblick! Oft muß daher eine scheinbare Nichterfüllung später als einzig richtige und beste Erfüllung erkannt werden, und der Mensch ist glücklich, daß es nicht nach seinen Augenblickswünschen ging.

Nun die Fürbitte! Der Hörer fragt sich oft, wie die Wechselwirkung bei einer Fürbitte, also der Bitte eines anderen, den Weg zu einem Menschen finden kann, der nicht selbst gebetet hat, weil die Rückwirkung auf dem angebahnten Wege auf den Bittenden selbst zurückströmen muß.

Auch hierbei gibt es keine Abweichung von den feststehenden Gesetzen. Ein Fürbittender denkt während seines Gebetes so intensiv an den, für den er bittet, daß sein Wünschen dadurch in der anderen Person zuerst *verankert* oder festgeknotet wird, und dann von dort seinen Weg aufwärts nimmt, also zu der Person auch zurückkehren kann, für die die starken Wünsche des Bittenden sowieso schon lebendig geworden sind und sie umkreisen. Dabei ist jedoch unbedingt vorauszusetzen, daß der Boden in der Person, für die gebeten wird, auch aufnahmefähig und durch Gleichart geeignet ist zu einer Verankerung und einer solchen nicht etwa Hindernisse entgegenstellt.

Ist der Boden nicht aufnahmefähig, also unwert, so liegt in dem Abgleiten der Fürbitten nur wieder die wunderbare Gerechtigkeit der göttlichen Gesetze, die nicht zulassen können, daß auf ganz unfruchtbaren Boden von außen her durch einen anderen Hilfe kommt. Dieses Abprallen oder Abgleiten der gewollten Verankerung einer Fürbitte von einer diese Bitte betreffenden Person, die durch ihren inneren Zustand unwert ist, zieht die Unmöglichkeit einer Hilfebringung nach sich.

Es liegt auch hierin wieder etwas derartig Vollkommenes in diesem selbsttätigen und selbstverständlichen Wirken, daß der Mensch staunend vor der damit verbundenen unverkürzten und gerechten Verteilung der Früchte alles Selbstgewollten steht!

Fürbitten von Menschen, die es ohne eigenen inneren und unbedingten Drang wahrer Empfindungen tun, haben keinerlei Wert noch Erfolg. Sie sind nur leere Spreu.

Noch eine Art der Wirkung echter Fürbitten gibt es. Das ist die eines Wegweisers! Das Gebet steigt direkt empor und zeigt nach dem Hilfsbedürftigen. Wird nun ein geistiger Bote an Hand dieses gewiesenen Weges zur Unterstützung geschickt, so ist die Möglichkeit einer Hilfe denselben Gesetzen des Wertes oder Unwertes, also der Aufnahmefähigkeit oder der Abstoßung unterworfen.

Ist der Hilfsbedürftige innerlich dem Dunkel zugekehrt, so kann der auf die Fürbitte hin helfenwollende Bote keine Fühlung gewinnen, vermag nicht einzuwirken und muß unverrichteter Sache wieder zurück. Die Fürbitte konnte also nicht erfüllt werden, weil es die Gesetze in ihrer Lebendigkeit nicht zuließen.

Ist aber der gegebene Boden dazu da, so hat eine echte Fürbitte unschätzbaren Wert! Entweder sie bringt Hilfe herbei, auch wenn der Hilfsbedürftige nichts davon weiß, oder sie vereinigt sich mit dem Wunsche oder Gebet des Hilfsbedürftigen und gibt diesem damit große Verstärkung.

DAS VATERUNSER

Es sind nur wenige Menschen, welche sich bewußt zu machen suchen, *was* sie eigentlich wollen, wenn sie das Gebet »Vaterunser« sprechen. Noch weniger, die wirklich wissen, was der *Sinn* der Sätze ist, die sie dabei hersagen. Hersagen ist wohl die einzig richtige Bezeichnung für den Vorgang, den der Mensch in diesem Falle beten nennt.

Wer sich darin rücksichtslos prüft, *muß* dies zugeben, oder er legt sonst Zeugnis dafür ab, daß er sein ganzes Leben in gleicher Art verbringt... oberflächlich, und eines tiefen Gedankens nicht fähig ist, nie fähig war. Es gibt genug davon auf dieser Erde, die sich selbst wohl ernst nehmen, aber von den andern mit dem besten Willen nicht ernst genommen werden können.

Gerade der Anfang dieses Gebetes wird schon von jeher falsch empfunden, wenn auch in verschiedenen Arten. Die Menschen, die dieses Gebet ernst vorzunehmen versuchen, also mit einem gewissen guten Wollen darangehen, fühlen in sich nach oder bei diesen ersten Worten ein gewisses Gefühl des Geborgenseins in sich aufsteigen, der seelischen Beruhigung! Und dieses Gefühl bleibt bei ihnen vorherrschend bis einige Sekunden nach dem Beten.

Das erklärt zweierlei: Erstens, daß der Betende seinen Ernst nur die ersten Worte durchhalten kann, wodurch sie dieses Gefühl in ihm auslösen, und zweitens, daß gerade die Auslösung dieses Gefühles beweist, wie weit entfernt er davon ist, zu erfassen, was er damit sagt!

Deutlich zeigt er seine Unfähigkeit darin, mit tieferem Denken durchzuhalten, oder auch seine Oberflächlichkeit; denn sonst müßte bei den weiteren Worten sofort wieder ein *anderes* Gefühl entstehen, dem geänderten Inhalt der Worte entsprechend, sobald diese in ihm wirklich lebendig werden.

Also bleibt es in ihm bei dem, was nur die ersten Worte erwecken. Würde aber von ihm der richtige Sinn und die wahre Bedeutung der Worte erfaßt, so müßten diese ein ganz anderes Empfinden in ihm auslösen als das eines behaglichen Geborgenseins.

Anmaßendere Menschen wieder sehen in dem Worte »Vater« die Bestätigung dafür, direkt von Gott abzustammen und damit bei richtiger Entwicklung zuletzt selbst göttlich zu werden, zur Zeit aber unbedingt schon Göttliches in sich zu tragen. Und so gibt es der Irrungen unter den Menschen über diesen Satz noch viele.

Die meisten aber halten ihn einfach für die *Ansprache* im Gebet, den Anruf! Dabei brauchen sie am wenigsten zu denken. Und dementsprechend wird es auch gedankenlos dahingesprochen, trotzdem gerade auch in dem Anruf Gottes die ganze Inbrunst liegen müßte, deren eine Menschenseele überhaupt fähig werden kann.

Aber das alles soll dieser erste Satz nicht sagen und nicht sein, sondern der Gottessohn legte in die Wahl der Worte gleichzeitig die Erklärung oder den Hinweis, *in welcher Art eine Menschenseele* zum Gebet schreiten soll, *wie* sie vor ihren Gott treten darf und muß, wenn ihr Gebet Erhörung finden soll. Er sagt genau, welche Beschaffenheit sie in dem Augenblicke besitzen muß, wie ihr Zustand der reinen Empfindung zu sein hat, wenn sie ihr Bitten an die Stufen des Gottesthrones legen will.

So teilt sich das ganze Gebet in drei Teile. Der erste Teil ist das ganze Sichbringen, Sichgeben der Seele ihrem Gotte gegenüber. Sie breitet sich bildlich gesprochen aufgeschlagen vor ihm aus, bevor sie mit einem Anliegen kommt, legt zuvor Zeugnis ab für ihre eigene reine Willensfähigkeit.

Der Gottessohn will damit klarlegen, welches Empfinden allein die Grundlage bilden darf für eine Annäherung an Gott! Deshalb kommt es wie ein großes, heiliges Geloben, wenn am Anfange die Worte stehen: *»Vater unser, der Du bist im Himmel!«*

Bedenket, daß Gebet nicht gleichbedeutend ist mit Bitte! Sonst würde es ja kein Dankgebet geben, in dem keine Bitte enthalten ist. Beten ist nicht bitten. Schon darin ist das »Vaterunser« bisher stets verkannt worden, aus der üblen Gewohnheit des Menschen heraus, nie vor Gott zu treten, wenn er nicht gleichzeitig etwas von ihm erwartet oder gar verlangt; denn im Erwarten liegt ja das Verlangen. Und der Mensch erwartet tatsächlich dabei *immer* etwas, das kann er nicht leugnen! Sei es auch in großen Zügen gesprochen in ihm nur das nebelhafte Gefühl, einst einmal einen Platz im Himmel zu erhalten.

Jubelnden Dank im freudigen Genießen seines ihm gewährten bewußten Seins in der von Gott gewollten oder von Gott mit Recht erwarteten Mitwirkung in der großen Schöpfung zum Wohle seiner Umgebung kennt der

Mensch nicht! Er ahnt ja auch nicht, daß gerade das und *nur* das sein wirkliches eigenes Wohl in sich birgt, und seinen Fortschritt, seinen Aufstieg.

Auf solcher von Gott gewollten Grundlage aber steht in Wahrheit das Gebet »Vaterunser«! Anders hätte es der Gottessohn gar nicht geben können, der nur das Wohl der Menschen wollte, das allein in richtiger Gotteswillenbeachtung und -erfüllung ruht!

Das von ihm gegebene Gebet ist also nichts weniger als ein Bittgebet, sondern ein großes, alles umfassendes Gelöbnis des Menschen, der sich seinem Gott darin zu Füßen legt! Jesus hat es seinen Jüngern gegeben, die damals bereit waren, in der reinen Gottesanbetung zu leben, Gott durch ihr Leben in der Schöpfung zu dienen und in diesem Dienen seinen Heiligen Willen zu ehren!

Der Mensch sollte es sich wohl und reiflich überlegen, ob er es wagen darf, dieses Gebet überhaupt zu verwenden und zu sprechen, sollte sich ernsthaft prüfen, ob er in der Verwendung nicht etwa versucht, seinen Gott zu belügen!

Die einleitenden Sätze ermahnen deutlich genug, daß sich ein jeder prüfen soll, ob er auch wirklich so ist, wie er darin spricht! Ob er damit ohne Falsch vor Gottes Thron zu gehen wagt!

Erlebt Ihr aber die ersten drei Sätze des Gebetes in Euch, so werden sie Euch vor die Stufen des Gottesthrones führen. *Sie sind der Weg dazu,* wenn sie in einer Seele zum Erleben kommen! Kein anderer führt dahin. Aber dieser sicher! Bei Nichterleben dieser Sätze jedoch kann von Euren Bitten keine dahin kommen.

Es soll ein ergebener und doch freudiger Ausruf sein, wenn Ihr zu sagen wagt: *»Vater unser, der Du bist im Himmel!«*

In diesem Rufe liegt Eure aufrichtige Beteuerung: »Ich gebe Dir, o Gott, alle Vaterrechte über mich, denen ich mich kindlich beugend fügen will! Damit erkenne ich auch an Deine Allweisheit, Gott, in allem, was Deine Bestimmung bringt, und bitte, über mich so zu verfügen, wie ein Vater über seine Kinder zu verfügen hat! Hier bin ich, Herr, auf Dich zu hören und Dir kindlich zu gehorchen!«

Der zweite Satz: *»Geheiliget werde Dein Name!«*

Es ist dies die Versicherung der anbetenden Seele, wie ernst es ihr in allem ist, was sie zu Gott zu sprechen wagt. Daß sie mit voller Empfindung bei jedem der Worte und Gedanken ist und nicht durch Oberflächlichkeit Mißbrauch des Gottesnamens treibt! Da ihr der Name Gottes viel zu heilig dazu ist!

Bedenkt, Ihr Betenden, was Ihr damit gelobt! Wenn Ihr ganz ehrlich gegen Euch sein wollt, so müßt Ihr bekennen, daß Ihr Menschen Gott bisher gerade damit in das Angesicht gelogen habt; denn Ihr waret nie *so* ernst bei dem Gebet, wie es der Gottessohn voraussetzend in diesen Worten als *Bedingung* niederlegte!

Der dritte Satz: *»Zu uns komme Dein Reich!«* ist wieder keine Bitte, sondern nur ein weiteres Gelöbnis! Ein Sichbereiterklären dafür, daß es durch die Menschenseele auf der Erde *derart* werden soll, wie es im Gottesreiche ist!

Deshalb das Wort: »Zu uns komme *Dein* Reich!« Das heißt: wir Menschen wollen es auf Erden hier auch so weit bringen, daß Dein vollkommenes Reich sich bis hierher erstrecken kann! Der Boden soll von uns bereitet werden, daß alles nur in Deinem Heiligen Willen lebt, also Deine Schöpfungsgesetze voll erfüllt, damit es *so* ist, wie es in Deinem Reiche, dem geistigen Reiche, geschieht, wo die gereiften und von aller Schuld und Schwere freigewordenen Geister sich aufhalten, die nur dem Gotteswillen dienend leben, weil nur in dessen unbedingter Erfüllung durch die darin ruhende Vollkommenheit Gutes ersteht. Es ist also die Zusicherung, *so* werden zu wollen, daß auch die Erde durch die Menschenseele ein Reich der Erfüllung des Gotteswillens wird!

Diese Beteuerung wird durch den nächsten Satz noch verstärkt: *»Dein Wille geschehe, wie im Himmel, also auch auf Erden!«*

Das ist nicht nur die Erklärung der Bereitwilligkeit, sich in den göttlichen Willen ganz einzufügen, sondern auch darin liegend das Versprechen, sich um diesen Willen zu kümmern, nach der Erkennung dieses Willens mit allem Eifer zu streben. Dieses Streben muß ja einer Einfügung in diesen Willen vorausgehen; denn solange ihn der Mensch nicht richtig kennt, vermag er sich auch nicht mit seinem Empfinden, Denken, Reden und Tun darnach zu richten!

Welcher ungeheure, strafbare Leichtsinn ist es nun für jeden Menschen, diese Zusicherungen immer und immer wieder seinem Gott zu geben, während er sich in Wirklichkeit gar nicht darum kümmert, welcher Art der Gotteswille ist, der in der Schöpfung fest verankert ruht. Der Mensch lügt ja mit jedem Worte des Gebetes, wenn er es zu sprechen wagt! Er steht damit vor

Gott als Heuchler! Häuft auf alte Schulden immer wieder neue, und fühlt sich schließlich noch beklagenswert, wenn er feinstofflich in dem Jenseits unter dieser Last zusammenbrechen muß.

Erst wenn nun diese Sätze von einer Seele als Vorbedingung wirklich erfüllt sind, dann kann sie weiter sprechen:

»Unser täglich Brot gib uns heute!«

Das heißt soviel als: »Wenn ich erfüllt habe, was ich versicherte zu sein, so laß Deinen Segen auf meinem Erdenwirken ruhen, auf daß ich in Besorgung meiner grobstofflichen Notwendigkeiten immer Zeit behalte, Deinem Willen nachleben zu können!«

»Und vergib uns unsere Schuld, wie wir vergeben unsern Schuldigern!«

Darin liegt Wissen von der unbestechlichen, gerechten Wechselwirkung geistiger Gesetze, die den Willen Gottes geben. Gleichzeitig auch der Ausdruck der Versicherung vollen Vertrauens darauf; denn die Bitte um Vergebung, also Lösung aus der Schuld, baut sich *bedingungsweise* auf auf die *vorherige* Erfüllung durch die Menschenseele, des eigenen Vergebens alles Unrechtes, das Nebenmenschen an ihr taten.

Wer aber *dessen* fähig ist, wer seinen Nebenmenschen alles schon vergeben hat, der ist auch *so* in sich geläutert, daß er selbst *mit Absicht* niemals Unrecht tut! Damit ist er vor Gott auch frei von aller Schuld, da dort nur alles das als Unrecht gilt, was *übelgewollt mit Absicht* getan wird. Nur dadurch wird es erst zum Unrecht. Ein großer Unterschied liegt darin zu allen zur Zeit bestehenden Menschengesetzen und Erdanschauungen.

Somit ist also auch in diesem Satz als Grundlage wiederum ein Versprechen jeder nach dem Lichte strebenden Seele ihrem Gott gegenüber, Erklärung ihres wahren Wollens, für dessen Erfüllung sie in dem Gebet durch das Vertiefen und Sichklarwerden über sich selbst Kraft zu erhalten hofft, die ihr bei rechter Einstellung auch wird nach dem Gesetz der Wechselwirkung.

»Und führe uns nicht in Versuchung!«

Es ist ein falscher Begriff, wenn der Mensch in den Worten lesen will, daß er durch Gott versucht würde. Gott versucht niemand! In diesem Falle handelt es sich nur um eine unsichere Überlieferung, welche ungeschickterweise dieses Wort Versuchung wählte. In seinem rechten Sinne ist es einzureihen in Begriffe wie Verirren, Verlaufen, also falsch laufen, falsch suchen auf dem Wege dem Lichte entgegen.

Es heißt soviel wie: »Laß uns nicht falsche Wege einschlagen, nicht falsch suchen, laß uns nicht die Zeit versuchen! Vertrödeln, vergeuden! Sondern halte uns, wenn nötig, *gewaltsam* davon zurück, auch wenn uns solche Notwendigkeit als Leid und Schmerz treffen muß.«

Diesen Sinn muß der Mensch auch schon heraushören durch den sich anschließenden und ja auch dem Wortlaute nach direkt dazu gehörenden Teilsatz: *»Sondern erlöse uns von dem Übel!«*

Das »sondern« zeigt deutlich genug die Zusammengehörigkeit. Der Sinn ist gleichbedeutend mit: »Laß uns das Übel erkennen, um jeden Preis für uns, auch um den Preis des Leidens. Mache uns durch Deine Wechselwirkungen bei jedem Fehlen dazu fähig.« In dem Erkennen liegt auch das Erlösen, für die, so guten Willens dazu sind!

Damit endet der zweite Teil, das Gespräch mit Gott. Der dritte Teil bildet den Schluß: *»Denn Dein ist das Reich und die Kraft und die Herrlichkeit, in Ewigkeit! Amen!«*

Als ein jubelndes Bekenntnis des Sichgeborgenfühlens in der Allmacht Gottes bei Erfüllung alles dessen, was die Seele als Gelöbnis ihm in dem Gebet zu Füßen legt! –

Dieses von dem Gottessohn gegebene Gebet hat also zwei Teile. Die Einleitung des Sichnahens und das Gespräch. Zuletzt ist durch Luther das jubelnde Bekenntnis des Wissens von der Hilfe für alles das hinzugekommen, was das Gespräch enthält, des Erhaltens der Kraft für die Erfüllung dessen, was die Seele ihrem Gott gelobte. Und die Erfüllung *muß* die Seele dann hinauftragen in das Reich Gottes, das Land der ewigen Freude und des Lichtes!

Damit wird das Vaterunser, wenn es wirklich erlebt ist, die Stütze und der Stab zum Aufstiege in das geistige Reich!

Der Mensch soll nicht vergessen, daß er sich in einem Gebet eigentlich nur die Kraft zu holen hat, *das selbst verwirklichen* zu können, was er erbittet! So soll er beten! Und so ist auch das Gebet gehalten, das der Gottessohn den Jüngern gab!

GOTTANBETUNG

Es kann ruhig gesagt werden, daß der Mensch die für ihn unbedingte Selbstverständlichkeit einer Gottesanbetung überhaupt noch nicht begriffen, noch weniger geübt hat.

Betrachtet Euch einmal die Gottanbetung, wie man sie bis heute trieb! Man kennt ja nur ein Bitten oder, besser noch gesagt, ein Betteln! Nur hie und da kommt es schließlich auch einmal vor, daß Dankgebete aufsteigen, die wirklich aus dem Herzen strömen. Das ist jedoch als große Ausnahme immer nur dann und dort, wo ein Mensch ein ganz besonderes Geschenk *unerwartet* erhält, oder aus einer großen Gefahr *plötzlich* errettet wird. Das Unerwartete und Plötzliche gehört bei ihm dazu, wenn er sich überhaupt einmal zu einem Dankgebet aufschwingt.

Es können ihm auch die gewaltigsten Dinge unverdient in den Schoß fallen, so wird es ihm doch nie oder nur sehr selten einfallen, an einen Dank zu denken, sobald alles auf eine ruhige, normale Art vor sich geht.

Ist ihm und allen denen, die er liebt, stets Gesundheit auffallend beschert, und hat er keine Erdensorgen, so wird er sich wohl kaum zu einem ernsten Dankgebet aufschwingen.

Um ein stärkeres Gefühl in sich hervorzurufen, bedarf es bei dem Menschen leider immer eines ganz *besonderen* Anstoßes. Freiwillig im Gutgehen rafft er sich niemals dazu auf. Er führt es vielleicht hier und da im Munde, oder geht auch in die Kirche, um bei der Gelegenheit ein Dankgebet zu murmeln, aber mit seiner ganzen Seele dabei zu sein, auch nur eine einzige Minute, das fällt ihm gar nicht ein.

Nur wenn wirkliche Not an ihn herantritt, *dann* besinnt er sich sehr schnell, daß es ja jemand gibt, der ihm zu *helfen* fähig ist. Die Angst treibt ihn dazu, endlich einmal auch ein Gebet zu stammeln! Und das ist dann doch immer nur ein Bitten, aber keine Anbetung.

So ist der Mensch, der sich noch *gut* dünkt, der sich gläubig nennt! Und das sind wenige auf der Erde! Rühmenswerte Ausnahmen!

Stellt Euch nun einmal selbst das jammervolle Bild vor Augen! Wie erscheint es bei dem richtigen Betrachten Euch, den Menschen! Wieviel erbärmlicher steht so ein Mensch aber vor seinem Gott! Aber so ist leider die Wirklichkeit! Ihr könnt Euch drehen oder wenden, wie Ihr wollt, es bleibt bei diesen Tatsachen, sobald Ihr Euch einmal bemüht, der Sache auf den Grund zu gehen, unter Auslassung jeder Beschönigung. Es muß Euch doch etwas beklommen dabei werden; denn weder Bitten noch der Dank gehören zu der Anbetung.

Anbetung ist *Verehrung!* Diese findet Ihr nun aber wirklich nicht auf dieser ganzen Erde! Betrachtet Euch einmal die Feste oder Feiern, die zu Gottes Ehre dienen sollen, wo von Bitten und von Betteln ausnahmsweise einmal abgelassen wird. Da sind die Oratorien! Sucht Euch die Sänger, die in Gottesanbetung singen! Seht sie Euch an, wenn sie sich dazu vorbereiten in dem Saale oder in der Kirche. Sie alle wollen etwas leisten, um damit den *Menschen* zu gefallen. Gott ist ihnen dabei ziemlich gleichgiltig. Gerade Er, dem es ja gelten soll! Blickt auf den Dirigenten! Er heischt nach Beifall, will den Menschen zeigen, was er kann.

Dann gehet weiter. Seht die stolzen Bauten, Kirchen, Dome, welche Gott zur Ehre stehen ... sollen. Der Künstler, Architekt, der Baumeister ringt nur nach Erdenanerkennung, jede Stadt *prunkt* mit diesen Gebäuden ... zur Ehre für sich selbst. Sie müssen sogar dazu dienen, Fremde anzuziehen. Aber nicht etwa zur Gottanbetung, sondern daß dem Orte Geld zufließt durch den dadurch gehobenen Verkehr! Nur Drang nach Erdenäußerlichkeiten, wohin Ihr blickt! Und alles unter Vorgabe der Gottanbetung!

Wohl gibt es hier und da noch einen Menschen, dem im Walde, auf den Höhen seine Seele aufzugehen pflegt, der dabei sogar auch der Größe des Erschaffers all der Schönheit um ihn her flüchtig gedenkt, doch als ganz weit im Hintergrunde stehend. Ihm geht die Seele dabei auf, doch nicht zum Jubelfluge in die Höhe, sondern ... auseinander, sie läuft buchstäblich breit im Wohlbehagen des Genusses.

So etwas darf mit einem Höhenfluge nicht verwechselt werden. Es ist nicht anders einzuschätzen als das Behagen eines Schlemmers an der reichbesetzten Tafel. Das Aufgehen der Seele dieser Art wird irrtümlich für Anbetung gehalten; sie bleibt gehaltlos, Schwärmerei, *eigenes* Wohlgefühl, das der Empfindende für einen Dank zum Schöpfer hält. Es ist rein irdisches Geschehen. Auch viele der Naturschwärmer halten gerade diesen Rausch für rechte

Gottanbetung, dünken sich auch darin anderen weit überlegen, welche nicht die Möglichkeiten haben, diese Schönheiten der Erdenformationen zu genießen. Es ist ein grobes Pharisäertum, das nur im eigenen Wohlbefinden seinen Ausgang hat. Ein Flittergold, dem jede Werte fehlen.

Wenn diese Menschen einstens ihre Seelenschätze suchen müssen, um sie zu ihrem Aufstieg zu verwerten, so finden sie den Schrein in sich vollständig leer; denn der gedachte Schatz war nur ein Schönheitsrausch, sonst nichts. Es fehlte ihm die wahre Ehrfurcht vor dem Schöpfer. –

Die wahre Gottanbetung zeigt sich nicht in Schwärmerei, nicht in gemurmelten Gebeten, nicht in Betteln, Knieen, Händeringen, nicht in seligem Erschauern, sondern in freudiger *Tat!* In jubelnder Bejahung dieses Erdenseins! Auskosten eines jeden Augenblicks! Auskosten heißt ausnützen. Ausnützen wiederum … erleben! Doch nicht in Spiel und Tanz, nicht in den Körper und die Seele schädigenden Zeitvertrödelungen, die der Verstand als Ausgleich und zum Aufpeitschen seines Wirkens sucht und braucht, sondern im Aufblick zu dem Licht und *dessen* Wollen, welches *alles* in der Schöpfung Seiende nur fördert, hebt, veredelt!

Dazu gehört aber als Grundbedingung die genaue Kenntnis der Gesetze Gottes in der Schöpfung. Diese zeigen dem Menschen, wie er zu leben hat, wenn er gesund sein will an Körper und Seele, zeigen genau den Weg, welcher hinaufführt zum geistigen Reich, lassen ihn aber auch die Schrecken klar erkennen, die für ihn erstehen müssen, wenn er diesen Gesetzen sich entgegenstellt!

Da die Gesetze in der Schöpfung selbsttätig und lebendig wirken, ehern, unverrückbar, mit einer Kraft, gegen die Menschengeister völlig machtlos sind, so ist es eigentlich nur selbstverständlich, daß das dringendste Bedürfnis eines jeden Menschen *das* sein muß, diese Gesetze restlos zu erkennen, deren Auswirkungen er in jedem Falle wirklich wehrlos preisgegeben bleibt!

Und doch ist diese Menschheit so beschränkt, daß sie über diese so klare, einfache Notwendigkeit sorglos hinwegzugehen sucht, trotzdem es etwas Näherliegendes gar nicht gibt! Die Menschheit kommt bekanntlich niemals auf die *einfachsten* Gedanken. Ein jedes Tier ist darin sonderbarerweise klüger als der Mensch. Es fügt sich in die Schöpfung ein und wird darin gefördert, solange es der Mensch nicht davon abzuhalten sucht.

Der Mensch aber will herrschen über etwas, dessen selbständigem Wirken er stets unterworfen ist und unterworfen bleiben wird. In seinem Dünkel wähnt er schon Gewalten zu *beherrschen,* wenn er nur kleine Ausläufer von Strahlungen für seine Zwecke zu verwenden lernt, oder die Auswirkung der Luft, des Wassers und des Feuers ganz im Kleinen nützt! Dabei bedenkt er nicht, daß er bei diesen im Verhältnis immer noch sehr kleinen Nutzanwendungen erst *vorher lernen* muß, beobachten, um schon vorhandene Beschaffenheiten oder Kräfte ganz in *deren Eigenart* zu nützen. Er muß sich dabei anzupassen suchen, wenn Erfolg sein soll! *Er* ganz allein!

Das ist kein Herrschen, kein Bezwingen, sondern ein Sichbeugen, ein Sicheinfügen in die bestehenden Gesetze.

Der Mensch müßte dabei endlich gesehen haben, daß ihm nur lernendes Sicheinfügen den Nutzen bringen kann! Er sollte darin dankbar weiterschreiten. Aber nein! Er brüstet und gebärdet sich daraufhin nur noch anmaßender als zuvor. Gerade dort, wo er sich einmal dienend dem göttlichen Willen in der Schöpfung beugt und dadurch sofort sichtbar Nutzen hat, sucht er es kindisch derart hinzustellen, daß er ein Sieger ist! Ein Sieger über die Natur!

Die unsinnige Einstellung erreicht den Gipfel aller Dummheit darin, daß er damit an wirklich Großem blind vorübergeht; denn bei der rechten Einstellung würde er tatsächlich ein Sieger sein ... über sich selbst und seine Eitelkeit, weil er sich in der folgerichtigen Beleuchtung bei allen namhaften Errungenschaften vorher lernend beugte gegenüber dem Bestehenden. Darin allein wird ihm Erfolg.

Jeder Erfinder und auch alles wirklich Große hat sein Denken und sein Wollen eingefügt in die bestehenden Naturgesetze. Was sich dagegen stemmen oder gar dagegen wirken will, das wird erdrückt, zermalmt, zerschellt. Es ist unmöglich, daß es jemals recht zum Leben kommen kann.

Wie die Erfahrungen im Kleinen, nicht anders ist es mit des Menschen ganzem Sein, nicht anders mit ihm selbst!

Er, der nicht nur die kleine Erdenzeit, sondern die ganze Schöpfung zu durchwandern hat, braucht dazu unbedingt die Kenntnis der Gesetze, denen die *gesamte Schöpfung* unterworfen bleibt, nicht nur die jedem Erdenmenschen allernächste, sichtbare Umgebung! Kennt er sie nicht, so wird er aufgehalten und gehemmt, verletzt, zurückgeworfen oder gar zermalmt, weil er in seiner Unkenntnis nicht *mit* den Kraftströmungen der Gesetze gehen konnte, sondern sich so falsch hineinstellte, daß sie ihn abwärts drücken mußten anstatt aufwärts.

Ein Menschengeist zeigt sich nicht groß, bewundernswert, sondern nur lächerlich, wenn er die Tatsachen, die er täglich in ihren Auswirkungen überall erkennen *muß*, starrköpfig und verblendet abzulehnen sich bemüht, sobald er sie nicht nur in seiner Tätigkeit und aller Technik, sondern auch für sich und seine Seele grundlegend verwenden soll! Er hat in seinem Erdensein und Wirken *stets* Gelegenheit, die unbedingte Festigkeit und Gleichheit aller Grundauswirkungen zu sehen, sobald er sich nicht leichtsinnig oder gar böswillig verschließt und schläft.

Es gibt darin in der gesamten Schöpfung keine Ausnahme, auch nicht für eine Menschenseele! Sie *muß* sich den Gesetzen in der Schöpfung fügen, wenn deren Wirken fördernd für sie werden soll! Und diese einfache Selbstverständlichkeit übersah der Mensch bisher vollständig in der leichtfertigsten Art.

Sie erschien ihm so einfach, daß sie für ihn gerade dadurch zu dem Schwersten im Erkennen werden mußte, was es für ihn gab. Und dieses Schwere zu erfüllen wurde mit der Zeit für ihn überhaupt unmöglich. So steht er heute nun vor dem Ruin, dem seelischen Zusammenbruch, der alles von ihm Aufgebaute mit zertrümmern muß!

Nur eines kann ihn retten: restlose Kenntnis der Gesetze Gottes in der Schöpfung. Das ganz allein vermag ihn wieder vorwärts, aufwärts zu bringen, und mit ihm alles, was er künftig aufzubauen sucht.

Sagt nicht, daß Ihr als Menschengeister die Gesetze in der Schöpfung nicht so leicht erkennen könnt, daß sich die Wahrheit von den Trugschlüssen schwer unterscheiden läßt. Das ist nicht wahr! Wer solche Reden führt, will damit nur die Trägheit wieder zu bemänteln suchen, die er in sich birgt, will nur die Gleichgiltigkeit seiner Seele nicht erkennbar werden lassen, oder sich vor sich selbst zur eigenen Beruhigung entschuldigen.

Es nützt ihm aber nichts; denn jeder Gleichgiltige, jeder Träge wird nunmehr verworfen! Nur der, der seine ganze Kraft zusammenrafft, um sie zur Erringung des Notwendigsten für seine Seele *restlos* zu verwenden, kann noch Aussicht auf die Rettung haben. Alle Halbheit ist so gut wie nichts. Auch jedes Zögern, das Hinausschieben ist schon vollständige Versäumnis. Es ist der Menschheit nicht mehr Zeit gelassen, weil sie schon bis zu dem Zeitpunkt gewartet hat, welcher die letzte Grenze bildet.

Es wird ihr selbstverständlich diesmal nicht so leicht gemacht und auch nicht so leicht werden, da sie durch das bisherige sorgloseste Dahinschlendern in diesen Dingen sich jeder Fähigkeit beraubte, an den tiefen Ernst einer notwendigen *letzten* Entscheidung überhaupt zu glauben! Und *dieser* Punkt gerade ist die größte Schwäche, wird der unfehlbare Sturz so vieler sein!

Jahrtausende hindurch ist viel getan worden, Euch Gottes Willen oder die Gesetzmäßigkeit in der Schöpfung klarzumachen, wenigstens so weit, wie Ihr es braucht, um aufsteigen zu können in die lichte Höhe, aus der Ihr ausgegangen seid, um Euch dahin zurückzufinden! Nicht durch die sogenannten Erdenwissenschaften, auch nicht durch die Kirchen, sondern durch die Diener Gottes, die Propheten alter Zeiten, wie dann durch des Gottessohnes Botschaft selbst.

So einfach diese Euch gegeben war, Ihr *redet* bisher nur davon, doch habt Ihr niemals Euch ernsthaft bemüht, sie richtig zu verstehen, noch weniger, darnach zu leben! Das war nach Eurer trägen Meinung viel zu viel von Euch verlangt, trotzdem es Euere einzige Rettung ist! Ihr wollt gerettet werden, ohne daß Ihr selbst Euch irgendwie dabei bemüht! Wenn Ihr darüber nachdenkt, müßt Ihr doch zu diesem traurigen Erkennen kommen.

Aus jeder Gottesbotschaft machtet Ihr Religion! Zu Euerer Bequemlichkeit! *Und das war falsch!* Denn einer Religion bautet Ihr eine ganz besondere, erhöhte Stufe, abseits von dem Alltagswirken! Und darin lag der größte Fehler, den Ihr machen konntet; denn Ihr stelltet damit auch den Gotteswillen abseits von dem Alltagsleben, oder, was dasselbe ist, Ihr stelltet *Euch* abseits vom Gotteswillen, anstatt Euch mit ihm zu vereinen, ihn mitten in das Leben und das Treiben Eures Alltags zu setzen! *Eins* mit ihm zu werden!

Ihr sollt jede Botschaft Gottes ganz *natürlich* aufnehmen und praktisch, müßt sie Eurer Arbeit einverleiben, Eurem Denken, Eurem ganzen Leben! Ihr dürft nicht etwas für sich Alleinstehendes daraus machen, wie es bis jetzt geschah, zu dem Ihr nur besuchsweise in Ruhestunden geht! Wo Ihr für eine kurze Zeit Euch der Zerknirschung hinzugeben sucht, oder dem Danke, der Erholung. Damit ist es Euch nicht als etwas Selbstverständliches geworden, das Euch zu eigen ist wie Hunger oder Schlaf.

Versteht doch endlich recht: Ihr sollt in diesem Gotteswillen *leben,* damit Ihr Euch zurechtfindet auf allen Wegen, welche Gutes für Euch bringen! Die Gottesbotschaften sind wertvolle Winke, die Ihr *nötig* habt, ohne deren Kenntnis und Befolgung Ihr verloren seid! Ihr dürft sie deshalb nicht in einen Glasschrein stellen, um sie darin wie etwas Heiliges in seligem Erschauern nur des Sonntags zu betrachten, oder in der Not, in Angst an diesen Ort zu flüchten, um Euch darin Kraft zu holen! Unselige, Ihr sollt die Botschaft nicht verehren, sondern *nützen!* Sollt herzhaft zugreifen, nicht nur im Feierkleide, sondern mit der harten Faust des werktätigen Lebens, welche niemals schändet, nicht erniedrigt, sondern jeden *ehrt!* Das Kleinod leuchtet in der schweiß- und erdbeschmutzten Schwielenhand viel reiner, höher auf als in den wohlgepflegten Fingern eines trägen Nichtstuers, der seine Erdenzeit nur mit Betrachtungen verbringt!

Jede Gottesbotschaft sollte Euch zuteil gegeben sein, das heißt, *ein Teil von Euch werden!* Den Sinn müßt Ihr recht zu erfassen suchen!

Ihr durftet sie nicht als etwas Gesondertes betrachten, was außerhalb von Euch verbleibt, an das Ihr mit scheuer Zurückhaltung heranzutreten Euch gewöhnt. Nehmt das Wort Gottes *in* Euch auf, damit ein jeder weiß, *wie* er zu leben und zu gehen hat, um zu dem Gottesreiche zu gelangen!

Darum erwachet endlich! Lernet die Gesetze in der Schöpfung kennen. Dazu verhilft Euch aber keine Erdenklugheit, nicht das kleine Wissen technischer Beobachtung, so Karges reicht nicht aus für den Weg, welchen Eure Seele nehmen muß! Ihr *müßt* den Blick *über* die Erde weit hinaus erheben und erkennen, wohin Euch der Weg führt nach diesem Erdensein, damit Euch darin gleichzeitig auch das Bewußtsein dafür wird, warum und auch zu welchem Zwecke Ihr auf dieser Erde seid.

Und wiederum gerade *so,* wie es in *diesem* Leben mit Euch steht, ob arm, ob reich, gesund oder erkrankt, in Frieden oder Kampf, Freud oder Leid, Ihr lernt die Ursache und auch den Zweck erkennen und werdet darin froh und leicht, dankbar für das Erleben, das Euch bisher ward. Ihr lernt die einzelne Sekunde kostbar schätzen und vor allen Dingen auch sie nützen! Nützen zum Aufstieg nach dem freudevollen Sein, dem großen, reinen Glück!

Und da Ihr selbst Euch viel zu sehr verstrickt, verworren habt, kam Euch als Rettung einst die Gottesbotschaft durch den Gottessohn, nachdem die Warnungen durch die Propheten kein Gehör gefunden hatten. Die Gottesbotschaft zeigte Euch den Weg, den einzigen, zu Eurer Rettung aus dem Sumpf, der Euch schon zu ersticken drohte! Durch Gleichnisse suchte der Gottessohn Euch darauf hinzuführen! Die Glaubenwollenden und Suchenden nahmen sie auf mit ihrem *Ohr,* doch weiter ging es nicht. Sie suchten nie darnach zu leben.

Religion und Alltagsleben blieb auch Euch stets zweierlei. Ihr standet immer nur daneben, statt darin! Die in den Gleichnissen erläuterte Auswirkung der Gesetze in der Schöpfung blieb von Euch völlig unverstanden, weil Ihr sie darin nicht suchtet!

Nun kommt in der Gralsbotschaft die Deutung der Gesetze in für die Jetztzeit Euch verständlicherer Form! Es sind in Wirklichkeit genau dieselben, welche Christus einst schon brachte, in der für *damals* angebrachten Form. Er zeigte, wie die Menschen denken, reden, handeln sollen, um geistig reifend in der Schöpfung aufwärts zu gelangen! Mehr brauchte ja die Menschheit nicht. Es ist nicht eine Lücke dafür in der damaligen Botschaft.

Wer sich nun endlich darnach richtet, im Denken, Reden und im Tun, *der übt damit die reinste Gottanbetung aus; denn diese ruht nur in der Tat!*

Wer sich in die Gesetze willig stellt, tut stets das Rechte! *Damit* beweist er seine Ehrfurcht vor der Weisheit Gottes, beugt sich freudig seinem Willen, der in den Gesetzen liegt. Er wird dadurch von deren Auswirkung gefördert und beschützt, von allem Leid befreit und hochgehoben in das Reich des lichten Geistes, wo in jubelndem Erleben die Allweisheit Gottes ohne Trübung jedem sichtbar wird, und wo die Gottanbetung in dem Leben selbst besteht! Wo jeder Atemzug, jedes Empfinden, jede Tat von freudevoller Dankbarkeit getragen wird und so als dauernder Genuß besteht. Aus Glück heraus geboren, Glück aussäend und deshalb Glück erntend!

Gottanbetung in dem Leben und Erleben liegt allein im Einhalten der göttlichen Gesetze. Nur damit wird das Glück verbürgt. So soll es sein in dem kommenden Reich, dem tausendjährigen, welches das Gottesreich auf Erden heißen wird!

DER MENSCH UND SEIN FREIER WILLE

Um darüber ein geschlossenes Bild geben zu können, muß vieles außerhalb Liegende mit herangezogen werden, das seine Einflüsse auf die Hauptsache mehr oder weniger geltend macht!

Der freie Wille! Das ist etwas, wovor sogar bedeutende Menschen sinnend stehenbleiben, weil bei einer Verantwortlichkeit nach den Gesetzen der Gerechtigkeit auch unbedingt eine freie Entschließungsmöglichkeit vorhanden sein muß.

Wohin man auch hört, von allen Seiten kommt der Ruf: Wo soll ein freier Wille im Menschen sein, wenn es in Wirklichkeit Vorsehung, Führung, Bestimmungen, Sterneneinflüsse und Karma gibt? Der Mensch wird geschoben, gehobelt, geformt, ob er nun will oder nicht!

Mit Eifer stürzen sich ernsthaft Suchende über alles, was vom freien Willen spricht, in der ganz richtigen Erkenntnis, daß gerade darüber eine Erklärung notwendig gebraucht wird. Solange diese fehlt, vermag sich der Mensch auch nicht richtig einzustellen, um sich in der großen Schöpfung als das zu behaupten, was er wirklich ist. Wenn er aber nicht die richtige Einstellung zur Schöpfung hat, muß er ein Fremder darin bleiben, wird umherirren, muß sich schieben, hobeln und formen lassen, weil ihm das Zielbewußte fehlt.

Sein großer Mangel ist, daß er nicht weiß, wo eigentlich sein freier Wille ruht und wie er sich betätigt. Der Umstand zeigt auch, daß er den Weg zu seinem freien Willen vollständig verloren hat, ihn nicht mehr zu finden weiß.

Der Eingang des Pfades zu dem Verständnis ist durch aufgetürmten Flugsand nicht mehr erkennbar. Die Spuren sind verweht. Der Mensch läuft unschlüssig im Kreise, sich dabei ermüdend, bis ein frischer Wind die Wege endlich wieder freilegt. Daß dabei erst der ganze Flugsand aufgescheucht in tollem Wirbel durcheinanderfegen wird und noch im Vergehen viele Augen trüben kann, die hungernd nach der Wegesöffnung weitersuchen, ist natürlich, selbstverständlich.

Aus diesem Grunde muß ein jeder größte Vorsicht üben, um seinen Blick frei zu halten, bis auch das letzte Stäubchen dieses Flugsandes verflogen ist. Sonst kann es geschehen, daß er den Weg wohl sieht, und doch leicht getrübt mit einem Fuß zur Seite tritt, strauchelt und stürzt, um noch, den Weg schon vor sich, zu versinken. –

Das Unverständnis, das dem wirklichen Bestehen eines freien Willens von den Menschen hartnäckig immer wieder entgegengebracht wird, wurzelt hauptsächlich in dem Nichtverstehen dessen, was eigentlich der freie Wille ist.

Die Erklärung liegt zwar in der Bezeichnung schon selbst, aber, wie überall, so sieht man auch hier das wirklich Einfache vor lauter Einfachheit nicht, sondern sucht an falscher Stelle und kommt dadurch auch nicht in die Lage, sich den freien Willen vorzustellen.

Unter Willen versteht die größte Zahl der Menschen heute jene gewaltsame Konstruktion des irdischen Gehirnes, wenn der an Raum und Zeit gebundene Verstand für das Denken und Fühlen irgendeine bestimmte Richtung angibt und festlegt.

Das ist aber nicht der freie Wille, sondern der durch irdischen Verstand *gebundene* Wille!

Diese von vielen Menschen angewendete Verwechslung bringt großen Irrtum, baut die Mauer, welche ein Erkennen und Erfassen unmöglich macht. Der Mensch wundert sich dann, wenn er dabei Lücken findet, auf Widersprüche stößt und keinerlei Logik hineinzubringen vermag.

Der freie Wille, der allein so einschneidend in das eigentliche Leben wirkt, daß er weit hinausreicht in die jenseitige Welt, der Seele seinen Stempel aufdrückt, sie zu formen fähig ist, ist von ganz anderer Art. Viel größer, um so irdisch zu sein. Er steht deshalb auch in keinerlei Verbindung mit dem irdisch-grobstofflichen Körper, also auch nicht mit dem Gehirn. Er ruht lediglich im Geiste selbst, in der Seele des Menschen.

Würde der Mensch nicht immer wieder dem Verstande die unbeschränkte Oberherrschaft einräumen, so könnte der weiterschauende freie Wille seines geistigen, eigentlichen »Ichs« dem Verstandesgehirne die Richtung vorschreiben, aus der feinen Empfindung heraus. Dadurch müßte der gebundene Wille dann, der unbedingt zur Ausführung aller irdischen, an Raum und Zeit gebundenen Zwecke notwendig ist, sehr oft einen anderen Weg einschlagen, als es jetzt der Fall ist.

Daß damit auch das Schicksal eine andere Richtung nimmt, ist leicht erklärlich, weil das Karma durch die anders eingeschlagenen Wege auch andere Fäden zieht und eine andere Wechselwirkung bringt.

Diese Erklärung kann selbstverständlich noch kein rechtes Verständnis für den freien Willen bringen. Soll ein ganzes Bild davon gezeichnet werden, so muß man wissen, wie sich der freie Wille bereits betätigt hat. Auch in welcher Weise die oft so vielseitige Verstrickung eines schon bestehenden Karmas erfolgte, das fähig ist, in seinen Auswirkungen den freien Willen so zu verdekken, daß dessen Bestehen kaum noch oder überhaupt nicht mehr erkannt zu werden vermag.

Eine derartige Erklärung aber läßt sich wiederum nur dann abgeben, wenn auf das ganze Werden des geistigen Menschen zurückgegriffen wird, um von dem Augenblicke auszugehen, in dem das Geistsamenkorn des Menschen sich erstmalig in die feinstoffliche Hülle senkt, den äußersten Rand der Stofflichkeit. –

Dann sehen wir, daß der Mensch durchaus nicht das ist, was er sich einbildet zu sein. Er hat nimmermehr das unbedingte Anrecht auf die Seligkeit und auf ein ewiges persönliches Fortleben in seiner Tasche. Der Ausdruck »Wir sind alle Gottes Kinder« ist in dem von den Menschen aufgefaßten oder gedachten Sinne falsch! Es ist *nicht* jeder Mensch ein Kind Gottes, sondern nur dann, wenn er sich dazu entwickelt hat.

Der Mensch wird als ein Geistkeim in die Schöpfung gesenkt. Dieser Keim trägt alles in sich, um sich zu einem persönlich bewußten Kinde Gottes entwickeln zu können. Dabei ist aber vorausgesetzt, daß er die entsprechenden Fähigkeiten dazu öffnet und pflegt, sie aber nicht verkümmern läßt.

Groß und gewaltig ist der Vorgang, und doch ganz natürlich in jeder Stufe des Geschehens. Nichts steht dabei außerhalb eines logischen Werdeganges; denn Logik ist in allem göttlichen Wirken, da dies vollkommen ist und alles Vollkommene der Logik nicht entbehren darf.

Jeder dieser Keime des Geistes trägt gleiche Fähigkeiten in sich, da sie ja von *einem* Geiste stammen, und jede dieser einzelnen Fähigkeiten birgt eine Verheißung, deren Erfüllung unbedingt erfolgt, sobald die Fähigkeit zur Entwicklung gebracht wird. Aber auch nur dann! Das ist der Ausblick eines *jeden* Keimes bei der Saat. Und doch ... !

Es ging ein Säemann aus, zu säen: Dort, wo das Feinstofflichste der Schöpfung an das Wesenhafte reicht, ist die Fläche der Aussaat der menschlichen

Geistkeime. Fünkchen gehen von dem Wesenhaften über die Grenze und versenken sich in den jungfräulichen Boden des feinstofflichsten Teiles der Schöpfung, wie bei den elektrischen Entladungen eines Gewitters. Es ist, als ob die schaffende Hand des Heiligen Geistes Samenkörner ausstreut in das Stoffliche.

Während sich die Saat entwickelt und langsam der Ernte zureift, gehen viele Körner verloren. Sie gehen nicht auf, das heißt, sie haben ihre höheren Fähigkeiten nicht entwickelt, sondern sind verfault oder verdorrt und müssen sich im Stofflichen verlieren. Die aber aufgegangen sind und über die Fläche emporstreben, werden bei der Ernte streng gesichtet, die tauben Ähren von den vollen Ähren geschieden. Nach der Ernte wird dann nochmals sorgfältig die Spreu von dem Weizen getrennt.

So ist das Bild des Werdeganges im großen. Um nun den freien Willen zu erkennen, müssen wir den eigentlichen Werdegang *des Menschen* eingehender verfolgen:

Wenn geistige Funken überspringen in den Boden des feinstofflichen Ausläufers der stofflichen Schöpfung, so schließt sich um diese Funken sofort eine gasige Hülle von der gleichen Stoffart dieser zartesten Region des Stofflichen. Damit ist der Geisteskeim des Menschen eingetreten in die Schöpfung, die wie alles Stoffliche der Veränderung und dem Zergehen unterworfen ist. Er ist noch karmafrei und wartet der Dinge, die da kommen sollen.

Bis in diese äußersten Ausläufer hinein reichen nun die Schwingungen der starken Erlebnisse, die inmitten der Schöpfung in all dem Werden und Vergehen ununterbrochen vor sich gehen*.

Wenn es auch nur die zartesten Andeutungen sind, die diese Feinstofflichkeit wie ein Hauch durchziehen, so genügen sie doch, das empfindsame Wollen in dem Geisteskeime zu wecken und aufmerksam zu machen. Er verlangt, von dieser oder jener Schwingung zu »naschen«, ihr nachzugehen, oder, wenn man es anders ausdrücken will, sich von dieser mitziehen zu lassen, das einem Sichanziehenlassen gleichkommt.

Darin liegt die erste Entscheidung des vielseitig veranlagten Geisteskeimes, der nun je nach seiner Wahl hier- oder dorthin gezogen wird. Dabei knüpfen sich auch schon die ersten zartesten Fäden zu dem Gewebe, das für ihn später sein Lebensteppich werden soll.

* Dies alles ist vorläufig im großen Ausblick gegeben, es wird in späteren Vorträgen ausführlicher geschildert.

Nun kann aber der sich schnell entwickelnde Keim jeden Augenblick benutzen, sich den seinen Weg dauernd und vielfältig kreuzenden andersartigen Schwingungen hinzugeben. Sobald er dies vornimmt, also wünscht, wird er damit seine Richtung ändern und der neuerwählten Art nachgehen, oder, anders ausgedrückt, sich von dieser ziehen lassen.

Durch seinen Wunsch vermag er wie ein Steuer den Kurs zu ändern in den Strömungen, sobald ihm die eine nicht mehr behagt. So vermag er hier und da zu »kosten«.

Bei diesem Kosten reift er mehr und mehr, erhält langsam Unterscheidungsvermögen und zuletzt Urteilsfähigkeit, bis er schließlich immer bewußter und sicherer werdend einer bestimmteren Richtung folgt. Seine Wahl der Schwingungen, denen er zu folgen gewillt ist, bleibt dabei nicht ohne tiefere Wirkung auf ihn selbst.

Es ist nur eine ganz natürliche Folgerichtigkeit, daß diese Schwingungen, in denen er durch sein freies Wollen sozusagen schwimmt, in der Wechselwirkung den Geisteskeim ihrer Art entsprechend beeinflussen.

Der Geisteskeim selbst hat aber *nur edle und reine* Fähigkeiten in sich! Das ist das Pfund, mit dem er in der Schöpfung »wuchern« soll. Gibt er sich edlen Schwingungen hin, so werden diese in der Wechselwirkung die im Keime ruhenden Fähigkeiten munter machen, sie aufrütteln, stärken und großziehen, so daß diese mit der Zeit reichlich Zinsen tragen und großen Segen in die Schöpfung verbreiten. Ein derartig heranwachsender Geistesmensch wird damit zu einem guten Haushalter.

Entschließt er sich aber vorwiegend zu unedlen Schwingungen, so können ihn diese mit der Zeit so stark beeinflussen, daß ihm deren Art anhaften bleibt und die eigenen reinen Fähigkeiten des Geisteskeimes umhüllen, sie überwuchern und nicht zum eigentlichen Erwachen und Aufblühen kommen lassen. Diese müssen zuletzt als regelrecht »vergraben« gelten, wodurch der betreffende Mensch zu einem schlechten Haushalter über das ihm anvertraute Pfund wird.

Ein Geisteskeim vermag also nicht von sich aus unrein zu sein, da er vom Reinen kommt und nur Reinheit in sich trägt. Aber er kann nach seiner Versenkung in die Stofflichkeit seine dann ebenfalls stoffliche Hülle durch »Kosten« unreiner Schwingungen nach eigenem Wollen, also durch Versuchungen, beschmutzen, kann sich sogar damit seelisch das Unreine durch starke Überwucherungen des Edlen äußerlich *zu eigen* schaffen, wodurch er also unreine Eigenschaften erhält, zum Unterschiede von den mitgebrachten, ererbten Fähigkeiten des Geistes.

Jede Schuld und alles Karma ist nur *stofflich!* Nur innerhalb der stofflichen Schöpfung, nicht anders! Kann auch nicht auf den Geist übergehen, sondern ihm nur anhängen. Deshalb ist ein *Reinwaschen* von aller Schuld möglich.

Diese Erkenntnis wirft nichts um, sondern bestätigt nur alles, was Religion und Kirche bildlich sagen. Vor allem erkennen wir immer mehr und mehr die große Wahrheit, die Christus der Menschheit brachte.

Es ist auch selbstverständlich, daß ein Geistkeim, der sich im Stofflichen durch Unreines beschwert, mit dieser Bürde nicht wieder zurück in das Geistige kann, sondern so lange im Stofflichen bleiben muß, bis er diese Last abgestreift hat, sich davon lösen konnte. Dabei wird er naturgemäß immer in der Region bleiben müssen, in die ihn das Gewicht seiner Belastung zwingt, wobei die mehr oder weniger große Unreinheit ausschlaggebend ist.

Gelingt es ihm nicht, die Last bis zum Tage des Gerichtes loszuwerden und abzuwerfen, so vermag er trotz der immer gebliebenen Reinheit des Geisteskeimes, der sich allerdings durch die Überwucherung des Unreinen nicht seinen eigentlichen Fähigkeiten entsprechend entfalten konnte, nicht emporzuschweben. Das Unreine hält ihn durch seine Schwere zurück und zieht ihn mit in die Zersetzung alles Stofflichen.

Je bewußter nun ein Geisteskeim in seiner Entwicklung wird, desto mehr nimmt seine äußere Hülle die Gestalt der inneren Eigenart an. Entweder nach dem Edlen hinstrebend oder nach dem Unedlen, also schön oder unschön.

Jede Schwenkung, die er macht, bildet einen Knoten in den Fäden, die er hinter sich herzieht, die bei vielen Irrwegen, bei vielem Hin und Her in zahlreichen Maschen wie zu einem Netze werden können, in das er sich verstrickt, wodurch er entweder darin untergeht, weil es ihn festhält, oder aus dem er sich gewaltsam herausreißen muß.

Die Schwingungen, denen er sich naschend oder genießend auf seinen Fahrten hingab, bleiben mit ihm verbunden und ziehen wie Fäden hinter ihm her, senden ihm aber dadurch auch ihre Schwingungsarten dauernd nach.

Behält er nun eine gleiche Richtung lange Zeit inne, so können die weiter zurückliegenden Fäden wie die näheren in unverminderter Stärke wirken. Ändert er aber seinen Kurs, so werden durch die Kreuzung die zurückliegenden Schwingungen nach und nach schwächer beeinflussend, da sie erst durch einen Knoten gehen müssen, der hemmend auf sie wirkt, weil die Knüpfung schon eine Verbindung und Verschmelzung mit der neuen, andersartigen Richtung gibt.

So geht es fort und fort. Die Fäden werden mit dem Wachsen des Geistkeimes dichter und stärker, bilden das Karma, dessen Nachwirkung zuletzt so viel Macht gewinnen kann, daß es dem Geiste diesen oder jenen »Hang« beigesellt, der schließlich dessen freie Entschlüsse zu beeinträchtigen fähig ist und diesen eine schon vorher abzuschätzende Richtung gibt. Damit ist der freie Wille dann verdunkelt, kann sich nicht mehr als solcher betätigen.

Von Beginn an ist der freie Wille also vorhanden, nur ist so mancher Wille später derart belastet, daß er in schon erwähnter Weise stark beeinflußt wird, also kein freier Wille mehr sein kann.

Der sich in dieser Weise nun mehr und mehr entwickelnde Keim des Geistes muß der Erde dabei immer näher kommen, da von dieser die Schwingungen am stärksten ausgehen und er immer bewußter steuernd diesen folgt, oder besser gesagt, sich von ihnen »anziehen« läßt, um die nach seiner Neigung gewählten Arten immer stärker auskosten zu können. Er will vom Naschen zu dem wirklichen »Schmecken« übergehen, und zu dem »Genießen«.

Die Schwingungen von der Erde aus sind deshalb so stark, weil hier ein neues, sehr verstärkendes Etwas dazu kommt: die grobstofflich-körperliche Sexualkraft*!

Diese hat die Aufgabe und die Fähigkeit, das ganze geistige Empfinden zu *»durchglühen«*. Der Geist erhält dadurch erst die rechte Verbindung mit der stofflichen Schöpfung und kann deshalb auch erst dann mit voller Kraft tätig darin sein. Dann umfaßt er alles, was notwendig ist, um sich in der Stofflichkeit volle Geltung zu verschaffen, um darin in jeder Beziehung festzustehen, durchdringend und zwingend wirken zu können, gegen alles gewappnet zu sein und auch gegen alles Schutz zu haben.

Deshalb die ungeheueren Kraftwellen, die von dem Erleben ausgehen, das durch die Menschen auf der Erde erfolgt. Sie reichen allerdings immer nur so weit, wie die stoffliche Schöpfung geht, aber in dieser bis zu den zartesten Ausläufern schwingend.

Ein Mensch auf Erden, der geistig hoch und edel wäre und der deshalb mit hoher, geistiger Liebe zu seinen Mitmenschen käme, würde diesen fremd

* Vortrag: »Die Sexualkraft in ihrer Bedeutung zum geistigen Aufstieg«.

bleiben, innerlich nicht nahekommen können, sobald seine Sexualkraft ausgeschaltet wäre. Es würde dadurch zum Verstehen und seelischen Nachempfinden eine Brücke fehlen, demnach eine Kluft sein.

In dem Augenblicke aber, wo diese geistige Liebe in reine Verbindung mit der Sexualkraft tritt und von dieser durchglüht wird, bekommt die Ausströmung für alle Stofflichkeit ein ganz anderes Leben, sie wird darin irdisch wirklicher und vermag dadurch auf die Erdenmenschen und auf die ganze Stofflichkeit voll und verständlich zu wirken. So erst wird sie von dieser aufgenommen und nachempfunden und kann den Segen in die Schöpfung tragen, den der Geist des Menschen bringen soll.

Es liegt etwas Gewaltiges in der Verbindung. *Das* ist auch der eigentliche Zweck, wenigstens der *Hauptzweck* dieses so vielen rätselhaften und unermeßlichen Naturtriebes, damit er das Geistige sich in der Stofflichkeit zu voller Wirkungskraft entfalten läßt! Ohne ihn würde es der Stofflichkeit zu fremd bleiben, um sich richtig auswirken zu können. Der Zeugungszweck kommt erst in *zweiter* Linie. Die Hauptsache ist der durch diese Verbindung in einem Menschen erfolgende Aufschwung. Damit erhält der Menschengeist auch seine Vollkraft, seine Wärme und Lebendigkeit, er wird sozusagen mit diesem Vorgang fertig. *Deshalb setzt hier aber auch nun erst seine volle Verantwortlichkeit ein!*

Die weise Gerechtigkeit Gottes gibt dem Menschen an diesem bedeutenden Wendepunkte aber auch gleichzeitig nicht nur die Möglichkeit, sondern sogar den natürlichen Antrieb dazu, alles Karma, mit dem er bis dahin seinen freien Willen belastet hat, leicht abzuschütteln. Dadurch vermag der Mensch den Willen wieder vollkommen freizumachen, um dann bewußt machtvoll in der Schöpfung stehend ein Kind Gottes zu werden, in seinem Sinne zu wirken und in reinen, erhabenen Empfindungen emporzusteigen zu den Höhen, wohin es ihn dadurch später zieht, sobald er seinen grobstofflichen Körper abgelegt hat.

Wenn es der Mensch nicht tut, so ist es seine Schuld; denn mit Eintritt der Sexualkraft regt sich in ihm in erster Linie eine gewaltige Schwungkraft nach oben zum Idealen, Schönen und Reinen. Bei unverdorbener Jugend beiderlei Geschlechts wird das immer deutlich zu beobachten sein. Daher die von Erwachsenen leider oft nur belächelten Schwärmereien der Jugendjahre, nicht zu verwechseln mit den Kinderjahren.

Deshalb auch in diesen Jahren die unerklärlichen leicht schwermütigen, ernst angehauchten Empfindungen. Die Stunden, in denen es scheint, als ob ein Jüngling oder eine Jungfrau den ganzen Weltschmerz zu tragen hätte, wo Ahnungen eines tiefen Ernstes an sie herantreten, sind nicht unbegründet.

Auch das so häufig vorkommende Sich-nicht-verstanden-Fühlen trägt in Wirklichkeit viel Wahres in sich. Es ist das zeitweise Erkennen der falschen Gestaltung der Umwelt, die den geheiligten Ansatz zu einem reinen Höhenfluge nicht verstehen will noch kann, und erst zufrieden ist, wenn diese so stark mahnende Empfindung in den reifenden Seelen herabgezerrt wird in das ihnen verständlichere »Realere« und Nüchterne, das sie als der Menschheit besser angepaßt erachten und in ihrem einseitigen Verstandessinne für das einzig Normale halten.

Trotzdem aber gibt es zahllose verknöcherte Materialisten, die in dem gleichen Zeitabschnitt ihres Seins als ernste Mahnung ebenso empfunden haben und sogar hier und da einmal gern von der ersten Liebe goldener Zeit mit einem leichten Anfluge von einer gewissen Sentimentalität sprechen, sogar einer Wehmut, die unbewußt einen gewissen Schmerz ausdrückt über etwas Verlorenes, das nicht näher zu bezeichnen geht.

Und sie haben darin alle recht! Das Kostbarste wurde ihnen genommen, oder sie haben es leichtsinnig selbst weggeworfen, wenn sie im grauen Alltag der Arbeit oder unter dem Gespött sogenannter »Freunde« und »Freundinnen« oder durch schlechte Bücher und Beispiele das Kleinod scheu vergruben, dessen Glanz trotzdem während ihres weiteren Lebens hier und da einmal wieder hervorbricht und dabei das unbefriedigte Herz einen Augenblick höher schlagen läßt in unerklärlichem Schauer einer rätselhaften Traurigkeit und Sehnsucht.

Wenn diese Empfindungen auch stets wieder schnell zurückgedrängt und in herber Selbstverhöhnung verlacht werden, so zeugen sie doch von dem Vorhandensein dieses Schatzes, und es sind glücklicherweise wenige, die behaupten können, derartige Empfindungen nie gehabt zu haben. Solche würden auch nur zu beklagen sein; denn sie haben nie gelebt.

Aber selbst solche Verdorbene, oder sagen wir Bedauernswerte, empfinden dann eine Sehnsucht, wenn ihnen Gelegenheit wird, mit einem Menschen zusammenzutreffen, der diese Schwungkraft in richtiger Einstellung nutzt, der also dadurch rein wurde und schon auf Erden innerlich hochsteht.

Die Auswirkung einer derartigen Sehnsucht bei solchen Menschen ist aber in den meisten Fällen zuerst die ungewollte Erkenntnis der eigenen Niedrigkeit und Versäumnis, die dann in Haß übergeht, der sich bis zu blinder Wut zu steigern vermag. Nicht selten kommt es auch vor, daß ein seelisch schon auffallend hochstehender Mensch den Haß ganzer Massen auf sich zieht, ohne selbst wirklich einen äußerlich erkennbaren Grund dazu gegeben zu haben. Solche Massen wissen dann weiter nichts als »Kreuziget, kreuziget ihn!« zu schreien. Aus diesem Grunde die große Reihe Märtyrer, die die Menschheitsgeschichte zu verzeichnen hat.

Die Ursache ist der wilde Schmerz darüber, etwas Kostbares bei anderen zu sehen, das ihnen selbst verlorenging. Ein Schmerz, den sie nur als Haß erkennen. Bei Menschen mit mehr innerer Wärme, die nur durch schlechte Beispiele niedergehalten oder in den Schmutz gezogen wurden, löst sich bei Begegnung mit einem innerlich hochstehenden Menschen die Sehnsucht nach selbst nicht Erreichtem auch oft in grenzenloser Liebe und Verehrung aus. Wohin ein solcher Mensch auch kommen mag, es gibt immer nur ein Für oder ein Wider um ihn. Gleichgiltigkeit vermag nicht standzuhalten.

Der geheimnisvoll ausstrahlende Reiz einer unverdorbenen Jungfrau oder eines unverdorbenen Jünglings ist nichts anderes als der von ihrer Umgebung durch die starken Schwingungen mitempfundene *reine* Auftrieb der erwachenden Sexualkraft in Vermählung mit der Geisteskraft nach Höherem, Edelstem!

Sorgsam hat der Schöpfer darauf Bedacht gelegt, daß dies bei dem Menschen erst in ein Alter fällt, wo dieser sich seines Wollens und Handelns voll bewußt sein kann. Dann ist der Zeitpunkt da, an dem er alles Zurückliegende in Verbindung mit der nun in ihm liegenden Vollkraft spielend abzuschütteln vermag und abschütteln sollte. Es würde sogar von selbst abfallen, wenn der Mensch das Wollen zu dem Guten beibehält, wozu es ihn unaufhörlich drängt in dieser Zeit. Dann könnte er, wie die Empfindungen ganz richtig andeuten, mühelos emporsteigen zu der Stufe, auf die er als Mensch gehört!

Sehet das Verträumtsein der unverdorbenen Jugend! Es ist nichts anderes als das Empfinden des Auftriebes, das Losreißenwollen von allem Schmutz, die heiße Sehnsucht nach Idealem. Die treibende Unruhe aber ist das Signal, die Zeit nicht zu versäumen, sondern energisch das Karma abzuschütteln und mit dem Emporsteigen des Geistes einzusetzen.

Deshalb ist die Erde der große Wendepunkt für den Menschen!

Es ist etwas Herrliches, in dieser geschlossenen Kraft zu stehen und darin und damit zu wirken! Solange die Richtung eine gute ist, die der Mensch erwählt hat. Es gibt aber auch nichts Erbärmlicheres, als diese Kräfte einseitig zu vergeuden in blindem Sinnestaumel und seinen Geist damit zu lähmen, ihm einen großen Teil des Antriebes zu nehmen, den er so dringend braucht, um emporzukommen.

Und doch versäumt der Mensch in den meisten Fällen diese so kostbare Übergangszeit, läßt sich von »wissender« Umgebung auf falsche Wege lenken, die ihn niederhalten und leider nur zu oft sogar abwärts führen. Dadurch vermag er die ihm anhängenden trübenden Schwingungen nicht abzuwerfen, die im Gegenteil nur neue Kräftezufuhr erhalten, und wird so seinen freien Willen mehr und mehr einspinnen, bis er ihn nicht mehr zu erkennen vermag.

So bei der *ersten* Inkarnierung auf der Erde. Bei weiteren notwendig werdenden Inkarnierungen bringt der Mensch ein viel stärkeres Karma mit. Die Möglichkeit des Abschüttelns setzt aber trotzdem jedesmal wieder ein, und kein Karma könnte stärker sein als der in die Vollkraft kommende Geist des Menschen, sobald er durch die Sexualkraft die lückenlose Verbindung mit der Stofflichkeit erhält, zu der das Karma ja gehört.

Doch hat der Mensch diese Zeiten zur Abstreifung seines Karmas und der damit verbundenen Wiedererlangung seines freien Willens versäumt, hat er sich weiter verstrickt, ist er vielleicht sogar tief gesunken, so bietet sich ihm trotzdem auch weiterhin ein mächtiger Bundesgenosse zur Bekämpfung des Karmas und zum Aufstiege. Der größte Sieger, den es gibt, der alles zu überwinden fähig ist.

Des Schöpfers Weisheit brachte es in der Stofflichkeit mit sich, daß die angegebenen Zeiten nicht die einzigen sind, in denen der Mensch die Möglichkeit zu schneller Hilfe finden kann, in denen er sich selbst und seinen eigentlichen Wert zu finden vermag, sogar einen außergewöhnlich starken Antrieb dazu erhält, damit er aufmerksam darauf wird.

Diese Zaubermacht, die jedem Menschen während seines ganzen Erdenseins in steter Hilfsbereitschaft zur Verfügung steht, die aber auch aus derselben Verbindung der Sexualkraft mit der Geisteskraft hervorgeht und das Abstoßen des Karmas herbeiführen kann, ist *die Liebe!* Nicht die begehrende Liebe des Grobstofflichen, sondern die hohe, reine Liebe, die nichts anderes kennt und will als das Wohl des geliebten Menschen, die nie an sich selbst denkt. Sie gehört auch in die stoffliche Schöpfung und fordert kein Entsagen, kein Asketentum, aber sie will immer nur das Beste für den anderen, bangt um ihn, leidet mit ihm, teilt aber mit ihm auch die Freude.

Als Grundlage hat sie die ähnlichen ideal-sehnsüchtigen Empfindungen der unverdorbenen Jugend bei dem Eintreten der Sexualkraft, aber sie peitscht den verantwortlichen, also reifen Menschen auch zur Vollkraft seines ganzen Könnens auf bis zum Heldentum, so daß die Schaffens- und Streitkraft zu größter Stärke angespannt wird. Hierbei ist dem Alter keine Grenze gesetzt! Sobald ein Mensch der reinen Liebe Raum gewährt, sei es nun die des Mannes zum Weib oder umgekehrt, oder die zu einem Freunde oder einer Freundin, oder zu den Eltern, zu dem Kinde, gleichviel, ist sie nur rein, so bringt sie als erste Gabe die Gelegenheit zum Abstoßen alles Karmas, das sich dann nur noch rein »symbolisch« auslöst*, zum Aufblühen des freien und bewußten Willens, der *nur* nach oben gerichtet sein kann. Als natürliche Folgerung beginnt dann der Aufstieg, die Erlösung von den unwürdigen Ketten, die ihn niederhalten.

Die erste sich regende Empfindung bei erwachender reiner Liebe ist das sich Unwertdünken dem geliebten Anderen gegenüber. Mit anderen Worten kann man diesen Vorgang mit eintretender Bescheidenheit und Demut bezeichnen, also den Empfang zweier großer Tugenden. Dann schließt sich daran der Drang, schützend die Hand über den anderen halten zu wollen, damit ihm von keiner Seite ein Leid geschähe, sondern sein Weg über blumige, sonnige Pfade führt. Das »Auf-den-Händen-tragen-Wollen« ist kein leerer Spruch, sondern kennzeichnet die aufsteigende Empfindung ganz richtig.

Darin aber liegt ein Aufgeben der eigenen Persönlichkeit, ein großes Dienenwollen, das allein genügen könnte, alles Karma in kurzer Zeit abzuwerfen, sobald das Wollen anhält und nicht etwa rein sinnlichen Trieben Platz macht. Zuletzt kommt bei der reinen Liebe noch der heiße Wunsch, recht Großes für den geliebten Anderen in edlem Sinne tun zu können, ihn mit keiner Miene, keinem Gedanken, keinem Worte, noch viel weniger mit einer unschönen Handlung zu verletzen oder zu kränken. Zarteste Rücksichtnahme wird lebendig.

Dann gilt es, diese reinen Empfindungen festzuhalten und allem anderen obenan zu setzen. Niemals wird jemand dann etwas Schlechtes wollen oder

* Vortrag: »Symbolik im Menschenschicksal«.

tun. Er vermag es einfach nicht, sondern hat im Gegenteil darin den besten Schutz, die größte Kraft, den wohlmeinendsten Berater und Helfer.

Deshalb weist auch Christus immer wieder auf die Allgewalt der Liebe hin! Nur diese überwindet alles, vermag alles. Aber immer nur vorausgesetzt, daß es nicht die nur irdisch begehrende Liebe ist, die die Eifersucht und ihr verwandte Laster in sich trägt.

Der Schöpfer hat in seiner Weisheit damit einen Rettungsring in die Schöpfung geworfen, der nicht nur einmal im Erdenleben an *jeden* Menschen anstößt, daß er sich daran halte und emporschwinge!

Es ist diese Hilfe für alle da. Sie macht keinen Unterschied, weder im Alter noch im Geschlecht, weder bei arm noch reich, nicht bei vornehm oder gering. Deshalb ist die Liebe auch das größte Geschenk Gottes! Wer es erfaßt, der ist der Rettung aus jeder Not und jeder Tiefe sicher! Er macht sich frei, erhält damit am schnellsten und am leichtesten einen ungetrübten, freien Willen wieder, der ihn nach oben führt.

Und wenn er in einer Tiefe läge, die ihn zur Verzweiflung bringen muß, die Liebe ist fähig, ihn mit Sturmesgewalt emporzureißen zu dem Licht, zu Gott, der selbst die Liebe ist. Sobald in einem Menschen durch irgendeinen Anstoß die reine Liebe rege wird, hat er auch die direkteste Verbindung mit Gott, dem Urquell aller Liebe, und somit auch die stärkste Hilfe. Wenn aber ein Mensch alles besäße und hätte der Liebe *nicht,* so wäre er doch nur ein tönend Erz oder eine klingende Schelle, also ohne Wärme, ohne Leben... nichts!

Findet er jedoch zu irgendeinem seiner Nächsten die wahre Liebe, die nur darnach strebt, dem anderen geliebten Menschen Licht und Freude zu bringen, ihn nicht durch unsinniges Begehren herabzuzerren, sondern schützend emporzuheben, so *dient* er ihm, ohne sich dabei des eigentlichen Dienens bewußt zu werden, da er sich dadurch mehr zu einem selbstlosen Geber und Schenker macht. Und dieses Dienen ringt ihn frei!

Viele werden sich hier sagen: Genau so mache ich es ja, oder strebe es wenigstens schon an! Unter Aufbietung aller Mittel suche ich meiner Frau oder Familie das Erdenleben leicht zu machen, ihnen Genüsse zu bieten, indem ich mich bemühe, so viele Mittel zu beschaffen, daß sie sich ein bequemes, angenehmes Leben leisten können und sorgenfrei sind.

Tausende werden an ihre Brust schlagen, sich gehoben fühlen und sich für wer weiß wie gut und edel halten. Sie irren! *Das* ist die lebendige Liebe *nicht!*

Diese ist nicht so einseitig irdisch, sondern drängt gleichzeitig viel stärker nach Höherem, Edlerem, Idealem. Gewiß, niemand darf ungestraft, also ohne Nachteil, die irdischen Notwendigkeiten vergessen, er soll sie nicht außer acht lassen, aber diese dürfen nicht zur Hauptsache des Denkens und Handelns werden. Darüber schwebt groß und stark das für viele so geheimnisvolle Wünschen, *das* wirklich vor sich selbst *sein* zu können, was sie vor denen gelten, von denen sie geliebt werden.

Und dieses Wünschen ist der rechte Weg! Er führt immer nur aufwärts.

Die wahre, reine Liebe braucht nicht erst noch näher erklärt zu werden. Ein jeder Mensch fühlt ganz genau, wie sie beschaffen ist. Er sucht sich oft nur selbst darüber wegzutäuschen, wenn er seine Fehler dabei sieht und klar empfindet, wie weit entfernt er eigentlich noch davon ist, wahr, rein zu lieben. Aber er muß sich dann zusammenraffen, darf nicht zögernd halten und schließlich zum Versagen kommen; denn es gibt für ihn keinen freien Willen mehr ohne wahre Liebe!

Wie viele Gelegenheiten sind den Menschen also geboten, sich aufzuraffen und emporzuschwingen, ohne daß sie sie benützen. Ihr Klagen und Suchen ist deshalb bei der Mehrzahl nicht echt! Sie wollen gar nicht, sobald sie selbst etwas dazu beitragen sollen, sei es auch nur eine kleine Umstellung ihrer Gewohnheiten und Anschauungen. Es ist zum großen Teile Lüge, Selbstbetrug! Gott soll zu ihnen kommen und sie zu sich emporheben, ohne daß sie eine liebe Bequemlichkeit und ihre Selbstanbetung aufzugeben brauchen. Dann würden sie sich allenfalls herbeilassen, mitzugehen, nicht aber, ohne dafür von Gott noch einen besonderen Dank zu erwarten.

Laßt diese Drohnen ihre Wege zum Verderben gehen! Sie sind es nicht wert, daß sich jemand Mühe um sie gibt. Sie werden immer wieder an sich bietenden Gelegenheiten klagend und betend vorübergehen. Sollte ein solcher Mensch sie aber doch einmal ergreifen, so würde er sie sicherlich ihres edelsten Schmuckes, der Reinheit und Selbstlosigkeit, berauben, um dieses kostbarste Gut in den Kot der Leidenschaften herabzuzerren.

Suchende und Wissende sollen sich endlich dazu aufraffen, einen Umweg um diese Menschen zu machen! Sie sollen nicht denken, daß sie ein Gott wohlgefälliges Werk damit tun, wenn sie sein Wort und seinen Heiligen Willen stets so wohlfeil herumtragen und durch versuchte Belehrungen anbieten, daß es fast den Anschein erweckt, als müßte der Schöpfer durch seine Gläubigen betteln gehen, um den Kreis der Anhänger zu erweitern. Es ist eine

Beschmutzung, wenn es solchen geboten wird, die mit schmutzigen Händen darnach greifen. Das Wort darf nicht vergessen werden, welches verbietet, »Perlen vor die Säue zu werfen«.

Und etwas anderes ist es in solchen Fällen nicht. Unnötige Vergeudung von Zeit, die in solchem Maße nicht mehr verschwendet werden darf, ohne zuletzt rückwirkend schädlich zu werden. Den Suchenden nur soll geholfen sein.

Die überall auftauchende Unruhe in vielen Menschen, das Forschen und Suchen nach dem Verbleib des freien Willens ist vollkommen berechtigt und ein Zeichen, daß es hohe Zeit dazu wird. Verstärkt ist es durch unbewußtes Ahnen eines einmal möglich werdenden Zuspätseins dazu. Das erhält das Suchen jetzt dauernd lebendig. Doch ist es zum großen Teile vergebens. *Die meisten Menschen von heute vermögen den freien Willen nicht mehr zu betätigen, weil sie sich zu tief verstrickt haben!*

Sie verkauften und verschacherten ihn... für nichts!

Dafür können sie aber nun nicht Gott verantwortlich machen, wie es so vielfach durch alle möglichen Deutungen immer wieder versucht wird, um sich selbst den Gedanken an eine eigene auf sie wartende Verantwortung auszureden, sondern sie müssen sich selbst anklagen. Und wenn diese Selbstanklage auch von der herbsten Bitterkeit, von dem ärgsten Schmerze durchtränkt wäre, so könnte sie doch nicht heftig genug sein, um auch nur einigermaßen ein Gegengewicht zu geben für den Wert des verlorenen Gutes, das sinnlos unterdrückt oder verschwendet wurde.

Aber trotzdem kann der Mensch den Weg zur Wiedergewinnung noch finden, sobald er sich ernstlich darum bemüht. Allerdings immer nur dann, wenn er es aus tiefstem Innern heraus wünscht. Wenn dieser Wunsch wirklich in ihm *lebt* und nie ermattet. Er muß das sehnlichste Verlangen darnach tragen. Und müßte er sein ganzes Erdendasein daran setzen, er könnte nur dabei gewinnen; denn ernst und notwendig genug ist die Wiedererlangung des freien Willens für den Menschen! Wir können an Stelle der Wiedererlangung auch Ausgrabung sagen oder Freiwaschung. Es ist an sich genau dasselbe.

Solange der Mensch aber nur daran *denkt* und darüber *grübelt*, wird er nichts erreichen. Die größte Anstrengung und Ausdauer muß dabei versagen, weil er mit Denken und Grübeln nie über die Grenze von Zeit und Raum hinauszukommen vermag, also nicht bis dorthin, wo die Lösung liegt. Und da Denken und Grübeln zur Zeit als der Hauptweg zu allem Forschen angesehen wird, so ist auch keine Aussicht dafür, daß ein Vorwärtskommen außer in rein irdischen Dingen erwartet werden kann. Es sei denn, daß sich die Menschen von Grund aus darin ändern.

Nützet die Zeit des Erdenseins! Denkt an den großen Wendepunkt, der stets die volle Verantwortung mit sich bringt!

Ein Kind ist aus diesem Grunde geistig noch unmündig, weil die Verbindung zwischen dem Geistigen und dem Stofflichen bei ihm noch nicht durch die Sexualkraft geschaffen ist. Erst mit dem Augenblicke des Eintretens dieser Kraft werden seine Empfindungen jene Stärke erreichen, daß sie einschneidend, umformend und neuformend die stoffliche Schöpfung zu durchziehen vermögen, womit es volle und ganze Verantwortlichkeit selbsttätig übernimmt. Vorher ist auch die Wechselwirkung nicht so stark, weil die Empfindungsfähigkeit viel schwächer wirkt.

Ein Karma kann deshalb bei der ersten Inkarnation auf Erden nicht so gewaltig sein, sondern höchstens bei der Geburt mit ins Gewicht fallen darin, in welche Verhältnisse hinein die Geburt erfolgt, damit diese dem Geiste bei seinem Erdenleben zum Ablösen des Karmas durch Erkennen seiner Eigenschaften helfen. Die Anziehungspunkte der Gleicharten würden dabei eine große Rolle spielen. Aber alles nur im *schwachen* Sinne. Das eigentliche kraftvolle und einschneidende Karma setzt erst dann ein, sobald sich im Menschen die Sexualkraft mit seiner Geisteskraft verbindet, wodurch er im Stofflichen nicht nur vollwertig wird, sondern dieses in jeder Beziehung weit überragen kann, wenn er sich entsprechend einstellt.

Bis dahin vermag auch das Dunkel, das Böse, nicht direkt an den Menschen heranzukommen. Ein Kind ist durch die Lücke zum Stofflichen davor geschützt. Wie isoliert. Die Brücke fehlt.

Deshalb wird nun vielen Lesern auch verständlicher werden, weshalb Kinder vor dem Bösen einen viel größeren Schutz genießen, was ja sprichwörtlich ist. Auf demselben Wege aber, den die Brücke der eintretenden Sexualkraft bildet, über die der Mensch in seiner Vollkraft streitend gehen kann, vermag dann natürlich auch alles andere zu ihm hereinzukommen, wenn er nicht achtsam genug ist. Aber es kann auf keinen Fall eher geschehen, als bis er auch die notwendige Abwehrkraft besitzt. Eine Ungleichheit ist keinen Augenblick vorhanden, die eine Entschuldigung aufkommen ließe.

Dadurch wächst die Verantwortung der Eltern in das Riesenhafte! Wehe denen, die den eigenen Kindern die Gelegenheit zum Abstreifen ihres Karmas und zum Aufstiege nehmen durch unangebrachten Spott oder durch falsche Erziehung, wenn nicht gar durch böse Beispiele, zu denen auch alles Strebertum gehört auf den verschiedensten Gebieten. Die Versuchungen des Erdenlebens locken sowieso schon zu diesem und jenem. Und da den heranwachsenden Menschen ihre eigentliche Machtstellung nicht erklärt wird, verwenden sie ihre Kraft entweder gar nicht oder zu wenig, oder aber sie vergeuden sie in unverantwortlichster Weise, wenn sie nicht gar unrechte und schlechte Anwendung davon machen.

So setzt denn das bei Unkenntnis unabwendbare Karma in immer größerer Stärke ein, wirft seine Strahlungen durch irgendwelchen Hang nach diesem oder jenem beeinflussend voraus und beengt damit den eigentlichen freien Willen bei Entscheidungen, so daß dieser unfrei wird. Daraus ist auch gekommen, daß die *Mehrheit* der Menschheit heute keinen freien Willen mehr betätigen kann. Sie hat sich gebunden, gekettet, geknechtet durch eigene Schuld.

Wie kindisch und unwürdig sich die Menschen damit zeigen, wenn sie versuchen, den Gedanken an eine unbedingte Verantwortung abzulehnen und lieber dem Schöpfer einen Vorwurf der Ungerechtigkeit darin zu machen! Wie lächerlich klingt die Vorgabe, daß sie ja gar keinen eigenen freien Willen hätten, sondern geführt, geschoben, gehobelt und geformt würden, ohne etwas dagegen tun zu können.

Wenn sie sich nur einen Augenblick einmal dessen bewußt werden wollten, welche klägliche Rolle sie bei solchem Tun eigentlich spielen. Wenn sie vor allen Dingen endlich sich selbst einmal wirklich kritisch betrachten wollten im Hinblick auf die ihnen verliehene Machtstellung, um zu erkennen, wie sinnlos sie diese an Kleinigkeiten und nichtige Vergänglichkeiten verzetteln, wie sie dafür Tand zu einer verächtlichen Wichtigkeit erheben, sich groß fühlen in Dingen, in denen sie doch so klein erscheinen müssen im Verhältnis zu ihrer eigentlichen Bestimmung als Mensch in der Schöpfung.

Der Mensch von heute ist wie ein Mann, dem ein Reich gegeben ist, und der es vorzieht, seine Zeit mit den einfachsten Kinderspielzeugen zu vertrödeln!

Es ist nur selbstverständlich und nicht anders zu erwarten, daß die gewaltigen Kräfte, die dem Menschen gegeben sind, ihn zerschmettern müssen, wenn er sie nicht zu lenken versteht.

Es wird höchste Zeit zu endlichem Erwachen! Der Mensch sollte die Zeit und die Gnade voll ausnützen, die ihm durch jedes Erdenleben geschenkt wird. Er ahnt noch nicht, wie dringend nötig es schon ist. In dem Augenblicke, wo er den jetzt unfreien Willen wieder frei macht, hilft ihm alles, was jetzt oft gegen ihn zu sein scheint. Selbst die von so vielen gefürchteten Strahlungen der Sterne sind nur dazu da, ihm zu helfen. Gleichviel, welcher Art sie sind.

Und ein jeder vermag es, auch wenn das Karma noch so wuchtig an ihm hängt! Auch wenn die Strahlungen der Sterne vorwiegend ungünstig zu sein scheinen. Ungünstig wirkt sich das alles nur aus bei einem unfreien Willen. Aber auch dort nur scheinbar; denn in Wirklichkeit ist es doch zum Heile für ihn, wenn er sich selbst nicht anders mehr zu helfen weiß. Er wird dadurch zur Verteidigung, zum Erwachen und Muntersein gezwungen.

Furcht vor den Strahlungen der Sterne ist jedoch nicht angebracht, weil die sich dadurch auswirkenden Begleiterscheinungen immer nur die Fäden des Karmas sind, das für den betreffenden Menschen läuft. Die Strahlungen der Sterne bilden nur Kanäle, in die alles das zur Zeit für einen Menschen umherschwebende Karma gezogen wird, soweit es in seiner Art zu den jeweiligen gleichartigen Strahlungen paßt. Sind also die Strahlungen der Sterne ungünstig, so wird sich in diese Kanäle nur das für einen Menschen schwebende ungünstige Karma einfügen, was genau zu der Art der Strahlungen paßt, nichts anderes. Ebenso bei günstigen Strahlungen. So gesammelter geleitet, kann es sich auch dem Menschen stets fühlbarer auswirken. Wo aber kein schlechtes Karma aussteht, werden auch ungünstige Strahlungen der Sterne nicht schlecht wirken können. Eins ist nicht von dem anderen zu trennen.

Auch darin wird wieder die große Liebe des Schöpfers erkannt. Die Sterne kontrollieren oder lenken die Auswirkungen des Karmas. Demnach vermag sich schlechtes Karma nicht ohne Unterbrechungen auszuwirken, sondern muß dem Menschen dazwischen auch Zeit zum Aufatmen lassen, weil die Sterne wechselnd bestrahlen und übles Karma sich zu den Zeiten günstiger Bestrahlungen nicht auswirken kann! Es muß dann unterbrechen und warten, bis wieder ungünstige Strahlungen eintreten, kann also einen Menschen nicht so leicht ganz niederdrücken. Schwebt neben dem üblen Karma eines Menschen nicht auch gutes Karma, das sich bei günstigen Strahlungen der Sterne auswirkt, so wird durch günstige Strahlungen doch wenigstens erwirkt, daß das Leid Unterbrechungen zu Zeiten der günstigen Bestrahlungen erfährt.

So greift auch hierbei ein Rad des Geschehens in das andere. Eins zieht das andere in strenger Folgerichtigkeit nach sich und kontrolliert es gleichzeitig, damit keine Unregelmäßigkeiten vorkommen können. So geht es auch weiter, wie bei einem Riesenräderwerk. Von allen Seiten greifen die Zähne der Räder scharf und genau ineinander ein, alles weiterbewegend, vorwärtstreibend zur Entwicklung.

Inmitten des Ganzen aber steht der Mensch mit der ihm anvertrauten unermeßlichen Macht, durch sein Wollen diesem gewaltigen Räderwerke die Richtung anzugeben. *Doch immer nur für sich selbst!* Es kann ihn aufwärts oder abwärts führen. Die Einstellung allein ist ausschlaggebend für das Ende.

Doch das Räderwerk der Schöpfung ist nicht aus starrem Material, sondern es sind alles lebendige Formen und Wesen, die mitwirkend um so gewaltigeren Eindruck schaffen. Das ganze wundersame Weben dient aber lediglich dazu, dem Menschen zu helfen, solange er die ihm gegebene Macht nicht in kindischem Vergeuden und falscher Anwendung hemmend dazwischen wirft. Er muß sich endlich anders einfügen, um das zu werden, was er sein soll. Gehorchen heißt in Wirklichkeit weiter nichts als verstehen! Dienen ist helfen. Helfen aber bedeutet herrschen. In kurzer Zeit kann jeder seinen Willen frei machen, wie er sein soll. Und damit wendet sich für ihn alles, da er sich innerlich zuerst gewendet hat.

Aber für Tausende, für Hunderttausende, ja für Millionen Menschen wird es zu spät werden, weil sie es nicht anders wollen. Es ist ja nur natürlich, daß die falsch gestellte Kraft die Maschine zertrümmert, der sie sonst gedient hätte, um eine segensvolle Arbeit zu verrichten.

Und bricht es dann herein, so werden sich alle Zögernden plötzlich wieder auf das Beten besinnen, aber nicht mehr die rechte Art dazu finden können, die allein Hilfe zu bringen vermöchte. Erkennen sie dann das Versagen, so werden sie in der Verzweiflung schnell zum Fluchen übergehen und anklagend behaupten, daß es keinen Gott geben könne, wenn Er solches zuläßt. An eiserne Gerechtigkeit wollen sie nicht glauben, ebensowenig daran, daß ihnen die Macht gegeben war, alles rechtzeitig noch zu ändern. Und daß ihnen dies auch oft genug gesagt wurde.

Aber sie verlangen für sich mit kindischem Trotze einen liebenden Gott nach ihrem Sinne, der alles verzeiht. Nur darin wollen sie seine Größe anerkennen! Wie sollte dieser Gott nach ihren Vorstellungen wohl dann denen tun, die ihn immer ernsthaft suchten, aber gerade dieses Suchens wegen von jenen, die Verzeihung erwarten, getreten, verhöhnt und verfolgt wurden?

Toren, die in ihrer immer neu gewollten Blind- und Taubheit ins Verderben rennen, die ihr Verderben selbst mit Eifer schaffen. Mögen sie dem Dunkel überlassen bleiben, dem sie hartnäckig im Allesbesserwissen zustreben. Nur durch das eigene Erleben können sie noch zur Besinnung kommen. Deshalb wird das Dunkel auch ihre beste Schule sein. Doch es kommt der Tag, die Stunde, wo auch dieser Weg zu spät ist, weil die Zeit nicht mehr ausreichen wird, sich nach endlichem Erkennen durch Erleben noch von dem Dunkel loszureißen und aufwärts zu steigen. Aus diesem Grunde wird es Zeit, sich endlich ernsthaft mit der Wahrheit zu befassen.

IDEALE MENSCHEN

Wir wollen aber besser sagen: idealseinwollende Menschen! Doch auch hier müssen vorher in erster Linie ganz sorgfältig ausgeschieden werden alle die, die sich wohl so nennen oder gern bezeichnen lassen, aber nicht zu den Idealseinwollenden gehören.

Es ist dies die große Klasse der weichlich-schwärmerischen Menschen beiderlei Geschlechts, denen sich auch noch die phantasiebegabten Menschen anschließen, die nie erlernen konnten, ihre Gabe zu beherrschen und in nutzbringender Weise zu verwenden. Wegfallen müssen auch die, welche mit bestehenden Verhältnissen stets unzufrieden sind und diese Unzufriedenheit darauf zurückführen, daß sie idealer veranlagt sind als alle anderen, deshalb nicht in ihre Zeit passen.

Dann finden wir noch die Massen der sogenannten »Unverstandenen« beiderlei Geschlechts, wobei die größte Zahl von den Mädchen und Frauen gebildet wird. Diese Sorte Menschen bildet sich ein, unverstanden zu sein. Das heißt auf gut deutsch, sie leben dauernd in der Einbildung, einen Schatz von Werten in sich zu tragen, die der andere Teil, mit dem sie gerade verkehren, nicht zu erkennen fähig ist. In Wirklichkeit sind aber gar keine Schätze in diesen Seelen verborgen, sondern statt deren lediglich eine unversiegbare Quelle maßloser, nie zu stillender Wünsche.

Man kann ruhig alle sogenannten unverstandenen Menschen einfach »unbrauchbare« Menschen nennen, weil sie sich unbrauchbar für das richtige Gegenwartsleben zeigen und nur Unwirklichem, zum Teil sogar dem Unsoliden nachhängen. Immer aber dem, was nicht für ein gesundes Erdenleben paßt. Der Weg solcher ewig unverstandenen Mädchen und Frauen geht aber leider sehr oft in ein solches Leben hinein, das man landläufig als »leichtsinnig« bezeichnet, als unsittlich, weil sie sich nur immer zu gern und zu leicht und auch zu oft »trösten« lassen wollen, was eine gewisse Art der Männer natürlich weiß und skrupellos ausnützt.

Gerade diese Unverstandenen werden aber auch immer in jeder Beziehung unzuverlässig sein und bleiben. Sie dünken sich ideal, sind aber vollkommen wertlos, so daß ein ernster Mensch, der nicht niedere Absichten hegt, ihnen am besten aus dem Wege geht. Hilfe zu bringen würde zwecklos sein. Es nähern sich ihnen auch fast immer nur »Tröster« mit *übler* Absicht, wobei die Wechselwirkung sehr schnell sich auslöst; denn an dem Herzen oder in den Armen eines sogenannten Trösters wird sich ein unverstandenes Mädchen oder eine derartige Frau nach wenigen Tagen oder Wochen schon wieder »unverstanden« fühlen und Sehnsucht nach einem neuen Verstandenwerden haben, weil sie überhaupt nicht weiß, was sie eigentlich will.

Zu allen diesen untauglichen Gruppen gesellt sich zuletzt auch noch die Gruppe der harmlosen Träumer! Anscheinend harmlos wie die Kinder. Die Harmlosigkeit eines solchen Träumers besteht aber nur im Hinblick auf die Wirkung gegen diesen selbst, auf dessen eigene Persönlichkeit, nicht aber auf dessen Umgebung und alle die Menschen, mit denen er zusammenkommt. Für *viele* wirkt ein so harmloser Träumer durch die Unterhaltung schon unmittelbar wie langsam fressendes Gift, zerstörend, zersetzend, weil er sie mit seinen Ideenentwicklungen aus dem normalen und damit gesunden Erdenleben herauszureißen fähig ist, um sie in das Reich des für die Erdenzeit Unangebrachten, Unwirklichen zu führen.

Doch wohl gemerkt: Ich sage nicht, daß ein derartiger Träumer unrein oder gar schlecht sei, im Gegenteil. Er kann das *Beste* wollen, aber er wird es immer für die Erde unwirklich wollen, praktisch undurchführbar, und dadurch wirkt er für das Erdensein nicht fördernd, sondern hemmend, zerstörend.

Aber auch bei den nun übriggebliebenen »idealstrebenden« Menschen müssen wir nochmals eine Spaltung machen, genau beobachten. Wir finden dann immer noch zwei Sorten: Idealen »nachstrebende« Menschen und idealstrebende Menschen.

Die Idealen nachstrebenden Menschen sind meistens Schwächlinge, die sich stets nach etwas sehnen, was überhaupt nie zu erreichen ist. Wenigstens nicht auf Erden, und die deshalb auch niemals wirklich beglückt oder auch nur froh werden können. Sie stehen der Gruppe der »Unverstandenen« sehr nahe und fallen mit der Zeit in eine krankhafte Sentimentalität, die zu nichts Gutem führt.

Haben wir aber dann derart scharf ausgeschieden, so müssen wir die zuletzt noch Übriggebliebenen bildlich gesagt tatsächlich auch am Tage mit der

Laterne suchen, so wenige sind es. Diese wenigen sind dann zwar selbst noch nicht »ideale Menschen« zu nennen, sondern, wie ich schon sagte, »idealstrebende« Menschen. Idealstrebend als persönliche, sich auf Erden betätigende Eigenschaft betrachtet.

Das sind dann erst die Menschen, die man voll bewerten kann, die wohl ein großes, oft gewaltiges Ziel vor Augen haben, aber damit niemals zum Schweben kommen, sondern die sich mit beiden Füßen fest im Erdenleben verankern, um nicht losgelöst zu werden in das für die Erde Unwirkliche. Sie streben Stufe für Stufe, mit gesundem Blick und geschickter Hand dem weitausgelegten Ziele zu, ohne dabei anderen Menschen unverdient zu schaden.

Der Nutzen, den solcher Art Menschen bringen, wird selten nur einzelnen Personen gelten. Eine Ausbeutung irgendwelcher Art kommt dabei nie in Betracht, da dann die Bezeichnung »idealstrebend« ja keine Berechtigung hätte. Und idealstrebend soll und kann jeder Mensch sein, gleichviel, welcher Betätigung er hier auf Erden nachgeht. Er kann jede Art der Arbeit damit veredeln und ihr weite Ziele geben. Er darf dabei nur nie vergessen, alles in dem Rahmen des *Erdenlebens* zu behalten. Geht er darüber hinaus, so wird es für die Erde unwirklich und damit ungesund. Die Folge ist, daß damit dann eine *Förderung* niemals zu erreichen ist, die Grundbedingung und Kennzeichen alles Idealstrebenden bleibt.

Auf der Erde hat der Mensch die Pflicht, sich als Ziel das für ihn Höchsterreichbare zu stellen und mit allen Kräften darnach zu streben, dieses Ziel zu erreichen. Als *Mensch!* Dies schließt von vornherein aus, daß er nur wie ein Tier für Essen und Trinken zu sorgen sich bemüht, wie es leider so viele Menschen machen, oder daß er durch den Verstand sich peitschen läßt, rein irdische Größe oder Berühmtheit zu erhalten, ohne als Hauptzweck Allgemeinwohl und Menschheitshebung dabei im Auge zu haben. Diese alle sind für die Erde weniger wert als Tiere, da ein Tier immer ungekünstelt *das ganz* ist, was es sein soll, auch wenn sein Zweck nur zum Wachhalten der Kreaturen dient, damit nicht hemmende Erschlaffung einsetzt, die Niedergang und Zerfall zur Folge haben könnte, da die *Bewegung* in der Schöpfung Lebensbedingung bleibt.

Wachsein! Der wirklich idealstrebende Mensch ist also daran zu erkennen, daß er Irdisch-Bestehendes zu *heben* sucht, nicht etwa in dem Verstandessinne zu einer Vergrößerung und Macht, sondern zu der *Veredelung!*

Alle seine Ideen werden aber auch die Möglichkeit irdischer Durchführung besitzen, die Nutzen für den Einzelmenschen wie auch für die Allgemeinheit nach sich zieht, während nur Idealseinwollende sich in Ideen wälzen, die in einem gesunden Erdenleben unmöglich praktisch zu verwerten sind, sondern nur ablenken davon, in eine Traumwelt ziehen, die den Schaden bringt, daß man die Ausnützung der Gegenwart zur Reife seines Geistes übersieht, die jeder Mensch in seinem Gegenwartserleben bilden und entwickeln soll.

So sind auch jene Menschen mit idealkommunistischen Gedanken ernst genommen Schädlinge der Menschheit, weil die Verwirklichung nur Ungesundes bringen müßte, trotzdem sie von sich aus Gutes wollen. Sie gleichen Baumeistern, welche *in der Werkstätte* sorgsam ein Haus zusammenstellen für einen anderen Platz. Es sieht schmuck und schön aus ... in der Werkstatt. Auf den eigentlichen Bauplatz gebracht aber steht es schief und unsicher, so daß niemand darin wohnen kann, weil der Boden uneben war und sich trotz größter Bemühungen und Anstrengungen nicht ausgleichen ließ. Damit zu rechnen hatten die Baumeister vergessen. Sie übersahen die richtige Einschätzung des Bestehenden, welches zu diesem Bau als bedingt und unabänderlich gegeben war! Das macht ein wirklich Idealstrebender nicht!

Die idealkommunistischen Ideen können in der Durchführung nicht aus dem Grunde heraus emporwachsen, ebensowenig in ihm verankert werden oder überhaupt verbunden, da dieser Grund, die Menschen, gar nicht zu ihm passen! Er ist zu uneben und wird es immer bleiben, weil keine gleichmäßige Reife aller Menschen auf der Erde herbeizuführen ist.

Es wird immer und immer ein großer Unterschied in der jeweiligen Reife herrschen, da die Einzelmenschen geistig vollkommen *eigene* Persönlichkeiten sind und bleiben, die sich nur verschiedenartig entwickeln können, da diesen Geistpersonen der freie Wille *über sich selbst* nie genommen werden soll!

Nun sucht die wirklich idealstrebenden Menschen auf der Erde zu erkennen, um ihre Tat zu fördern, da sie aufbauend nur Nutzen bringen werden

WERFET AUF IHN ALLE SCHULD

DIESES so oft gebrauchte Wort ist eines der Hauptberuhigungsmittel aller, die sich gläubige Christen nennen. Doch das Mittel ist ein Gift, das einen Rausch erzeugt. Gleich vielen Giften, die bei Krankheiten nur zur Betäubung vorkommender körperlicher Schmerzen angewendet werden und damit eine scheinbare Beruhigung herbeiführen, so ähnlich ist es in geistiger Beziehung mit den Worten: »Werfet auf Ihn alle Schuld; denn Er hat uns erlöset, und durch Seine Wunden sind wir geheilet!«

Da dieses von den Gläubigen als eine der Grundsäulen der kirchlich-christlichen Lehren hingenommen wird, wirkt es unter ihnen um so verheerender. Sie bauen ihre ganze innere Einstellung darnach auf.

Damit geraten sie aber in eine tödliche Umarmung blinden Glaubens, in der sie alles andere nur noch in starker Trübung zu schauen vermögen, bis sich zuletzt das ganze Bild verschiebt und über die Wahrheit ein grauer Schleier sinkt, so daß sie nur noch einen Halt an dem künstlichen Aufbau entstellender Theorien finden können, der mit diesen zusammenbrechen muß am Tage der Erkenntnis.

»Werfet auf Ihn alle Schuld ...!«

Törichter Wahn! Wie Feuer wird die lichte Wahrheit zwischen die Heere falscher Lehrer und fauler Gläubiger fahren und zündend alles Unwahre verbrennen! Behaglich sonnen sich Massen heute noch in dem Glauben, daß alles, was der Heiland litt und tat, für sie geschah. Sie nennen es in Trägheit ihres Denkens vermessen, frevelhaft von jedem Menschen, der wähnt, auch selbst noch etwas beitragen zu müssen, um in den Himmel eingehen zu können. In diesem Punkte verfügen viele über eine erstaunliche Demut und Bescheidenheit, die nach anderen Seiten hin vergebens bei ihnen zu suchen ist.

Nach ihrem Ermessen käme es einer Gotteslästerung gleich, auch nur ganz schwach und schüchtern dem Gedanken Raum zu geben, daß das Herabsteigen des Heilandes zur Erde und das damit aufgenommene Leiden und Sterben noch nicht genügen könnte, die Sünden aller der Menschen abzuwischen, die an seinem damaligen Erdendasein nicht mehr zweifeln.

»Werfet auf Ihn alle Schuld...« denken sie mit inbrünstiger Andacht und wissen nicht, was sie eigentlich tun. Sie schlafen, aber ihr Erwachen wird einst furchtbar sein! Ihr anscheinender demütiger Glaube ist nichts als Selbstgefälligkeit und grenzenlose Hoffart, wenn sie sich einbilden, daß ein Gottessohn herabkommt, um dienend für sie den Weg zu bereiten, auf dem sie dann stumpfsinnig direkt in das Himmelreich hineintrotten können.

Eigentlich müßte jedermann sofort die Hohlheit ohne weiteres erkennen. Sie kann nur von unbeschreiblicher Bequemlichkeit und Leichtsinnigkeit geboren werden, wenn sie nicht Klugheit als Lockmittel zum Zwecke irdischer Vorteile schuf!

Die Menschheit hat sich in tausend Irrgängen verloren und betrügt sich in ihrem törichten Glauben selbst. Welche Herabwürdigung Gottes liegt darin. Was ist der Mensch, daß er sich erkühnt, zu erwarten, ein Gott sendet seinen eingeborenen Sohn, also ein Stück seiner eigenen, wesenlosen Lebendigkeit, damit die Menschen ihre Sündenlast auf ihn zu werfen vermögen, nur damit sie sich nicht selbst zu bemühen brauchen, ihre schmutzige Wäsche zu waschen und die sich aufgebürdete dunkle Last abzutragen.

Wehe denen, die solche Gedanken einst zu verantworten haben! Es ist die frechste Beschmutzung der erhabenen Gottheit! Christi Sendung war nicht solch niedriger Art, sondern sie war hoheitsvoll, fordernd nach dem Vater weisend.

Schon einmal wies ich auf das große Erlöserwerk des Gottessohnes hin*. Sein großes Liebeswerk ist aufgegangen im Diesseits und im Jenseits und hat Früchte aller Art gebracht. Inzwischen aber suchten nur von Menschen Berufene sich vielfach zu von Gott Berufenen zu machen, griffen mit unheiligen Händen nach den reinen Lehren und zogen sie verdunkelnd tief zu sich herab.

Die Menschheit, die ihnen vertraute, ohne das Wort selbst ernsthaft zu prüfen, das sie lehrten, stürzte mit. Göttlicher Wahrheit hehrer Kern wurde mit irdischen Beschränktheiten umzogen, so daß die Form wohl blieb, doch jedes Leuchten in der Sucht nach Erdenmacht und Erdenvorteil unterging. Nur fahle Dämmerung herrscht dort, wo hellster Glanz geistigen Lebens sein

* Vortrag: »Der Erlöser«.

könnte. Bittender Menschheit wurde das Kleinod geraubt, das Christus Jesus *allen* brachte, *die darnach verlangen.* Entstellt durch die Verhüllung egoistischen Verlangens wird den Suchenden ein falscher Weg gezeigt, der sie nicht nur kostbare Zeit versäumen läßt, sondern sogar sehr oft dem Dunkel in die Arme treibt.

Schnell wuchsen Irrlehren empor. Sie überwucherten die Einfachheit, die Wahrheit, und verdeckten sie mit einem schillernden Gewande, aus dessen Farbenpracht jedoch wie bei den Giftpflanzen Gefahren strömen, die alles Nahende betäuben, wodurch die Wachsamkeit der Gläubigen über sich selbst erlahmt, zuletzt erlischt. Damit erstirbt auch jede Möglichkeit des Aufstieges zum wahren Licht!

Noch einmal wird der große Ruf der Wahrheit schallen über alle Lande. Dann aber kommt die Abrechnung für jeden durch das Schicksal, das er sich selbst wob. Die Menschen werden endlich das erhalten, was sie bisher mit Beharrlichkeit vertraten. Sie werden alle Irrtümer durchleben müssen, die sie in ihren Wünschen oder vermessenen Gedanken aufzustellen oder denen sie nachzugehen suchten. Bei vielen wird ein wildes Aufheulen die Folge sein, und Zähneklappern einsetzen aus Angst, aus Wut und aus Verzweiflung.

Die also von dem Übel arg Befallenen und Verworfenen werden es aber dann plötzlich als Ungerechtigkeit empfinden und als Härte, sobald sie in *die* Wirklichkeit hineingestoßen sind, die sie in ihrem Erdenleben bisher als einzig wahr erkennen wollten, womit sie auch beständig ihre Mitmenschen bedachten. Dann soll der Gott noch helfen, dem sie mit solcher grenzenlosen Überhebung gegenüberstanden! Sie werden zu ihm flehen, zu ihm rufen, werden erwarten, daß Er in seiner Göttlichkeit dem »unwissenden« Menschlein auch das Ärgste leicht verzeiht. Er wird nach ihrem Dünken plötzlich viel zu »groß« sein, als so etwas nachtragen zu können. Er, den sie bisher so herabgewürdigt haben!

Doch Er wird sie *nicht* erhören, wird ihnen *nicht* mehr helfen, weil sie vorher auf sein Wort nicht hören wollten, das Er ihnen sandte! Und darin liegt Gerechtigkeit, die sich von seiner großen Liebe niemals trennen läßt.

Donnernd wird ihnen entgegenschallen: »Ihr habt nicht gewollt! Deshalb seid nun vertilgt und ausgelöscht im Buche des Lebens!«

DAS VERBRECHEN DER HYPNOSE

SONDERBAR! Einst wütete man gegen die Behauptung, daß Hypnose wirklich besteht, allen voran gingen darin viele Mediziner. Sie schreckten nicht davor zurück, Hypnose als Humbug und Schwindel zu bezeichnen, wie sie es kurz vorher auch mit dem Heilmagnetismus getan hatten, der heute für so viele ein großer Segen geworden ist. Ausübende wurden in schärfster Weise angegriffen, Gaukler und Betrüger genannt.

Heute nun sind es gerade wiederum die Mediziner, die sich zum größten Teile die Hypnose zu eigen gemacht haben. Was einst in den schärfsten Ausdrücken abgeleugnet wurde, dafür treten sie heute ein.

Dies läßt sich nach zwei Seiten hin beurteilen. Wer den damaligen erbitterten Kampf ganz objektiv betrachtete, kann sich heute natürlich eines Lächelns nicht erwehren, wenn er wiederum beobachten muß, wie damalige feindselige Eiferer jetzt die von ihnen so verschmähte Hypnose mit noch größerem Eifer anzuwenden versuchen. Nach der anderen Seite hin muß wiederum anerkannt werden, daß einer solchen nahezu grotesken Wendung immerhin auch Achtung gebührt. Gehört doch ein gewisser Mut dazu, sich der Gefahr der Lächerlichkeit auszusetzen, die gerade in diesem Falle sehr naheliegt.

Man muß darin den Ernst erkennen, der wirklich der Menschheit nützen möchte und aus diesem Grunde nicht zurückschreckt, selbst solche Gefahr mit in Kauf zu nehmen.

Bedauerlich ist nur, daß man daraus nicht auch Lehren für die Zukunft gezogen hat und vorsichtiger mit Beurteilungen und – sagen wir es ruhig – Anfeindungen wird, wenn es sich um Dinge handelt, die in das gleiche Gebiet gehören, in dem die Hypnose steht. Leider macht man es mit vielen anderen Fächern des gleichen Gebietes trotz aller Erfahrungen heute wieder genau so, fast noch schlimmer.

Trotzdem wird am Ende sich zuletzt dasselbe Schauspiel wiederholen müssen, daß ohne Übergang mit Eifer plötzlich für etwas eingetreten wird, das man bisher so hartnäckig zu leugnen suchte. Noch mehr, daß man so vieles mit allen Mitteln rücksichtslos nur in die eigenen Hände zur Ausübung zu bekommen versucht, dessen Suchen und Finden man vorsichtig und unter dauerndem Befehden erst anderen überließ, meistens sogenannten »Laien«.

Ob das dann immer noch als ein Verdienst und ein mutvoller Akt bezeichnet werden kann, mag dahingestellt bleiben. Es liegt im Gegenteil viel näher, daß diese ewigen Wiederholungen auch die schon als Verdienste erwähnten Handlungen in ein anderes Licht stellen können. Soweit das Ergebnis *oberflächlicher* Beurteilung.

Viel bedenklicher aber wird es, wenn man die *Wirkungen der Anwendungen* der Hypnose richtig kennt. Daß das *Bestehen* der Hypnose endlich Anerkennung und Bestätigung fand und somit die wortreichen, aber nach jetziger Erfahrung nur Unwissenheit verratenden Angriffe der Wissenschaft aufhören, ist gut. Aber daß damit unter dem fördernden Schutze der plötzlich wissend gewordenen bisherigen Gegenstreiter auch die *Anwendung* eine so weite Verbreitung fand, zeugt davon, daß diese Wissenden viel weiter von dem eigentlichen Erkennen entfernt sind, als die anfangs suchenden und viel geschmähten Laien.

Es ist erschütternd, zu wissen, welches Unheil dadurch entsteht, daß sich heute Tausende vertrauensvoll in sogenannte berufene Hände begeben, um sich einer Hypnose freiwillig zu unterziehen, dazu überredet werden, oder, was am verwerflichsten ist, ohne ihr Wissen dazu vergewaltigt werden. Auch wenn es alles mit der besten Absicht geschieht, Gutes damit stiften zu wollen, so ändert dies nichts an dem unermeßlichen Schaden, den diese Ausübung *in jedem Falle* anrichtet! Berufene Hände sind es *nicht*, die Hypnose anwenden. Berufen kann nur jemand sein, der auf dem Gebiete vollkommen bewandert ist, in das alles das gehört, was er anwendet. Das wäre bei Hypnose das feinstoffliche Gebiet! Und wer dieses wirklich kennt, ohne es sich in Vermessenheit nur einzubilden, *wird niemals Hypnose anwenden*, solange er das Beste seines Nebenmenschen will. Es sei denn, er beabsichtigt, ihm mit vollem Wissen schwer zu schaden.

Auf allen Seiten wird deshalb gesündigt, wo immer Hypnose zur Anwendung kommt, gleichviel, ob es Laien sind oder nicht! Es gibt darin keine einzige Ausnahme!

Schon wenn man in aller Einfachheit nur logisch zu denken sucht, so muß man zu dem Schlusse kommen, daß es in Wirklichkeit doch grenzenloser

Leichtsinn ist, mit etwas zu wirken, dessen Tragweite man nur in den allerengsten Stufen zu überschauen vermag, und dessen letzte Endwirkung noch nicht bekannt ist.

Wenn solche Leichtfertigkeit in Angelegenheiten des Wohles und Wehes der Nebenmenschen nicht nur für die betroffene Versuchsperson Schaden nach sich zieht, sondern die Verantwortung doppelt schwer auch auf den Ausübenden fällt, so gibt das keine Beruhigung. Die Menschen sollten lieber nicht so vertrauensselig auf etwas eingehen, was sie nicht auch selbst gründlich kennen. Geschieht es ohne ihr Wissen und Wollen, so ist ein derartiges Vorgehen sowieso ein regelrechtes Verbrechen, auch wenn es von sogenannten berufenen Händen ausgeführt wird.

Da nun nicht anzunehmen ist, daß die mit Hypnose Arbeitenden alle die Absicht haben, ihren Nebenmenschen zu schaden, so bleibt nur die Tatsache festzustellen übrig, daß sie über das Wesen der Hypnose vollkommen unwissend sind und den Folgen ihrer eigenen Tätigkeit gänzlich verständnislos gegenüberstehen. Darüber gibt es auch nicht den geringsten Zweifel; denn entweder das eine oder das andere kann nur in Betracht kommen. Also bleibt die Verständnislosigkeit als allein bestehend übrig.

Wenn ein Mensch seinem Nebenmenschen gegenüber Hypnose anwendet, *so bindet er damit dessen Geist!* Diese Bindung an sich ist geistiges Vergehen oder Verbrechen. Es entschuldigt nicht, wenn Hypnose zum Zwecke der Heilung einer körperlichen Krankheit angewendet wird, oder als Mittel zu einer psychischen Verbesserung. Ebensowenig kann als Verteidigung vorgebracht werden, daß bei dadurch bewirkten psychischen Veränderungen zum Guten auch das Wollen des Betreffenden besser geworden ist, so daß der mit Hypnose Behandelte einen Gewinn davongetragen hat.

In solchem Glauben zu leben und zu handeln, ist Selbstbetrug; denn nur was ein Geist aus vollkommen *freiem* und unbeeinflußtem Wollen heraus vornimmt, kann ihm den Gewinn bringen, den er zu einem wirklichen Aufstiege braucht. Alles andere sind Äußerlichkeiten, die ihm nur vorübergehend einen scheinbaren Nutzen oder Schaden zu bringen vermögen.

Jede Bindung des Geistes, gleichviel zu welchem Zwecke sie geschehen ist, bleibt ein unbedingtes Aufhalten in der Möglichkeit des notwendigen Fortschrittes. Ganz abgesehen davon, daß eine derartige Bindung weit mehr Gefahren mit sich bringt als Vorteil. Ein so gebundener Geist ist nicht nur dem Einflusse des Hypnotiseurs zugänglich, sondern bleibt in gewissem

Grade, trotz eines eventuellen Verbotes des Hypnotiseurs, auch anderen feinstofflichen Einflüssen wehrlos ausgesetzt, weil ihm in der Gebundenheit der dringend notwendige Schutz dagegen fehlt, den nur die völlige Bewegungsfreiheit bieten kann.

Daß die Menschen von diesen dauernden Kämpfen, den Angriffen und der eigenen erfolgreichen oder nicht erfolgreichen Abwehr nichts bemerken, schließt die Lebendigkeit in der feinstofflichen Welt und ihre eigene Mitwirkung dabei nicht aus.

Ein jeder, der einer wirksamen Hypnose unterworfen wird, ist also mehr oder weniger nachhaltig an dem wirklichen Fortschritt seines tiefsten Kernes gehemmt worden. Die äußeren Umstände, seien sie dadurch nur noch ungünstiger geworden, oder anscheinend vorübergehend fördernd, spielen erst in zweiter Linie eine Rolle, dürfen also auch für eine Beurteilung nicht maßgebend sein. *Der Geist muß frei bleiben auf jeden Fall,* weil es sich letzten Endes nur allein um ihn handelt!

Angenommen, es tritt eine äußerlich erkennbare Verbesserung ein, worauf sich die mit Hypnose Arbeitenden so gern stützen, so hat der betreffende Mensch in Wirklichkeit doch keinen Nutzen davon. Sein gebundener Geist vermag nicht gleich feinstofflich schöpferisch zu wirken wie ein vollkommen freier Geist. Die feinstofflichen Schöpfungen, die sein gebundenes oder erzwungenes Wollen erzeugt, sind kraftlos, weil erst aus zweiter Hand geformt, und welken in der feinstofflichen Welt sehr bald dahin. Es kann ihm also deshalb auch sein besser gewordenes Wollen in der Wechselwirkung nicht den Nutzen bringen, der bei den Schöpfungen des freien Geistes unbedingt zu erwarten ist.

Ebenso ist es natürlich auch, wenn ein gebundener Geist im Auftrage seines Hypnotiseurs Übles will und ausführt. Durch die Kraftlosigkeit der feinstofflichen Schöpfungen werden diese trotz böser grobstofflicher Handlungen bald vergehen oder von anderen Gleicharten aufgesaugt werden, so daß eine feinstoffliche Wechselwirkung gar nicht eintreten kann, wodurch den also Gezwungenen wohl eine irdische Verantwortung, aber keine geistige Verantwortung treffen kann. *Genau so ist der Vorgang bei Irrsinnigen.*

Darin sieht man wiederum die lückenlose Gerechtigkeit des Schöpfers, die sich durch die in ihrer Vollkommenheit unerreichbaren lebendigen Gesetze in der feinstofflichen Welt auswirkt. Einen also Gezwungenen kann trotz übler Handlungen durch fremden Willen keine Schuld treffen, ebenso aber auch kein Segen, weil dessen bessere Handlungen unter fremdem Willen ausgeführt werden, woran er als selbständiges »Ich« keinen Teil hat.

Dafür aber geschieht etwas anderes: Die gewaltsame Bindung des Geistes durch Hypnose bindet gleichzeitig den die Hypnose ausübenden Menschen an sein Opfer, wie mit stärksten Ketten. Es läßt ihn nicht eher wieder los, als bis er dem gewaltsam in seiner eigenen freien Entwicklung Zurückgehaltenen so weit vorwärts geholfen hat, wie dieser hätte kommen müssen, wenn er die Bindung nicht ausgeführt hätte. Er muß nach seinem irdischen Abscheiden dorthin, wohin der von ihm gebundene Geist geht, und sei es bis zu den tiefsten Tiefen.

Was also demnach solchen Menschen blüht, die sich viel mit der Anwendung von Hypnose befassen, ist leicht zu denken. Wenn sie nach dem irdischen Abscheiden erwachend wieder zu sich kommen, so werden sie mit Entsetzen bemerken, wie viele Bindungen an ihnen zerren, von schon Vorausgegangenen, wie auch von solchen, die noch auf der Erde wandeln. Nicht eine davon kann ihnen dann erlassen werden. Glied für Glied muß der Mensch lösen, und wenn er auch Jahrtausende damit verliert.

Wahrscheinlich ist es aber, daß er damit nicht mehr ganz zu Ende kommen kann, sondern mit hineingerissen wird in die Zersetzung, die seine Persönlichkeit des eigenen »Ichs« vernichtet; *denn er hat schwer gesündigt wider den Geist!*

ASTROLOGIE

Die königliche Kunst wird sie genannt, und nicht mit Unrecht. Doch nicht, daß sie unter allen Künsten die Königin ist, ebensowenig nur für irdische Könige vorbehalten, sondern wer sie wirklich auszuüben vermöchte, könnte im Geistigen einen königlichen Rang einnehmen, da er dadurch Lenker vielen Geschehens und Nichtgeschehens sein würde.

Aber es gibt nicht einen einzigen Erdenmenschen, dem diese Fähigkeiten anvertraut sind. Somit müssen alle Arbeiten darin nur klägliche Versuche bleiben, unzuverlässig, wenn von dem Ausübenden ernstgemeint, frevelhaft, wenn statt des tiefen Ernstes Selbstüberhebung und krankhafte Phantasie dabei mitwirken.

Sternenberechnung allein kann überhaupt nur wenig nützen; denn zu den Strahlungen der Sterne gehören auch die jeweiligen Bodenstrahlungen der Erde, sowie unbedingt die lebende Feinstofflichkeit in ihrer ganzen Tätigkeit, wie zum Beispiel die Welt der Gedankenformen, des Karmas, Strömungen des Dunkels und des Lichtes in der Stofflichkeit, sowie noch vieles mehr. Welcher Mensch darf sich nun rühmen, alles das bis zu den tiefsten Tiefen und den höchsten Höhen der Stofflichkeit scharf und klar zu überschauen?

Die Strahlungen der Sterne bilden nur die Wege und Kanäle, durch welche alles feinstoffliche Lebendige geschlossener zu einer Menschenseele dringen kann, um sich dort auszuwirken. Bildlich ausgedrückt kann man sagen: Die Sterne geben das Signal für die Zeiten, in denen die rückläufigen Wechselwirkungen und andere Einflüsse durch ihre Strahlenführung zusammengefaßter, geschlossener auf den Menschen strömen können. Ungünstigen oder feindlichen Sternenstrahlungen schließen sich üble in dem Feinstofflichen für den betreffenden Menschen schwebende Strömungen an, günstigen Strahlungen dagegen der Gleichart entsprechend nur gute.

Daher kommt es, daß die Berechnungen an sich nicht ganz wertlos sind. Doch es ist dabei unbedingte Voraussetzung, daß bei ungünstiger Bestrahlung eines Menschen für diesen auch ungünstige Wechselwirkungen rückläufig sind, oder bei günstiger Bestrahlung günstige. Sonst kann irgendeine Auswirkung nicht erfolgen. Wiederum aber sind auch die Sternenstrahlungen nicht etwa schemenhaft, für sich allein ohne Verbindung mit den anderen Kräften unwirksam, sondern sie besitzen auch selbsttätige Auswirkungen in einer gewissen *Absperrung*.

Sind für einen Menschen in der feinstofflichen Welt nur schlechte Rückwirkungen fällig und am Werke, so wird deren Tätigkeit in den Tagen oder Stunden günstiger Sternenbestrahlung je nach der Bestrahlungsart abgesperrt, zurückgedrängt oder doch wenigstens stark eingedämmt. Ebenso natürlich auch umgekehrt, so daß bei arbeitenden guten Rückwirkungen durch ungünstige Bestrahlung das Günstige die den Strahlungen entsprechende Zeit über abgestellt wird.

Wenn also auch die *Kanäle* der Sternenstrahlungen durch Mangel an *gleichartigen* Wirkungen *leer laufen,* so dienen sie doch immerhin noch zur zeitweisen *Absperrung* eventuell arbeitender andersartiger Wechselwirkungen, so daß sie also nie ganz ohne Einfluß bleiben. Es können nur nicht gerade gute Strahlen immer Gutes oder üble Strahlen immer Übles bringen, so derartiges für den Betreffenden nicht bereitliegt.

Die Astrologen können darauf nicht sagen: »Nun also, da haben wir doch recht.« Denn dieses Rechthaben ist nur bedingungsweise und *sehr* eingeschränkt. Es berechtigt nicht zu den oft anmaßenden Behauptungen und geschäftlichen Anpreisungen. Leer laufende Sternenstrahlungskanäle können wohl Unterbrechungen bringen, aber nichts anderes, weder Gutes noch Übles.

Zugegeben muß wiederum werden, daß in gewissem Sinne die zeitweise Unterbrechung übler Rückwirkungen an sich auch schon etwas Gutes ist. Schafft es doch dem vom Übel arg Bedrängten Zeit zum Aufatmen und damit Kraft zu weiterem Ertragen.

Außerdem sollen gerade hemmende Strahlungen den Menschengeist zu größerer Kraftanstrengung veranlassen, die den Geist erweckt, erstarken und immer mehr erglühen läßt in dem Bemühen zu der Überwindung dieser Hemmungen.

Die Berechnungen der Astrologen könnten trotz allem begrüßt werden, wenn die vielfache Großsprecherei und Reklame so mancher nicht beachtet wird. Doch es sprechen außerdem noch andere wichtige Faktoren mit, die die Berechnungen sehr unzuverlässig werden lassen, so daß sie in Wirklichkeit in der Allgemeinheit mehr Schaden als Nutzen anrichten.

Es kommen nämlich nicht nur die wenigen Sterne in Betracht, die den Astrologen zur Berechnung heute zur Verfügung stehen. Zahllose andere, von Astrologen nicht einmal gekannte Sterne spielen, die Wirkungen vermindernd, stärkend, kreuzend und verschiebend, eine so große Rolle, daß das Schlußbild der Berechnung oft ganz entgegenstehend sein kann dem, was dem besten Astrologen heute zu sagen möglich ist.

Zuletzt ist noch ein weiterer Punkt ausschlaggebend, der größte und der schwierigste: die *Seele* eines jeden Menschen! Nur wer außer allen anderen Erfordernissen jede einzelne dieser Seelen mit all ihren Fähigkeiten, Eigenschaften, Karmaverwicklungen, sowie in ihrem ganzen Streben, kurz, in ihrer wirklich jenseitigen Reife oder Unreife bis auf den letzten Grad genau abwägen kann, der könnte allenfalls Berechnungen wagen!

Sternenstrahlungen können für einen Menschen noch so günstig sein, es wird ihn nichts Lichtes, also Gutes, treffen können, wenn er viel Dunkles durch den Zustand seiner Seele um sich hat. Im umgekehrten Falle aber wird den Menschen, dessen Seelenzustand nur die Reinheit und das Lichte um sich duldet, die ungünstigste aller Sternenströmungen nicht so viel drücken können, daß er ernstlich Schaden davonträgt, es wird sich zuletzt immer nach dem Guten wenden müssen.

So einseitig, wie es die Jünger der Astrologie sich bei ihrer Berechnung vorstellen, ist die Allmacht und die Weisheit Gottes nicht. Dieser stellt das Schicksal seiner Menschen, also deren Wohl und Wehe, nicht nur auf die Strahlungen der Sterne ein.

Wohl wirken diese kraftvoll mit, nicht nur bei jedem Einzelmenschen, sondern in dem ganzen Weltgeschehen. Doch sie sind auch nur Werkzeuge darin, deren Betätigung mit vielen anderen nicht nur zusammenhängt, sondern damit auch abhängig in ihren Möglichkeiten aller Auswirkungen bleibt. Auch wenn so manche Astrologen wähnen, intuitiv zu arbeiten, unter Eingebung, Inspiration, so kann das nicht so viel zur Vertiefung beitragen, daß man viel größeres Vertrauen auf das Nahekommen einer Wirklichkeit der Berechnungen verwenden dürfte.

Die Berechnungen bleiben einseitiges Stückwerk und unzulänglich, lükkenhaft, kurz unvollkommen. Sie bringen Unruhe unter die Menschen. Unruhe aber ist der Seele gefährlichster Feind; denn sie erschüttert die Mauer des natürlichen Schutzes und läßt gerade dadurch oft Übles herein, das sonst keinen Eingang gefunden haben würde.

Unruhig werden viele Menschen, die sich sagen, daß sie zur Zeit üble Strahlungen haben, zu vertrauensselig und damit unklug aber oft, wenn sie überzeugt sind, gerade guten Strahlungen unterworfen zu sein. Bei der Mangelhaftigkeit aller Berechnungen bürden sie sich damit nur unnötige Sorgen auf, anstatt immer einen freien, frohen Geist zu haben, der zur Abwehr mehr Kraft aufbringt, als die stärksten üblen Strömungen zu drücken vermögen.

Die Astrologen sollten, wenn sie nicht anders können, ihre Arbeiten ruhig fortsetzen und sich darin zu vervollkommnen suchen, aber nur im stillen und für sich selbst, *wie es wirklich Ernstzunehmende unter ihnen auch tun!* Andere Menschen müßten sie mit solchen Unvollkommenheiten noch verschonen, da diese nur verderbenbringend wirken und als Frucht Erschütterung des Selbstvertrauens bringen, schädigende Bindung freier Geister, die unbedingt vermieden werden muß.

SYMBOLIK IM MENSCHENSCHICKSAL

WENN die Menschen nicht in den Notwendigkeiten und den vielen Nichtigkeiten des Alltags vollständig aufgehen würden, sondern auch noch einige Aufmerksamkeit dazu verwenden wollten, die großen und die kleinen Geschehnisse in ihrer Umgebung etwas aufmerksamer zu beobachten, so müßte ihnen bald eine neue Erkenntnis kommen. Sie würden über sich selbst erstaunt sein und es kaum glaublich finden, daß sie bis dahin über so Auffallendes gedankenlos hinwegsehen konnten.

Und es liegt auch aller Grund vor, mitleidsvoll über sich selbst die Köpfe zu schütteln. Bei nur einiger Beobachtung wird ihnen plötzlich eine ganze Welt streng geordneten, lebendigen Geschehens eröffnet, die eine straffe Führung von höherer Hand deutlich erkennen läßt: die Welt der Symbolik!

Diese wurzelt tief in dem feinstofflichen Teile der Schöpfung, nur die äußersten Enden treten als Ausläufer in das irdisch Sichtbare hinein. Es ist wie bei einem anscheinend ganz in Ruhe befindlichen Meere, dessen dauernde Bewegungen nicht sichtbar sind, sondern nur in ihren letzten Ausläufern am Strande beobachtet werden können.

Der Mensch ahnt nicht, daß er bei ganz geringer Mühe durch etwas Aufmerksamkeit die für ihn so einschneidende und von ihm gefürchtete Tätigkeit des Karmas klar beobachten kann. Es ist ihm möglich, vertrauter damit zu werden, wodurch nach und nach die bei denkenden Menschen oft erwachende Furcht mit der Zeit abfällt und das Karma seine Schrecken verliert.

Für viele kann es ein Weg zum Aufstiege werden, wenn sie durch irdisch sichtbare Geschehnisse die tieferen Wellen des feinstofflichen Lebens fühlen lernen und ihm nachgehen können, wodurch mit der Zeit die Überzeugung von dem Vorhandensein unbedingt folgerichtiger Wechselwirkungen ersteht.

Ist ein Mensch aber erst einmal dazu gekommen, so fügt er sich langsam

Schritt für Schritt, bis er zuletzt die streng logisch und lückenlos treibende Kraft des bewußten göttlichen Willens in der ganzen Schöpfung erkennt, also in der grobstofflichen und feinstofflichen Welt. Von dem Augenblicke an wird er mit ihr rechnen, sich ihr freiwillig beugen. Das bedeutet aber für ihn ein Schwimmen in der Kraft, deren Auswirkungen damit nur noch nutzbringend für ihn sein können. Sie dient ihm, weil er sie zu verwenden weiß, indem er sich selbst richtig einfügt.

So kann sich dann die Wechselwirkung nur als Glücksbringer für ihn auslösen. Lächelnd sieht er jedes biblische Wort buchstäblich erfüllt, das ob seiner kindlichen Einfachheit ihm manchmal ein Stein des Anstoßes werden wollte, das zu erfüllen ihm oft deshalb schwer zu werden drohte, weil es nach seiner bisherigen Meinung einen Sklavensinn erforderte. Das von ihm unangenehm empfundene Gehorsamverlangen wird vor seinen sehend gewordenen Augen nach und nach zu der höchsten Auszeichnung, die einem Geschöpf widerfahren kann; zu einem wahrhaft göttlichen Geschenk, das die Möglichkeit zu einer ungeheuren geistigen Kraftentfaltung in sich trägt, die ein persönlich bewußtes Mitwirken in der herrlichen Schöpfung zuläßt.

Die Ausdrücke: »Nur wer sich selbst erniedrigt, wird erhöht werden«, der Mensch muß sich »demütig vor seinem Gotte beugen«, um in dessen Reich eingehen zu können, er soll »gehorchen«, »dienen«, und was der biblischen Ratschläge noch mehr sind, sie stoßen den modernen Menschen in dieser einfachen, kindlichen und doch so treffenden Ausdrucksart von vornherein etwas ab, weil sie seinen Stolz verletzen, der in dem Bewußtsein des Verstandeswissens liegt. Er will nicht mehr so blind geführt sein, sondern selbst erkennend bewußt in allem mitwirken, um den zu allem Großen notwendigen inneren Aufschwung *aus Überzeugung* zu erhalten. Und das ist *kein Unrecht!*

Der Mensch *soll* mit seiner Fortentwicklung in der Schöpfung bewußter dastehen, als es früher war. Und wenn er mit Freude erkannt haben wird, daß die einfachen biblischen Ausdrücke in ihrer der heutigen Zeit so fremden Art genau alles das anraten, wozu er sich bei Kenntnis der gewaltigen Naturgesetze freiwillig und mit voller Überzeugung auch entschließt, so fällt es wie eine Binde von seinen Augen. Er steht erschüttert vor der Tatsache, daß er die alten Lehren bisher nur verwarf, weil er sie falsch gedeutet hatte, und nie ernsthaft versuchte, richtig in sie einzudringen, sie mit dem heutigen Auffassungsvermögen in Einklang zu bringen.

Ob nun gesagt wird: »In Demut sich dem Willen Gottes beugen«, oder »nach richtigem Erkennen der gewaltigen Naturgesetze sich deren Art und Wirken nutzbar machen«, *ist ein und dasselbe.*

Nutzbar machen kann sich der Mensch die Kräfte, die den Willen Gottes tragen, nur dann, wenn er sie genau studiert, also erkennt, und sich dann darnach richtet. Das Mit-ihnen-Rechnen oder Sich-darnach-Richten ist in Wirklichkeit aber weiter nichts als ein Sicheinfügen, also ein Sichbeugen! Sich nicht *gegen* diese Kräfte stellen, sondern *mit ihnen* gehen. Nur indem der Mensch seinen Willen der Eigenart der Kräfte anpaßt, also die gleiche Richtung geht, vermag er die Gewalt der Kräfte auszunützen.

Das ist kein Bezwingen der Kräfte, sondern ein Sich-demutsvoll-Beugen vor dem göttlichen Willen! Wenn der Mensch so manches auch eigene Klugheit nennt oder eine Errungenschaft des Wissens, so ändert dies nichts an der Tatsache, daß alles nur ein sogenanntes »Finden« von Auswirkungen bestehender Naturgesetze bedeutet, also des göttlichen Willens, den man damit »erkannt« hat und mit der Auswertung oder Verwendung sich diesem Willen »fügt«. Es *ist* dies unbedingt ein demutsvolles Beugen vor dem Willen Gottes, ein »Gehorchen«!

Doch nun zu der Symbolik! Alles Geschehen in der Schöpfung, also in der Stofflichkeit, muß in seinem Kreislauf einen richtigen Abschluß erhalten, oder, wie man auch sagen kann, es muß sich als Ring schließen. Deshalb kehrt nach den Schöpfungsgesetzen auch alles unbedingt auf seinen Ausgangspunkt zurück, wo allein es sein Ende finden kann, also gelöst, aufgelöst, oder als Wirkendes ausgelöscht wird. So ist es mit der ganzen Schöpfung selbst, wie auch mit jedem einzelnen Geschehen. Daraus entsteht die unbedingte Wechselwirkung, die wiederum die Symbolik nach sich zieht.

Da alle Handlungen dort enden müssen, wo sie entstanden sind, so ergibt sich daraus, daß jede Handlung auch in gleicher Stoffart enden muß, in der sie entstand. Also feinstofflicher Anfang muß feinstoffliches Ende haben, grobstofflicher Anfang aber grobstoffliches Ende. Das Feinstoffliche vermögen die Menschen nicht zu sehen, das grobstoffliche Ende eines jeden Geschehens ist ihnen wohl sichtbar, aber es fehlt vielen der eigentliche Schlüssel dazu, der Anfang, der in den meisten Fällen in einem vorhergegangenen grobstofflichen Sein liegt.

Wenn auch hierbei der größte Teil alles Geschehens der Wechselwirkung nur in der feinstofflichen Welt erfolgt, so könnte doch das also arbeitende

Karma niemals eine volle Ablösung finden, wenn das Ende nicht in irgendeiner Art in die grobstoffliche Welt hineinspielt und dort sichtbar wird. Erst mit einem dem Sinne der Wechselwirkung entsprechenden sichtbaren Vorgang kann ein laufender Ring geschlossen werden, wodurch die vollkommene Ablösung erfolgt, gleichviel, ob dies je nach Art des einstmaligen Anfanges gut oder böse ist, Glück oder Unglück bringt, Segen oder durch die Auslösung Vergebung. Diese letzte sichtbare Auswirkung *muß* kommen, an gleicher Stelle, wo der Ursprung liegt, also bei *dem* Menschen, der durch irgendeine Handlung einst den Anfang dazu gab. In keinem einzigen Fall ist sie zu vermeiden.

Wenn nun der betreffende Mensch sich unterdessen innerlich verändert hat, derart, daß Besseres in ihm lebendig wurde, als die einstmalige Handlung war, so kann die Rückwirkung in ihrer Art nicht festen Fuß fassen. Sie findet keinen gleichartigen Boden mehr in der aufwärtsstrebenden Seele, die lichter und damit leichter geworden ist nach dem Gesetz der geistigen Schwere*.

Die natürliche Folge ist, daß eine trübere Auswirkung bei dem Herannahen von der lichteren Umgebung des betreffenden Menschen durchsetzt und somit bedeutend abgeschwächt wird. Aber trotzdem muß das Gesetz des Kreislaufes und der Wechselwirkung voll erfüllt werden in seiner selbsttätig wirkenden Kraft. Ein Aufheben irgendeines Naturgesetzes ist unmöglich.

Deshalb wird sich eine so abgeschwächte rücklaufende Wechselwirkung den unverrückbaren Gesetzen entsprechend auch *sichtbar* grobstofflich auswirken müssen, um wirklich abgelöst, also ausgelöscht zu sein. Das Ende muß in den Anfang zurückfließen. Wegen der lichtgewordenen Umgebung vermag aber dunkles Karma dem betreffenden Menschen nicht Schaden zu bringen, und so geschieht es, daß diese abgeschwächte Wechselwirkung nur derart auf die nähere *Umgebung* wirkt, daß der Betroffene in die Lage kommt, irgend etwas Freiwilliges zu tun, dessen Art nur noch *dem Sinne* der rückströmenden Wechselwirkung entspricht.

Der Unterschied von der eigentlichen ungebrochenen Stärke der für ihn bestimmt gewesenen Auswirkung des rücklaufenden dunklen Stromes ist der, daß es ihm keinerlei Schmerz bereitet oder Schaden bringt, sondern vielleicht sogar Freude macht.

* Vortrag: »Schicksal«.

Das ist dann eine *rein symbolische* Auslösung manches *schweren* Karmas, aber den Gesetzen in der Schöpfung vollkommen entsprechend, durch die Veränderung des Seelenzustandes selbsttätig derart wirkend. Deshalb bleibt es den meisten Menschen auch oft ganz unbewußt. Das Karma ist damit gelöst, der unverrückbaren Gerechtigkeit bis in die zartesten Strömungen Genüge getan. In diesen nach den Schöpfungsgesetzen selbstverständlichen Vorgängen liegen so gewaltige Gnadenakte, wie sie nur die Allweisheit des Schöpfers in seinem vollkommenen Werke herbeiführen konnte.

Solcher rein symbolischen Auslösungen bei sonst schwer treffenden Wechselwirkungen gibt es viele!

Nehmen wir ein Beispiel: Ein einst harter, herrschsüchtiger Charakter hat in Ausübung dieser Eigenschaften durch Bedrückung seiner Mitmenschen schweres Karma auf sich geladen, das lebendig in seiner Eigenart den Kreislauf geht und dann in gleicher, vielfach verstärkter Art auf ihn zurückfallen muß. Beim Herannahen wird diese durch das Gesetz der Anziehungskraft feinstofflicher Gleichart oft ungeheuer verstärkte Strömung der rücksichtslosen Herrschsucht die ganze feinstoffliche Umgebung des Betreffenden so durchsetzen, daß sie einschneidend auf die mit ihr eng zusammenhängende grobstoffliche Umgebung wirkt und damit Verhältnisse schafft, die den einstigen Urheber zwingen, in weit größerem Maße unter gleicher Herrschsucht zu leiden, als die von ihm früher gepeinigten Mitmenschen.

Ist so ein Mensch aber inzwischen bereits zu besserer Erkenntnis gekommen und hat durch ehrliches Bemühen zum Aufstiege eine lichte und leichtere Umgebung gewonnen, so verändert sich selbstverständlich damit auch die Art der letzten Auswirkung. Das zurückkommende dichtere Dunkel wird je nach der Lichtstärke der neuen Umgebung des Betroffenen von diesem Lichte mehr oder weniger durchdrungen, demnach auch mehr oder weniger unschädlich gemacht. Bei großem Emporstiege des früher so Herrschsüchtigen, also bei einer außergewöhnlichen Besserung des Schuldigen, kann es nun geschehen, daß die eigentliche Auswirkung so gut wie aufgehoben ist und er nur vorübergehend etwas tut, das nach dem Äußeren einer Sühne ähnlich sieht.

Nehmen wir an, es handelt sich um eine Frau. Da würde es genügen, daß sie einem Dienstmädchen einmal die Bürste aus der Hand nimmt, um ihm in aller Freundlichkeit zu zeigen, wie ein Fußboden gescheuert wird. Wenn es auch nur einige Bewegungen dieser Art sind, so ist doch der Symbolik des

Dienens damit genügt. Diese kurze Handlung gibt eine Auslösung, die *sichtbar* geschehen mußte und die trotz der Leichtigkeit ein schweres Karma zu beenden fähig ist.

Ebenso kann das Umräumen eines einzigen Zimmers das Symbol werden zur Beendigung und Aufhebung einer Schuld, deren Sühne oder Rückwirkung eigentlich eine größere, schmerzhaft einschneidende Umwälzung erfordert hätte. Diese Dinge ergeben sich auf irgendeine Weise aus den geschwächten Einflüssen einer Rückwirkung, oder zufällige Handlungen werden auch manchmal von der geistigen Führung geschickt dazu benützt, eine Ablösung damit herbeizuführen.

Bei allem diesem ist natürlich Vorraussetzung, daß ein ungewöhnlich großer Aufschwung und die damit verbundene Veränderung des Seelenzustandes schon eingetreten ist. Umstände, die ein Astrologe natürlich nicht in Betracht zu ziehen vermag, wodurch er oft unnötige Sorgen durch seine Berechnungen hervorruft, manchesmal sogar derartige Angst, daß deren Stärke allein schon Unangenehmes herbeizuführen oder neu zu bilden vermag, wodurch sich dann, allerdings nur anscheinend, eine Berechnung erfüllt, die sonst ohne diese Angst sich als falsch erwiesen haben würde. In solchen Fällen aber hat der betreffende Mensch selbst eine Türe in dem ihn umgebenden Lichtkreis durch seine Angst geöffnet.

Wo er freiwillig selbst die Hand hinausstreckt durch die schützende Hülle, kann ihm von keiner Seite geholfen werden. Sein eigener Wille bricht von innen heraus *jeden* Schutz, während von außen her ohne sein eigenes Wollen nichts durch das Licht an ihn heranzutreten vermag.

Somit kann sich nun die kleinste Gefälligkeit seinen Mitmenschen gegenüber, ein wirklich gefühltes Leid des Nächsten, ein einziges freundliches Wort, zur symbolischen Ablösung eines Karmas formen, sobald innerlich als Grund das ernste Wollen zu Gutem gelegt ist.

Dies muß natürlich vorausgehen; denn sonst kann von einer symbolischen Ablösung nicht die Rede sein, weil alles Rückströmende sich dann in jeder Beziehung voll auswirkt.

Sobald aber das ernste Wollen zum Aufstiege in dem Menschen wirklich einsetzt, kann er sehr bald beobachten, wie nach und nach mehr und mehr Leben in seine Umgebung kommt, als ob ihm alle möglichen Dinge in den Weg gelegt würden, die aber immer gut ausgehen. Es fällt ihm direkt auf. Zuletzt aber kommt ebenso auffallend dann ein Abschnitt, bei dem mehr

Ruhe einsetzt, oder alles Geschehen deutlich erkennbar auch zu irdischem Aufschwunge dient. Dann ist die Zeit der Ablösungen vorüber.

Mit frohem Dank kann er sich dem Gedanken hingeben, daß viel Schuld von ihm abgefallen ist, die er sonst hätte schwer büßen müssen. Dann sei er auf der Wacht, daß alle Schicksalsfäden, die er durch sein Wollen und Wünschen neu anknüpft, nur gut sind, damit auch ihn nur Gutes wieder treffen kann!

GLAUBE

Der Glaube ist nicht so, wie ihn die größte Zahl der sogenannten Gläubigen zeigt. Der eigentliche Glaube ersteht erst dann, wenn man sich den Inhalt der Gottesbotschaften vollkommen zu eigen und damit zur lebendigen, ungezwungenen Überzeugung gemacht hat.

Gottesbotschaften kommen durch Gottes Wort, sowie durch seine Schöpfung. Alles zeugt von Ihm und Seinem Willen. Sobald ein Mensch das ganze Werden und Sein bewußt *erleben* kann, wird sein Empfinden, Denken und Wirken eine einzige freudige Gottesbejahung sein.

Dann aber wird er still, spricht nicht viel davon, ist aber eine Persönlichkeit geworden, die mit dieser stillen Gottesverehrung, die man auch Gottvertrauen nennen kann, fest und sicher in der ganzen Schöpfung steht. Er wird nicht in Phantastereien schweben, nicht in Verzückung geraten, ebensowenig auf Erden nur im Geistigen leben, sondern mit gesunden Sinnen und frischem Mute auch sein Erdenwerk vollbringen und dabei auch den kühlen Verstand bei notwendiger Gegenwehr im Angegriffensein geschickt als scharfe Waffe verwenden, natürlich ohne dabei ungerecht zu werden.

Er soll durchaus nicht schweigsam dulden, wenn ihm Unrecht geschieht. Sonst würde er damit das Böse unterstützen und stärken.

Nun gibt es aber sehr viele Menschen, die sich nur gläubig *dünken!* Trotz allen inneren Zugebens des Vorhandenseins Gottes und seines Wirkens fürchten sie das Lächeln der Zweifler. Es ist ihnen peinlich, unbequem, sie gehen still mit diplomatischem Gesichtsausdrucke bei Unterhaltungen darüber hinweg und machen aus Verlegenheit den Zweiflern durch ihr Verhalten dauernd Zugeständnisse. Das ist nicht Glaube, sondern nur ein inneres *Zugeben!* Sie verleugnen damit in Wirklichkeit ihren Gott, zu dem sie im stillen beten und von ihm daraufhin alles Gute erwarten.

Die falsche Rücksichtnahme den Zweiflern gegenüber kann nicht damit entschuldigt werden, daß den »Gläubigen« die Sache zu »heilig und zu ernst« ist, als daß sie sie eventueller Verspottung aussetzen möchten. Es ist auch keine Bescheidenheit mehr zu nennen, sondern lediglich niedere Feigheit! Heraus endlich mit der Sprache, wes Geistes Kinder Ihr seid! Furchtlos *jedem* Menschen gegenüber, mit dem Stolze, der der Gotteskindschaft gebührt! Nur dann werden auch die Zweifler ihren nur Unsicherheit verratenden Spott endlich zu zügeln gezwungen sein. Jetzt aber wird er durch das furchtsame Verhalten vieler »Gläubigen« nur großgezogen und genährt.

Diese Menschen betrügen sich selbst, weil sie dem Wort »Glaube« eine ganz andere Bedeutung beigelegt haben, als dieses Wort verlangt. Der Glaube muß *lebendig* sein, das heißt, er muß noch mehr als Überzeugung werden, zur Tat! Zur Tat ist er geworden, sobald er alles durchdrungen hat, das ganze Empfinden, Denken und Tun. Er muß von innen heraus in allem, was zu dem Menschen gehört, unaufdringlich fühlbar und sichtbar werden, also zur Selbstverständlichkeit. Man darf ihn weder als Attrappe noch als Schild nur vorhalten; sondern alles äußerlich fühlbar Werdende muß lediglich das natürliche Ausstrahlen des inneren geistigen Kernes ergeben.

Volkstümlich gesprochen, muß also der rechte Glaube eine Kraft sein, die vom Geiste des Menschen ausstrahlend sein Fleisch und Blut durchdringt und so eine einzige natürliche Selbstverständlichkeit wird. Nichts Gekünsteltes, nichts Gezwungenes, nichts Erlerntes, sondern nur Leben!

Seht Euch viele Gläubige an: Diese behaupten, an ein Fortleben nach dem Tode unbedingt zu glauben, richten auch anscheinend ihre Gedanken darauf ein. Wird ihnen aber irgendeinmal Gelegenheit, einen über die einfache alltägliche Beobachtung hinausgehenden Beweis dieses jenseitigen Lebens zu erhalten, so sind sie erschrocken oder tief erschüttert! Damit aber zeigen sie gerade, daß sie im Grunde doch nicht so überzeugt von dem jenseitigen Leben waren; denn sonst müßte ihnen ein derartiger gelegentlicher Beweis nur ganz natürlich vorkommen. Sie dürften also weder erschrecken noch darüber besonders erschüttert sein.

Neben diesem gibt es noch zahllose Vorgänge, die deutlich offenbaren, wie wenig gläubig doch die sogenannten Gläubigen sind. Der Glaube ist nicht lebendig in ihnen.

IRDISCHE GÜTER

Es taucht sehr oft die Frage auf, ob sich der Mensch von irdischen Gütern trennen oder diesen Nichtachtung entgegenbringen soll, wenn er nach *geistigem* Gewinne strebt.

Töricht wäre es, einen derartigen Grundsatz aufzustellen! Wenn es heißt, daß der Mensch nicht an irdischen Gütern hängen darf, sobald er nach dem Himmelreiche strebt, so ist damit nicht gesagt, daß er irdische Güter verschenken oder wegwerfen soll, um in Armut zu leben. Der Mensch kann und soll froh genießen von dem, was ihm Gott durch seine Schöpfung zugänglich macht.

An irdischen Gütern »nicht hängen dürfen« bedeutet nur, daß sich ein Mensch nicht so weit hinreißen lassen soll, ein Zusammenraffen von irdischen Gütern als obersten Zweck seines Erdenlebens anzusehen, sich also dadurch vorwiegend an diesen einen Gedanken »zu hängen«.

Eine derartige Einstellung müßte ihn ganz selbstverständlich von höheren Zielen ablenken. Er hätte dann dazu keine Zeit mehr und würde wirklich mit allen Fasern seines Seins nur noch an diesem einen Ziele des Erwerbes irdischen Besitzes hängen. Sei es nun um der Güter selbst willen, oder der Vergnügung halber, die der Besitz ermöglicht, oder auch wegen anderer Zwecke, gleichviel, es bliebe im Grunde immer dasselbe Ergebnis. Der Mensch hängt und bindet sich damit an das rein Irdische, wodurch er den Blick nach oben verliert und nicht aufwärts kommen kann.

Diese falsche Auffassung, daß irdische Güter nicht zu einem geistigen Höherstreben gehören, hat ja bei der Mehrheit der Menschen auch den unsinnigen Begriff nach sich gezogen, daß alle geistigen Bestrebungen nichts mit irdischen Gütern gemein haben dürfen, wenn sie für ernst genommen werden sollen. Welchen Schaden sich die Menschheit damit selbst zuzog, ist ihr sonderbarerweise nie bewußt geworden.

Sie entwerten sich damit die geistigen, also höchsten Gaben, die ihnen zuteil werden können; denn weil durch diese sonderbare Einstellung alle geistigen Bestrebungen bisher auf Opfer und Schenkungen angewiesen sein sollten, ähnlich wie die *Bettler*, so schlich sich damit unbemerkt die gleiche Einstellung, die den Bettlern gegenüber entsteht, auch den geistigen Bestrebungen gegenüber ein. Diese konnten dadurch nie die Achtung erwerben, die ihnen eigentlich in allererster Linie gebührt.

Diese Bestrebungen selbst aber mußten aus dem gleichen Grunde stets von vornherein den Todeskeim in sich tragen, weil sie nie fest auf eigenen Füßen stehen konnten, sondern immer abhängig blieben von dem guten Willen der Menschen. Gerade um sein Heiligstes, *das Geistige*, der Menschheit gegenüber zu schützen und zu wahren, darf ein ernsthaft Strebender irdische Güter nicht verachten! Sie müssen ihm in der grobstofflichen Welt vorwiegend jetzt als Schild dienen, um Gleiches mit Gleichem abwehren zu können.

Ein ungesunder Zustand würde herbeigeführt, wenn in der Zeit der Materialisten geistig Aufwärtsstrebende die stärkste Waffe der skrupellosen Gegner verachten wollten! Es wäre dies ein Leichtsinn, der sich schwer rächen könnte.

Darum, Ihr wahrhaft Gläubigen, verachtet nicht irdische Güter, die auch nur durch den Willen des Gottes geschaffen werden konnten, den Ihr zu ehren sucht! Doch laßt Euch nicht von der Behaglichkeit einschläfern, die der Besitz irdischer Güter mit sich bringen kann, sondern macht gesunden Gebrauch davon.

Ebenso ist es mit den besonderen Gaben solcher Kräfte, die zu Heilungen verschiedener Krankheiten dienen, oder mit ähnlichen segensreichen Befähigungen. In der naivsten, oder wollen wir richtiger sagen, unverfrorensten Weise setzen die Menschen voraus, daß ihnen diese Fähigkeiten unentgeltlich zur Verfügung gestellt werden, weil sie ja auch aus dem Geistigen als besonderes Geschenk zur Ausübung gegeben wurden. Es geht sogar so weit, daß manche Menschen noch eine besondere Freudenbezeugung erwarten, wenn sie sich »herabgelassen« haben, in großer Not sich der Hilfe solcher Art zu bedienen. Derartige Menschen müssen ausgeschlossen werden von aller Hilfe, auch wenn es die einzige wäre, die ihnen noch helfen könnte!

Die also begabten Menschen aber sollten ihr Gottesgeschenk erst einmal selbst höher einschätzen lernen, damit nicht immer wieder Perlen vor die Säue geworfen werden. Sie brauchen zu einer ernsten Hilfeleistung *weit mehr* körperliche und feinstoffliche Kraft, sowie auch Zeit, als ein Jurist zu seiner besten Verteidigungsrede, oder ein Arzt bei vielen Krankenbesuchen, oder ein Maler bei der Schaffung eines Bildes. Keinem Menschen würde es je einfallen, dem Juristen, dem Arzte oder dem Maler eine kostenlose Tätigkeit zuzumuten, trotzdem ein gutes Auffassungsvermögen wie jede andere Begabung auch nur ein »Gottesgeschenk« ist, nichts anderes. Werft diese Bettelkleider endlich ab und zeigt Euch in dem Gewande, das Euch gebührt.

DER TOD

Etwas, an das alle Menschen ohne Ausnahme glauben, ist der Tod! Ein jeder ist von seinem Eintreten überzeugt. Er ist eine der wenigen Tatsachen, über die keinerlei Streit und keinerlei Unwissenheit herrschen.

Trotzdem alle Menschen von Kindheit an damit rechnen, einmal sterben zu müssen, sucht doch die Mehrzahl den Gedanken daran immer abzuwehren. Viele werden sogar heftig, wenn in ihrer Gegenwart einmal davon gesprochen wird. Andere wieder vermeiden es sorgfältig, Friedhöfe aufzusuchen, gehen Begräbnissen aus dem Wege und suchen jeden Eindruck möglichst schnell wieder zu verwischen, wenn sie doch einmal einem Trauerzuge auf der Straße begegnen.

Dabei drückt sie immer eine geheime Angst, daß sie einmal plötzlich von dem Tode überrascht werden könnten. Unbestimmte Furcht hält sie davon ab, mit ernsten Gedanken an diese unverrückbare Tatsache heranzutreten.

Es gibt kaum ein zweites Vorkommnis, das bei seiner Unumgänglichkeit immer wieder in Gedanken so zur Seite geschoben wird, wie der Tod. Kaum aber auch einen so bedeutungsvollen Vorgang im irdischen Leben, außer der Geburt. Es ist doch auffallend, daß sich der Mensch gerade mit dem Anfang und dem Ende seines Erdenseins so wenig beschäftigen will, während er allen anderen Vorgängen, sogar ganz nebensächlichen Dingen, eine tiefe Bedeutung beizulegen sucht.

Er forscht und grübelt über alles Zwischengeschehen mehr als über das, was ihm über alles Aufklärung bringen würde: der Anfang und das Ende seines Erdenlaufes. Tod und Geburt sind ja so eng verbunden, weil eines die Folge des anderen ist.

Wie wenig Ernst aber wird schon der Zeugung beigelegt! Wohl in sehr seltenen Fällen ist dabei etwas Menschenwürdiges zu finden. Gerade in diesem Vorgange stellen sich die Menschen mit Vorliebe den Tieren gleich und vermögen es doch nicht, deren Harmlosigkeit darin beizubehalten. Das ergibt eine Stellungnahme *unter* das Tier. Denn dieses handelt nach seiner Stufe, die es in der Schöpfung innehat.

Der Mensch jedoch vermag es nicht, oder will es nicht, die ihm gebührende Stufe einzuhalten. Er steigt tiefer hinab und wundert sich dann, wenn es in verschiedenen Beziehungen mit der ganzen Menschheit nach und nach bergab geht.

Schon die Gebräuche der Hochzeiten sind alle darauf eingestellt, den Ehebund lediglich als eine rein irdische Angelegenheit zu betrachten. Es geht dabei in vielen Fällen sogar so weit, daß ernst angelegte Naturen sich mit Ekel vor unzweideutigen, nur auf irdischen Verkehr hinweisenden Einzelheiten abwenden möchten. Die Hochzeitsfeiern sind in vielen Fällen nur zu regelrechten Kuppelorgien ausgeartet, denen beizuwohnen alle ihrer hohen Verantwortung bewußten Eltern den Kindern mit schärfster Strenge untersagen müßten.

Jünglinge und Jungfrauen aber, welche bei diesen Sitten und Anspielungen während eines solchen Festes nicht selbst Abscheu in sich erstehen fühlen und aus diesem Grunde in ihrer eigenen Verantwortlichkeit für ihr Tun und Lassen nicht fernbleiben, sind sowieso schon auf gleich niedere Stufe zu rechnen, können also bei einer Beurteilung nicht mehr in Betracht gezogen werden. Es ist, als ob die Menschen sich auch hierin durch einen vergifteten Rausch über etwas hinwegzutäuschen versuchen, an das sie nicht denken wollen.

Wenn dann das irdische Leben auf solch leichtfertigen Grundlagen aufgebaut wird, wie es schon Sitte und Gebrauch geworden ist, kann man verstehen, daß sich die Menschen auch über den Tod hinwegzutäuschen versuchen, indem sie sich krampfhaft bemühen, nicht daran zu denken. Dieses Hinwegschieben aller ernsten Gedanken steht in engem Zusammenhange mit der eigenen Tiefstellung bei der Zeugung. Die unbestimmte Furcht, die wie ein Schatten durch das ganze Erdenleben neben dem Menschen herläuft, entspringt zum großen Teile dem vollen Bewußtsein allen Unrechtes der leichtsinnigen, die Menschen entwürdigenden Handlungen.

Und wenn sie gar nicht anders Ruhe bekommen können, so klammern sie sich zuletzt krampfhaft und gekünstelt an den Selbstbetrug, daß es entweder mit dem Tode ganz aus ist, womit sie das Bewußtsein ihrer Minderwertigkeit und ihrer Feigheit vor einer eventuellen Verantwortung voll bekunden, oder an die Hoffnung, daß sie auch nicht viel schlechter sind als andere Menschen.

Aber alle diese Einbildungen ändern nicht ein Stäubchen an der Tatsache, daß der irdische Tod an sie herantritt. Mit jedem Tag, jeder Stunde kommt er näher!

Jämmerlich sieht es oft aus, wenn in den letzten Stunden bei der Mehrzahl aller derer, die mit Starrheit eine Verantwortung in einem Fortleben wegzuleugnen versuchten, das große, angstvolle Fragen einsetzt, welches beweist, wie sie an ihrer Überzeugung plötzlich irre werden. Es vermag ihnen dann aber nicht viel zu nützen; denn es ist wiederum nur Feigheit, die sie kurz vor dem großen Schritt aus dem Erdenleben plötzlich die Möglichkeit eines Fortlebens und mit diesem einer Verantwortung vor sich sehen läßt.

Angst aber, Furcht und Feigheit lassen ebensowenig die Verminderung oder Ablösung der unbedingten Wechselwirkung aller Handlungen zu wie Trotz. Ein Einsehen, also Zur-Erkenntnis-Kommen, geht auch nicht in dieser Weise vor sich. Sterbenden Menschen spielt dann aus Furcht heraus noch in den letzten Stunden ihre so oft im Erdenleben erprobte Verstandesklugheit einen üblen Streich, indem sie den Menschen plötzlich in gewohnter Vorsicht noch schnell verstandesfromm werden lassen möchte, sobald die Loslösung des weiterlebenden feinstofflichen Menschen von dem grobstofflichen Körper schon einen so hohen Grad erreicht hat, daß das Empfindungsleben in dieser Loslösung der Stärke des Verstandes gleichkommt, dem es bisher gewaltsam untergeordnet war.

Sie haben dadurch keinen Gewinn! Sie werden ernten, was sie an Gedanken und Handlungen in ihrem Erdenleben gesät haben. Nicht das Geringste ist damit gebessert oder auch nur geändert! Unwiderstehlich werden sie in die Räder der streng arbeitenden Gesetze der Wechselwirkung gezogen, um in diesen in der feinstofflichen Welt alles das durchzuleben, was sie fehlten, also aus falscher Überzeugung heraus dachten und handelten.

Sie haben alle Ursache, die Stunde des Loslösens von dem irdischen grobstofflichen Körper zu fürchten, der ihnen eine Zeitlang für viele feinstoffliche Vorgänge ein Schutzwall war. Dieser Schutzwall wurde ihnen als Schild und Deckung überlassen, damit sie hinter ihm in ungestörter Ruhe vieles zum Besseren ändern und sogar ganz ablösen konnten, was sie ohne diesen Schutz schwer hätte treffen müssen.

Doppelt traurig, ja zehnfach, ist es für den, der diese Gnadenzeit eines Erdendaseins in leichtsinnigem Selbstbetruge wie in einem Rausche durchtaumelt. Die Furcht und Angst sind also bei vielen begründet.

Ganz anders mit denen, die ihr Erdendasein nicht vergeudeten, die noch zu rechter Zeit, wenn auch in später Stunde, aber nicht aus Furcht und Angst heraus den Weg geistigen Aufstieges betraten. Ihr ernstes Suchen nehmen sie als Stab und Stütze mit hinüber in die feinstoffliche Welt. Sie können ohne Furcht und Bangen den Schritt aus dem Grobstofflichen in das Feinstoffliche unternehmen, der für jeden unausbleiblich ist, da alles, was vergänglich ist, wie der grobstoffliche Körper, auch einmal wieder vergehen muß. Die Stunde dieser Ablösung können sie begrüßen, weil es für sie ein unbedingter Fortschritt ist, gleichviel, was sie im feinstofflichen Leben durchzuleben haben. Das Gute wird sie dann beglücken, das Schwere wird ihnen überraschend leicht gemacht; denn dabei hilft das gute Wollen kraftvoller, als sie es je geahnt haben.

Der Vorgang des Todes selbst ist weiter nichts als die Geburt in die feinstoffliche Welt. Ähnlich dem Vorgange der Geburt in die grobstoffliche Welt. Der feinstoffliche Körper ist mit dem grobstofflichen Körper nach der Lösung eine Zeitlang wie durch eine Nabelschnur verbunden, die um so weniger fest ist, je höher der also in die feinstoffliche Welt Geborene seine Seele schon in dem Erdensein nach der feinstofflichen Welt hin entwickelt hat.

Je mehr er sich selbst durch sein Wollen an die Erde kettete, also an das Grobstoffliche, und so von dem Fortleben in der feinstofflichen Welt nichts wissen wollte, desto fester gefügt wird durch dieses sein eigenes Wollen auch diese Schnur sein, die ihn an den grobstofflichen Körper bindet, und damit auch sein feinstofflicher Körper, dessen er als Gewand des Geistes in der feinstofflichen Welt bedarf.

Je dichter aber sein feinstofflicher Körper ist, desto schwerer ist er nach den üblichen Gesetzen, und desto dunkler muß er auch erscheinen. Er wird sich durch diese große Ähnlichkeit und nahe Verwandtschaft mit allem Grobstofflichen auch sehr schwer von dem grobstofflichen Körper lösen, so daß es vorkommt, daß ein solcher auch die letzten grobstofflich-körperlichen Schmerzen noch mitfühlen muß, sowie den ganzen Zerfall in der Verwesung. Bei Verbrennung bleibt er ebenfalls nicht unempfindlich.

Nach endlicher Trennung dieser Verbindungsschnur aber sinkt er in der feinstofflichen Welt bis dahin hinab, wo seine Umgebung die gleiche Dichtheit und Schwere hat. Dort findet er dann in der gleichen Schwere auch lauter Gleichgesinnte vor. Daß es aber übler zugeht als auf Erden in dem grobstofflichen Körper, ist erklärlich, weil sich in der feinstofflichen Welt alle Empfindungen *voll* und ungehemmt ausleben.

Anders mit den Menschen, die den Aufstieg zu allem Edleren schon in dem Erdensein begannen. Weil diese die Überzeugung des Schrittes in die feinstoffliche Welt lebendig in sich tragen, ist die Loslösung auch viel leichter. Der feinstoffliche Körper und mit ihm die Verbindungsschnur ist nicht dicht, und dieser Unterschied in ihrer gegenseitigen Fremdheit mit dem grobstofflichen Körper läßt die Loslösung auch sehr schnell erfolgen, so daß der feinstoffliche Körper während des ganzen sogenannten Todeskampfes oder der letzten Muskelzuckungen des grobstofflichen Körpers schon lange *neben* diesem steht, wenn überhaupt von einem Todeskampfe bei normalem Sterben eines solchen Menschen gesprochen werden kann. Der lose, undichte Zustand des Verbindungsstranges läßt den danebenstehenden feinstofflichen Menschen keinerlei Schmerzen mitempfinden, da dieser leichte Verbindungsstrang in seinem undichten Zustande keinen Schmerzleiter vom Grobstofflichen zum Feinstofflichen abgeben kann.

Dieser Strang sprengt auch infolge seiner größeren Feinheit die Verbindung schneller, so daß der feinstoffliche Körper in viel kürzerer Frist vollkommen frei wird und dann nach *der* Region in die Höhe schwebt, die aus der gleichen feineren und leichteren Art besteht. Dort wird auch dieser nur Gleichgesinnte treffen können und in dem erhöhten guten Empfindungsleben Frieden und Glück empfangen. Ein solcher leichter und weniger dichter feinstofflicher Körper erscheint naturgemäß auch heller und lichter, bis er zuletzt in so große Verfeinerung kommt, daß das in ihm ruhende Geistige strahlend durchzubrechen beginnt, bevor er als ganz lichtstrahlend in das Geistige eingeht.

Die bei einem Sterbenden weilenden Menschen aber seien gewarnt, daß sie nicht in lautes Klagen ausbrechen. Durch den zu stark gezeigten Trennungsschmerz kann der in Loslösung begriffene oder vielleicht schon danebenstehende feinstoffliche Mensch ergriffen werden, es also hören oder fühlen. Erwacht dadurch in ihm das Mitleid oder der Wunsch, noch Trostesworte zu sagen, so bindet ihn dieses Verlangen wieder fester mit dem Bedürfnis, sich den schmerzerfüllt Klagenden *verständlich* bemerkbar zu machen.

Irdisch verständlich machen kann er sich nur unter Zuhilfenahme des Gehirnes. Das Bestreben aber zieht die enge Verbindung mit dem grobstofflichen Körper nach sich, bedingt sie, und deshalb kommt als Folge, daß nicht nur ein noch in Loslösung begriffener feinstofflicher Körper sich wieder enger mit dem grobstofflichen Körper vereinigt, sondern daß auch ein bereits danebenstehender losgelöster feinstofflicher Mensch nochmals zurückgezogen wird in den grobstofflichen Körper. Endergebnis ist die Wiederempfindung aller Schmerzen, deren er schon enthoben war.

Die erneute Loslösung erfolgt dann weit schwerer, sie kann sogar einige Tage anhalten. Dann entsteht der sogenannte verlängerte Todeskampf, der für den sich Lösenwollenden wirklich schmerzhaft und schwer wird. Schuld daran sind die, die ihn aus der natürlichen Entwicklung durch ihren egoistischen Schmerz zurückriefen.

Durch diese Unterbrechung des normalen Laufes erfolgte eine neue, gewaltsame Bindung, sei es auch nur durch den schwachen Versuch einer Konzentration zur Verständlichmachung. Und diese widernatürliche Bindung wieder zu lösen, ist dem damit noch vollkommen Unbewanderten nicht so leicht. Geholfen kann ihm dabei nicht werden, da er selbst die neue Bindung wollte.

Diese Bindung kann leicht eintreten, solange der grobstoffliche Körper noch nicht ganz erkaltet ist und der Verbindungsstrang besteht, der oft erst nach vielen Wochen zerreißt. Also eine unnötige Qual für den Hinübergehenden, eine Rücksichtslosigkeit und Roheit der Umstehenden.

Deshalb soll in einem Sterbezimmer unbedingte Ruhe herrschen, ein der bedeutungsvollen Stunde entsprechender würdiger Ernst! Personen, die sich nicht beherrschen können, sollten gewaltsam entfernt werden, auch wenn es die nächsten Angehörigen sind.

ABGESCHIEDEN

VERSTÄNDNISLOS, einsam steht eine Seele in dem Sterbezimmer. Verständnislos, da sich der Mensch, der auf dem Lager liegt, in seinem Erdenleben sträubte, an ein Fortleben nach Ablegen des grobstofflichen Körpers zu glauben, der sich deshalb nie mit dem Gedanken ernst befaßte und alle die verlachte, welche davon sprachen.

Verwirrt schaut er um sich. Er sieht sich selbst auf seinem Sterbelager, sieht ihm bekannte Menschen weinend darum stehen, hört deren Worte, die sie sprechen, und fühlt auch wohl den Schmerz, den sie dabei empfinden in der Klage, daß er nun gestorben sei. Lachen will er und rufen, daß er ja noch lebe! Er ruft! Und muß verwundert sehen, daß sie ihn nicht hören. Wieder und wieder ruft er laut und immer lauter. Die Menschen hören nicht darauf, sie klagen weiter. Angst beginnt in ihm emporzusteigen. Er hört doch seine Stimme selbst ganz laut und fühlt auch seinen Körper deutlich.

Noch einmal schreit er in Beklemmung auf. Niemand beachtet ihn. Sie blicken weinend auf den stillen Körper, den er als den eigenen erkennt, und den er doch plötzlich als etwas Fremdes, ihm nicht mehr Gehörendes, betrachtet; denn er steht mit seinem Körper ja daneben, frei von jedem Schmerz, den er bisher empfunden hat.

Mit Liebe ruft er nun den Namen seiner Frau, die an seinem bisherigen Lager kniet. Das Weinen aber läßt nicht nach, kein Wort, keine Bewegung zeigt, daß sie ihn hörte. Verzweifelt tritt er auf sie zu und rüttelt derb an ihrer Schulter. Sie merkt es nicht. Er weiß ja nicht, daß er den feinstofflichen Körper seiner Frau berührt und diesen rüttelt, nicht den grobstofflichen, und daß die Frau, welche gleich ihm nie daran dachte, daß es mehr gibt als den Erdenleib, seine Berührung ihres feinstofflichen Körpers auch nicht fühlen kann.

Ein unsagbares Furchtgefühl läßt ihn erschauern. Schwäche des Verlassenseins drückt ihn zu Boden, sein Bewußtsein schwindet.

Durch eine Stimme, die er kannte, wacht er langsam wieder auf. Er sieht den Körper, den er auf der Erde trug, mitten in Blumen liegen. Fort will er, doch es wird ihm unmöglich, von diesem stillen, kalten Körper loszukommen. Deutlich fühlt er, daß er noch mit ihm verbunden ist. Aber da klingt diese Stimme wieder, die ihn aus dem Schlummer weckte. Es ist sein Freund, welcher zu einem Menschen spricht. Sie haben beide einen Kranz gebracht, und bei dem Niederlegen dieses Kranzes sprechen sie zusammen. Niemand ist sonst bei ihm.

Der Freund! Dem will er sich bemerkbar machen und dem andern, der mit dem Freunde oft sein lieber Gast gewesen ist! Er muß es ihnen sagen, daß das Leben sonderbarerweise ja noch in ihm ist, daß er noch hören kann, was diese Menschen sprechen. Er ruft! Doch ruhig wendet sich sein Freund zu dem Begleiter und spricht weiter. Doch *was* er spricht, geht wie ein Schreck durch seine Glieder. *Das* ist sein Freund? So spricht er jetzt von ihm.

Er lauscht erstarrt den Worten dieser Menschen, mit denen er so oft gezecht, gelacht, die ihm nur Gutes sagten, während sie an seiner Tafel saßen und in seinem gastfreundlichen Haus verkehrten.

Sie gingen, andere kamen wieder. *Wie* konnte er die Menschen jetzt erkennen! So viele, die er hochgeschätzt hatte, ließen jetzt Ekel in ihm aufsteigen und Zorn, und manchem, den er nie beachtete, hätte er gern mit Dank die Hand gedrückt. Aber sie hörten ihn ja nicht, fühlten ihn nicht, trotzdem er raste, schrie, um zu beweisen, daß er lebte! –

In großem Zuge fuhr man dann den Körper zu der Gruft. Rittlings saß er auf seinem Sarge. Verbittert und verzweifelt konnte er jetzt nur noch lachen, lachen! Das Lachen aber machte schnell wieder tiefster Verzagtheit Platz, und große Einsamkeit kam über ihn. Er wurde müde, schlief. ––

Bei dem Erwachen war es dunkel um ihn her. Wie lange er geschlafen hatte, war ihm unbekannt. Doch fühlte er, daß er nicht mehr wie bisher mit seinem Erdenkörper verbunden sein konnte; denn er war frei. Frei in der Finsternis, die eigenartig drückend auf ihm lastete.

Er rief. Kein Laut. Er hörte seine eigene Stimme nicht. Stöhnend sank er zurück. Doch schlug er dabei mit dem Kopfe hart auf einen scharfen Stein. Als er nach langer Zeit wieder erwachte, war immer noch dieselbe Finsternis, dasselbe unheilvolle Schweigen. Er wollte aufspringen, aber die Glieder waren schwer, sie wollten ihm den Dienst versagen. Mit aller Kraft der angstvollsten Verzweiflung raffte er sich auf und schwankte tastend hin und her. Oft stürzte er zu Boden, schlug sich wund, stieß sich auch rechts und links an Ecken, Kanten, aber es ließ ihm keine Ruhe abzuwarten; denn ein starker

Drang trieb ihn dazu, sich dauernd fortzutasten und zu suchen. Suchen! Aber was? Sein Denken war verwirrt, müde und hoffnungslos. Er suchte etwas, das er nicht begreifen konnte. Suchte!

Es trieb ihn weiter, dauernd weiter! Bis er wieder niedersank, um wiederum emporzufahren und die Wanderungen aufzunehmen. Jahre vergingen so, Jahrzehnte, bis er endlich Tränen fand, Schluchzen seine Brust erzittern ließ und ... ein Gedanke sich auslöste, eine Bitte, als Aufschrei einer müden Seele, die ein Ende wünscht der dunklen Hoffnungslosigkeit.

Der Schrei maßlosester Verzweiflung und des hoffnungslosen Schmerzes aber brachte die Geburt des ersten Denkens in dem Wunsche, diesem Zustand zu entrinnen. Er suchte zu erkennen, was ihn in diesen so entsetzensvollen Zustand brachte, was ihn so grausam in der Dunkelheit umherzuwandern zwang. Er fühlte um sich: starre Felsen! War es die Erde oder etwa doch die andere Welt, an die er niemals glauben konnte?

Die andere Welt! Dann war er irdisch tot und lebte doch, wenn er den Zustand leben nennen wollte. Das Denken fiel unendlich schwer. So taumelte er suchend weiter. Wiederum vergingen Jahre. Heraus, heraus aus dieser Finsternis! Der Wunsch wurde zum ungestümen Drange, aus dem sich Sehnsucht formte. Sehnsucht aber ist das reinere Empfinden, das sich aus dem groben Drange löst, und in der Sehnsucht wuchs ganz schüchtern ein Gebet.

Dieses Gebet der Sehnsucht brach zuletzt gleich einem Quell aus ihm heraus, und stiller, wohltuender Friede, Demut und Ergebung zogen damit in seine Seele ein. Doch als er sich erhob, um seine Wanderungen fortzusetzen, da ging ein Strom heißen Erlebens durch seinen Körper; denn Dämmerung umgab ihn jetzt, er konnte plötzlich schauen!

Fern, ganz fern erkannte er ein Licht, gleich einer Fackel, das ihn grüßte. Jauchzend streckte er die Arme darnach aus, voll tiefen Glückes sank er wieder nieder und dankte, dankte Dem aus übervollem Herzen, Der ihm das Licht gewährte! Mit neuer Kraft schritt er dann diesem Lichte zu, das ihm nicht näher kam, aber das er nach dem Erlebten doch noch zu erreichen hoffte, und wenn es auch Jahrhunderte in Anspruch nehmen sollte. Das, was ihm jetzt geschehen war, konnte sich wiederholen und ihn zuletzt hinausführen aus den Gesteinsmassen in wärmeres und lichtbestrahltes Land, wenn er demütig darum bat.

»Mein Gott, hilf mir dazu!« kam es gepreßt aus der hoffnungserfüllten Brust. Und, welche Wonne, er hörte seine Stimme wieder! Wenn auch nur schwach erst, doch er hörte! Das Glück darüber gab ihm neue Kraft, und hoffend ging er wieder vorwärts. – –

So die Anfangsgeschichte einer Seele in der feinstofflichen Welt. Die Seele war nicht schlecht zu nennen. Auf Erden hatte man sie sogar als sehr gut befunden. Ein Großindustrieller, viel beschäftigt, treubedacht, die irdischen Gesetze alle zu erfüllen. –

Nun zu dem Vorgange noch eine Erklärung: Der Mensch, welcher in seinem Erdenleben nichts davon wissen will, daß es auch Leben nach dem Tode gibt und er all sein Tun und Lassen einmal zu verantworten gezwungen ist, ist in der Feinstofflichkeit blind und taub, sobald er einst hinübergehen muß. Nur während er mit seinem abgelegten grobstofflichen Körper noch verbunden bleibt, die Tage oder Wochen, vermag er zeitweise auch wahrzunehmen, was um ihn her geschieht.

Ist er aber dann frei von dem sich auflösenden grobstofflichen Körper, so geht ihm diese Möglichkeit verloren. Er hört und sieht nichts mehr. Das ist aber nicht Strafe, sondern ganz natürlich, weil er nichts hören und sehen *wollte* von der feinstofflichen Welt. Sein eigener Wille, der das Feinstoffliche schnell entsprechend formen kann, verhindert es, daß dieser feinstoffliche Körper sehen und auch hören kann. So lange, bis in dieser Seele langsam eine Veränderung ersteht. Ob dies nun Jahre oder Jahrzehnte, vielleicht Jahrhunderte währt, ist die eigene Sache eines jeden Menschen. Ihm wird sein Wille vollständig gelassen. Auch Hilfe kommt ihm erst, wenn er es selbst ersehnt. Nicht früher. Nie wird er dazu gezwungen.

Das Licht, das diese Seele sehend werdend mit so großer Freude grüßte, es war immer da. Sie konnte es nur vorher noch nicht sehen. Es ist auch klarer, stärker, als die bisher blinde Seele es zuerst erblickt. *Wie* sie es sieht, ob stark, ob schwach, liegt wiederum nur ganz allein an ihr. Es kommt ihr keinen Schritt entgegen, aber es ist da! Sie kann es jederzeit genießen, wenn sie ernsthaft und demütig will.

Doch trifft das, was ich hier erkläre, nur für diese *eine Art* von Menschenseelen zu. Nicht etwa auch für andere. Im Dunkel selbst und seinen Ebenen ist nicht etwa das Licht. Dort gilt es nicht, daß der, der in sich vorwärts kommt, plötzlich das Licht erschauen kann, sondern er muß dazu erst fortgeführt werden aus der Umgebung, die ihn hält.

Gewiß ist dieser hier geschaute Zustand einer Seele schon qualvoll zu nennen, namentlich da sie eine große Angst erfüllt und keine Hoffnung in sich trägt, aber sie hat es selbst nicht anders haben wollen. Sie erhält nur das, was sie für sich erzwang. Sie wollte nichts von dem bewußten Leben nach dem Erdabscheiden wissen. Das Fortleben selbst kann die Seele damit nicht für sich ertöten; denn darüber darf sie nicht verfügen, aber sie baut sich eine feinstoffliche unfruchtbare Ebene, lähmt die Sinnesorgane des feinstofflichen Körpers, so daß sie feinstofflich nicht sehen und nicht hören kann, bis ... *sie* sich endlich eines anderen besinnt.

Es sind die Seelen, die man heute auf der Erde zu Millionen sehen kann, die außer dem Nichtswissenwollen von der Ewigkeit oder von Gott noch *anständig* zu nennen sind. Den Übelwollenden geht es natürlich schlimmer, von diesen aber soll hier nicht gesprochen sein, sondern nur von den sogenannten *anständigen* Menschen. –

Wenn es nun heißt, daß Gott zur *Hilfe* seine Hand ausstreckt, so ist dies *in dem Wort,* das er den Menschen sendet, worin er ihnen zeigt, wie sie sich lösen können von der Schuld, in die sie sich verstrickten. Und seine Gnade liegt von vornherein in all den großen Möglichkeiten, die den Menschengeistern in der Schöpfung zur Benutzung freigegeben sind. Das ist so ungeheuer viel, wie sich der Mensch von heute gar nicht denken kann, weil er sich nie damit beschäftigte, nicht ernst genug; denn dort, wo es geschah, war es bisher nur spielerisch oder zum Zwecke eitler Selbsterhebung!

WUNDER

Die Erklärung dafür liegt in dem Worte selbst. Wunder ist ein Vorgang, über den der Mensch in Verwunderung gerät. Es ist etwas, das er nicht für möglich hält. Aber auch nur *hält,* denn daß es möglich ist, hat ja das Eintreten des Wunders schon bewiesen.

Wunder nach den Vorstellungen vieler an Gott glaubender Menschen gibt es *nicht!* Diese halten ein Wunder für etwas außerhalb der Naturgesetze Geschehendes, sogar für etwas, das allen Naturgesetzen entgegensteht. Darin erblicken sie gerade das Göttliche! Ein Wunder ist für sie etwas, das nur ihrem Gotte möglich ist, der darin seine besondere Gnade zeigt und seine Allmacht dazu anwendet.

Die armen Menschen denken sich unter Allmacht irrtümlich die Möglichkeit von Willkürakten und die Wunder als solche Willkürakte. Sie überlegen sich nicht, wie sehr sie Gott damit verkleinern; denn diese Art Wunder würden nichts weniger als göttlich sein.

Im göttlichen Wirken liegt in erster Linie eine unbedingte Vollkommenheit, ohne Fehler, ohne Lücke. Und Vollkommenheit bedingt strengste Logik, unbedingte Folgerichtigkeit in jeder Beziehung. Ein Wunder muß sich demnach nur in lückenloser Folgerichtigkeit im Geschehen auswirken. Der Unterschied ist nur der, daß bei einem Wunder der für irdische Begriffe längere Zeit in Anspruch nehmende Entwicklungsgang sich zwar in üblicher Weise abspielt, doch in so ungeheurer Geschwindigkeit, sei es nun durch die einem Menschen besonders verliehene Kraft oder durch andere Wege, daß es von den Menschen durch außergewöhnlich schnelles Geschehen als wunderbar bezeichnet werden kann, kurz, als Wunder.

Es kann auch einmal etwas über die jetzige Entwicklung Hinausreichendes sein, das durch konzentrierte Kraft erfüllt wird. Aber es wird sich nie und nimmer außerhalb der bestehenden Naturgesetze stellen oder diesen sogar entgegen. In dem Augenblicke, der an sich sowieso unmöglich ist, würde es alles Göttliche verlieren und ein Akt der Willkür werden. Also gerade das Gegenteil von dem, was viele Gottesgläubige wähnen.

Alles, was einer strengen Folgerichtigkeit entbehrt, ist ungöttlich. Jedes Wunder ist ein unbedingt natürlicher Vorgang, nur in außergewöhnlicher Schnelligkeit und konzentrierter Kraft; niemals kann etwas Unnatürliches geschehen. Das ist vollkommen ausgeschlossen.

Erfolgen Heilungen bisher als unheilbar geltender Krankheiten, so ruht darin keine Veränderung der Naturgesetze, sondern es zeigt nur die großen Lücken des menschlichen Wissens. Um so mehr muß es als eine Gnade des Schöpfers erkannt werden, der einzelne Menschen hier und da mit besonderer Kraft begabt, die sie zum Heile leidender Menschheit verwenden können. Immer aber werden es nur solche sein, die sich allem Dünkel einer Wissenschaft fernhielten, da das erdgebundene Wissen die Fähigkeit, höhere Gaben entgegenzunehmen, ganz naturgemäß erstickt.

Erdgebundenes Wissen will erringen, vermag niemals rein, also kindlich zu empfangen. Aus dem Raum- und Zeitlosen kommende Kräfte aber können nur einfach empfangen, nie errungen werden! Dieser Umstand allein zeigt, was das Wertvollere, das Stärkere, also auch das Richtigere ist!

DIE TAUFE

WIRD die Taufe eines Kindes durch einen Geistlichen ausgeführt, der sie lediglich als Amtspflicht betrachtet, so ist sie absolut bedeutungslos, bringt weder Nutzen noch Schaden. Bei der Taufe eines Erwachsenen dagegen trägt dessen innere Empfangsbereitschaft dazu bei, je nach deren Stärke und Reinheit wirklich etwas Geistiges zu erhalten oder nicht.

Bei einem Kinde kann nur der Glaube eines Taufenden als Mittel zum Zweck in Betracht kommen. Je nach dessen Stärke und Reinheit erhält das Kind durch die Handlung eine gewisse geistige Kräftigung sowie eine Schutzwand gegen üble Strömungen.

Die Taufe ist eine Handlung, die nicht jeder von irdischen Kirchenleitungen eingesetzte Mensch wirkungsvoll vornehmen kann. Dazu gehört ein Mensch, der mit dem Lichte in Verbindung steht. Nur ein solcher vermag Licht zu vermitteln. Diese Fähigkeit aber wird nicht durch irdisches Studium, nicht durch kirchliche Weihe oder Amtseinsetzung erreicht. Sie hängt überhaupt nicht mit irdischen Gebräuchen zusammen, sondern ist lediglich ein Geschenk des Höchsten selbst.

Ein so Beschenkter wird dadurch zum Berufenen! Diese sind nicht zahlreich vorhanden; denn das Geschenk bedingt als Voraussetzung einen entsprechenden Boden in dem Menschen selbst. Ist die Vorbedingung in ihm nicht gegeben, so kann die Verbindung von dem Lichte aus nicht herbeigeführt werden. In unlockeren oder von dem Lichte abstrebenden Boden vermag sich das Licht nicht zu senken, da auch dieser Vorgang wie alles andere streng den alles durchströmenden Urgesetzen unterworfen ist.

Ein solch Berufener vermag aber durch die Handlung der Taufe wirklich Geist und Kraft zu übertragen, so daß die Taufe *den* Wert erhält, den sie symbolisch ausdrückt. Trotzdem ist es immer noch vorzuziehen, die Taufe nur solchen zuteil werden zu lassen, die sich selbst der Wirkung dieser Handlung voll bewußt sind und den sehnsüchtigen Wunsch darnach empfinden. Die Taufe bedingt also ein gewisses Reifealter und den freiwilligen Wunsch des Täuflings, sowie einen Berufenen als Täufer, um sie wirklich vollwertig werden zu lassen.

Johannes der Täufer, der noch heute von allen christlichen Kirchen als wirklich Berufener angesehen wird, hatte seine größten Widersacher gerade in den Schriftgelehrten und Pharisäern, die sich damals als die zu einem Urteile darüber Berufensten wähnten.

Das damalige Volk Israel selbst *war* berufen. Daran ist kein Zweifel. In seiner Mitte sollte der Gottessohn sein Erdenwerk vollbringen. Demnach hätten auch die Priester dieses Volkes zu dieser Zeit die Berufensten zu einer Taufe sein sollen. Trotzdem aber mußte Johannes der Täufer kommen, um als einzig Berufener den Gottessohn in seiner Erdenhülle bei Beginn seiner eigentlichen irdischen Wirksamkeit zu taufen.

Dieses Ereignis zeigt ebenfalls, daß irdische Einsetzungen in ein Amt nichts mit göttlichen Berufungen zu tun haben. Ausübungen in dem Namen Gottes aber, also in seinem Auftrage, wie es bei der Taufe sein soll, können wiederum nur Berufene wirksam erfüllen. Der von dem damaligen Hohenpriester des berufenen Volkes nicht anerkannte berufene Johannes der Täufer nannte diese seine Gegner »Otterngezücht«. Er sprach ihnen das Recht ab, zu ihm zu kommen.

Dieselben Priester des damals berufenen Volkes erkannten ja auch den Gottessohn selbst nicht an, verfolgten ihn dauernd und arbeiteten an seiner irdischen Vernichtung, da er ihnen überlegen und somit lästig war.

Wenn Christus heute in neuer Gestalt unter die Menschen träte, so würde ihm ganz ohne Zweifel dieselbe Ablehnung und Feindschaft begegnen, wie es damals war. Ebenso würde es einem von ihm Gesandten ergehen. Um so mehr, da die Menschheit heute »fortgeschrittener« zu sein wähnt.

Nicht nur aus diesem einen Falle des Johannes des Täufers, sondern aus zahlreichen gleichartigen Fällen geht ganz entschieden hervor, daß irdisch-kirchliche Weihen und Amtseinsetzungen, die ja immer nur zu den »Organisationen der Kirchen« als solche gehören, niemals eine größere Befähigung zu geistigen Handlungen bringen können, wenn nicht der Mensch selbst schon dazu berufen ist.

Richtig betrachtet, ist also auch die Taufe der kirchlichen Vertreter nichts weiter als ein vorläufiger Aufnahmeakt der Organisation einer religiösen Verbindung. Nicht eine Aufnahme bei Gott, sondern eine Aufnahme in die entsprechende *kirchlich-irdische* Gemeinschaft. Die später folgende Konfirmation und Firmung kann nur als eine nochmalige Bestätigung und erweiterte Zulassung zu den Gebräuchen dieser Gemeinschaften angesehen werden. Der Pfarrer handelt als »verordneter Diener der Kirche«, also rein irdisch, da Kirche und Gott nicht eins sind.

DER HEILIGE GRAL

VIELFACH sind die Auslegungen der Dichtungen, die über den Heiligen Gral vorliegen. Die ernstesten Gelehrten und Forscher befaßten sich mit diesem Mysterium. So manches davon hat hohen, sittlichen Wert, doch alles trägt in sich den großen Fehler, daß es nur einen Aufbau vom Irdischen aufwärts zeigt, während die Hauptsache, der Lichtstrahl von oben herab, fehlt, der erst die Lebendigmachung und Erleuchtung bringen könnte.

Alles, was von unten nach oben strebt, muß haltmachen an der Grenze des Stofflichen, auch wenn ihm das Höchsterreichbare gewährt ist. In den meisten Fällen kann jedoch bei günstigsten Vorbedingungen kaum die Hälfte dieses Weges zurückgelegt werden. Wie weit aber ist dann noch der Weg zur wahren Erkenntnis des Heiligen Grales!

Diese Empfindung der Unerreichbarkeit macht sich bei Forschern zuletzt fühlbar. Das Ergebnis davon ist, daß sie den Gral als eine rein symbolische Bezeichnung eines Begriffes zu nehmen versuchen, um ihm so die Höhe zu geben, deren Notwendigkeit sie für diese Bezeichnung ganz richtig empfinden. Damit gehen sie aber in Wirklichkeit rückwärts, nicht vorwärts. Abwärts anstatt aufwärts. Sie weichen von dem richtigen Wege ab, den die Dichtungen zum Teile schon in sich tragen.

Nur diese lassen die Wahrheit ahnen. Aber auch nur ahnen, weil die hohen Inspirationen und visionären Bilder der Dichter durch den bei der Weitergabe mitarbeitenden Verstand zu stark verirdischt wurden. Sie verliehen der Wiedergabe des geistig Empfangenen das Bild ihrer derzeitigen irdischen Umgebung, um damit den Menschen den Sinn ihrer Dichtung verständlicher zu machen, was ihnen trotzdem nicht gelang, weil sie selbst dem eigentlichen Kerne der Wahrheit nicht nahekommen konnten.

So war dem späteren Forschen und Suchen von vornherein ein unsicherer Grund gegeben; jedem Erfolge damit eine enge Grenze gesetzt. Daß man zuletzt nur noch an eine reine Symbolik denken konnte und die Erlösung durch den Gral in jedes Menschen innerstes Selbst verlegte, ist deshalb nicht erstaunlich.

Die bestehenden Deutungen sind nicht ohne großen ethischen Wert, aber sie können keinen Anspruch darauf machen, eine Erklärung der Dichtungen zu sein, noch viel weniger der Wahrheit des Heiligen Grales nahezukommen.

Auch ist unter dem Heiligen Gral nicht das Gefäß gemeint, das der Gottessohn am Ende seiner irdischen Mission bei dem letzten Mahle mit seinen Jüngern benützte, worin dann sein Blut am Kreuze aufgefangen wurde. Dieses Gefäß ist eine heilige Erinnerung an das hohe Erlöserwerk des Gottessohnes, aber es ist nicht der Heilige Gral, den zu besingen die Dichter der Legenden begnadet wurden. Diese Dichtungen sind von der Menschheit falsch aufgefaßt worden.

Es sollten Verheißungen sein aus höchsten Höhen, deren Erfüllungen die Menschen zu erwarten haben! Hätte man sie als solche aufgefaßt, so wäre sicherlich schon lange auch ein anderer Weg gefunden worden, der die Forschungen noch etwas weiter führen konnte als bisher. So aber mußte in all den Deutungen zuletzt ein toter Punkt eintreten, weil niemals eine volle, lückenlose Lösung zu erreichen war, da der Ausgangspunkt einer jeden Forschung durch die bisherige falsche Auffassung von vornherein auf falschem Boden stand. --

Nie wird ein Menschengeist, sei er auch zuletzt in seiner größten Vollendung und Unsterblichkeit, dem Heiligen Gral selbst gegenüberstehen können! Deshalb kann auch nie eine ausgiebige Kunde darüber von dort in das Stoffliche erdenwärts gelangen, es sei denn durch einen Boten, der *von dort* ausgeschickt wurde. Dem Menschengeiste also wird der Heilige Gral immer und ewig ein Mysterium bleiben müssen.

Der Mensch bleibe bei dem, was er geistig zu erfassen vermag, und suche vor allen Dingen das zu erfüllen und bis zu den edelsten Blüten zu bringen, was in seinen Kräften liegt. Leider aber greift er nur zu gern in seinem Verlangen immer weit darüber hinaus, ohne sein eigentliches Können zu entwikkeln, wodurch er eine Nachlässigkeit begeht, die ihn nicht einmal das erreichen läßt, was er vermöchte, während er das Gewünschte sowieso niemals erreichen kann. Er bringt sich damit um das Schönste und das Höchste seines eigentlichen Seins, er erreicht nur ein vollkommenes Versagen der Erfüllung seines Daseinszweckes. ---

Der Parzival ist eine große Verheißung. Die Mängel und Irrtümer, die die

Dichter der Legenden durch ihr allzu irdisches Denken hinzugefügt haben, entstellen das eigentliche Wesen dieser Figur. Parzival ist eins mit dem Menschensohne, dessen Kommen der Gottessohn selbst verkündete.

Ein Gottesgesandter, wird er mit einer Binde vor den geistigen Augen durch die schwersten irdischen Mühsale gehen müssen, äußerlich als Mensch unter Menschen. Nach einer bestimmten Zeit von dieser Binde befreit, muß er seinen Ausgangspunkt und damit sich selbst wiedererkennen, sowie auch seine Mission klar vor sich sehen. Diese Mission wird ebenfalls eine Erlösung der ernsthaft suchenden Menschheit bringen, verbunden mit scharfem Gericht.

Dafür kann aber nicht irgendein Mensch angenommen werden, noch viel weniger will darin das mögliche Erleben zahlreicher oder gar aller Menschen erkannt sein; sondern es wird nur ein ganz Bestimmter, besonders Gesandter sein.

In der unverrückbaren Gesetzlichkeit alles göttlichen Willens ist es nicht anders möglich, als daß ein jedes nach dem Entwicklungslaufe in seiner höchsten Vollendung wieder zu dem Ausgangspunkt seines ursprünglichen Wesens zurückkehren kann, niemals aber darüber hinaus. So auch der Menschengeist. Er hat seinen Ursprung als Geistsamenkorn in dem Geistig-Wesenhaften, wohin er nach seinem Laufe durch die Stofflichkeit bei höchster Vollendung und gewonnener lebendiger Reinheit als bewußter Geist in wesenhafter Form zurückkehren kann.

Kein Geistig-Wesenhafter, sei er auch noch so hoch und rein und strahlend, vermag die Grenze zu dem Göttlichen zu überschreiten. Die Grenze und die Unmöglichkeit des Überschreitens liegt auch hier, wie in den Sphären oder Ebenen der stofflichen Schöpfung, einfach in der Natur der Sache, in der Verschiedenheit der Art.

Als Oberstes und Höchstes ist Gott selbst in seiner Göttlich-Wesenlosigkeit. Dann kommt als Nächstes etwas tiefer das Göttlich-Wesenhafte. Beides ist ewig. Diesem schließt sich dann erst tiefer und tiefer gehend das Schöpfungswerk an, in abwärtssteigenden Ebenen oder Sphären dichter und dichter werdend, bis zur endlichen den Menschen sichtbar werdenden Grobstofflichkeit.

Das Feinstoffliche in der stofflichen Schöpfung ist das von den Menschen genannte Jenseits. Also das Jenseits ihres irdischen, grobstofflichen Sehvermögens. Beides aber gehört zum Schöpfungswerke, ist in seiner Form nicht ewig, sondern der Veränderung zum Zwecke der Erneuerung und Erfrischung unterworfen.

Am höchsten Ausgangspunkte des ewigen Geistig-Wesenhaften nun steht die Gralsburg, geistig sichtbar, greifbar, weil noch von der gleichen geistigwesenhaften Art. Diese Gralsburg birgt einen Raum, der wiederum an der äußersten Grenze nach dem Göttlichen zu liegt, also noch ätherisierter ist als alles andere Geistig-Wesenhafte. In diesem Raume befindet sich als Unterpfand der ewigen Güte Gottvaters und als Symbol seiner reinsten göttlichen Liebe, sowie als Ausgangspunkt göttlicher Kraft: *der Heilige Gral!*

Er ist eine Schale, in der es ununterbrochen wallt und wogt wie rotes Blut, ohne je überzufließen. Vom lichtesten Lichte umstrahlt, ist es nur den Reinsten aller Geistig-Wesenhaften vergönnt, in dieses Licht schauen zu können. *Das* sind die Hüter des Heiligen Grales! Wenn es in den Dichtungen heißt, der Menschen Reinste sind dazu bestimmt, Hüter des Grals zu werden, so ist dies ein Punkt, den der begnadete Dichter allzusehr verirdischt hat, weil er sich nicht anders auszudrücken vermochte.

Kein Menschengeist kann diesen geheiligten Raum betreten. Auch in seiner vollendetsten geistigen Wesenhaftigkeit nach seiner Rückkehr von dem Laufe durch die Stofflichkeit ist er doch nicht ätherisiert genug, um die Schwelle, also die Grenze zu überschreiten. Er ist auch in seiner höchsten Vollendung noch zu dicht dazu.

Eine weitere Ätherisierung für ihn müßte gleichbedeutend mit völliger Zersetzung oder Verbrennung sein, da seine Art vom Ursprung aus sich nicht dazu eignet, noch strahlender und lichter, also noch ätherisierter zu werden. Sie erträgt es nicht.

Die Hüter des Grales sind Ewige, Urgeistige, die niemals Menschen waren, die Spitzen alles Geistig-Wesenhaften. Sie bedürfen aber der göttlich-wesenlosen Kraft, sind abhängig von ihr, wie alles abhängig ist von dem Göttlich-Wesenlosen, dem Ursprung aller Kraft, Gottvater.

Von Zeit zu Zeit erscheint nun an dem Tag der Heiligen Taube die Taube über dem Gefäß als erneutes Zeichen der unwandelbaren göttlichen Liebe des Vaters. Es ist die Stunde der Verbindung, die Krafterneuerung bringt. Die Hüter des Grales empfangen sie in demutvoller Andacht und vermögen dann diese erhaltene Wunderkraft weiterzugeben.

Daran hängt das Bestehen der ganzen Schöpfung!

Es ist der Augenblick, in dem im Tempel des Heiligen Grales des Schöpfers

Liebe strahlend sich ergießt zu neuem Sein, zu neuem Schaffensdrange, der pulsschlagartig abwärts durch das ganze Weltall sich verteilt. Ein Beben geht dabei durch alle Sphären, ein heiliges Erschauern ahnungsvoller Freude, großen Glückes. Nur der Geist der Erdenmenschen steht noch abseits, ohne zu empfinden, was gerade ihm dabei geschieht, welch unermeßliches Geschenk er stumpfsinnig entgegennimmt, weil seine Selbsteinengung im Verstande das Erfassen einer derartigen Größe nicht mehr zuläßt.

Es ist der Augenblick der Lebenszufuhr für die ganze Schöpfung!

Die stete, notwendige Wiederkehr einer Bestätigung des Bundes, den der Schöpfer seinem Werke gegenüber hält. Würde diese Zufuhr einmal abgeschnitten, bliebe sie aus, so müßte alles Seiende langsam vertrocknen, altern und zerfallen. Es käme dann das Ende aller Tage, und nur Gott selbst verblieb, wie es im Anfang war! Weil Er allein das Leben ist.

Dieser Vorgang ist in der Legende wiedergegeben. Es ist sogar angedeutet, wie alles altern und vergehen muß, wenn der Tag der Heiligen Taube, die »Enthüllung« des Grales, nicht wiederkehrt, in dem Altwerden der Gralsritter, während der Zeit, in der Amfortas den Gral nicht mehr enthüllt, bis zu der Stunde, in der Parzival als Gralskönig auftritt.

Der Mensch sollte davon abkommen, den Heiligen Gral nur als etwas Unfaßbares zu betrachten; denn er besteht wirklich! Es ist aber dem Menschengeiste durch dessen Beschaffenheit versagt, ihn jemals erschauen zu können. Den Segen jedoch, der von ihm ausströmt und der von den Hütern des Grales weitergegeben werden kann und auch weitergegeben wird, können die Menschengeister empfangen und genießen, wenn sie sich dafür öffnen.

In diesem Sinne sind einige Auslegungen nicht gerade falsch zu nennen, sobald sie in ihren Deutungen den Heiligen Gral selbst nicht mit hineinzuziehen versuchen. Sie sind richtig und doch auch wieder nicht.

Das Erscheinen der Taube an dem bestimmten Tage der Heiligen Taube zeigt die jedesmalige Sendung des Heiligen Geistes an; denn diese Taube steht in engem Zusammenhange mit ihm.

Doch das ist etwas, das der Menschengeist nur bildlich zu erfassen fähig ist, weil er aus der Natur der Sache heraus bei höchster Entwicklung in Wirklichkeit nur bis dahin zu denken, zu wissen und zu empfinden vermag, woher er selbst kam, also bis zu der Art, die *eins* mit seiner reinsten Beschaffenheit des Ursprunges ist. Das ist das ewige Geistig-Wesenhafte.

Diese Grenze wird er auch im Denken niemals überschreiten können. Anderes vermag er auch nie zu erfassen. Das ist so selbstverständlich, logisch und einfach, daß dem Gedankengange jeder Mensch zu folgen vermag.

Was aber darüber ist, wird und muß der Menschheit aus diesem Grunde immer ein Mysterium sein und bleiben!

Jeder Mensch lebt deshalb in einem Wahne, so er sich einbildet, Gott in sich zu tragen, oder selbst göttlich zu sein, oder dies werden zu können. Er trägt *Geistiges* in sich, aber *nicht* Göttliches. Und darin ruht ein unüberbrückbarer Unterschied. Er ist ein Geschöpf, nicht ein Teil des Schöpfers, wie sich so mancher einzureden versucht. Der Mensch ist und bleibt ein *Werk*, wird niemals Meister werden können.

Es ist deshalb auch unrichtig, wenn erklärt wird, daß der Menschengeist von Gottvater selbst ausgeht und zu ihm zurückkehrt. Der Ursprung des Menschen ist das *Geistig-Wesenhafte*, nicht das Göttlich-Wesenlose. Er kann deshalb auch bei erreichter Vollkommenheit nur bis zum Geistig-Wesenhaften zurückkehren. Richtig gesagt ist, daß der Menschengeist aus dem *Reiche Gottes* stammt und deshalb auch, wenn er vollkommen wird, wieder in das *Reich* Gottes zurückzukehren vermag, nicht aber zu ihm selbst.

Es folgen später noch ausführliche Vorträge über die einzelnen Abteilungen der Schöpfung, die in ihren Wesensarten ganz verschieden sind.

Auf höchster Höhe einer jeden dieser Schöpfungsebenen befindet sich als notwendige Übergangs- und Kraftübertragungsstelle eine Gralsburg.

Diese ist immer ein in der Wesensart der betreffenden Schöpfungsebenen geformtes Abbild der wirklichen, an der Spitze der ganzen Schöpfung stehenden, höchsten Gralsburg, die der Ausgangspunkt der ganzen Schöpfung durch die Strahlungen Parzivals ist.

Amfortas war Priester und König in der *untersten* dieser Gralsburg-Abbilder, die auf der Höhe der Ebene aller aus Geistsamenkörnern entwikkelten Menschengeister steht, also der Erdenmenschheit am nächsten.

DAS GEHEIMNIS LUZIFER

Ein grauer Schleier ruht über allem, das im Zusammenhange mit Luzifer steht. Es ist, als ob alles zurückschreckt, den Zipfel dieses Schleiers zu lüften.

Das Zurückschrecken ist in Wirklichkeit nur das Unvermögen, einzudringen in das Reich des Dunkels. Das Nichtkönnen aber liegt wiederum ganz einfach in der Natur der Sache, weil auch hier der Menschengeist nicht so weit einzudringen vermag, sondern ihm in seiner Beschaffenheit eine Grenze gesetzt ist. Ebensowenig wie er bis zur höchsten Höhe gehen kann, so vermag er auch nicht bis zur tiefsten Tiefe zu dringen, wird es auch nie vermögen.

So schuf die Phantasie Ersatz für das Fehlende, Wesen in mancherlei Gestalt. Man spricht vom Teufel in den abenteuerlichsten Formen, von dem gefallenen und ausgestoßenen Erzengel, von der Verkörperung des bösen Prinzips, und was sonst noch mehr ist. Von dem eigentlichen Wesen Luzifers versteht man nichts, trotzdem der Menschengeist von ihm getroffen und dadurch oft mitten hineingewirbelt wird in einen gewaltigen Zwiespalt, den man mit Kampf bezeichnen kann.

Diejenigen, die von einem gefallenen Erzengel sprechen, und auch die, die von der Verkörperung des bösen Prinzips reden, kommen der Tatsache am nächsten. Nur ist auch hierbei eine falsche Einstellung, die allem ein unrichtiges Bild verleiht. Eine Verkörperung des bösen Prinzips läßt den höchsten Gipfel, das Endziel, das Lebendiger-Körper-Gewordene alles Bösen denken, also die Krönung, den vollkommenen Schluß.

Luzifer aber ist umgekehrt der *Ursprung* des falschen Prinzips, der *Ausgangspunkt* und die treibende Kraft. Man sollte es auch nicht das *böse* Prinzip nennen, das er bewirkt, sondern das *falsche* Prinzip. Das Wirkungsgebiet dieses unrichtigen Prinzips ist die stoffliche Schöpfung.

In der Stofflichkeit allein treffen die Wirkungen des Lichten und die Wirkungen des Dunkeln, also die beiden entgegengesetzten Prinzipien, zusammen und wirken darin dauernd auf die Menschenseele ein, während diese die Stofflichkeit zu ihrer Entwicklung durchläuft. Welchem sich nun die Menschenseele nach eigenem Wunsche mehr hingibt, ist ausschlaggebend für ihr Emporsteigen zum Licht oder Abwärtsstreben zum Dunkel.

Die Kluft ist gewaltig, die zwischen dem Licht und dem Dunkel liegt. Sie wird ausgefüllt von dem Schöpfungswerke der Stofflichkeit, die der Vergänglichkeit der Formen, also der Zersetzung der jeweiligen bestehenden Formen und Wiederneubildung unterworfen ist.

Da ein Kreislauf nach den Gesetzen, die der Wille Gottvaters in die Schöpfung legt, nur dann als vollendet und erfüllt gelten kann, wenn er an seinem Ende zu dem Ursprung zurückkehrt, so kann auch der Lauf eines Menschengeistes nur dann als erfüllt angesehen werden, wenn er in das Geistige zurückkehrt, weil sein Samenkorn von diesem ausgegangen ist.

Läßt er sich abtreiben, dem Dunkel zu, so läuft er Gefahr, über den äußersten Kreis seines normalen Laufes nach der Tiefe zu hinausgezogen zu werden und sich dann nicht mehr zurückzufinden zum Aufstiege. Er vermag aber auch nicht, aus dem dichtesten und tiefsten feinstofflichen Dunkel noch tiefer über dessen äußerste Grenze hinauszutreten aus der Stofflichkeit, wie er es nach oben zu in das Reich des Geistig-Wesenhaften tun könnte, weil dies sein Ausgangspunkt ist, und wird deshalb in dem gewaltigen Kreislaufe der stofflichen Schöpfung dauernd mit fortgezogen bis zuletzt mit in die Zersetzung hinein, weil ihn sein feinstofflich-dunkles, deshalb dichtes und schweres Gewand, oder auch jenseitiger Körper genannt, niederhält.

Die Zersetzung löst dann seine in dem Laufe durch die Schöpfung gewonnene geistige Persönlichkeit als solche mit auf, so daß er den geistigen Tod erleidet und in geistigen Ursamen zerstäubt wird.

Luzifer selbst steht *außerhalb* der stofflichen Schöpfung, wird also *nicht* mit in die Zersetzung hineingerissen, wie es den Opfern seines Prinzips ergeht; denn Luzifer ist ewig. Er stammt aus einem Teile des Göttlich-Wesenhaften. Der Zwiespalt setzte nach dem Beginn der Entstehung alles Stofflichen ein. Ausgesandt, das Geistig-Wesenhafte in dem Stofflichen zu stützen und in der Entwicklung zu fördern, erfüllte er diesen seinen Auftrag nicht in dem Sinne des schöpferischen Willens Gottvaters, sondern er wählte andere als die ihm durch diesen Schöpfungswillen vorgezeichneten Wege, aus einem Wollen heraus, das ihm bei seinem Wirken in der Stofflichkeit kam.

Die ihm gegebene Kraft mißbrauchend, führte er unter anderem das Prinzip der Versuchungen ein, an Stelle des Prinzips stützender Hilfe, die gleichbedeutend mit dienender Liebe ist. Dienende Liebe im göttlichen Sinne gemeint, die nichts gemein hat mit sklavischem Dienen, sondern lediglich den geistigen Aufstieg und somit des Nächsten ewiges Glück ins Auge faßt und dementsprechend handelt.

Das Prinzip der Versuchung aber ist gleichbedeutend mit dem Legen von Fallstricken, durch die nicht genügend in sich gefestigte Kreaturen schnell straucheln, stürzen und verlorengehen, während andere wieder allerdings dabei erstarken in Wachsamkeit und Kraft, um dann machtvoll emporzublühen zu geistigen Höhen. Alles Schwächliche ist aber von vornherein der Vernichtung rettungslos preisgegeben. Das Prinzip kennt keine Güte, kein Erbarmen; es ermangelt der Liebe Gottvaters, damit aber auch der gewaltigsten Auftriebskraft und der stärksten Stütze, die es gibt.

Die in der Bibel geschilderte Versuchung im Paradiese zeigt die Wirkung von dem Einsetzen des Luzifer-Prinzips, indem sie bildlich darstellt, wie es durch Versuchung die Stärke oder Standhaftigkeit des Menschenpaares zu prüfen sucht, um dieses bei dem geringsten Schwanken sofort erbarmungslos in den Weg der Vernichtung zu stoßen.

Standhaftigkeit würde gleichbedeutend gewesen sein mit freudiger Einstellung in den göttlichen Willen, der in den einfachen Natur- oder Schöpfungsgesetzen liegt. Und dieser Wille, das göttliche Gebot, war dem Menschenpaare gut bekannt. Nichtwankendwerden wäre gleichzeitig eine Befolgung dieser Gesetze gewesen, wodurch der Mensch sich diese erst richtig und unbeschränkt nutzbar machen kann und so zum eigentlichen »Herrn der Schöpfung« wird, weil er »mit ihnen geht«. Alle Kräfte werden ihm dann dienstbar, wenn er sich nicht entgegenstellt, und arbeiten selbsttätig zu seinen Gunsten.

Darin liegt dann die Erfüllung der Gebote des Schöpfers, die weiter nichts wollen, als die ungetrübte und ungehemmte Aufrechterhaltung und Pflege aller Entwicklungsmöglichkeiten, die in seinem herrlichen Werke liegen. Diese einfache Beachtung ist weitergreifend wieder ein bewußtes Mitwirken an der gesunden Fortentwicklung der Schöpfung oder der stofflichen Welt.

Wer das nicht tut, ist ein Hemmnis, das sich entweder in rechte Form schleifen lassen muß oder zwischen dem Räderwerk des Weltgetriebes, also den Schöpfungsgesetzen, der Zermalmung anheimfällt. Wer sich nicht biegen will, muß brechen, da kein Stocken entstehen kann.

Luzifer will nicht in Güte das allmähliche Reifen und Erstarken abwarten, will nicht, wie er sollte, ein liebender Gärtner sein, der die ihm anvertrauten Pflanzen hütet, stützt und pflegt, sondern mit ihm wurde buchstäblich »der Bock zum Gärtner«. Er geht auf die Vernichtung alles Schwachen aus und arbeitet in dieser Weise schonungslos.

Dabei verachtet er die Opfer, die seinen Versuchungen und Fallstricken erliegen, und will, daß sie in ihrer Schwäche zugrunde gehen sollen.

Er hat auch Ekel vor der Niedrigkeit und der Gemeinheit, die diese gefallenen Opfer in die Auswirkungen seines Prinzips legen; denn nur die Menschen machen diese zu der ekelhaften Verworfenheit, in der sie sich präsentieren, und damit fachen sie Luzifer nur um so mehr dazu an, in ihnen Geschöpfe zu sehen, welche lediglich Vernichtung verdienen, nicht Liebe und Pflege.

Und zur Durchführung dieser Vernichtung trägt nicht wenig das sich dem Prinzip der Versuchung als natürliche Folge anschließende Prinzip des Sichauslebens bei. Das Sichausleben vollzieht sich in den niederen Regionen des Dunkels, wurde aber bei sogenannter Psychoanalyse von verschiedenen Ausübenden bereits irdisch aufgenommen in der Annahme, daß auch auf Erden das Sichausleben reift und befreit.

Doch welches entsetzliche Elend muß die Ausübung dieses Prinzips auf Erden herbeiführen! Welches Unheil muß sie anrichten, weil auf der Erde nicht wie in den Regionen des Dunkels nur Gleichartiges beisammen ist, sondern noch Dunkleres wie Helleres neben- und miteinander lebt. Man denke dabei nur an das Geschlechtsleben und ähnliches. Wenn ein solches Prinzip in der Ausübung auf die Menschheit losgelassen wird, muß es am Ende nur ein Sodom und Gomorra geben, aus dem es kein Hinausgleiten gibt, sondern wo nur Schrecken größter Art ein Ende bringen kann.

Ganz abgesehen aber davon sieht man heute schon zahlreiche Opfer ähnlicher Therapien haltlos umherirren, deren geringes Selbstbewußtsein, überhaupt alles persönliche Denken, noch ganz zerpflückt und vernichtet wurde dort, wo sie vertrauensvoll Hilfe erwartet hatten. Sie stehen da wie Menschen, denen systematisch alle Kleider vom Körper gerissen wurden, damit sie dann gezwungen sind, die ihnen gereichten neuen Kleider anzulegen. Die also Entblößten vermögen jedoch in den meisten Fällen leider nicht mehr einzusehen, warum sie noch neue Kleider anlegen sollen.

Durch das planmäßige Eindringen in ihre persönlichsten Dinge und Rechte verloren sie mit der Zeit auch die das persönliche Selbstbewußtsein erhaltende Schamempfindung, ohne die es nichts Persönliches geben kann, die einen Teil des Persönlichen selbst ausmacht.

Auf so zerwühltem Boden läßt sich dann kein neuer, fester Bau errichten. Unselbständig bleiben diese Menschen mit wenigen Ausnahmen, was sich bis zu zeitweiser Hilflosigkeit steigert, da ihnen auch der wenige Halt genommen wurde, den sie vorher noch hatten.

Die beiden Prinzipien des Sichauslebens und der Versuchung sind so eng zusammen verbunden, daß dem Sichausleben unbedingt die Versuchung vorausgesetzt werden muß. Es ist also die regelrechte Befolgung und Verbreitung des Luzifer-Prinzips.

Für den wahren Seelenarzt ist kein Niederreißen nötig. Dieser erkennt schlummernde, gute Fähigkeiten, weckt sie und baut dann weiter auf. Das wahre Prinzip gibt Umstellung falschen Verlangens durch geistige Erkenntnis!

Die Anwendung dieses liebelosen Prinzips aber mußte Luzifer selbstverständlich aus der Natur der Sache heraus immer mehr von dem liebenden Willen des allmächtigen Schöpfers trennen, was die eigene Abschneidung oder Ausstoßung aus dem Lichte brachte und damit den immer tieferen Sturz Luzifers. Ein Sich-selbst-vom-Licht-getrennt-Habender ist Luzifer, was gleichbedeutend ist mit einem Ausgestoßenen.

Die Abstoßung mußte ebenfalls nach den bestehenden Urgesetzen, dem unumstößlichen Heiligen Willen Gottvaters erfolgen, weil ein anderes Geschehen nicht möglich ist.

Da nun allein der Wille Gottvaters, des Schöpfers aller Dinge, allmächtig ist, der auch in der stofflichen Schöpfung und deren Entwicklung festwurzelt, vermag Luzifer wohl sein Prinzip in die Stofflichkeit hineinzusenden, die Auswirkungen aber werden sich immer nur in den von Gottvater festgelegten Urgesetzen bewegen können und müssen sich in deren Richtung formen.

So kann Luzifer durch die Verfolgung seines unrichtigen Prinzips wohl einen Anstoß geben zu für die Menschheit gefährlichen Wegen, er vermag aber nicht, die Menschen zu irgend etwas gewaltsam zu zwingen, sobald sich diese nicht selbst freiwillig dazu entschließen.

Luzifer kann tatsächlich nur locken. Der Mensch als solcher steht aber fester als er in der stofflichen Schöpfung, demnach auch viel sicherer und kraftvoller, als ihn der Einfluß Luzifers je treffen kann. Ein jeder Mensch ist dadurch so geschützt, daß es eine zehnfache Schmach für ihn ist, wenn er sich von dieser im Vergleich zu ihm schwächeren Kraft locken läßt. Er soll bedenken, daß Luzifer selbst *außerhalb* der Stofflichkeit steht, während er mit festen Füßen in ihm voll vertrautem Grund und Boden wurzelt.

Luzifer ist gezwungen, zu seinen Prinzipanwendungen nur seine Hilfstruppen zu benutzen, die sich aus in den Versuchungen gefallenen Menschengeistern zusammenstellen.

Diesen aber ist wiederum jeder nach oben strebende Menschengeist nicht nur vollkommen gewachsen, sondern an Stärke weit überlegen. Ein einziger ernster Willensakt genügt, um ein Heer davon spurlos verschwinden zu lassen. Vorausgesetzt, daß diese mit ihren Lockungen keinerlei Widerhall oder Anklang finden, an den sie sich klammern können.

Luzifer würde überhaupt machtlos sein, wenn die Menschheit sich bemühte, die von dem Schöpfer gegebenen Urgesetze zu erkennen und zu befolgen. Die Menschen stützen aber leider das falsche Prinzip durch ihre jetzige Art immer mehr und werden deshalb auch zum größten Teile untergehen müssen.

Es ist unmöglich, daß irgendein Menschengeist mit Luzifer selbst einen Kampf ausfechten kann, aus dem einfachen Grunde, weil er nicht bis zu diesem vorzudringen vermag, infolge der verschiedenen Wesensart. Der Menschengeist kann immer nur mit den durch das falsche Prinzip Gefallenen in Berührung kommen, die im Grunde seine Wesensart haben.

Der Ursprung Luzifers bedingt, daß ihm nur der persönlich nahen und entgegentreten kann, der aus dem gleichen Ursprung oder höher ist; denn nur ein solcher vermag bis zu ihm vorzudringen. Es muß ein Gottgesandter sein, gewappnet mit dem heiligen Ernste seiner Sendung und vertrauend auf den Ursprung aller Kraft, auf Gottvater selbst.

Diese Aufgabe ist dem angekündigten Menschensohne zugeteilt.

Persönlich ist der Kampf, von Angesicht zu Angesicht, nicht nur symbolisch in der Allgemeinheit, wie es viele Forscher aus Verheißungen entnehmen wollen. Es ist die Erfüllung der Verheißung im »Parsifal«. Den »Heiligen Speer«, die Macht, hatte Luzifer falsch angewendet, und dem Geistig-Wesenhaften damit in der Menschheit durch sein Prinzip eine schmerzende Wunde geschlagen. Er wird ihm in diesem Kampfe genommen. Dann in der »richtigen Hand«, also bei Durchführung des echten Gralsprinzips der reinen strengen Liebe, heilt er die vorher durch ihn in unrechter Hand, also falscher Anwendung, geschlagene Wunde.

Durch das Luzifer-Prinzip, also durch die falsche Anwendung göttlicher Macht, gleichbedeutend mit dem »Heiligen Speer« in unrechter Hand, wird dem Geistig-Wesenhaften eine Wunde geschlagen, *die sich nicht schließen kann!* Das ist mit diesem Gedanken in der Legende in treffender Form bildhaft wiedergegeben; denn der Vorgang gleicht wirklich einer offenen, sich nicht schließenden Wunde.

Man überlege, daß die Menschengeister als unbewußte Geistsamenkörner oder Funken aus dem niedersten Rande des Geistig-Wesenhaften in die Schöpfung der Stofflichkeit abfließen oder überspringen, in der Erwartung, daß diese ausfließenden Teile nach ihrem Laufe durch die Stofflichkeit zum persönlichen Bewußtsein erwacht und entwickelt wieder in Vollendung des Kreislaufes in das Geistig-Wesenhafte zurückkehren. Ähnlich dem Kreislaufe des Blutes in dem grobstofflichen Körper!

Das Luzifer-Prinzip jedoch lenkt nun einen großen Teil dieses geistigen Kreislaufstromes ab. Dadurch kann der notwendige Kreislauf nicht geschlossen werden, und es wirkt sich aus wie das dauernde schwächende *Abfließen* einer offenen Wunde.

Kommt aber nun der »Heilige Speer«, also die göttliche Macht, in die *richtige* Hand, die in dem Willen des Schöpfers steht und dem durch die Stofflichkeit als belebender Faktor wandernden Geistig-Wesenhaften den rechten Weg weist, der es aufwärts führt zu seinem Ausgangspunkte, in das lichte Reich Gottvaters, so geht es nicht mehr verloren, sondern fließt damit zurück in seinen Ursprung wie das Blut zum Herzen, wodurch die im Geistig-Wesenhaften bisher schwächend abfließende Wunde *geschlossen* wird. Somit kann die Heilung nur durch den gleichen Speer erfolgen, der diese Wunde schlug.

Dazu muß aber vorher der Speer Luzifer entwunden werden und in die richtige Hand kommen, was sich in dem *persönlichen* Kampfe Parzivals mit Luzifer vollzieht!

Die sich dann noch anschließenden, in das Feinstoffliche und Grobstoffliche hineinziehenden Kämpfe sind nur Nachwirkungen dieses einen großen Kampfes, der die verheißene Fesselung Luzifers bringen muß, die den Beginn des tausendjährigen Reiches kündet. Sie bedeuten die Ausrottung der Folgen des Luzifer-Prinzips.

Dieses richtet sich gegen das Walten göttlicher Liebe, deren Segnungen den Menschen in ihrem Laufe durch die Stofflichkeit zuteil werden. Würde nun die Menschheit einfach dieser göttlichen Liebe nachstreben, so wäre sie sofort vollkommen gefeit vor jeglichen Versuchungen Luzifers, und er würde aller seiner Schrecken entkleidet sein, die der Menschengeist um ihn webt.

Der bunten Phantasie der Menschenhirne sind auch die ungeheuerlichen, häßlichen Gestalten entsprungen, die man irrtümlich Luzifer zu geben sich bemüht. In Wirklichkeit vermochte ihn auch aus dem einfachen Grunde der verschiedenen Wesensart heraus noch keines Menschen Auge zu erschauen, auch nicht das Auge, das die Feinstofflichkeit des Jenseits oft schon während des Erdenlebens zu erkennen fähig ist.

Luzifer ist im Gegensatz zu allen Anschauungen stolz und schön zu nennen, überirdisch schön, von düsterer Majestät mit klaren, großen, blauen Augen, die aber von dem eisigen Ausdrucke fehlender Liebe zeugen. Er ist nicht nur ein Begriff, wie man ihn gewöhnlich nach vergeblichen anderen Deutungen hinzustellen versucht, sondern er ist persönlich.

Die Menschheit soll begreifen lernen, daß auch ihr durch ihre eigene Wesenheit eine Grenze gesetzt ist, die sie niemals überschreiten kann, natürlich auch im Denken nicht, und daß von jenseits dieser Grenze Botschaften nur auf dem Gnadenwege kommen können. Doch nicht durch Medien, die ihre Wesenheit auch nicht durch unirdische Zustände verändern können, ebensowenig durch die Wissenschaft. Gerade diese hat ja durch Chemie Gelegenheit zu finden, daß Verschiedenheit der Art unüberwindliche Grenzen bilden kann. Diese Gesetze aber gehen von dem Ursprunge aus, sind nicht nur in dem Werk der Schöpfung erst zu finden.

DIE REGIONEN DES DUNKELS UND DIE VERDAMMNIS

WENN man Bilder sieht, die das Leben in der sogenannten Hölle wiedergeben sollen, so geht man achselzuckend darüber hinweg mit halb ironischem, halb mitleidsvollem Lächeln und dem Gedanken, daß nur eine angekränkelte Phantasie oder eine fanatische Blindgläubigkeit Szenen solcher Art erdenken können. Selten wird es jemand geben, der auch nur das kleinste Wahrheitskörnchen darin sucht. Und doch kann wohl die grauenvollste Phantasie kaum annähernd ein Bild zusammenstellen, das den Qualen des Lebens in den dunklen Regionen dem Ausdrucke nach nahekommt.

Arme Verblendete, die wähnen, mit einem spöttischen Achselzucken leichtsinnig darüber hinweggehen zu können! Der Augenblick kommt, wo Leichtsinn sich bitter rächt mit dem erschütternden Eintreten der Wahrheit. Da hilft kein Sträuben, kein Sichabwenden, sie werden hineingezogen in den Strudel, der ihrer wartet, wenn sie nicht rechtzeitig diese Überzeugung eines Nichtwissens abwerfen, die immer nur die Hohlheit und die Beschränktheit eines solchen Menschen kennzeichnet.

Kaum ist die Loslösung des feinstofflichen Körpers von dem grobstofflichen Körper erfolgt*, so finden sie schon die erste große Überraschung in dem Erlebnis, daß das bewußte Sein und Leben damit noch nicht beendet ist. Die erste Folge ist Verwirrung, der sich ungeahnte Bangigkeit anschließt, die oft in dumpfe Ergebung oder angstvollste Verzweiflung übergeht! Vergebens ist dann das Sichsträuben, vergebens alles Klagen, vergebens aber auch das Bitten; denn sie müssen ernten, was sie in dem Erdenleben säten.

Verlachten sie das Wort, das ihnen von Gott gebracht wurde, welches auf das Leben nach dem irdischen Tode und die damit verbundene Verantwortung eines jeden intensiven Denkens und Handelns hinweist, so ist das mindeste, was sie erwartet, das, was sie wollten: *tiefe Dunkelheit!* Ihre feinstofflichen Augen, Ohren und Münder sind verschlossen durch das eigene Wollen. Sie sind taub, blind und stumm in ihrer neuen Umgebung.

* Vortrag: »Der Tod«.

Das ist das Günstigste, was ihnen geschehen kann. Ein jenseitiger Führer und Helfer kann sich ihnen nicht verständlich machen, weil sie sich selbst davor verschlossen halten. Ein trauriger Zustand, dem nur das langsame innere Reifen des Betreffenden selbst, das durch die sich steigernde Verzweiflung führt, eine allmähliche Änderung bringen kann. Mit der wachsenden Sehnsucht nach Licht, die wie ein ununterbrochener Hilferuf aus solchen gedrückten und gequälten Seelen steigt, wird es dann endlich nach und nach heller um ihn, bis er auch andere sehen lernt, die gleich ihm der Hilfe bedürfen.

Hat er nun das Bestreben, diese noch in tieferer Finsternis Harrenden zu unterstützen, damit es auch bei denen heller werden kann, so erstarkt er in dieser Tätigkeit des Versuches zum Helfen durch die dazu erforderliche Anstrengung immer mehr, bis ein anderer zu ihm treten kann, der schon weiter vorgeschritten ist, um auch ihm weiterzuhelfen, den lichteren Regionen entgegen.

So hocken sie trübselig herum, da ihre feinstofflichen Körper durch das Nichtwollen auch zu kraftlos sind, zu gehen. Ein mühseliges, unsicheres Am-Boden-Kriechen bleibt es daher, wenn es einmal zu einer Bewegung kommt.

Andere wieder tappen wohl in diesem Dunkel herum, straucheln, stürzen, raffen sich immer wieder auf, um bald hier, bald da anzuecken, wobei schmerzende Wunden nicht ausbleiben; denn da eine Menschenseele immer nur durch die Art ihrer eigenen Dunkelheit, die Hand in Hand geht mit der mehr oder weniger starken Dichtheit, die wiederum ein entsprechendes Schwergewicht nach sich zieht, in die Region sinkt, die ihrer feinstofflichen Schwerkraft genau entspricht, also von gleicher Art der Feinstofflichkeit ist, so wird ihre neue Umgebung für sie ebenso greifbar, fühlbar und undurchdringlich, wie es einem grobstofflichen Körper in grobstofflicher Umgebung ergeht. Jeden Stoß, jeden Sturz oder jede Verletzung fühlt sie deshalb dort so schmerzlich, wie es ihr grobstofflicher Körper während der Erdenlaufbahn auf der grobstofflichen Erde empfand.

So ist es in jeder Region, gleichviel welcher Tiefe oder Höhe sie angehört. Gleiche Stofflichkeit, gleiche Fühlbarkeit, gleiche gegenseitige Undurchdringlichkeit. Jede höhere Region jedoch, oder jede andere Stoffart kann durch die niedere, dichtere Stoffart ungehindert hindurch, wie jedes Feinstoffliche durch das anders geartete Grobstoffliche.

Anders nun mit solchen Seelen, die außerdem irgendein begangenes Unrecht abzulösen haben. Die Tatsache selbst ist eine Sache für sich. Sie kann gelöst werden in dem Augenblicke, wo der Täter von dem betroffenen Teile volle, ehrlich gemeinte Verzeihung erlangt.

Was eine Menschenseele aber *schwerer* bindet, das ist der *Drang* oder der *Hang*, der die Triebfeder zu einer Tat oder mehreren Taten bildet. Dieser Hang lebt in der Menschenseele fort, auch nach dem Hinübergehen, nach der Loslösung vom grobstofflichen Körper. Er wird sogar im feinstofflichen Körper sofort noch stärker zur Geltung kommen, sobald die Einengung alles Grobstofflichen wegfällt, da dann die Empfindungen viel lebendiger und rückhaltloser wirken.

Ein derartiger Hang ist es auch wiederum, der maßgebend für die Dichtheit, also Schwere des feinstofflichen Körpers wird. Das hat zur Folge, daß der feinstoffliche Körper nach Freiwerdung vom grobstofflichen Körper sofort in die Region sinkt, die genau seiner Schwere und demnach gleichen Dichtheit entspricht. Dort wird er demnach auch alle finden, die dem gleichen Hange huldigen. Durch deren Ausstrahlungen wird der seine noch genährt, gesteigert, und er wird dann in Ausübung dieses Hanges förmlich rasen. Ebenso natürlich auch die anderen mit ihm dort Befindlichen.

Daß derartige, hemmungslose Austobungen für die Umgebung eine Qual sein müssen, ist nicht schwer verständlich. Da dies aber in solchen Regionen immer nur auf Gegenseitigkeit beruht, so wird jeder einzelne unter den anderen bitter zu leiden haben alles das, was er wiederum den anderen dauernd selbst zuzufügen sucht. So wird das Leben dort zur Hölle, bis eine derartige Menschenseele nach und nach ermattet und Ekel davor empfindet. Dann wird nach langer Dauer endlich allmählich der Wunsch erwachen, herauszukommen aus solcher Art.

Der Wunsch und Ekel ist Beginn der Besserung. Er wird sich bis zum Hilfeschrei und zuletzt zum Gebet verstärken. Erst dann kann ihm die Hand zum Aufstiege geboten werden, was oft Jahrzehnte und Jahrhunderte, manchmal auch noch länger auf sich warten läßt. Der Hang in einer Menschenseele ist also das schwerer Bindende.

Daraus geht hervor, *daß eine unbedachte Tat viel leichter und viel schneller abzulösen ist als ein in einem Menschen ruhender Hang, gleichviel, ob dieser zu einer Tat geworden ist oder nicht!*

Ein Mensch, der einen unsauberen Hang in sich trägt, ohne diesen je zu einer Tat werden zu lassen, weil ihm die irdischen Verhältnisse günstig sind, wird deshalb schwerer büßen müssen als ein Mensch, der unbedachterweise durch irgendeine oder mehrere Taten gefehlt hat, ohne böse Absicht dabei gehabt zu haben. Die unbedachte Tat kann letzterem sofort verziehen sein, ohne übles Karma zu entwickeln, der Hang aber erst dann, wenn er vollkommen in dem Menschen ausgelöscht wurde. Und deren gibt es viele Arten. Sei es nun Habsucht und der ihr verwandte Geiz, sei es schmutzige Sinnlichkeit, Drang zu Diebstahl oder Mord, Brandstiftung oder auch nur zu Übervorteilung und zu leichtsinnigen Nachlässigkeiten, gleichviel, ein derartiger Hang wird den Betreffenden immer dorthin sinken lassen oder ziehen, wo seinesgleichen ist.

Lebensbilder davon wiederzugeben, hat keinen Zweck. Sie sind oft so fürchterlicher Art, daß ein Menschengeist auf Erden kaum an derartige Wirklichkeiten glauben kann, ohne sie zu sehen. Und auch dann würde er noch denken, es müßten nur Gebilde grenzenlos erhitzter Fieberphantasien sein. So mag er sich begnügen, sittliche Scheu vor allem Derartigen zu empfinden, die ihn frei macht von den Banden alles Niederen, damit dem Aufstiege zum Lichte keine Hemmung mehr im Wege steht.

So sind die dunklen Regionen Auswirkungen des Prinzips, das Luzifer einzuführen sucht. Der ewige Kreislauf der Schöpfung rollt und kommt an den Punkt, an dem die Zersetzung beginnt, in der alles Stoffliche die Form verliert, um in Ursamen zu verfallen, und damit im Weiterrollen neue Mischung, neue Formen bringt mit frischer Kraft und jungfräulichem Boden. Was sich bis dahin aus dem Grob- und Feinstofflichen noch nicht lösen konnte, um über die höchste, feinste und leichteste Grenze, alles Stoffliche zurücklassend, in das Geistig-Wesenhafte einzutreten, das wird unweigerlich in die Zersetzung mit hineingezogen, wodurch auch seine Form und das Persönliche an ihm vernichtet wird. Das ist dann erst die ewige Verdammnis, das Auslöschen alles bewußt Persönlichen!

DIE REGIONEN DES LICHTES UND DAS PARADIES

STRAHLENDES Licht! Blendende Reinheit! Beseligende Leichtigkeit!

Das alles spricht von selbst schon so viel, daß kaum noch Einzelheiten zu erwähnen nötig sind. Je weniger der feinstoffliche Körper, also der Mantel des menschlichen Geistes im Jenseits, mit irgendeinem Hange nach Niederem, mit irgendeinem Begehren nach grobstofflichen Dingen und Genüssen belastet ist, desto weniger zieht es ihn darnach, desto weniger dicht und dadurch auch desto weniger schwer wird sein feinstofflicher Körper sein, der sich seinem Wollen entsprechend bildet, und desto schneller wird er durch seine Leichtigkeit emporgehoben werden in die lichteren, der geringeren Dichtheit seines feinstofflichen Körpers entsprechenden Regionen.

Je undichter, also lockerer und feiner, dieser feinstoffliche Körper durch seine Abgeklärtheit von niederen Begierden wird, desto heller und lichter muß er auch erscheinen, da dann der Kern des Geistig-Wesenhaften in der Menschenseele, der an sich durch seine Beschaffenheit strahlend ist, immer mehr von innen heraus den undichter werdenden feinstofflichen Körper durchscheint, während in den unteren Regionen dieser an sich strahlende Kern durch die größere Dichtheit und Schwere des feinstofflichen Körpers verhüllt und verdunkelt bleibt.

Auch in den Regionen des Lichtes wird eine jede Menschenseele je nach Beschaffenheit ihres feinstofflichen Körpers die Gleichart finden, also Gleichgesinnte. Da nur das wirklich Edle, das Gutwollende, nach oben zu streben fähig ist, frei von niederen Begierden, so wird die Menschenseele als ihre Gleichart auch nur Edles antreffen. Daß der Bewohner einer solchen Region keine Qualen zu erleiden hat, sondern nur den Segen des von ihm gleichartig ausströmenden Edlen genießt, sich darin beseligt fühlt und wiederum selbst auch Freude in den anderen seinem eigenen Tun gegenüber erweckt und mitempfindet, ist ebenfalls leicht verständlich. Er kann sagen, daß er in den Gefilden der Seligen, sich also Beseligtfühlenden, wandelt.

Angespornt davon, wird seine Freude an dem Reinen und Hohen immer stärker werden und ihn weiter und weiter emporheben. Sein feinstofflicher Körper wird durchdrungen von diesem Empfinden, feiner und immer weniger dicht werden, so daß das Leuchten des geistig-wesenhaften Kernes immer strahlender durchbricht, und zuletzt auch die letzten Stäubchen dieses feinstofflichen Körpers wie in Flammen aufgehend abfallen, wodurch dann der somit vollendete und bewußte, persönlich gewordene Menschengeist in vollkommen geistig-wesenhafter Art die Grenze in das Geistig-Wesenhafte überschreiten kann. *Erst damit tritt er in das ewige Reich Gottvaters, in das unvergängliche Paradies.*

So wenig ein Maler in einem Bilde die Qualen des wirklichen Lebens der dunklen Regionen wiedergeben könnte, ebensowenig vermag er das Entzükken zu schildern, das in dem Leben der Regionen des Lichtes liegt, auch wenn die Regionen noch zu dem vergänglichen Feinstofflichen gehören und die Grenze zu dem ewigen Reiche Gottvaters noch nicht überschritten ist.

Jede Schilderung und jeder Versuch, das Leben bildhaft wiederzugeben, würde unbedingt eine Verkleinerung bedeuten, die der Menschenseele deshalb statt Nutzen nur Schaden bringen müßte.

WELTGESCHEHEN

Es GIBT keine größere Gefahr für eine Sache, als eine Lücke zu lassen, deren Füllungsnotwendigkeit vielfach empfunden wird. Es hilft dann nichts, darüber hinweggehen zu wollen; denn eine derartige Lücke hindert jeden Fortschritt und wird, sobald darüber ein Bau errichtet ist, diesen eines Tages zusammenbrechen lassen, auch wenn er mit größter Kunstfertigkeit und mit wirklich gutem Material ausgeführt ist.

So zeigen sich heute die verschiedenen christlichen Religionsgemeinschaften. Sie verschließen mit zäher Energie Auge und Ohr an manchen Stellen ihrer Lehren, die eine Unlogik fühlen lassen. Mit leeren Worten suchen sie darüber hinwegzuschreiten, anstatt wirklich einmal ernsthaft in sich zu gehen.

Wohl empfinden sie die Gefahr, daß die durch eine Lehre blinden Glaubens provisorisch gelegten Brücken über derartige Klüfte eines Tages nicht mehr zureichend sein können, und sie fürchten den Augenblick, der diesen leichten Bau durch Erleuchtung erkennen lassen muß. Auch wissen sie, daß dann niemand mehr zu bewegen sein wird, einen so trügerischen Weg zu betreten, wodurch natürlich der dann wieder folgende solide Weiterbau und Weg ebenfalls leer bleiben muß. Ebenso ist ihnen bekannt, daß ein einziger Luftstrom frischer Wahrheit solche künstlichen Gebilde hinwegfegen muß.

Doch in Ermangelung eines Besseren suchen sie trotz aller Gefahren die schwankende Planke festzuhalten. Sie sind sogar viel eher bereit, sie mit allen Mitteln zu verteidigen und den zu vernichten, der es wagen würde, in der Wahrheit selbst einen festeren Übergang zu bringen. Ohne Zögern würden sie denselben Vorgang zu wiederholen versuchen, der vor nahezu zweitausend Jahren sich auf dieser Erde abspielte, der seinen Schatten noch bis auf den heutigen Tag wirft, und den sie doch selbst als große Anklage gegen die Verblendung und verderbliche Starrköpfigkeit der Menschen zum Brennpunkte ihrer Lehren und ihres Glaubens machten.

Es waren die *Träger der Religionen* und die damaligen Gelehrten, die in ihrer dogmatischen Einengung und ihrem Schwäche verratenden Dünkel die

Wahrheit und den Gottessohn nicht zu erkennen vermochten, sich auch davor verschlossen und ihn und seine Anhänger aus Furcht und Neid heraus haßten und verfolgten, während die anderen Menschen sich leichter der Erkenntnis öffneten und die Wahrheit des Wortes schneller empfanden.

Trotzdem nun die heutigen Träger der christlichen Religionsgemeinschaften den Leidensweg des Gottessohnes besonders betonen, so haben sie doch an dieser Tatsache selbst nichts gelernt und keinen Nutzen daraus gezogen. Gerade die heutigen Führer dieser auf Christi Lehren gegründeten Gemeinschaften, wie auch diejenigen der neueren Bewegungen würden auch heute wieder jeden unschädlich zu machen versuchen, der die schwankenden Übergänge über bedenkliche Lücken oder Klüfte in ihren Belehrungen und Auslegungen durch die Wahrheit selbst gefährden könnte. Sie würden ihn mit ihrem Haß verfolgen, der aus Angst geboren ist, und noch viel mehr aus Eitelkeit heraus, genau wie es schon einmal war.

Die Größe würde ihnen fehlen zu ertragen, daß ihr Wissen nicht ausreichte, die Wahrheit selbst zu erkennen und die Lücken auszufüllen, um damit den Menschen zum leichteren Verstehen und vollen Erfassen den Weg zu ebnen.

Und doch ist der Menschheit nur durch volles Erfassen ein Aufstieg möglich, niemals durch blinden, unwissenden Glauben!

Eine solche Lücke durch falsche Überlieferung ist auch der Begriff des »Menschensohnes«. Krankhaft wird daran festgehalten, ähnlich den Pharisäern, die sich der ihren herkömmlichen starren Lehren gegenüberstellenden Wahrheit durch den Gottessohn nicht erschließen wollten. Christus hat von sich *nur* als Gottessohn gesprochen. Die Unlogik, sich gleichzeitig Menschensohn zu nennen, lag ihm fern. Mag man nun aus den eigenen Zweifeln heraus mit größter Kunstfertigkeit und Gewandtheit nach allen Richtungen hin versucht haben, diesen offensichtlichen und von jedem ruhig denkenden Menschen empfundenen Widerspruch zwischen Gottessohn und Menschensohn zu erklären, so kann doch trotz aller Mühen nicht behauptet werden, daß eine *Vereinigung* gefunden wurde. Die günstigste aller Deutungen mußte immer und immer wieder eine Doppelnatur zeigen, die *nebeneinander* stehen blieb, niemals aber als *eins* erscheinen konnte.

Das liegt auch ganz in der Natur der Sache. Der Gottessohn kann nicht zum Menschensohne werden, nur, weil er durch eines Menschen Leib geboren werden mußte, um auf Erden wandeln zu können.

Es ist jedem Christen bekannt, daß der Gottessohn lediglich in *geistiger* Sendung kam, und daß alle seine Worte *das geistige Reich* betrafen, also *geistig* gemeint waren. Demnach darf von vornherein auch sein mehrmaliger Hinweis auf den Menschensohn nicht anders aufgefaßt werden! Warum soll nun hier eine Ausnahme sein? Geistig aber war und blieb Christus lediglich der *Gottessohn!*

Wenn er nun von dem Menschensohne sprach, so konnte er sich nicht selbst damit meinen. Es liegt in dem allen viel Gewaltigeres, als die heutigen Auslegungen der christlichen Religionen wiedergeben. Der offene Widerspruch müßte schon lange ernster zum Nachdenken angeregt haben, wenn nicht die dogmatische Einklammerung alles verdunkelte. Statt dessen griff man ohne die für so einschneidende Dinge unbedingt nötige, ernsteste Prüfung zum krampfhaften Festhalten an dem überlieferten Worte und legte sich so Scheuklappen an, die den freien Ausblick hinderten.

Natürliche Folge ist, daß solche Ausleger und Lehrer, obwohl in der Schöpfung ihres Gottes stehend, nicht einmal diese richtig zu erkennen vermögen, wodurch allein die Aussicht besteht, auch dem Schöpfer selbst, dem Ausgangspunkte des Werkes, näher zu kommen.

Christus lehrte in erster Linie volle Natürlichkeit, das heißt, sich in die Gesetze der Natur, also der Schöpfung einzufügen. Einfügen aber kann sich nur der, der die Naturgesetze kennt. Die Naturgesetze wiederum tragen den Willen des Schöpfers in sich und können somit auch den Weg zur Erkenntnis des Schöpfers selbst geben.

Wer nun die Naturgesetze kennt, erfährt aber auch, wie unverrückbar diese wirkend ineinandergreifen; weiß deshalb, daß dieses Wirken in seiner steten, vorwärtstreibenden Folgerichtigkeit unabänderlich ist, wie damit auch der Wille des Schöpfers, Gottvaters.

Jede Abweichung müßte eine Änderung des göttlichen Willens bedeuten. Eine Änderung aber würde auf Unvollkommenheit hinweisen. Da aber der Urquell alles Seins, Gottvater, nur einheitlich und vollkommen ist, so muß auch die kleinste Abweichung innerhalb der Naturgesetze, also der Entwicklungsgesetze, einfach unmöglich und von vornherein ausgeschlossen sein. Diese Tatsache bedingt, daß auch Religionswissenschaft und Naturwissenschaft in jeder Beziehung eins sein müssen in lückenloser Klarheit und Folgerichtigkeit, wenn sie die *Wahrheit* wiedergeben sollen.

Daß die Naturwissenschaft heute noch eine im Verhältnis zur ganzen

Schöpfung sehr niedere Grenze des Wissens hat, wird nicht geleugnet, da sie sich lediglich an das Grobstoffliche gehalten hat, weil der Verstand in heutigem Sinne nur an das an Raum und Zeit Gebundene heranzugehen vermag. Der einzige, allerdings auch unverzeihliche Fehler dabei ist nur, daß die Jünger dieser Wissenschaft alles Darüberhinausgehende spöttisch als nichtbestehend zu leugnen versuchen, mit Ausnahme weniger Gelehrter, die das Mittelmaß überschritten haben und weitschauender wurden, und die es verschmähten, Nichtwissen mit Dünkel zu überdecken.

Religionswissenschaft aber greift viel weiter, bleibt aber trotzdem ebenfalls auf die über das an Raum und Zeit Gebundene hinausgreifenden Naturgesetze angewiesen, die vom Urquell kommend in das Irdisch-Sichtbare ohne Unterbrechung und ohne Abänderung ihrer Art hineinlaufen.

Aus diesem Grunde dürfen auch Religionslehren weder Lücken noch Widersprüche bergen, wenn sie der Wahrheit, also den Naturgesetzen oder dem göttlichen Willen wirklich entsprechen sollen, wenn sie also die *Wahrheit* bergen sollen. Freiheiten blinden Glaubens dürfen sich zur Führung dienende und verantwortungsreiche Lehren nicht erlauben!

Schwer lastet deshalb der Irrtum des Begriffes vom Menschensohne auf den Anhängern der wahren Christuslehren, weil sie irrtümliche Überlieferungen ruhig hinnehmen und weiterschleppen, trotzdem in vielen Menschen zeitweise gegenteiliges Empfinden leise mahnt.

Gerade die Unabänderlichkeit göttlichen Willens in seiner Vollkommenheit ist es, die ein willkürliches Eingreifen Gottes in der Schöpfung ausschließt. Sie ist es aber auch, die nach dem Sturze Luzifers durch dessen falsches Handeln* diesen nicht einfach auszuschalten vermag, ebenso auch einen Mißbrauch der Naturgesetze, des göttlichen Willens, durch die Menschen zulassen muß, weil dem Menschengeiste durch seine Herkunft aus dem ewigen Geistig-Wesenhaften ein freier Entschluß vorbehalten ist**.

In den Geschehnissen der fein- und grobstofflichen Schöpfung muß sich gerade die unverrückbare Vollkommenheit des Schöpferwillens als eine Art Gebundensein zeigen! Aber nur minderwertige und kleine Menschengeister können bei dieser Erkenntnis eine Beschränkung der Macht und Größe sehen. Eine derartige Auffassung würde lediglich das Produkt ihrer eigenen Beschränktheit sein.

* Vortrag: »Das Geheimnis Luzifer«.
** Vortrag: »Verantwortung«.

Die Unermeßlichkeit des Ganzen verwirrt sie, weil es ihnen tatsächlich nur möglich ist, sich ein Bild davon vorzustellen, wenn es – ihrem Verstehen entsprechend – eine engere Grenze hat.

Wer sich jedoch wirklich bemüht, seinen Schöpfer in dessen Wirken zu erkennen, der wird auf dem sicheren Wege der Naturgesetze ein überzeugendes Ahnen empfangen haben von den weit ausgreifenden Vorgängen, deren Anfänge in dem Urquell, also dem Ausgangspunkte alles Geschehens liegen, um sich von dort aus wie unverrückbare Schienenstränge durch die Schöpfung zu ziehen, auf denen dann alles weitere Leben je nach Stellung der Weiche abrollen muß.

Das Weichenstellen aber besorgt der *Menschengeist* in seinem Laufe durch das Stoffliche *selbsttätig**. Durch Luzifers Prinzip läßt sich nun leider die Mehrzahl zur falschen Weichenstellung veranlassen, und so rollt dann deren Leben nach den unabänderlichen Fortentwicklungsgesetzen, die gleich Schienensträngen das Stoffliche durchziehen, mehr und mehr abwärts, einem je nach der Einstellung ganz bestimmten Endziele zu.

Die Weichenstellung des freien Entschlusses kann nun vom Ursprung aus genau beobachtet oder empfunden werden, woraufhin der weitere Verlauf klar zu erkennen ist, weil er nach einem erfolgten Entschlusse in der Fortentwicklung nur den entsprechenden in der Schöpfung verankerten Gesetzes-Schienensträngen entlanglaufen muß.

Dieser Umstand ermöglicht das Vorausschauen so mancher Geschehnisse, weil die Natur- oder Schöpfungsgesetze in ihrem Entwicklungsdrange niemals abweichen. Jahrtausende spielen dabei keine Rolle. In diesen vorausgeschauten, unbedingten Endzielen entstehen dann die großen Offenbarungen, die Begnadeten in Bildern geistig gezeigt werden und durch Weitergabe zur Kenntnis der Menschheit kommen.

Eins ist aber dabei *nicht* mit Bestimmtheit vorauszusagen: *die irdische Zeit*, zu der sich solche Offenbarungen und Verheißungen erfüllen!

Das geschieht zu der Stunde, in welcher ein solcher Lebensverlauf seinen gewählten Schienen entlangrollend an einer vorauserklärten Zwischenstation oder dem Endziele einfährt. Das Schicksal des Menschen wie des Volkes und zuletzt der ganzen Menschheit ist mit einem Zuge zu vergleichen, der auf einer eingleisigen Bahn vor nach allen Richtungen führenden Schienensträn-

* Vortrag: »Der Mensch und sein freier Wille«.

gen wartend steht. Der Mensch stellt eine Weiche nach seinem Belieben ein, springt auf und gibt Dampf, das heißt, er belebt ihn.

Bei seinem Einbiegen in das von ihm gewählte Geleise vermag man nur die einzelnen Stationen und das Endziel zu nennen, nicht aber die genaue Stunde der jeweiligen Ankunft, da dies von der Fahrtgeschwindigkeit abhängt, die je nach der Art des Menschen wechseln kann; denn *der Mensch belebt* die Maschine und wird sie je nach seiner eigenen Art in ruhigem Gleichmaße oder in stürmender Leidenschaft oder abwechselnd verschiedenartig vorwärtstreiben. Je mehr ein solcher Einzelmenschen- oder Völker- oder Menschheitszug sich aber einer Station seiner Schienen- oder Schicksalsrichtung nähert, desto sicherer kann dann das nahende Eintreffen erschaut und angedeutet werden.

Das Schienennetz hat aber auch einige Verbindungslinien, die durch jeweilige Weichenumstellungen *während der Fahrt* benützt werden können, um eine andere Richtung zu erhalten, und somit auch ein anderes Endziel als das zuerst angesteuerte zu erreichen. Es erfordert dann natürlich ein Langsamerfahren beim Nahen einer derartigen Weiche, ein Anhalten und Weichenumstellen. Das langsamere Fahren ist das Nachdenken, das Anhalten der Entschluß des Menschen, der ihm bis zu einem letzten Entscheidungspunkte immer möglich ist, und das Umstellen die diesem Entschlusse folgende Tat.

Den göttlichen Willen, der sich in den feststehenden Naturgesetzen wie Schienenstränge durch das Stoffliche zieht, kann man auch die Nerven in dem Schöpfungswerke nennen, die den Ausgangspunkt, den schöpferischen Urquell, jede Unebenheit in dem gewaltigen Körper des Werkes fühlen lassen oder ihm melden.

Dieser auf Grund der unverrückbaren Gesetze bis an jedes Ende ausschauende sichere Überblick veranlaßt den Schöpfer, seinen Offenbarungen *auch Verheißungen* anzuknüpfen, die für die Zeit der herannahenden gefährlichsten Kurven, Zwischen- oder Endstationen rechtzeitig von ihm kommende Helfer verkünden!

Diese Helfer sind von ihm ausgerüstet, kurz vor Eintreffen unausbleiblicher Katastrophen und gefährlicher Wendungen den auf diesen falschen Geleisen rollenden Menschengeistern durch Verkündung der Wahrheit die Augen zu öffnen, damit es ihnen möglich wird, noch rechtzeitig eine andere Weiche einzustellen, um die immer gefährlicher werdenden Stellen zu vermeiden und durch eine neue Richtung auch dem verderbenbringenden Endziele zu entgehen.

Da der Schöpfer an der Vollkommenheit seines Willens nicht rütteln kann, so wird auch er bei diesem Helfen genau wieder die bestehenden Gesetze einhalten. Mit anderen Worten: Sein Wille ist von Urbeginn an vollkommen. Jeder seiner neuen Willensakte wird selbstverständlich ebenfalls vollkommen sein. Das bedingt, daß jeder neue Willensakt von ihm auch genau die gleichen Gesetze in sich tragen muß wie die bereits vorausgegangenen. Folge davon ist wieder die genaue Einfügung in das Entwicklungsgeschehen der fein- und grobstofflichen Welt.

Eine andere Möglichkeit ist gerade durch die Vollkommenheit Gottes ein für allemal ausgeschlossen. In dem schon erklärten Vorausschauen entstand die Verheißung der Menschwerdung des Gottessohnes, um mit der Wahrheitsverkündung die Menschheit zur Umstellung der Weiche zu veranlassen.

Die Tat der Umstellung bleibt den Gesetzen entsprechend den Menschengeistern selbst vorbehalten. Dadurch aber ist es einem Vorausschauen entzogen, die Art des Entschlusses zu erkennen; denn nur die von den Menschengeistern *schon gewählten* Bahnen, in die sie die Weiche nach ihrem freien Entschluß gestellt haben, können genau in ihren sämtlichen Stationen und Kurven bis zum Endziele überschaut werden.

Davon ausgeschlossen sind nach folgerichtiger Natürlichkeit die Wendepunkte, bei denen ein freier Entschluß der Menschheit ausschlaggebend ist; denn auch dieses Recht ist aus der natürlichen Entstehungs- und Entwicklungsgesetzmäßigkeit heraus durch Gottes Vollkommenheit ebenso unverrückbar wie alles andere, und da der Schöpfer den Menschengeistern dieses Recht durch deren Ursprung aus dem Geistig-Wesenhaften gegeben hat, verlangt er auch nicht im voraus zu wissen, wie ihre Entscheidung fallen wird.

Nur *die Folge* einer solchen Entscheidung kann er genau bis an das Ende erkennen, weil diese sich dann innerhalb dieses Willens auswirken muß, der in den Gesetzen der fein- und grobstofflichen Schöpfung ruht. Würde es anders sein, so könnte die Ursache dazu aus diesem Grunde nur einen Mangel an Vollkommenheit bedeuten, was unbedingt ausgeschlossen ist.

Der Mensch soll sich also dieser seiner ungeheueren Verantwortung stets voll bewußt sein, daß er in seinen Grundentschlüssen wirklich unabhängig ist. Leider aber wähnt er sich entweder als vollkommen abhängigen Knecht, oder aber sich überschätzend als einen Teil des Göttlichen.

Wahrscheinlich liegt der Grund dafür darin, daß er sich in beiden Fällen der Verantwortung enthoben glaubt. In dem einen Fall als zu tiefe und abhängige Kreatur, in dem anderen Falle als weit darüberstehend. Beides aber ist falsch! Er mag sich als Verweser ansehen, dem in gewissen Dingen freier Entschluß, aber auch die volle Verantwortung zusteht, der also ein großes Vertrauen besitzt und dieses nicht durch schlechtes Haushalten täuschen soll. – –

Gerade diese Vollkommenheit macht es notwendig, daß der Schöpfer bei Ausübung unmittelbarer Hilfen für die falschsteuernde Menschheit auch mit einem Versagen der Menschheit bei deren Entschlußfassung rechnen muß. Für solche Fälle hält er aus seiner Weisheit und Liebe heraus, die als ihm zu eigen ebenfalls wieder gesetzmäßig und natürlich sind, weitere Wege zur Hilfe bereit, die sich dann dem ersten, durch Versagen der Menschheit eventuell abgeschnittenen Wege als Fortsetzung anschließen.

So wurde schon vor der Zeit der Menschwerdung des Gottessohnes in dem ewigen Reiche des Vaters eine nochmalige Wahrheitsverkündung vorbereitet, für den Fall, daß die Menschheit trotz des großen Liebesopfers des Vaters versagen könnte. Wenn der Gottessohn mit seiner rein-göttlichen Einstellung nicht so gehört werden würde, daß die Menschheit auf seine Warnung hin die Weiche ihrer Bahnen nach der Richtung hin einstellte, die er ihr wies, sondern auf ihren bisherigen zum Verderben führenden Bahnen in Verblendung verblieb, so sollte dann noch ein Sendling ausgehen, der der Menschheit in deren innerstem Wesen näherstehen konnte als der Gottessohn, um ihr nochmals in der letzten Stunde als Warner und Führer zu dienen, wenn – – – – sie auf seinen Ruf der Wahrheit hören wollte. *Das ist der Menschensohn.*

Christus als Gottessohn wußte davon. Als er den überwucherten und verdorrten Boden der Menschheitsseelen bei seinem Wirken erkannte, wurde ihm klar, daß sein Erdenwallen nicht die Früchte tragen würde, die bei gutem Wollen der Menschheit hätten reifen müssen. Er trauerte tief darüber, überschaute er doch auf Grund der ihm so wohlbekannten Gesetze in der Schöpfung, die den Willen seines Vaters tragen, den unbedingten Fortgang zu dem unvermeidlichen Ende, das der Menschen Art und Wollen nach sich ziehen mußte.

Und da begann er von dem Menschensohne zu reden, von dessen durch die entstehenden Geschehnisse notwendig werdendem Kommen. Je weiter er seine große Mission erfüllte, die je nach dem Entschlusse der Menschheit zwei Wege offen ließ, entweder ein Befolgen seiner Lehren mit anschließendem Aufstiege unter Vermeidung alles Verderbenbringenden, oder ein Versagen und Weiterstürmen auf abschüssiger Bahn, die ins Verderben führen mußte, desto klarer sah er, daß der Entschluß der großen Mehrheit der Menschheit dem Versagen und somit dem Untergange zuneigte.

Daraufhin formten sich seine Äußerungen über den Menschensohn zu direkten Verheißungen und Ankündigungen, indem er sprach: »Wenn aber der Menschensohn kommen wird...« usw.

Damit bezeichnete er die Zeit kurz vor der Gefahr des Unterganges, der sich aus dem Versagen der Menschheit seiner Mission gegenüber als Endziel der beharrlich weiter verfolgten Richtung nach den göttlichen Gesetzen in der stofflichen Welt erfüllen mußte. Schwer litt er damals bei diesem Erkennen; denn er war die Liebe.

Falsch ist jede Überlieferung, die behauptet, daß Jesus, der Gottessohn, gleichzeitig auch sich selbst als Menschensohn bezeichnet hätte. Derartige Unlogik liegt weder in den göttlichen Gesetzen, noch ist sie dem Gottessohne als Kenner und Träger dieser Gesetze zuzumuten.

Die *Jünger* wußten nicht Bescheid darin, wie ja aus ihren Fragen selbst hervorging. Von ihnen allein ging der Irrtum aus, der sich bis heute erhalten hat. Sie wähnten, daß der Gottessohn mit dem Ausdruck Menschensohn sich selbst bezeichnete, und aus dieser Annahme heraus überlieferten sie diesen Irrtum auch der Nachwelt, die sich ebenfalls nicht ernster mit der darin liegenden Unlogik befaßte, als die Jünger selbst, sondern einfach darüber hinwegging, teils aus Scheu, teils aus Bequemlichkeit, trotzdem in der Richtigstellung die Alliebe des Schöpfers nur noch deutlicher und kraftvoller heraustritt.

In den Fußstapfen des Gottessohnes gehend, das heißt, seine Mission aufnehmend und weitertragend, wird der Menschensohn als Gesandter Gottvaters der Menschheit auf der Erde gegenübertreten, um sie durch Verkündung der Wahrheit zurückzureißen von der bisherigen Bahn und sie zu dem freiwilligen Entschlusse einer anderen Einstellung zu bringen, die abseits führt von den Punkten des Verderbens, die jetzt ihrer warten.

Gottessohn – Menschensohn! Daß darin ein Unterschied liegen muß, ist sicherlich nicht so schwer herauszufinden. Jedes dieser Worte hat seinen scharf umrissenen, streng ausgeprägten Sinn, der eine Vermischung und Verschmelzung in eins direkt zur Trägheit des Denkens stempeln muß. Hörer und Leser der Vorträge werden sich der natürlichen Entwicklung bewußt sein, die vom Urlicht, Gottvater, ausgehend bis zu dem grobstofflichen Weltenkörper herabreicht. Der Gottessohn kam aus dem Göttlich-Wesenlosen, alle Ebenen schnell durcheilend, zur Inkarnation in die grobstoffliche Welt. Ein Strahlungsvorgang. Deshalb muß er mit vollem Recht der fleischgewordene Gottessohn genannt werden. Das Durcheilen des Geistig-Wesenhaften, in dem erst der Menschengeist seinen Ausgangspunkt hat, ließ ihn dort, wie auch in dem dann folgenden feinstofflichen Teile der Schöpfung nicht so Fuß fassen, daß sein göttlich-wesenloser Kern starke Schutzhüllen dieser verschiedenen Arten mitnehmen konnte, sondern diese sonst als Rüstung dienenden Hüllen blieben dünn.

Das brachte den Vorteil, daß das innerlich Göttliche leichter und stärker durchstrahlte, also hervorbrach, aber auch den Nachteil, daß es in den lichtfeindlichen Niederungen der Erde durch sein Auffallen um so schneller bekämpft und wütender angegriffen werden konnte. Das starke, nur schwach verdeckte Göttliche in der irdisch-grobstofflichen Hülle mußte fremd unter den Menschen bleiben, als zu fernstehend.

Bildlich ausgedrückt könnte man also sagen, daß sein göttlicher Kern für das niedere Grobstofflich-Irdische durch den Mangel an Aufnahme aus dem Geistig-Wesenhaften und dem Feinstofflichen nicht genügend gewappnet und gerüstet war. Die Kluft zwischen dem Göttlichen und dem Irdischen blieb nur schwach überbrückt.

Da nun die Menschen dieses Geschenk göttlicher Liebe nicht achteten und nicht hüteten, sondern aus dem natürlichen Triebe alles Dunkleren heraus dem lichten Gottessohn mit Feindseligkeiten und Haß entgegentraten, so mußte ein zweiter Sendling kommen in dem Menschensohne, der für die grobstoffliche Welt stärker gewappnet ist.

Auch der Menschensohn ist ein Gottgesandter und aus dem Göttlich-Wesenlosen hervorgegangen. Ebenfalls ein Strahlungsvorgang. Er wurde aber vor seiner Sendung in die grobstoffliche Welt in das ewige Urgeistig-Wesenhafte inkarniert, also eng verbunden mit der geistigen Wesensart, aus der das Samenkorn des Menschengeistes stammt! Damit tritt der göttlich-wesenlose Kern dieses zweiten Gesandten dem Menschengeiste in dessen Ursprunge näher, wodurch er auch mehr Schutz und unmittelbare Kraft gegen diesen gewinnt.

Erst von hier aus erfolgte dann seine Sendung in die grobstoffliche Welt, zu einer Zeit, daß er zur rechten Stunde auf den Kampfplatz treten kann, um den um geistige Führung bittenden ernsthaften Gottsuchern den rechten Weg in das Reich des Vaters weisen zu können, und gleichzeitig Schutz zu gewähren vor den Angriffen der ihnen feindlichen Abwärtsstrebenden.

Darum wachet, daß Ihr Ihn erkennet, sobald die Zeit für Ihn gekommen ist; denn Er bringt auch die Zeit für Euch!

DER UNTERSCHIED IM URSPRUNG ZWISCHEN MENSCH UND TIER

UM DEN Unterschied des Ursprunges zwischen Mensch und Tier klarzumachen, bedarf es einer eingehenderen Zergliederung der Schöpfung als bisher.

Mit den üblichen Schlagwörtern wie »Gruppenseele« des Tieres gegenüber dem persönlichen »Ich« des Menschen ist dabei nicht genug getan, trotzdem es an sich schon ganz richtig gedacht ist. Aber es wird dabei nur das Allgemeine und dem Irdischen Zunächstliegende weitumrissen gezeichnet, jedoch nicht der *eigentliche* Unterschied genannt.

Es muß hierbei die Entwicklung der Schöpfung bekannt sein, die in dem Vortrage »Schöpfungsentwicklung« erklärt ist.

Der leichteren Übersicht halber seien die Hauptstufen von oben herab einmal wiedergegeben:

1. Göttlich:	Göttlich-Wesenlos = Gott Göttlich-Wesenhaft
2. *Geistig*-Wesenhaft:	Bewußt-Geistig-Wesenhaft Unbewußt-Geistig-Wesenhaft
3. Wesenhaft:	Bewußt-Wesenhaft Unbewußt-Wesenhaft
4. Stofflich:	Feinstofflich Grobstofflich

Der Mensch hat seinen geistigen Ursprung in dem Unbewußt-Geistig-Wesenhaften. Das Tier dagegen seinen wesenhaften Ursprung in dem Unbewußt-Wesenhaften. Zwischen diesen beiden Stufen ist ein gewaltiger Unterschied. Der belebende Kern des Menschen ist *Geist.* Der belebende Kern des Tieres aber ist *Wesen.*

Ein Geist steht in diesem Falle über dem Wesen; der innere Ursprung des Menschen demnach auch höher als der des Tieres, während beide gemeinsam nur den Ursprung des grobstofflichen Körpers haben. Der Geist des Menschen hat jedoch seinen ursprünglich rein tierischen Körper mit der Zeit weiter ausgebildet, als es dem Wesen des Tieres möglich wurde.

Die Lehre der natürlichen Entwicklung des grobstofflichen Körpers von dem niedrigsten Tierkörper angefangen bis zum Menschenkörper ist deshalb richtig. Sie zeigt das in jeder Beziehung lückenlose Aufwärtsarbeiten des schöpferischen Willens in der Natur. Ein Zeichen der Vollkommenheit.

Es ist bei dieser Lehre nur der eine, allerdings auch große Fehler gemacht worden, daß man über das Grobstoffliche nicht hinausging.

Wenn man sagt, der menschliche Körper, also der grobstoffliche Mantel des Menschen, stammt vom Tierkörper ab, der vor dem Menschenkörper da war, so ist das richtig. Diese Körper machen aber weder den Menschen noch das Tier aus, sondern gehören nur als in der Grobstofflichkeit notwendig dazu. Will man aber daraus folgern, daß auch die innere Lebendigkeit des Menschen von der des Tieres abstamme, so ist dies ein unverzeihlicher, irreführender Fehler, der einen Zwiespalt erwecken muß.

Aus diesem Zwiespalt heraus entsteht auch in so vielen Menschen die gesunde Empfindung *gegen* eine derartige unrichtige Annahme. Einesteils werden sie von der Richtigkeit der Annahme angezogen, die die Körper betrifft, anderenteils wieder abgestoßen von der groben Nachlässigkeit, die ohne weiteres den inneren Ursprung mit hineinverweben will.

Die Wissenschaft konnte allerdings bisher kaum anders als zu sagen, daß in der natürlichen Entwicklung der Mensch schließlich vom Tier, und zunächst von einem affenähnlichen Tier, abstammen muß, das in seiner Form dem menschlichen Körper am nächsten kam, weil sie sich bisher lediglich nur mit dem Stofflichen zu beschäftigen vermochte. Vorwiegend sogar nur mit dem Grobstofflichen, das einen ganz kleinen Teil der Schöpfung ausmacht. Und von diesem kennt sie auch nur die gröbsten Äußerlichkeiten. In Wirklichkeit also verschwindend wenig, so gut wie nichts.

Verschiedenes Wertvollere vermag sie wohl heute endlich zu verwenden, kennt es aber in seinem Eigentlichen noch nicht, sondern muß sich notgedrungen dabei mit einigen Fremdwörtern abfinden, die sie an Stelle des Wissens setzt. Diese Worte bezeichnen lediglich die provisorische Klassifizierung eines bestehenden und schon verwendbaren gewissen Etwas, dessen eigentliche Art man nicht kennt, noch viel weniger den Ursprung.

Das Wesenhafte aber und noch viel mehr das Geistige stehen *über* allem Stofflichen, sind von der Erde aus nach oben zu die Fortsetzung zum

Ursprung alles Bestehenden, oder, was natürlicher ist, von oben herab das dem Stofflichen in der Entwicklung Vorausgegangene.

Es muß bedacht werden, daß alles Geistige, wie auch alles Wesenhafte, selbstverständlich und aus der Entwicklung heraus naturgemäß bedingt den Mantel eines grobstofflichen Körpers braucht, sobald es den Entwicklungsgesetzen gehorchend als bildender Faktor und lebendiger Kern bis in das Grobstoffliche vordringt. Jeder Zwist wird sofort behoben sein, wenn man endlich entweder weiter aufwärts dringt in allem Forschen, also über das Stoffliche hinaus, oder dem natürlichen Entwicklungsgange von oben herab zu folgen vermag.

Die Zeit ist da, wo der Fuß dazu erhoben werden muß. Doch die größte Vorsicht ist dabei geboten, damit geistiges Wissen, das die Logik unverkennbar in sich trägt, nicht unbemerkt in unwissende Phantasie herabgezogen wird. Man muß beachten, daß dem Wesenhaften und dem Geistigen auch nur mit *klarem, freiem* Geiste gegenübergetreten werden kann, nicht wie im Stofflichen mit Waagen, Seziermessern und Gläsern.

Ebensowenig aber auch mit *beengtem* Geiste oder Voreingenommenheit, wie es so oft versucht wird. Das verbietet sich nach den bestehenden Schöpfungsgesetzen von selbst in unüberbrückbarer Art. Darin wird eine kleine menschliche Kreatur auch mit der größten Anmaßung nichts an dem in seiner Vollkommenheit ehernen Willen ihres Schöpfers abbiegen können.

Der eigentliche Unterschied zwischen dem Menschen und dem Tiere liegt also lediglich in seinem Inneren. Ein Tier kann auch nur in das Wesenhafte zurückkehren, nachdem es den grobstofflichen Körper abgelegt hat, während ein Mensch in das Geistige zurückkehrt, das viel höher liegt.

Der Mensch vermag wohl in gewisser Beziehung oft herabzusteigen zum Tier, muß aber trotzdem immer Mensch bleiben, da er sich der Verantwortung nicht zu entziehen vermag, die ihren Keim in seinem geistigen Ursprung hat; das Tier mit seinem nur wesenhaften Ursprunge jedoch kann sich niemals zum Menschen emporschwingen. Der Unterschied zwischen den Körpern aber liegt nur in der Form und in der edleren Entwicklung bei dem Menschen, die durch den *Geist* hervorgerufen wurde, nachdem er in den grobstofflichen Körper eingegangen war*.

* Vortrag: »Die Erschaffung des Menschen«.

DIE TRENNUNG ZWISCHEN MENSCHHEIT UND WISSENSCHAFT

DIESE Trennung brauchte nicht zu bestehen; denn die ganze Menschheit hat volles Anrecht auf die Wissenschaft. Diese versucht ja nur, das Gottesgeschenk der Schöpfung verständlicher zu machen. Die eigentliche Tätigkeit eines jeden Zweiges der Wissenschaft liegt in dem Versuche, die Gesetze des Schöpfers näher zu ergründen, damit diese durch deren genauere Kenntnis ausgiebiger zu Nutz und Frommen der Menschheit verwendet werden können.

Es ist dies alles weiter nichts als ein Sichunterordnenwollen unter den göttlichen Willen.

Da aber nun die Schöpfung und die sie tragenden Natur- oder Gottesgesetze in ihrer Vollkommenheit so überaus klar und einfach sind, so müßte die natürliche Folge auch eine schlichte und einfache Erklärung geben durch den, der sie wirklich erkannt hat.

Hier aber setzt nun ein fühlbarer Unterschied ein, der durch seine ungesunde Art eine immer mehr sich erweiternde Kluft zwischen der Menschheit und denen reißt, die sich Jünger der Wissenschaft, also Jünger des Wissens oder der Wahrheit, nennen.

Diese drücken sich nicht so einfach und natürlich aus, wie es der Wahrheit, also dem eigentlichen Wissen entsprechen würde, ja, wie es die Wahrheit überhaupt als natürliche Folge verlangt.

Das hat zwei Ursachen, eigentlich drei. Für die nach ihrer Meinung besondere Mühe des Studiums erwarten sie eine Sonderstellung. Daß dieses Studium auch nur ein Entlehnen aus der fertigen Schöpfung ist, wie es ähnlich ein einfacher Landmann durch die für ihn notwendige ruhige Beobachtung der Natur durchführt, oder andere Menschen in ihren praktischen Arbeiten es tun müssen, wollen sie sich nicht gern klarmachen.

Außer diesem wird ein Jünger der Wissenschaft, solange er nicht wirklich in seinem Wissen der Wahrheit nahekommt, sich aus der Natur der Sache heraus immer unklar ausdrücken müssen. Erst dann, wenn er die Wahrheit selbst wirklich erfaßt hat, wird er ebenso wieder aus der Natur der Sache heraus notwendigerweise einfach und natürlich in seinen Schilderungen werden.

Es ist nun kein Geheimnis, daß gerade Nichtwisser während ihrer Übergänge zum Wissen gern mehr sprechen als die Wissenden selbst, und sie werden sich dabei immer der Unklarheit bedienen müssen, weil sie nicht anders können, wenn sie die Wahrheit, also das eigentliche Wissen, noch nicht vor sich haben.

Drittens aber liegt tatsächlich die Gefahr vor, daß die Allgemeinheit der Menschen der Wissenschaft sehr wenig Beachtung schenken würde, wenn diese sich in dem natürlichen Mantel der Wahrheit zeigen wollte. Die Menschen würden sie dann »zu natürlich« finden, um ihr viel Wert beilegen zu können.

Daß aber gerade *das* das einzig Richtige ist und auch den Maßstab gibt für alles Echte und Wahre, daran denken sie nicht. Nur in der natürlichen Selbstverständlichkeit liegt die Gewähr der Wahrheit.

Doch dazu sind die Menschen nicht so leicht zu bekehren, wollten sie ja auch in Jesus nicht den Gottessohn erkennen, weil er ihnen »zu einfach« kam.

Diese Gefahr wußten die Jünger der Wissenschaft von jeher ganz genau. Deshalb verschlossen sie sich aus Klugheit der natürlichen Einfachheit der Wahrheit immer mehr und mehr. Um sich und ihre Wissenschaft zur Geltung zu bringen, schufen sie in grüblerischem Sinnen immer schwerer werdende Hindernisse.

Der sich aus der Masse heraushebende Gelehrte verschmähte es endlich, sich einfach und allen verständlich auszudrücken. Oft nur aus dem ihm selbst kaum bewußten Grunde, daß ihm wohl nicht viel Vorausbabendes verblieben wäre, wenn er nicht eine Ausdrucksweise formte, die erst in jahrelangem Studium besonders hätte erlernt werden müssen.

Sich nicht allen verständlich zu machen, schuf ihm mit der Zeit einen künstlichen Vorrang, der von seinen Schülern und Nachfolgern um jeden Preis festgehalten wurde, da sonst bei vielen das jahrelange Studium und die damit verbundenen Geldopfer tatsächlich vergebens gewesen wären.

Heute nun ist es so weit gekommen, daß es vielen Gelehrten überhaupt nicht mehr möglich ist, sich einfachen Menschen gegenüber klar und verständlich, also einfach, auszudrücken. *Das* Bestreben würde nunmehr wohl das *schwerste Studium* erfordern und mehr als ein ganzes Menschenalter in Anspruch nehmen. Es würde aber vor allen Dingen das für viele unangenehme Ergebnis zeitigen, daß dann nur noch solche Menschen hervorragen, die der Menschheit mit wirklichem *Können* etwas zu geben haben und ihr damit zu dienen bereit sind.

Jetzt ist Verschleierung durch Unverständlichkeit für die Allgemeinheit eine besonders hervorstechende Eigenart der Gelehrtenwelt, wie es ähnlich schon in kirchlichen Dingen gepflogen wurde, wobei irdisch berufene Gottesdiener zu den Andachtsuchenden und Erhebungheischenden als Führer und Lenker lateinisch sprachen, das diese nicht verstanden und demnach auch nicht erfassen und sich zu eigen machen konnten, wovon allein sie irgendwelchen Gewinn zu haben vermochten. Die Gottesdiener hätten damals ebensogut siamesisch reden können mit derselben Erfolglosigkeit.

Das wahre Wissen darf es nicht nötig haben, sich unverständlich zu machen; denn in ihm liegt gleichzeitig auch die Fähigkeit, ja das Bedürfnis, sich in schlichten Worten auszudrücken.

Die Wahrheit ist ohne Ausnahme für *alle* Menschen; denn diese entstammen ihr ja, weil die Wahrheit in dem Geistig-Wesenhaften, dem Ausgangspunkte des Menschengeistes, lebendig ist. Das läßt folgern, daß die Wahrheit in ihrer natürlichen Schlichtheit auch von allen Menschen verstanden werden kann. Sobald sie aber in der Wiedergabe kompliziert und unverständlich gemacht wird, dann bleibt sie nicht mehr rein und wahr, oder die Schilderungen verlieren sich in Nebensächlichem, das die Bedeutung nicht hat wie der Kern.

Dieser Kern, das echte Wissen, muß allen verständlich sein. Künstlich Emporgeschraubtes kann in seiner Entfernung von der Natürlichkeit nur wenig Weisheit in sich bergen. Ein jeder hat das wahre Wissen *nicht* erfaßt, der es nicht einfach und natürlich weitergeben kann, sonst sucht er unwillkürlich etwas zu verdecken, oder ist wie eine aufgeputzte Puppe ohne Leben.

Wer in der Folgerichtigkeit noch Lücken läßt und dafür blinden Glauben fordert, der macht den vollkommenen Gott zu einem fehlerhaften Götzen und beweist, daß er den rechten Weg selbst nicht hat, und deshalb auch nicht sicher zu führen vermag. Das sei jedem ernsthaft Suchenden zur Warnung!

GEIST

Es WIRD so vielfach das Wort »Geist« gebraucht, ohne daß sich der darüber Sprechende bewußt ist, was Geist eigentlich ist. Der eine nennt kurzerhand das Innenleben des Menschen Geist, der andere wirft Seele und Geist zusammen, auch wird oft von geistreichen Menschen gesprochen, wobei man an nichts weiter denkt als an die einfache Gehirnarbeit. Man spricht von Geistesblitzen und von vielem anderen. Doch niemand geht daran, einmal richtig zu erklären, was Geist ist.

Das Höchste, was man bisher darunter verstand, liegt in dem Ausdrucke: »Gott ist Geist!« Davon wird nun alles abgeleitet. Man suchte durch diese Behauptung auch Gott selbst verstehen zu können und darin eine Erklärung über ihn zu finden.

Gerade das aber mußte wieder von der Wirklichkeit abzweigen und deshalb auch Irrungen nach sich ziehen; denn es ist *falsch,* einfach zu sagen: »Gott ist Geist.«

Gott ist *göttlich* und nicht geistig! Darin ruht schon die Erklärung. Man darf nie Göttliches als Geist bezeichnen. Nur Geistiges ist Geist. Der bisherige Fehler der Anschauung ist damit erklärbar, daß der Mensch aus dem Geistigen stammt, demnach auch nicht über das Geistige hinaus zu denken vermag, somit für ihn alles Geistige das Höchste ist.

Es liegt deshalb nahe, daß er nun das Ungetrübteste und Vollkommenste davon als Ursprung der ganzen Schöpfung betrachten möchte, also als Gott. So kann man annehmen, daß der falsche Begriff nicht nur dem Bedürfnis entsprang, sich seinen Gott von eigener Art vorzustellen, wenn auch in jeder Beziehung vollendet, um sich mit ihm inniger verbunden zu fühlen, sondern die Ursache dazu liegt hauptsächlich in der Unfähigkeit des Erfassens der eigentlichen Höhe Gottes.

Gott ist göttlich, sein Wille ist Geist. Und aus diesem lebendigen Willen heraus erstand die ihm zunächstliegende geistige Umgebung, das Paradies mit seinen Bewohnern. Aus diesem Paradiese aber kam der Mensch als Geistsamenkorn, um seinen Lauf durch die weitere Schöpfung zu nehmen. Der Mensch ist also Träger *des Geistes* in der gesamten stofflichen Schöpfung. Aus diesem Grunde ist er in seinen Handlungen auch gebunden an den reinen Urwillen Gottes und muß die volle Verantwortung dafür tragen, wenn er ihn durch äußere Einflüsse des Stofflichen unrein überwuchern und unter Umständen zeitweise ganz vergraben läßt.

Das ist der Schatz oder das Pfund, das in seiner Hand Zins und Zinseszins bringen sollte. Aus der falschen Voraussetzung, daß Gott selbst Geist sei, also von der gleichen Art wie der Ursprung des Menschen selbst, geht deutlich hervor, daß sich der Mensch niemals ein richtiges Bild von der Gottheit machen konnte. Er darf sich darunter nicht nur das Vollkommenste seiner selbst vorstellen, sondern muß weit darüber hinausgehen zu einer Art, die ihm immer unbegreiflich bleiben wird, weil er zu deren Erfassung in seiner eigenen geistigen Art niemals fähig sein wird.

Geist ist also der *Wille* Gottes, das Lebenselixier der ganzen Schöpfung, die von ihm durchdrungen sein muß, um erhalten zu bleiben. Der Mensch ist der teilweise Träger dieses Geistes, der durch Sichselbstbewußtwerden zur *Hebung* und Weiterentwicklung der ganzen Schöpfung beitragen soll. Dazu gehört jedoch, daß er die Naturkräfte richtig verwenden lernt und zur konzentrierten Förderung benützt.

Das hier Gesagte soll nur ein vorläufiger Hinweis sein, dem später noch genaue Einzelvorträge folgen, worin die verschiedenen Geistesarten mit klaren Abgrenzungen geschildert werden.

SCHÖPFUNGSENTWICKLUNG

SCHON einmal habe ich darauf hingewiesen, daß die schriftlich niedergelegten Schöpfungsgeschichten nicht irdisch aufgefaßt werden dürfen. Auch die Schöpfungsgeschichte in der Bibel betrifft nicht die Erde. Die Schöpfung der Erde war lediglich eine natürliche Folgerung, die der *ersten* Schöpfung in deren Weiterentwicklung entsprang.

Es ist fast unbegreiflich, wie Schriftforscher einen so unlogischen und lückenbringenden weiten Sprung machen konnten in der Annahme, daß Gott unmittelbar nach seiner Vollkommenheit übergangslos die grobstoffliche Erde geschaffen haben soll.

Es braucht das »Wort« in der Schrift nicht verändert zu werden, um der Wahrheit des Geschehens näher zu kommen. Im Gegenteil, das Wort der Schöpfungsgeschichte gibt viel deutlicher diese Wahrheit wieder als alle lückenhaften und falschen Annahmen. Nur die irrigen Auslegungen führten das Nichtverstehenkönnen so vieler Menschen herbei.

Diese empfinden ganz richtig den Fehler, der damit gemacht wird, daß man das in der Bibel genannte Paradies unbedingt auf die vom Göttlichen so weit entfernte grobstoffliche Erde legen wollte. Es ist doch schließlich nicht so unbekannt, daß die Bibel in erster Linie ein *geistiges* Buch ist. Sie gibt Aufklärung über *geistige* Vorgänge, bei denen Menschen nur dort genannt werden, wo sie unmittelbar in Beziehung zur Verdeutlichung dieser geistigen Dinge stehen, diese illustrieren.

Schließlich ist es auch für den Menschenverstand verständlich, weil natürlich, wenn die in der Bibel niedergelegte Schöpfungsschilderung *nicht* die vom Schöpfer so weit entfernte Erde betrifft.

Es wird kaum jemand die Tatsache zu bestreiten wagen, daß diese direkte und als *erste* bezeichnete Schöpfung Gottes auch nur in seiner unmittelbaren Nähe zu suchen sein kann, da sie ja als *erstes* von dem Schöpfer selbst ausging und dadurch mit ihm in engerem Zusammenhange stehen *muß.* Kein ruhig und klar Denkender wird erwarten, daß sich diese erste und *eigentliche*

Schöpfung ausgerechnet auf der vom Göttlichen am weitesten entfernten Erde abspielte, die erst in dem weiteren Verlauf der Entwicklung entstanden ist.

Von einem Paradiese *auf Erden* konnte deshalb nicht die Rede sein. Was Gott schuf, wie es in der Schöpfungsgeschichte ausdrücklich heißt, verblieb selbstverständlich mit ihm auch *unmittelbar* verbunden und mußte nur in seiner nächsten Nähe sein. Ebenso leicht erklärlich und natürlich ist die Folgerung, daß alles in so großer Nähe Geschaffene oder Hervorgegangene des Schöpfers eigener Vollkommenheit auch am ähnlichsten verbleibt.

Dieses sich aber auf der grobstofflichen Erde zu denken, muß Zweifler großziehen. Der Gedanke einer »Austreibung« aus dem *irdischen* Paradiese, wobei die Ausgetriebenen doch immerhin auf der gleichen Erde bleiben müssen, zeigt so viel Ungesundes, ist so erkennbar und grob verirdischt, daß es fast grotesk zu nennen ist. Ein totes Bild, das den Stempel eines krampfhaft herbeigeführten Dogmas zeigt, mit dem kein vernünftiger Mensch etwas anzufangen weiß.

Je weniger vollkommen, desto weiter von der Vollkommenheit entfernt. Auch die aus der Vollkommenheit heraus geschaffenen geistigen Wesen können nicht die Erdenmenschen sein, sondern müssen dieser Vollkommenheit am nächsten stehen und deshalb die idealsten Vorbilder für die Menschen abgeben. Es sind die ewigen Geister, die niemals in die Stofflichkeit kommen, also auch nicht Erdenmenschen werden. Strahlende Idealgestalten, die Magneten gleich anziehend, aber auch stärkend auf alle Fähigkeiten der menschlichen Geistkeime und späteren bewußt gewordenen Geister einwirken.

Das Paradies, das in der Bibel als solches genannt ist, darf also *nicht* mit der Erde verwechselt werden. –

Zur näheren Erklärung wird es notwendig, noch einmal ein vollständiges Bild zu geben über alles Bestehende, um es dem suchenden Menschen leichter zu machen, den Weg in das ewige Reich Gottes, das Paradies, zu finden, dem er in seinen geistigen Uranfängen entstammt.

Der Mensch stelle sich als Oberstes und Höchstes das Göttliche vor. Gott selbst als Ausgangspunkt alles Seienden, als Urquell alles Lebens ist in seiner unbedingten Vollkommenheit *wesenlos.* Nach Gott selbst in seiner ureigensten Wesenlosigkeit folgt der Kreis des Göttlich-*Wesenhaften.* Ihm entstammen die ersten Form-Gewordenen. Dazu gehören in erster Linie die Urkönigin und die Erzengel, zuletzt eine kleine Zahl Ältester. Diese Letzteren sind von großer Bedeutung für die Weiterentwicklung zum Geistig-Wesenhaften, wie dann später die Bewußt-Wesenhaften große Bedeutung für die Entwicklung des Stofflichen haben. Aus dem Göttlich-Wesenhaften wurde Luzifer geschickt, um der Schöpfung in ihrer selbsttätigen Weiterentwicklung eine unmittelbare Stütze zu sein.

Der Gottessohn kam aber aus dem Göttlich-Wesenlosen als ein Teil, der nach seiner Hilfsmission wieder eingehen muß zum Göttlich-Wesenlosen, zum Wiedereinswerden mit dem Vater. Der Menschensohn stammt ebenfalls aus dem Göttlich-Wesenlosen. Seine Abspaltung wurde durch Verbindung mit dem Bewußt-Geistig-Wesenhaften zum Gebote des Getrenntbleibens und doch auch wiederum unmittelbar Verbundenseins mit dem Göttlich-Wesenlosen, damit er ewiglich der Mittler bleiben kann zwischen Gott und seinem Werke.

Nachdem Luzifer als aus dem Göttlich-*Wesenhaften* Gekommener in seinem Wirken versagte, mußte an seiner Stelle ein Stärkerer ausgeschickt werden, der ihn fesselt und der Schöpfung hilft. Deshalb stammt der dafür bestimmte Menschensohn aus dem Göttlich-*Wesenlosen.*

An das Göttlich-Wesenhafte schließt sich nun die Urschöpfung, das ewige Reich Gottes. Es ist in erster Linie als das Zunächststehende das *Bewußt-Geistig-Wesenhafte,* das aus den geschaffenen ewigen geistigen Wesen, oder auch Geister genannt, besteht. Diese sind die vollendeten Idealgestalten für alles das, wonach die Menschengeister in ihrer vollkommensten Entwicklung streben können und sollen. Sie ziehen magnetartig die Aufwärtsstrebenden empor. Diese selbsttätige Verbindung macht sich den Suchenden und Aufwärtsstrebenden fühlbar in einer oft unerklärlichen Sehnsucht, die ihnen den Drang nach Suchen und Aufwärtsstreben eingibt.

Es sind die Geister, die niemals in die Stofflichkeit geboren wurden, die Gott selbst, der Urquell alles Seins und Lebens, als erste Urgeistige schuf, die also seiner eigenen Vollkommenheit auch am nächsten kommen. *Sie* sind es auch, die *nach seinem Ebenbilde* sind!

Es darf nicht übersehen werden, daß es in der Schöpfungsgeschichte ausdrücklich heißt: nach seinem Eben*bilde.* Dieser Hinweis ist auch hier nicht ohne Bedeutung; denn nur nach seinem *Bilde* können sie sein, nicht nach ihm *selbst,* also nur nach dem, wie er sich *zeigt,* da das Reingöttliche selbst als einziges wesen*los* ist.

Um sich zu zeigen, muß sich Gott, wie schon erwähnt, erst in das Göttlich-Wesenhafte hüllen. Aber auch dann kann er von Geistig-Wesenhaften nicht gesehen werden, sondern nur von Göttlich-Wesenhaften, und das auch nur zu einem kleinen Teile; denn alles Reingöttliche muß in seiner vollkommenen Reinheit und Klarheit Nichtgöttliches blenden. Selbst die Göttlich-Wesenhaften vermögen nicht in das Angesicht Gottes zu schauen! Der Unterschied zwischen dem Göttlich-Wesenlosen und dem Göttlich-Wesenhaften ist dazu noch viel zu groß.

In diesem Paradies der Bewußt-Geistig-Wesenhaften lebt nun gleichzeitig auch das *Unbewußt-Geistig-Wesenhafte*. Es birgt dieselben Grundlagen, aus denen das Bewußt-Geistig-Wesenhafte zusammengesetzt ist, also die Keime dazu. In diesen Keimen nun liegt aber Leben, und das Leben in der ganzen Schöpfung drängt dem göttlichen Willen entsprechend nach der Entwicklung. Nach der Entwicklung zum Bewußtwerden. Es ist dies ein ganz natürlicher, gesunder Vorgang.

Bewußtwerden aber kann aus dem Unbewußtsein nur durch Erfahrungen hervorgehen, und dieser Drang zur weiteren Entwicklung durch Erfahrung stößt zuletzt derartig reifende oder drängende Keime des Unbewußt-Geistig-Wesenhaften selbsttätig ab, oder aus, wie man es nennen will, hinaus über die Grenze des Geistig-Wesenhaften. Da das Aus- oder Abstoßen eines Keimes nicht nach oben zu erfolgen kann, so muß er den ihm freibleibenden Weg nach unten zu nehmen.

Und das ist die natürliche, für nach Bewußtwerden drängende Geistkeime notwendige Ausstoßung aus dem Paradiese, aus dem Geistig-Wesenhaften!

Bildlich ist es ganz richtig wiedergegeben, wenn gesagt wird: Im Schweiße Deines Angesichtes sollst Du Dein Brot essen. Das heißt, im Gedränge der Erfahrungen mit der dabei entstehenden Notwendigkeit der Verteidigung und des Erkämpfens gegenüber den auf ihn eindringenden Einflüssen der niederen Umgebung, in die er als Fremdling dringt.

Diese Ausstoßung, Abstoßung oder Austreibung aus dem Paradiese ist durchaus keine Strafe, sondern eine absolute, natürliche und selbsttätige Notwendigkeit bei Herannahen einer bestimmten Reife jedes Geistkeimes durch den Drang zur Entwicklung des Sichbewußtwerdens. Es ist die Geburt aus dem Unbewußt-Geistig-Wesenhaften in das Wesenhafte und dann Stoffliche zum Zwecke der Entwicklung. Also ein *Fortschritt*, nicht etwa ein Rückschritt!

Über den erst später erfolgten Sündenfall, der ein Geschehen für sich war, aus dem sich die Erbsünde entwickelte, gebe ich noch genaue Aufklärung. Mit diesem hier geschilderten, dauernd sich wiederholenden Vorgang hat er nichts zu tun.

Eine ganz richtige Bezeichnung in der Schöpfungsgeschichte ist es auch, wenn darin gesagt wird, daß der Mensch das Verlangen fühlte, »seine Blößen zu bedecken«, nachdem in ihm der Begriff von Gut und Böse erwachte, das langsame Einsetzen des Sichbewußtwerdens.

Mit dem stärker werdenden Drange nach dem Bewußtwerden erfolgt selbsttätig die Ausstoßung oder Abstoßung aus dem Paradiese, um durch das Wesenhafte in das Stoffliche zu treten. Sobald nun das Geistsamenkorn aus dem Bereiche des Geistig-Wesenhaften hinaustritt, so würde es als solches in der niedereren, andersartigen und dichteren Umgebung »bloßstehen«. Anders ausgedrückt »unbedeckt« sein. Es tritt damit an den Menschengeist nicht nur das Bedürfnis, sondern die unbedingte Notwendigkeit heran, sich mit der Wesens- und Stoffart seiner Umgebung schützend zu bedecken, eine Art Mantel umzulegen, die Wesenshülle, den feinstofflichen und zuletzt dann auch den grobstofflichen Körper anzunehmen.

Erst mit der Annahme des grobstofflichen Mantels oder Körpers erwacht dann der absolute Geschlechtstrieb, und damit auch die körperliche Scham.

Je größer nun diese Scham ist, desto *edler* ist der Trieb, und desto höher steht auch der geistige Mensch. Die mehr oder weniger ausgeprägte körperliche Scham des Erdenmenschen ist der unmittelbare *Maßstab für seinen inneren geistigen Wert!*

Dieser Maßstab ist untrüglich und jedem Menschen leicht erkennbar. Mit Erdrosselung oder Wegräumung des äußeren Schamgefühles wird auch gleichzeitig stets das viel feinere und ganz anders geartete seelische Schamgefühl erstickt und damit der innere Mensch wertlos gemacht.

Ein untrügliches Zeichen tiefen Sturzes und sicheren Verfalles ist es, wenn die Menschheit beginnt, unter der Lüge des Fortschrittes sich über das in jeder Beziehung fördernde Kleinod des Schamgefühls »erheben« zu wollen! Sei es nun unter dem Deckmantel des Sportes, der Hygiene, der Mode, der Kindererziehung, oder unter vielen anderen dazu willkommenen Vorwänden. Der Niedergang und Sturz ist dann nicht aufzuhalten, und nur ein Schrecken größter Art kann einzelne davon noch zur Besinnung bringen, von allen, die sich gedankenlos auf diesen Weg ziehen ließen.

Von dem Augenblicke des natürlichen Ausgestoßenwerdens an ergeben sich auch mit dem Laufe eines derartigen Geistkeimes durch das Wesenhafte und die Stofflichkeiten der weiteren Schöpfung nicht nur eine, sondern immer mehr und mehr dringende Notwendigkeiten seines Seins in diesen niederen Schöpfungskreisen zu deren Weiterentwicklung und Hebung, die wiederum rückwirkend stärkend und festigend auf diesen Keim zu dessen eigener Entwicklung zum Sichbewußtwerden nicht nur beitragen, sondern es überhaupt erst ermöglichen.

Es ist ein gewaltiges Schaffen und Weben, tausendfältig ineinander verwirkt, aber trotz aller lebendigen Selbsttätigkeit so zwingend logisch ineinandergreifend mit seinen Wechselwirkungen, daß ein einziger Lauf eines derartigen Geistkeimes bis zu seiner Vollendung wie der Teil eines farbenprächtigen Teppichs erscheint, der von zielbewußter Künstlerhand geformt wird, entweder im aufsteigenden Sichbewußtwerden, oder abwärtsführend in der zum Schutze der anderen folgenden Zersetzung.

Es liegen so viel still und sicher arbeitende Gesetze in dem Wunderwerk der Schöpfung, daß man über jeden der tausenderlei Vorgänge in dem Sein der Menschen eine Abhandlung bringen könnte, die aber immer nur wieder auf den einen großen Grundzug zurücklaufen würde: auf die *Vollkommenheit des Schöpfers als Ausgangspunkt*, dessen *Wille* lebendig schaffender *Geist* ist. Der Heilige Geist! *Alles Geistige* aber ist dessen *Werk!*

Da der Mensch aus diesem geistig-wesenhaften Werk stammt, so trägt er in sich ein Teilchen des Wollens dieses Geistes, das zwar die freie Entschlußkraft und damit die Verantwortung mit sich bringt, aber doch nicht gleichbedeutend mit dem Göttlichen selbst ist, wie es oft irrig angenommen und erklärt wird.

Alle Auswirkung des als Naturgesetze so helfend und fördernd arbeitenden göttlichen Willens in der Schöpfung muß sich dann wissend Überschauenden zu einem herrlich abgestimmten Jubelgesange formen. Zu einem einzigen in Millionen Kanälen diesem Ausgangspunkt zuströmenden Dank- und Frohgefühle.

Der sich ewig wiederholende Werdegang in der Schöpfung, der die jeweilige Ausstoßung des Geistkeimes aus dem Paradiese bei einer gewissen Reife mit sich bringt, zeigt sich auch irdischen Augen sichtbar in allen Dingen des Erdengeschehens, da überall das Abbild des gleichen Geschehens ist.

Man kann diese im natürlichen Werden sich entwickelnde Ausstoßung auch den Vorgang einer selbsttätigen Ablösung nennen. Genau wie ein reifer Apfel oder jede reife Frucht vom Baume fällt, um unter dem schöpferischen Willen sich zersetzend den Samen freizugeben, *der dann erst* durch die damit unmittelbar auf ihn einströmenden äußeren Einflüsse die Hülle *sprengt*, um zum Keim und zur zarten Pflanze zu werden. Diese wiederum erwacht nur unter Regen, Stürmen und Sonnenschein zum Widerstand, kann auch nur so zum Baum erstarken.

Damit ist die Ausstoßung der reifen Geistkeime aus dem Paradiese eine notwendige Folge der Entwicklung, wie auch die wesenhafte, stoffliche und zuletzt irdische Schöpfung in den Grundzügen nur eine Folgerung der geistig-wesenhaften Schöpfung ist, wobei sich zwar die Grundzüge der eigentlichen Schöpfung stets wiederholen, aber immer mit dem notwendigen Unterschiede, daß sich die Auswirkung verschieden je nach der Wesens- und Stoffart zeigt.

Auch in dem Grobstofflich-Irdischen erfolgt wieder die Ausstoßung der Seele, sobald die Zeit der Reife dafür kommt. Das ist irdischer Tod, der die selbsttätige Ausstoßung oder Abstoßung aus dem Grobstofflichen und damit die Geburt hinüber in das Feinstoffliche bedeutet. Auch hierbei fallen wie von einem Baume Früchte ab. Bei ruhigem Wetter nur die reifen, bei Stürmen und Unwetter aber auch unreife. Reife Früchte sind die, deren Hinübergang mit gereiftem inneren Samen in das feinstoffliche Jenseits zu rechter Stunde erfolgt. Diese sind geistig »fertig« für das Jenseits, schlagen deshalb schnell Wurzeln und vermögen sicher emporzuwachsen.

Unreife Früchte aber sind die, deren Abfallen oder Tod mit der damit verbundenen Zersetzung des bis dahin schützenden grobstofflichen Körpers den jenseitigen *noch unreifen* Samen bloßlegt und somit verfrüht allen Einflüssen preisgibt, wodurch dieser entweder verkümmern muß oder zum Nachreifen gezwungen ist, bevor er in dem jenseitigen Boden (Verhältnisse) einwurzeln (sich einleben) und damit emporwachsen kann.

So geht es immer weiter. Von Entwicklungsstufe zu Entwicklungsstufe, wenn dazwischen nicht Fäulnis eintritt, die nicht genügend gereiften Samen zersetzt, der damit als solcher verlorengeht, mit ihm natürlich auch das in ihm ruhende lebendige Wachstum zu einem selbsttätigen, fruchtbringenden Baume, der mitwirkend die Entwicklung fortsetzen kann.

Der Mensch, der aufmerksam um sich schaut, kann in seiner nächsten Umgebung vielfach das Grundbild alles Geschehens in der Schöpfung genau beobachten, da sich in dem Kleinsten immer auch das Größte spiegelt. – –

Als nächstes nun diesem geistig-wesenhaften Paradiese abwärts folgend ist das Reich alles *Wesenhaften.* Das Wesenhafte selbst gliedert sich wieder in zwei Teile. Als erstes ist das *Bewußt-Wesenhafte.* Dieses stellt sich zusammen aus den Elementar- und Naturwesen, zu denen als Letzte auch die Elfen, Gnomen, Nixen usw. gehören. Diese Elementar- und Naturwesen waren die notwendige Vorbereitung zur Weiterentwicklung auf dem Wege zur Erschaffung der Stofflichkeit; denn nur aus der Verbindung mit Wesenhaftem konnte das Stoffliche hervorgehen.

Die Elementar- und Naturwesen mußten in der entstehenden Stofflichkeit schaffend mitwirken, wie es auch heute noch geschieht.

Als zweites in dem Reiche des Wesenhaften ist das *Unbewußt-Wesenhafte.* Aus diesem Unbewußt-Wesenhaften kommt das Leben der Tierseele*. Es ist hierbei auf den Unterschied zu achten zwischen dem Reiche des Geistig-Wesenhaften und dem Reiche des Wesenhaften. Lediglich alles *Geistige* trägt von Urbeginn an freie Entschlußkraft in sich, die als Folge auch Verantwortung bringt. Nicht so bei dem Wesenhaften.

Weitere Folge der Entwicklung war dann die Entstehung der Stofflichkeit. Diese zerfällt in das *Feinstoffliche,* das aus vielen Abteilungen besteht, und in das *Grobstoffliche,* das mit dem feinsten Nebel beginnend dem irdischen Auge sichtbar ist! An ein Paradies aber auf der Erde als äußerstem Ausläufer des Grobstofflichen ist nicht zu denken. Es *soll* einmal auf Erden ein *Abglanz* kommen des wirklichen Paradieses, unter der Hand des Menschensohnes, in dem Beginn des tausendjährigen Reiches, wie auch dabei gleichzeitig ein irdisches Abbild der Gralsburg erstehen wird, deren Urbild auf höchster Höhe der Schöpfung steht, als bisher einzig wahrer Tempel Gottes.

* Vortrag: »Der Unterschied im Ursprung zwischen Mensch und Tier«.

ICH BIN DER HERR, DEIN GOTT!

Wo SIND die Menschen, die dieses höchste aller Gebote wirklich betätigen? Wo ist der Priester, der es rein und wahrhaftig lehrt?

»Ich bin der Herr, Dein Gott, Du sollst nicht andere Götter haben neben mir!« Diese Worte sind so klar gegeben, so *unbedingt*, daß eine Abweichung überhaupt nicht möglich sein dürfte! Auch Christus wies wiederholt mit großer Deutlichkeit und Schärfe darauf hin.

Um so bedauerlicher ist es nun, daß Millionen Menschen achtlos daran vorübergehen und sich Kulten hingeben, die diesem höchsten aller Gebote direkt entgegenstehen. Das Schlimmste bei dem allen ist, daß sie dieses Gebot ihres Gottes und Herrn mit einer gläubigen Inbrunst mißachten, in dem Wahne, Gott in dieser offensichtlichen Übertretung seines Gebotes zu ehren, ihm wohlgefällig zu sein!

Dieser große Fehler kann nur in einem *blinden* Glauben lebendig bleiben, bei dem jedes Prüfen ausgeschaltet wird; denn blinder Glaube ist nichts weiter als Gedankenlosigkeit und geistige Trägheit solcher Menschen, die gleich den Faulenzern und Langschläfern dem Erwachen und Aufstehen soviel wie möglich aus dem Wege zu gehen versuchen, weil es Pflichten mit sich bringt, deren Erfüllung sie scheuen. Jede Mühe erscheint ihnen als ein Greuel. Es ist ja viel bequemer, andere für sich arbeiten und denken zu lassen.

Wer aber andere für sich denken läßt, gibt diesen Macht über sich, erniedrigt sich selbst zum Knechte und macht sich damit unfrei. Gott gab jedoch dem Menschen eine freie Entschlußkraft, gab ihm die Fähigkeit zu denken, zu empfinden, und muß dafür naturgemäß auch Rechenschaft erhalten für alles das, was diese freie Entschließungsfähigkeit nach sich zieht! Er wollte damit *freie* Menschen, nicht Knechte!

Traurig ist es, wenn sich der Mensch aus Faulheit heraus *irdisch* zum Sklaven macht, furchtbar aber sind die Folgen, sobald er sich *geistig* so entwertet, daß er zum stumpfsinnigen Anhänger wird von Lehren, die den strikten

Geboten seines Gottes widersprechen. Es nützt den Menschen nichts, wenn sie das hier und da erwachende Bedenken mit der Ausrede einzuschläfern versuchen, daß die größte Verantwortung schließlich die Personen tragen müssen, die Abirrungen in die Lehren brachten. Das ist an sich schon richtig, aber außerdem ist extra noch jeder einzelne für alles das verantwortlich, was er selbst denkt und tut. Unverkürzt, es kann ihm davon nichts nachgelassen werden.

Wer die ihm geschenkten Fähigkeiten des Empfindens und Denkens nicht im vollen, ihm möglichen Umfange ausübt, macht sich schuldig!

Es ist nicht Sünde, sondern Pflicht, daß ein jeder bei erwachender Reife, durch die er in volle Verantwortlichkeit für sich selbst tritt, auch darüber nachzudenken beginnt, was ihn bis dahin gelehrt wurde. Kann er seine Empfindungen mit irgend etwas davon nicht in Einklang bringen, so soll er es auch nicht blindlings als richtig hinnehmen. Er schadet sich dadurch wie bei einem schlechten Einkaufe nur selbst. Was er nicht aus Überzeugung beibehalten kann, das soll er unterlassen; denn sonst wird sein Denken und sein Tun zur Heuchelei.

Derjenige, der dies oder jenes wirklich Gute unterläßt, weil er es nicht verstehen kann, ist noch lange nicht so verworfen wie solche, die ohne Überzeugung sich in einen Kult stellen, den sie nicht ganz verstehen. Alles aus solchem Unverständnis hervorgehende Handeln und Denken ist hohl, und aus solcher Hohlheit heraus ergibt sich von selbst keine gute Wechselwirkung, weil in Hohlheit kein *lebendiger* Grund zu etwas Gutem liegt. Es wird dadurch zu einer Heuchelei, die einer Lästerung gleichkommt, weil man damit Gott etwas vorzutäuschen sucht, was nicht vorhanden ist. Fehlende lebendige Empfindungen! Das macht den Ausübenden verächtlich, zu einem Ausgestoßenen!

Die Millionen Menschen nun, die in Gedankenlosigkeit Dingen huldigen, welche den göttlichen Geboten direkt widersprechen, sind trotz einer vielleicht vorhandenen Inbrunst unbedingt gebunden und von einem geistigen Aufstiege vollkommen abgeschnitten.

Nur die freie Überzeugung ist lebendig und kann daraufhin auch Lebendiges schaffen! Eine solche Überzeugung kann aber nur durch scharfes Prüfen und innerliches Durchempfinden erwachen. Wo das geringste Unverständnis vorliegt, von Zweifel gar nicht zu sprechen, kann niemals Überzeugung erstehen.

Nur volles, lückenloses Erfassen ist gleichbedeutend mit Überzeugung, die allein geistigen Wert besitzt!

Geradezu schmerzvoll ist es anzuschauen, wenn in den Kirchen die Massen sich gedankenlos bekreuzigen, verbeugen und niederknien. Solche Automaten dürfen nicht unter denkende Menschen gerechnet werden. Das Zeichen des Kreuzes ist das Zeichen der Wahrheit, und damit ein Zeichen Gottes! Schuld ladet sich der auf, der dieses Zeichen der Wahrheit benützt, während sein Inneres in dem Augenblicke der Benützung nicht gleichzeitig in jeder Beziehung wahr ist, wenn seine ganzen Empfindungen nicht voll auf unbedingte Wahrheit eingestellt sind. Solchen Menschen wäre hundertmal besser, sie würden diese Bekreuzigungen unterlassen und für Augenblicke aufheben, in denen sie ihre ganze Seele auf die Wahrheit, also damit auch auf Gott selbst und seinen Willen eingestellt haben; denn Gott, ihr Herr, ist die Wahrheit.

Götzendienst aber und *offene Übertretung des heiligsten aller Gebote ihres Gottes* ist es, wenn sie einem *Symbol* Ehren erweisen, die nur Gott allein zukommen!

»Ich bin der Herr, Dein Gott, Du sollst nicht andere Götter haben neben mir!« ist ausdrücklich gesagt. Knapp, deutlich und klar, ohne Zulassung auch nur der geringsten Abweichung. Auch Christus wies noch ganz besonders auf diese notwendige Einhaltung hin. Er nannte es mit Absicht und bedeutungsvoll gerade vor den Pharisäern das *oberste* Gesetz, das heißt, dasjenige Gesetz, das unter keinen Umständen gebrochen oder irgendwie abgeändert werden darf. Diese Bezeichnung sagt auch gleichzeitig, daß alles andere Gute und alle andere Gläubigkeit nicht vollen Wert gewinnen kann, wenn dieses *oberste* Gesetz nicht unverkürzt eingehalten wird! Daß sogar *alles* davon abhängt!

Betrachten wir zum Beispiel daraufhin einmal ganz vorurteilsfrei die Verehrung der Monstranz! Es liegt bei vielen Menschen ein Widerspruch darin zu dem klaren obersten Gebote.

Erwartet der Mensch, daß sein Gott herabsteigt in diese auswechselbare Hostie, als Erklärung dafür, daß er ihr göttliche Ehrenbezeugungen zuteil werden läßt? Oder daß Gott mit der Weihe einer solchen Hostie herabgezwungen wird? Eins ist so undenkbar wie das andere. Ebensowenig aber kann durch eine solche Weihe unmittelbare Verbindung mit Gott geschaffen werden; denn der Weg dahin ist nicht so einfach und so leicht. Er ist von

Menschen und von Menschengeistern überhaupt nicht bis zum Endziele zu gehen.

Wenn nun der eine Mensch vor einer holzgeschnitzten Figur niederfällt, ein anderer vor der Sonne, der dritte dann vor der Monstranz, so verstößt ein jeder damit gegen das oberste Gesetz Gottes, *sobald er* den lebendigen Gott selbst *darin sieht,* und deshalb unmittelbare göttliche Gnade und Segen davon erwartet! In solcher falschen Voraussetzung, Erwartung und Empfindung würde die *eigentliche* Übertretung liegen, unverhüllter Götzendienst!

Und derartiger Götzendienst wird von Anhängern vieler Religionen oft inbrünstig getätigt, wenn auch in verschiedenen Arten.

Ein jeder Mensch, der die ihm durch seine Fähigkeiten entstehende Pflicht des ernsten Denkens übt, *muß* aber hierbei in Zwiespalt kommen, den er nur mit dem Unrecht eines blinden Glaubens zeitweise gewaltsam übertäuben kann, wie ein Tagedieb durch den Schlaf der Trägheit seine Tagespflichten vernachlässigt.

Der ernste Mensch jedoch wird unbedingt empfinden, daß er in erster Linie *Klarheit* zu suchen hat in allem, was ihm heilig werden soll!

Wie oft erklärte Christus, daß die Menschen seinen Lehren *nachleben* sollten, um Gewinn daraus zu nehmen, das heißt also, um zum geistigen Aufstiege und zum ewigen Leben kommen zu können. In dem Worte »ewiges Leben« ist allein schon geistige *Lebendigkeit,* nicht aber geistige Trägheit ausgedrückt. Mit dem Hinweise auf das *Nachleben* seiner Lehren warnte er ausdrücklich und deutlich vor einem stumpfen Hinnehmen dieser Lehren, als falsch und unnütz.

Erleben kann naturgemäß immer nur in der Überzeugung geschehen, niemals anders. Überzeugung jedoch bedingt volles Verstehen. Verstehen wiederum starkes Nachdenken und eigenes Prüfen. Man muß die Lehren mit den eigenen Empfindungen abwägen. Daraus folgert von selbst, daß ein blinder Glaube vollkommen falsch ist. Alles Falsche aber kann leicht zum Verderben führen, zum Abstiege, niemals jedoch zum Aufstiege.

Aufstieg ist gleichbedeutend mit Befreiung von allem Drucke. Solange ein Druck noch irgendwo lastet, kann von einer Befreiung oder Erlösung keine Rede sein. Das Unverstandene aber *ist* ein Druck, der sich nicht eher löst, als bis die Druckstelle oder Lücke durch volles Verständnis beseitigt wird.

Blinder Glaube bleibt immer gleichbedeutend mit Unverständnis, kann daher auch niemals Überzeugung sein, und demnach auch keine Befreiung, keine Erlösung bringen! Menschen, die sich in blinden Glauben eingeengt haben, können geistig nicht lebendig sein. Sie kommen den Toten gleich und haben keinen Wert.

Beginnt nun ein Mensch richtig zu denken, alle Geschehnisse ruhig und aufmerksam zu verfolgen und logisch aneinanderzureihen, so wird er von selbst zu der Überzeugung kommen, daß Gott in seiner vollkommenen Reinheit nach seinem eigenen Schöpfungswillen *nicht zur Erde kommen kann!*

Die unbedingte Reinheit und Vollkommenheit, also gerade das Göttliche, schließt ein Herabkommen in das Stoffliche aus. Der Unterschied ist zu groß, als daß eine unmittelbare Verbindung überhaupt möglich wäre, ohne den dazu notwendigen Übergängen genau Rechnung zu tragen, die die dazwischenliegenden Wesens- und Stoffarten bedingen. Das In-Rechnung-Ziehen dieser Übergänge kann aber nur durch Fleischwerdung sich vollziehen, wie es bei dem Gottessohne geschah!

Da dieser nun »zu dem Vater eingegangen ist«, also nach seinem Ursprunge zurück, so steht auch er wieder im Göttlichen und ist dadurch genau so getrennt von dem Irdischen.

Eine Ausnahme darin würde das Abbiegen göttlichen Schöpfungswillens bedeuten, und das wiederum einen Mangel an Vollkommenheit kundtun.

Da aber Vollkommenheit von der Göttlichkeit untrennbar ist, so bleibt keine andere Möglichkeit, als daß auch der Schöpfungswille vollkommen ist, was gleichbedeutend mit unabbiegsam genommen werden muß. Würden die Menschen ebenfalls vollkommen sein, so müßte und könnte aus der Natur der Sache heraus ein jeder immer nur genau den gleichen Weg des anderen gehen.

Nur Unvollkommenheit kann Verschiedenheiten zulassen!

Gerade in der Erfüllung der göttlichen vollkommenen Gesetze ist dem Gottessohne nach dem »Eingehen zum Vater« wie diesem selbst die Möglichkeit genommen, persönlich in der Stofflichkeit zu sein, also zur Erde herabzukommen. Nicht ohne schöpfungsgesetzmäßige Fleischwerdung!

Aus diesen Gründen heraus muß jede göttliche Verehrung irgendeiner *stofflichen* Sache auf Erden gleichbedeutend mit Übertretung des obersten Gesetzes Gottes sein; da nur dem lebendigen Gotte allein göttliche Ehren zukommen dürfen, und dieser kann gerade infolge seiner Göttlichkeit nicht auf Erden sein.

Der grobstoffliche Leib aber des Gottessohnes mußte ebenfalls wiederum nach der Vollkommenheit Gottes in seinem Schöpferwillen *rein irdisch* sein, darf deshalb auch nicht als göttlich bezeichnet oder angesehen werden*.

Alles, was damit im Widerspruche steht, bezeugt logischerweise Zweifel an der unbedingten *Vollkommenheit Gottes* und muß demnach auch falsch sein! Das ist unbestreitbar ein untrüglicher Maßstab für den rechten Glauben an Gott.

Etwas anderes ist es mit reiner Symbolik. Jedes Symbol erfüllt fördernd seinen guten Zweck, solange es als *solches* ernsthaft angesehen wird; denn sein Anblick verhilft sehr vielen Menschen zu größerer und geschlossener Sammlung. Es wird so manchem leichter fallen, beim Erblicken der Symbole seiner Religion seine Gedanken ungetrübter auf den Schöpfer zu lenken, gleichviel, mit welchem Namen er für ihn begreiflich ist. Falsch wäre es deshalb, an dem hohen Werte religiöser Gebräuche und Symbolik zu zweifeln, es darf sich dabei nur nichts bis zur direkten Anbetung und *gegenständlichen* Verehrung steigern.

Da nun Gott selbst nicht auf die Erde in das Grobstoffliche kommen kann, so liegt es dem Menschengeiste allein ob, den Weg bis zu dem Geistig-Wesenhaften aufzusteigen, dem er entstammt. Und *diesen Weg zu zeigen,* kam Göttliches durch Fleischwerdung herab, weil in dem Göttlichen allein die Urkraft liegt, aus der hervor das lebendige Wort fließen kann. Doch darf der Mensch sich nicht einbilden, daß Göttliches auf Erden blieb, damit ein jeder Mensch, sobald ihm nur der Wunsch einfällt, sofort begnadigt werden kann in ganz besonderer Art. Zur Erlangung der Begnadigung *liegen die ehernen Gesetze Gottes* in der Schöpfung, *deren unbedingte Befolgung allein Begnadigung bringen kann!* Richte sich darnach, wer zu den lichten Höhen will!

Niemand soll den vollkommenen Gott mit einem irdischen Könige vergleichen, der in seinem unvollkommenen menschlichen Ermessen bei durch seine Richter gleicher Art gesprochenen Urteilen Willkürgnadenakte vollziehen kann. *So etwas geht in der Vollkommenheit des Schöpfers und seines mit ihm eins seienden Willens nicht!*

Der Menschengeist soll sich endlich an den Gedanken gewöhnen, daß er *sich selbst* und ganz energisch zu regen hat, um Begnadigung und Vergebung

* Vortrag: »Auferstehung des irdischen Körpers Christi«.

zu erhalten, und darin endlich seine Pflicht erfüllen, die er träge übersah. Er soll sich aufraffen und schaffen an sich selbst, wenn er nicht in das Dunkel der Verdammten stürzen will!

Auf seinen Heiland sich verlassen sollen, heißt, sich verlassen auf dessen Worte. Durch die Tat lebendig machen, was er sagte! *Nichts anderes vermag zu helfen!* Der leere Glaube nützt ihm nichts. An ihn glauben, heißt nichts anderes, als ihm glauben. Rettungslos verloren ist ein jeder, der sich nicht fleißig arbeitend an jenem Seile hochzieht, das ihm durch das Wort des Gottessohnes in die Hand gegeben wurde!

Wenn der Mensch seinen Heiland wirklich haben will, so muß er sich schon endlich zu geistiger Regsamkeit und Arbeit aufraffen, die nicht nur auf irdische Vorteile und Genüsse gerichtet ist, und muß sich zu ihm hinauf bemühen. Er darf nicht anmaßend erwarten, daß dieser zu ihm herniederkommt. Den Weg dahin gibt ihm das Wort.

Gott läuft nicht der Menschheit bettelnd hinterdrein, wenn sie sich von ihm ein falsches Bild macht, dadurch abwendet und falsche Wege geht. So gemütlich ist das nicht. Doch da sich eine solche unsinnige Anschauung durch falsche Auffassung bei vielen Menschen eingebürgert hat, wird die Menschheit ihren Gott erst wieder *fürchten* lernen müssen, indem sie in der unausbleiblichen Wechselwirkung eines bequemen oder toten Glaubens erkennt, daß sein Wille in Vollkommenheit feststeht und sich nicht biegen läßt.

Wer sich nicht einfügt in die göttlichen Gesetze, wird beschädigt oder gar zermalmt, wie es auch denen zuletzt gehen muß, die solchem Götzendienste huldigen, Ungöttlichem göttliche Ehrfurcht zu erweisen! Der Mensch muß zur Erkenntnis kommen: *Der Heiland wartet seiner, doch er holt ihn nicht!*

Der Glaube, oder richtiger genannt der Wahn, den der größte Teil der Menschheit heute in sich trägt, *mußte versagen* und sogar in Not und in Verderben führen, *weil er tot* ist und kein wahres Leben in sich birgt!

Wie Christus einst den Tempel von den Wechslern reinigte, *so* müssen erst die Menschen aufgepeitscht werden aus aller Trägheit ihres Denkens und Empfindens ihrem Gotte gegenüber! Doch schlafe ruhig weiter, wer nicht anders will, und recke sich behaglich auf dem weichen Pfühl des Selbstbetruges, daß er richtig glaubt, wenn er recht wenig denkt, daß Grübeln schließlich sündhaft ist. Furchtbar wird sein Erwachen sein, das näher vor ihm steht, als er es ahnt. Ihm soll nach seiner Trägheit dann das Maß gemessen werden!

Wie kann ein Mensch, der an Gott glaubt, über dessen Wesen und dessen Größe nachgedacht hat, der vor allen Dingen weiß, wie der vollkommene Wille Gottes als arbeitende Naturgesetze in der Schöpfung ruht, erwarten, daß ihm ganz entgegen dieser göttlichen Gesetze der unbedingten Wechselwirkung seine Sünden durch irgendeine auferlegte Buße vergeben werden können. Selbst dem Schöpfer würde dies nicht möglich sein; denn die aus seiner *Vollkommenheit* hervorgegangenen Schöpfungs- und Entwicklungsgesetze tragen in ihren Auswirkungen allein und vollkommen selbsttätig wirkend Lohn oder Strafe durch das Reifen und Ernten guter oder übler Aussaat des menschlichen Geistes in unabänderlicher Gerechtigkeit in sich.

Was Gott auch will, jeder seiner neuen Willensakte muß immer wieder die Vollkommenheit in sich tragen, kann demnach auch nicht die geringste Abweichung von den früheren Willensakten bringen, sondern muß mit diesen in jeder Beziehung übereinstimmen. Alles, aber auch alles muß durch die Vollkommenheit Gottes immer wieder die gleichen Bahnen ziehen. Eine Vergebung anders als durch Erfüllung der göttlichen Gesetze, die in der Schöpfung liegen, und durch die jeder Menschengeist auf seinem Wege unbedingt hindurch muß, wenn er in das Reich Gottes gelangen will, ist also ein Ding der Unmöglichkeit, demnach auch jede unmittelbare Vergebung.

Wie kann ein Mensch bei einigem Denken irgendwelche Abweichungen erwarten? Es wäre dies ja eine ausgesprochene Verkleinerung seines vollkommenen Gottes! Wenn Christus in seinem Erdenleben zu diesem oder jenem sagte: »Dir sind Deine Sünden vergeben«, so war das ganz richtig; denn in dem ernsten Bitten und dem festen Glauben liegt die Gewähr dafür, daß der betreffende Mensch nach den Lehren Christi in Zukunft leben würde, und dadurch *mußte* er auf die Vergebung der Sünden stoßen, weil er sich damit in die göttlichen Gesetze der Schöpfung richtig einstellte und ihnen nicht mehr entgegen handelte.

Wenn nun ein Mensch dem anderen nach eigenem Ermessen Bußen auferlegt, um dann dessen Sünden als abgetan zu erklären, so täuscht er damit sich und auch den bei ihm Hilfesuchenden, gleichviel ob bewußt oder unbewußt, und setzt sich skrupellos weit über die Gottheit selbst!

Wenn doch die Menschen ihren Gott endlich *natürlicher* nehmen wollten! Ihn, dessen Willensakte die lebendige Natur erst schufen. So aber machen sie in blindem Glaubenswahne nur ein Phantom aus ihm, der doch nichts weniger als das ist. Gerade in der natürlichen Vollkommenheit oder vollkommenen Natürlichkeit als Urquell alles Seins, als Ausgangspunkt alles Lebendigen ist Gottes Größe so gewaltig und für einen Menschengeist unfaßlich. Aber in den Sätzen vieler Lehren liegt oft gewaltsame Verdrehung und Verwicklung, wodurch dem Menschen jeder reine Glaube unnötig erschwert und manchmal ganz unmöglich wird, weil er dabei jede Natürlichkeit entbehren muß. Und wieviel unglaubliche Widersprüche bergen manche Lehren!

Sie tragen zum Beispiel vielfach als Grundgedanken die Allweisheit und Vollkommenheit des Willens und des daraus hervorgehenden Wortes Gottes! Darin aber muß naturgemäß auch eine nicht um ein Haar verschiebbare *Unabänderlichkeit* liegen, weil Vollkommenheit nicht anders zu denken ist.

Die Handlungen vieler Religionsträger aber zeigen *Zweifel* an der eigenen Lehre, da sie mit dieser in unmittelbarem Widerspruche stehen und ihre Grundlagen durch Taten offensichtlich verneinen! Ohrenbeichte mit darauffolgenden Bußen zum Beispiel, Ablaßhandel durch Geld oder Gebete, der unmittelbare Vergebung von Sünden nach sich ziehen soll, und andere diesen ähnliche Gepflogenheiten sind doch bei ruhiger Überlegung eine Verneinung des göttlichen, in den Schöpfungsgesetzen ruhenden Willens. Wer mit den Gedanken nicht sprunghaft in haltlos Schwebendes geht, kann darin nichts anderes als eine unbedingte Verkleinerung der Vollkommenheit Gottes finden.

Es ist ganz natürlich, daß die menschlich irrige Voraussetzung, Sündenvergebung bieten zu können, und andere ähnliche Angriffe gegen die Vollkommenheit des göttlichen Willens, zu groben Auswüchsen führen mußten. Wie lange wird die Torheit noch anhalten, daß man wähnt, mit dem gerechten Gotte und seinem unabänderlichen Willen einen so unsauberen Handel treiben zu können!

Wenn Jesus als Gottessohn einst zu seinen Jüngern sagte: *»Welchen Ihr die Sünden vergeben werdet, denen sind sie vergeben«*, so bezog sich das nicht auf eine allgemeine und willkürliche Handlungsberechtigung.

Das würde ja gleichbedeutend gewesen sein mit einem Umsturze des göttlichen Willens in der unverrückbaren Kraft der Wechselwirkungen, die Lohn und Strafe in unbestechlicher, also göttlicher und somit vollkommener Gerechtigkeit lebendig wirkend in sich tragen. Eine zugelassene Unterbrechung.

Das hätte Jesus nie tun können und auch nicht getan, der gekommen war, die Gesetze »zu erfüllen«, nicht umzustoßen!

Er meinte mit den Worten den in des Schöpfers Willen ruhenden gesetzmäßigen Vorgang, daß ein Mensch dem anderen Menschen *das* vergeben kann, was *ihm von diesem persönlich Übles* geschehen ist! Das zu vergeben hat er als Betroffener das Recht und auch die Macht; denn durch sein aufrichtiges Verzeihen wird dem für den anderen sich sonst unbedingt in der Wechselwirkung entwickelnden Karma von vornherein die Spitze abgebrochen und die Kraft genommen, in welchem lebendigen Vorgange gleichzeitig auch wirkliche Vergebung liegt.

Das kann aber auch *nur* von der Person des Betroffenen selbst ausgehen, dem Urheber oder Täter gegenüber, sonst nicht. Deshalb liegt so viel Segen und Befreiung in persönlicher Verzeihung, sobald diese aufrichtig gemeint und empfunden ist.

Ein nicht direkt Beteiligter ist von den Fäden der Wechselwirkung aus der Natur der Sache heraus ausgeschlossen und vermag auch nicht lebendig, also wirksam einzugreifen, weil er nicht angeschlossen ist. Nur *Fürbitte* ist ihm in solchen Fällen möglich, deren Wirkung aber abhängig bleibt von dem Seelenzustande der in die betreffenden Dinge unmittelbar Verwobenen. Er selbst muß außerhalb stehen bleiben, kann deshalb auch nicht Vergebung bringen. *Das ruht allein in Gottes Willen,* der sich in den Gesetzen gerechter Wechselwirkungen offenbart, gegen die er selbst nie handeln würde, weil sie aus seinem Willen heraus von Anfang an vollkommen sind.

Es liegt in der Gerechtigkeit Gottes, daß, was immer auch geschieht oder geschehen ist, *nur der Geschädigte darin verzeihen kann,* auf Erden oder später in der feinstofflichen Welt, sonst muß die Wucht der Wechselwirkung den Urheber treffen, mit deren Auswirkung dann allerdings die Schuld abgetragen ist. Aber diese Auswirkung wird dann gleichzeitig auch die Verzeihung des Betroffenen mit sich bringen, auf irgendeine Art, die in die Auswirkung verwoben ist, oder der Betroffene mit dieser. Da die Verbindungsfäden ja so lange ungelöst verbleiben, ist es nicht anders möglich. Das ist nicht nur ein Vorteil für den Urheber, sondern auch für den Betroffenen, da dieser ohne Gewährung der Verzeihung ebensowenig ganz zum Lichte eingehen könnte. Unerbittlichkeit müßte ihn davon zurückhalten.

So vermag kein Mensch fremde Sünden zu vergeben, bei denen er nicht der persönlich Betroffene ist. Das Gesetz der Wechselwirkung würde unbeeinflußt davon bleiben gegen alles, das nicht durch einen lebenden Faden mit darein verwoben ist, den nur das direkte Betroffensein zeugen kann. Besserung allein ist der lebendige Weg zur Vergebung!*

»Ich bin der Herr, Dein Gott, Du sollst nicht andere Götter haben neben mir!« sollte in jedes Menschen Geist wie mit Flammenschrift eingebrannt bleiben als natürlichster Schutz gegen jedweden Götzendienst!

Wer Gott in seiner Größe wirklich anerkennt, muß alle abweichenden Handlungen als Lästerung empfinden.

Ein Mensch kann und soll zu einem Priester gehen, um *Belehrungen* zu holen, sobald dieser fähig dazu ist, sie ihm wirklich zu geben. Wenn jedoch jemand verlangt, die Vollkommenheit Gottes durch irgendeine Handlung oder falsche Denkungsweise zu verkleinern, so soll er sich von ihm wenden; denn ein *Diener* Gottes ist nicht gleichzeitig ein *Bevollmächtigter* Gottes, der das Recht haben könnte, in seinem Namen zu fordern und zu gewähren.

Auch hierin gibt es eine ganz natürliche und einfache Erklärung, die ohne Umschweife den richtigen Weg zeigt.

Ein Bevollmächtigter Gottes kann aus der Natur der Sache heraus überhaupt kein Mensch sein, es sei denn, daß dieser unmittelbar aus dem Göttlichen gekommen wäre, also selbst Göttliches in sich trüge! Nur darin allein kann eine Vollmacht liegen.

Da der Mensch aber nicht göttlich ist, so ist es auch ein Ding der Unmöglichkeit, daß er Bevollmächtigter oder Vertreter Gottes sein kann. Es kann die Macht Gottes keinem Menschen übertragen werden, *weil die göttliche Macht allein in der Göttlichkeit selbst liegt!*

Diese logische Tatsache schließt in ihrer unbedingten Einfachheit auch selbsttätig jede *menschliche Wahl* eines irdischen Statthalters Gottes oder die *Ausrufung eines Christus* vollkommen aus. Jeder Versuch dazu muß im Hinblick darauf den Stempel der Unmöglichkeit aufgedrückt erhalten.

Es kann in solchen Dingen demnach weder eine Wahl noch eine Ausrufung durch Menschen in Betracht kommen, sondern nur eine *direkte Sendung* von Gott selbst!

Der Menschen Ansichten geben dabei nicht den Ausschlag. Diese sind im Gegenteil nach *allem* bisher Geschehenen *immer weitab von der Wirklichkeit* gewesen und standen nicht im Einklang mit dem Gotteswillen. Es ist für Denkende unfaßbar, mit welcher krankhaften Steigerung die Menschen im-

* Vortrag: »Schicksal«.

mer wieder über ihren eigentlichen Wert hinauszugreifen versuchen. Sie, die in ihrer höchsten geistigen Vollendung gerade die *niedrigste* Stufe des Bewußten im ewigen Geistig-Wesenhaften zu erreichen vermögen! Dabei unterscheidet sich gerade heute eine große Zahl der Erdenmenschen in ihrem Empfinden, Denken und Streben außer einem großen Intellekt nicht einmal sehr von den höchstentwickelten Tieren.

Wie Insekten kribbeln und krabbeln sie emsig durcheinander, als ob es gälte, in eifrigem Jagen und Rennen das höchste Ziel zu erreichen. Sobald ihre Ziele aber näher und aufmerksamer betrachtet werden, zeigt sich sehr bald die Hohlheit und die Nichtigkeit des fieberhaften Strebens, das solchen Eifers tatsächlich nicht würdig ist. Und aus dem Chaos dieses Wimmelns heraus schwingt sich die wahnwitzige Überhebung, einen Gottgesandten wählen, anerkennen oder ablehnen zu können. Darin läge eine Beurteilung dessen, was zu begreifen sie niemals fähig sein können, wenn nicht dieser Höherstehende sich verständlichmachend zu ihnen neigt. Man pocht allseitig jetzt auf Wissenschaft, Verstand und Logik und nimmt dabei die gröbsten Widersinnigkeiten hin, die in so vielen Strömungen der Zeit liegen.

Für Tausende ist es nicht wert, darüber Worte zu verlieren. Sie sind von ihrem Wissen derart eingenommen, daß sie alle Fähigkeit verloren haben, schlicht und einfach über etwas nachzudenken. Es gilt nur denen, die sich noch soviel Natürlichkeit bewahren konnten, eine eigene gesunde Urteilsfähigkeit zu entwickeln, sobald ihnen der Leitfaden dazu gegeben wird. Die sich nicht blindlings einmal dieser und dann jener Modeströmung anschließen, um dann bei dem ersten geäußerten Zweifel Unwissender wieder ebenso schnell abzufallen.

Es gehört doch nicht viel dazu, bei ruhigem Nachdenken zu der Erkenntnis zu kommen, daß aus einer Wesensart nicht eine andere erstehen kann, die nichts mit der ersten gemein hat. Solches zu finden, genügen die einfachsten Kenntnisse der Naturwissenschaften. Da aber die Ausläufer der Naturgesetze in der grobstofflichen Welt aus dem lebendigen Urquell Gottes kommen, so liegt es klar, daß sie in gleicher unerschütterlicher Logik und Straffheit auch auf dem weiteren Wege zu ihm zu finden sein müssen, sogar noch reiner und klarer, je näher sie dem Ausgangspunkte stehen.

Sowenig in ein Tier auf Erden der Geist eines Menschen umgepflanzt werden kann, so daß ein lebendiges Tier dadurch zum Menschen werden soll, ebensowenig kann in einen Menschen Göttliches gepflanzt werden. Es vermag sich niemals etwas anderes zu entwickeln als das, was der *Ursprung* mit sich brachte. Der Ursprung läßt in der Entwicklung wohl verschiedene Arten und Formen der Zusammenstellung zu, wie man durch Pfropfen der Bäume oder durch Vermischung bei Zeugungen erfahren kann, aber selbst die erstaunlichsten Ergebnisse müssen innerhalb der durch den Ursprung gegebenen Grundstoffe bleiben.

Unmöglich ist es, etwas hinein- oder herauszubringen, was *über* dem eigentlichen Ursprunge steht, was also nicht darin enthalten war, wie es bei dem Unterschied zwischen dem *geistigen* Ursprunge des Menschen und dem Göttlichen ist.

Christus kam als Gottessohn aus dem Göttlich-Wesenlosen; er trug das Göttliche in sich von seinem Ursprung her. Es wäre ihm aber unmöglich gewesen, dieses Lebendig-Göttliche auf einen anderen Menschen zu übertragen, der nur aus dem Geistig-Wesenhaften stammen kann. Demnach vermochte er auch niemand zu *bevollmächtigen* für Handlungen, die dem Göttlichen allein zukommen, wie zum Beispiel Vergebung der Sünden. Diese kann *nur* in der Auswirkung der in der Schöpfung ruhenden *göttlichen* Willensgrundlagen der genau sich selbst abwägenden Wechselwirkungen erfolgen, worin die unwandelbare Gerechtigkeit des Schöpfers in der dem Menschengeiste unfaßlichen Vollkommenheit selbsttätig lebt.

Eine Vollmacht des Gottessohnes konnte sich Menschen gegenüber also lediglich auf solche Dinge beziehen, die dem Ursprunge des Menschengeistes entsprechend menschlich sind, nie auf das Göttliche!

Selbstverständlich kann auch der Ursprung des Menschen zuletzt logischerweise auf Gott zurückgeführt werden, aber er liegt *nicht in Gott selbst*, sondern *außerhalb* des Göttlichen, deshalb stammt der Mensch nur *indirekt* von Gott. *Darin liegt der große Unterschied.*

Vollmacht, die zum Beispiel zu dem Amte eines Statthalters gehört, könnte *nur selbsttätig* in der gleichen *unmittelbaren* Abstammung liegen. Das kann jedermann leicht verständlich sein, weil ein Bevollmächtigter sämtliche Fähigkeiten des Vollmachtgebers besitzen muß, um an dessen Stelle in einer Tätigkeit oder einem Amte wirken zu können. Ein Bevollmächtigter müßte deshalb unmittelbar aus dem Göttlich-Wesenlosen kommen, wie es Christus war.

Unternimmt dies dennoch ein Mensch, wenn auch in gutem Glauben, so folgt wiederum aus der Natur der Sache heraus, daß dessen Bestimmungen keine weiterreichende Geltung und kein Leben haben könnten, als *rein irdisch*. Die aber, so mehr in ihm sehen, gehen damit einem Irrtume nach, der ihnen erst nach dem Abscheiden als solcher klar wird, und der ihre ganze Erdenzeit für einen Aufstieg verloren sein läßt. Verirrte Schafe, die einem falschen Hirten folgen.

Wie dieses oberste Gesetz: »Ich bin der Herr, Dein Gott, Du sollst nicht andere Götter haben neben mir«, so werden auch die anderen Gesetze im Nichtverstehen sehr oft übertreten und nicht eingehalten.

Und doch sind die Gebote in Wirklichkeit nichts anderes als die Erklärung des göttlichen Willens, der in der Schöpfung von Anbeginn an ruht, der nicht um Haaresbreite umgangen werden kann.

Wie töricht wird unter dieser Betrachtung der jedem göttlichen Gedanken, jeder Vollkommenheit entgegenstehende Grundsatz so vieler Menschen, daß *»ein Zweck die Mittel heiligt«!* Welches tolle Durcheinander müßte das wohl in den Gesetzen des göttlichen Willens geben, wenn sie derart verschoben werden könnten.

Wer sich auch nur einen kleinen Begriff von Vollkommenheit machen kann, dem bleibt nichts anderes übrig, als solche Unmöglichkeiten von vornherein abzulehnen. Sobald ein Mensch versucht, sich ein *rechtes* Bild über die *Vollkommenheit* Gottes zu formen, so wird ihm dies zum Leitstab und zum leichteren Erfassen aller Dinge in der Schöpfung dienen können! Das Wissen und das Im-Auge-Behalten der *Vollkommenheit* Gottes ist der Schlüssel zum Verständnis des *Werkes* Gottes, zu dem auch der Mensch selbst gehört.

Dann erkennt er die zwingende Kraft und ernste Warnung des Wortes: »Gott läßt sich nicht spotten!«. Mit anderen Worten: Seine Gesetze erfüllen sich oder wirken sich unabänderlich aus. Er läßt die Räder laufen, wie er sie bei der Schöpfung eingesetzt hat. Ein Menschlein wird darin nichts ändern. Versucht er es, so kann er höchstens erreichen, daß alle die, welche ihm blindlings folgen, mit ihm zerrissen werden. Es nützt ihm nichts, wenn er es anders *glaubt*.

Segen kann nur dem erstehen, der sich voll und ganz einfügt in den Willen Gottes, der die Schöpfung in seinen Naturgesetzen trägt. Das vermag aber nur der, der sie richtig kennt.

Die Lehren, welche *blinden* Glauben fordern, sind als tot und deshalb schadenbringend zu verwerfen; nur die, die wie durch Christus *zum Leben-*

digwerden rufen, das heißt, zum Überlegen und zum Prüfen, damit aus wirklichem Verstehen Überzeugung wachsen kann, bringen Befreiung und Erlösung!

Nur die verwerflichste Gedankenlosigkeit kann wähnen, daß der Daseinszweck des Menschen hauptsächlich in dem Jagen des Erwerbens körperlicher Notwendigkeiten und Genüsse ruht, um sich zuletzt durch irgendeine äußerliche Form und schöne Worte in Geruhsamkeit von jeder Schuld und von den Folgen seiner faulen Nachlässigkeiten im Erdenleben befreien zu lassen. Der Gang durchs Erdenleben und der Schritt ins Jenseits bei dem Tode ist nicht wie eine alltägliche Fahrt, für die man nur die Fahrkarte im letzten Augenblick zu lösen braucht.

Mit solchem Glauben *verdoppelt* der Mensch seine Schuld! Denn jeder Zweifel an der unbestechlichen Gerechtigkeit des vollkommenen Gottes *ist Gotteslästerung!* Das Glauben an willkürliche und mühelose Vergebung der Sünden aber *ist* offenkundiges Zeugnis für den *Zweifel* an einer unbestechlichen Gerechtigkeit Gottes und seiner Gesetze, noch mehr, er bestätigt unmittelbar den Glauben an die Willkür Gottes, die gleichbedeutend mit Unvollkommenheit und Mangelhaftigkeit wäre!

Arme, bedauernswerte Gläubige!

Es wäre ihnen besser, noch Ungläubige zu sein, dann könnten sie ungehemmt und leichter den Weg finden, den sie schon zu haben wähnen.

Rettung liegt nur darin, aufkeimendes Denken und den damit erwachenden Zweifel an so vielem nicht scheu zu unterdrücken; denn darin regt sich der gesunde Drang nach Wahrheit!

Ringen mit dem Zweifel aber ist das Prüfen, dem unbestreitbar das Verwerfen des dogmatischen Ballastes folgen muß. Nur ein von allem Unverständnis ganz befreiter Geist vermag sich freudig überzeugt auch aufzuschwingen zu den lichten Höhen, zu dem Paradiese!

DIE UNBEFLECKTE EMPFÄNGNIS UND GEBURT DES GOTTESSOHNES

Die unbefleckte Empfängnis ist nicht nur in körperlichem Sinne gemeint, sondern vor allen Dingen, wie vieles in der Bibel, in rein geistigem Sinne. Nur der, der die geistige Welt als wirklich bestehend und lebendig arbeitend anerkennt und empfindet, vermag den Schlüssel zum Verständnis der Bibel zu finden, das erst das Wort lebendig zu machen fähig ist. Allen anderen wird sie stets ein Buch mit sieben Siegeln bleiben.

Unbefleckte Empfängnis in körperlichem Sinne ist jede Empfängnis, die aus *reiner* Liebe heraus erfolgt in innigem Aufschauen zu dem Schöpfer, wobei nicht sinnliche Triebe die Grundlage bilden, sondern nur mitwirkende Kräfte bleiben.

Dieser Vorgang ist in Wirklichkeit so selten, daß es begründet war, besonders hervorgehoben zu werden. Die Gewähr für Zurücksetzung sinnlicher Triebe wurde durch die Verkündigung geschaffen, die aus diesem Grunde auch besonders erwähnt ist, weil sonst ein Glied in der Kette natürlichen Geschehens und straffen Zusammenarbeitens mit der geistigen Welt fehlen würde.

Jungfrau Maria, sowieso schon mit allen Gaben ausgerüstet, ihre hohe Aufgabe erfüllen zu können, kam zu bestimmter Zeit durch geistige Führung mit Personen zusammen, die tief eingedrungen waren in die Offenbarungen und Prophezeiungen über den kommenden Messias. Das war die erste Vorbereitung auf Erden, die Maria in die Bahn des eigentlichen Zieles drängte und sie vertraut machte mit allem, worin sie einmal selbst eine so große Rolle spielen sollte, ohne daß sie es zu jener Zeit schon wußte.

Die Binde wird Auserlesenen immer erst vorsichtig nach und nach gelokkert, um der notwendigen Entwicklung nicht vorzugreifen; denn alle Zwischenstufen müssen ernsthaft erlebt sein, um zuletzt eine Erfüllung möglich zu machen. Zu frühes Bewußtsein der eigentlichen Aufgabe würde in der Entwicklung Lücken lassen, die eine spätere Erfüllung erschweren.

In dauerndem Hinblick auf das Endziel kommt die Gefahr des zu schnellen Vorwärtsstürmens, wobei vieles übersehen oder nur leicht erlernt wird, was zur Ausfüllung der eigentlichen Bestimmung unbedingt ernsthaft erlebt sein muß. Ernsthaft erleben aber kann der Mensch immer nur das, was er jeweils als seine wirkliche Lebensaufgabe betrachtet. So auch bei Maria.

Als dann der Tag ihres inneren und äußeren Fertigseins gekommen war, wurde sie in einem Augenblick völligen Ausruhens und seelischen Gleichgewichtes hellsehend und hellhörend, das heißt, ihr Inneres öffnete sich der andersstofflichen Welt, und sie erlebte die in der Bibel geschilderte Verkündigung. Die Binde fiel damit ab, sie trat bewußt in ihre Sendung ein.

Die Verkündigung wurde für Maria ein derartig gewaltiges und erschütterndes geistiges Erlebnis, daß es von Stunde an ihr ganzes Seelenleben vollständig ausfüllte. Es war hinfort nur auf die eine Richtung hin eingestellt, eine hohe, göttliche Gnade erwarten zu dürfen. Dieser Seelenzustand war vom Lichte aus durch die Verkündigung *gewollt*, um damit von vornherein Regungen niederer Triebe weit zurückzustellen und den Boden zu schaffen, worin ein reines irdisches Gefäß (der Kindeskörper) für die unbefleckte geistige Empfängnis erstehen konnte. Durch diese außergewöhnlich starke seelische Einstellung Marias wurde die den Naturgesetzen entsprechende körperliche Empfängnis eine »unbefleckte«.

Daß Maria schon alle Gaben für ihre Mission mitbrachte, also vorgeburtlich dazu ausersehen war, die irdische Mutter des kommenden Wahrheitsbringers Jesus zu werden, ist bei einiger Kenntnis der geistigen Welt und deren weitverzweigter Tätigkeit, die alles große Geschehen vorbereitend sich spielend über Jahrtausende schwingt, nicht schwer zu verstehen.

Mit diesem unter solchen Umständen als reinstes Gefäß werdenden Kindeskörper waren die irdischen Bedingungen gegeben zu einer »unbefleckten *geistigen* Empfängnis«, der Inkarnation, die in der Mitte der Schwangerschaft stattfindet.

Hierbei handelt es sich nun nicht um eine der vielfach auf Inkarnation wartenden Seelen oder Geistfunken, die zur Entwicklung ein Erdenleben durchwandern wollen oder müssen, deren feinstofflicher Leib (oder Gewand) mehr oder weniger getrübt, also befleckt ist, wodurch die direkte Verbindung mit dem Licht verdunkelt und zeitweise ganz abgeschnitten wird.

In Betracht kam ein Strahlungsvorgang aus Gott, aus Liebe der in Dunkelheit irrenden Menschheit gegeben, stark genug, um eine unmittelbare Verbindung mit dem Urlichte nie unterbrechen zu lassen.

Das ergab eine innige Verbindung zwischen der Gottheit und der Menschheit in diesem Einen, die einer leuchtenden Säule nie versiegender Reinheit und Kraft glich, an der alles Niedere abgleiten mußte. So erstand die Möglichkeit zur Überbringung ungetrübter Wahrheit, aus dem Licht geschöpft, sowie der Kraft für die als Wunder erscheinenden Handlungen.

Die Erzählung von den Versuchungen in der Wüste zeigt, wie die Bemühungen dunkler Strömungen zur Befleckung an der Reinheit des Empfindens abfielen, ohne Schaden anrichten zu können.

Nach der körperlichen unbefleckten Empfängnis Marias konnte also die in der Mitte der Schwangerschaft erfolgende Inkarnation aus dem Lichte kommen, mit einer Stärke, die eine Trübung auf den Zwischenstufen zwischen Licht und Mutterleib nicht zuließ, also auch eine »unbefleckte *geistige* Empfängnis« brachte.

Es ist demnach vollkommen richtig, von einer unbefleckten Empfängnis zu sprechen, die körperlich und geistig erfolgte, ohne daß ein Gesetz der Schöpfung dabei umgangen, verändert oder für diesen besonderen Fall neu geformt zu werden brauchte.

Der Mensch darf nun nicht denken, daß darin ein Widerspruch liegt, da verheißen ist, daß der Heiland von einer Jungfrau geboren werden sollte.

Den Widerspruch bringt lediglich die falsche Deutung des Ausdruckes »Jungfrau« in der Verheißung. Wenn diese von einer Jungfrau spricht, so nimmt sie nicht einen engeren Begriff an, noch viel weniger die Anschauung eines Staates, sondern es kann sich nur um einen großen Menschheitsbegriff handeln.

Verengte Anschauung müßte die Tatsache feststellen, daß eine Schwangerschaft und eine Geburt an sich schon, ohne dabei an die Zeugung zu denken, die Jungfrauenschaft in gewöhnlichem Sinne ausschließt. Die Verheißung aber meint solche Dinge nicht. Es ist damit gesagt, daß Christus unbedingt als *erstes* Kind einer Jungfrau geboren werden wird, also von einem Weibe, das noch nie Mutter war. Bei diesem *sind* alle Organe, die zur Entwicklung des Menschenkörpers gehören, jungfräulich, das heißt, sie haben sich in dieser Art vorher noch nie betätigt, es ist aus diesem Leibe noch kein Kind hervorgegangen. Bei *jedem* ersten Kinde müssen ja die Organe im Mutterleibe noch jungfräulich sein. Nur das allein konnte bei einer so weitausgreifenden Prophezeiung in Betracht kommen, weil jede Verheißung nur in unbedingter Folgerichtigkeit der arbeitenden Schöpfungsgesetze sich erfüllt und in dieser zuverlässigen Voraussicht auch gegeben wird!

Bei der Verheißung ist also »das *erste* Kind« gemeint und deshalb der Unterschied von *Jungfrau* und *Mutter* gemacht worden. Ein anderer Unterschied kommt nicht in Betracht, da die Begriffe von Jungfrau und Frau nur durch die rein staatlichen oder gesellschaftlichen Einrichtungen der Ehe entstanden sind, die auf keinen Fall bei einer solchen Verheißung gemeint werden.

Bei der Vollkommenheit der Schöpfung als Werk Gottes ist der Zeugungsakt unbedingt notwendig; denn die Allweisheit des Schöpfers hat in der Schöpfung von Urbeginn an alles so eingerichtet, daß nichts zu viel oder überflüssig ist. Wer einen derartigen Gedanken hegt, sagt damit gleichzeitig, daß das Werk des Schöpfers nicht vollkommen sei. Dasselbe gilt dem, der behauptet, daß die Geburt Christi *ohne* normale vom Schöpfer der Menschheit vorgeschriebene Zeugung vor sich ging. Es *muß* eine normale Zeugung durch einen Menschen von Fleisch und Blut erfolgt sein! Auch in diesem Falle.

Jeder Mensch, der sich dessen richtig bewußt ist, preist den Schöpfer und Herrn damit mehr als solche, die andere Möglichkeiten zulassen wollen. Die ersteren setzen damit ein so unerschütterliches Vertrauen in die Vollkommenheit ihres Gottes, daß nach ihrer Überzeugung in den von ihm bedingten Gesetzen eine Ausnahme oder Veränderung überhaupt nicht möglich ist. Und *das* ist der *größere* Glaube! Außerdem spricht ja auch alles andere Geschehen unbedingt dafür. Christus wurde *Erdenmensch.* Mit diesem Entschluß mußte er sich auch den zur grobstofflichen Fortpflanzung von Gott gewollten Gesetzen unterwerfen, da die Vollkommenheit Gottes dies bedingt.

Wenn darauf gesagt werden soll, daß »bei Gott kein Ding unmöglich ist«, so befriedigt eine derart verdeckte Erklärung nicht; denn in diesem Ausspruche ruht wieder ein ganz anderer Sinn, als es sich viele Menschen in ihrer Bequemlichkeit vorstellen. Es braucht ja auch nur gesagt zu werden, daß Unvollkommenheit, Unlogik, Ungerechtigkeit, Willkür und vieles andere bei Gott unmöglich sind, um dem *Wortlaute* dieses Satzes nach dem gewöhnlichen Begriffe zu widersprechen.

Auch könnte man begründen, daß, wenn in *diesem* Sinne bei Gott kein Ding unmöglich ist, er ebensogut hätte mit einem einzigen Willensakte alle Menschen der Erde gläubig machen können! Dann brauchte er nicht seinen Sohn mit der Menschwerdung dem irdischen Ungemache und dem Kreuzestode auszusetzen. Dieses gewaltige Opfer wäre erspart geblieben.

Daß es aber *so* geschah, zeugt für die Unbeugsamkeit der von Anfang an laufenden göttlichen Gesetze in der Schöpfung, in die ein gewaltsamer Eingriff zu irgendeiner Änderung durch deren Vollkommenheit nicht möglich ist.

Darauf könnte von blind streithafter Seite wiederum hartnäckig entgegnet werden, daß es Gottes Wille war, wie es geschah. Das ist ganz richtig gesagt, aber durchaus kein Gegenbeweis, sondern in Wirklichkeit ein *Zugeben* vorstehender Begründung, wenn man die naivere Auffassung wegfallen läßt und tieferer Erklärung folgt, die alle Aussprüche geistiger Art unbedingt *verlangen.*

Es war Gottes Wille! Das hat aber mit einer Willkür nichts zu tun, sondern es bedeutet im Gegenteil nichts anderes, als die Bestätigung der von Gott in die Schöpfung gelegten Gesetze, die seinen Willen tragen, und die damit verbundene unbedingte Einfügung in dieselben, die eine Ausnahme oder Umgehung nicht zulassen. *Gerade in der Erfüllungsnotwendigkeit zeigt und betätigt sich ja Gottes Wille.* Sonst brauchte Jesus ja gar nicht erst von einem Erdenweibe geboren zu werden, sondern hätte einfach plötzlich da sein können.

Deshalb mußte sich auch Christus zur Ausführung seiner Mission unabwendbar allen Naturgesetzen, also dem Willen seines Vaters, unterwerfen. Daß Christus dies alles tat, beweist sein ganzes Leben. Die normale Geburt, das Wachstum, der auch bei ihm eintretende Hunger und die Ermüdung, die Leiden und zuletzt der Kreuzestod. Allem, dem ein irdischer Menschenkörper unterworfen ist, war auch er unterworfen. Warum soll nun einzig und allein die Zeugung anderer Art gewesen sein, wozu absolut keine Notwendigkeit vorlag. Gerade in der Natürlichkeit wird des Heilandes Aufgabe noch größer, durchaus nicht kleiner! Ebenso ist Maria deshalb nicht weniger begnadet gewesen in ihrer hohen Berufung.

DER KREUZESTOD DES GOTTESSOHNES UND DAS ABENDMAHL

Bei Christi Tod zerriß im Tempel der Vorhang, der das Allerheiligste von der Menschheit abschloß. Dieser Vorgang wird als Symbol dafür angenommen, daß mit dem Opfertod des Heilandes im gleichen Augenblick die Trennung zwischen der Menschheit und der Gottheit aufhörte, also eine unmittelbare Verbindung geschaffen wurde.

Die Deutung ist aber *falsch*. Mit der Kreuzigung lehnten die Menschen den Gottessohn als den erwarteten Messias ab, wodurch die Trennung *größer* wurde! Der Vorhang zerriß, weil das Allerheiligste daraufhin nicht mehr notwendig war. Es wurde den Blicken und unreinen Strömungen geöffnet, da, symbolisch ausgedrückt, das Göttliche nach dieser Tat seinen Fuß nicht mehr auf die Erde setzte, womit das Allerheiligste überflüssig wurde.

Also gerade das Gegenteil der bisherigen Deutungen, in denen sich wiederum wie so oft nur eine große Überhebung des Menschengeistes zeigt.

Der Tod am Kreuze war auch nicht ein *notwendiges* Opfer, sondern ein Mord, ein regelrechtes Verbrechen. Jede andere Erklärung ist eine Umschreibung, die entweder als Entschuldigung gelten soll oder aus Unwissenheit heraus erstand. Christus kam durchaus nicht auf die Erde in der Absicht, sich kreuzigen zu lassen. *Darin ruht auch die Erlösung nicht!* Sondern Christus wurde gekreuzigt als lästiger Wahrheitsbringer um seiner Lehre willen.

Nicht sein Kreuzestod konnte und sollte die Erlösung bringen, sondern *die Wahrheit*, die er der Menschheit *in seinen Worten* gab!

Die Wahrheit war aber den damaligen Religionsführern unbequem, ein Ärgernis, weil sie ihren Einfluß stark erschütterte. *Genau wie es auch heute an so manchen Stellen wieder sein würde.* Die Menschheit hat sich darin nicht geändert. Die damaligen Führer stützten sich wie auch die heutigen zwar auf alte, gute Überlieferungen, aber diese waren durch Ausübende und Erklärende zu nur starrer, leerer Form geworden, ohne noch in sich lebendig zu sein. Dasselbe Bild, wie es sich heute vielfach wieder zeigt.

Der aber dieses notwendige Leben in das bestehende Wort bringen wollte, brachte damit selbstverständlich einen *Umsturz* in der Ausübung und Erklärung, nicht in dem Worte selbst. Er befreite das Volk von der niederzwingenden Starrheit und Hohlheit, erlöste es davon, und das war denen ganz natürlich ein großes Ärgernis, die bald erkennen konnten, wie energisch damit in die Zügel ihrer falschen Führung eingegriffen wurde.

Deshalb mußte der Wahrheitsbringer und Befreier von der Last der irrtümlichen Auslegungen verdächtigt und verfolgt werden. Als es trotz aller Mühe nicht gelang, ihn lächerlich zu machen, suchte man ihn als unglaubwürdig hinzustellen. Die »irdische Vergangenheit« als Zimmermannssohn mußte dazu dienen, ihn als »ungelehrt und deshalb minderwertig für ein Aufklären« zu stempeln! Als einen »Laien«. Genau wie es auch heute ist bei jedem, der dem starren, alles freie, lebendige Aufwärtsstreben schon im Keim erdrückenden Dogma zu nahe tritt.

Auf seine Aufklärungen selbst ging vorsichtigerweise niemand von den Gegnern ein, da sie ganz richtig fühlten, daß sie bei rein *sachlicher* Entgegnung unterliegen mußten. So blieben sie bei der böswilligen Verleumdung durch ihre käuflichen Organe, bis sie sich zuletzt nicht scheuten, bei einem für sie günstigen Augenblick ihn öffentlich und fälschlich anzuklagen und ans Kreuz zu bringen, um mit ihm die Gefahr für ihre Macht und ihr Ansehen zu bannen.

Dieser gewaltsame, damals durch die Römer übliche Tod war nicht als solcher die Erlösung und brachte sie auch nicht. *Er löste keine Schuld der Menschheit,* befreite sie von nichts, sondern er *belastete die Menschheit* als *ein Mord im niedrigsten Sinne* nur noch mehr!

Wenn sich nun bis heute hier und da ein Kult daraus entwickelt hat, in diesem Morde eine notwendige Hauptsache des Erlösungswerkes des Gottessohnes zu sehen, so wird der Mensch damit gerade von dem Wertvollsten abgezogen, das die Erlösung einzig und allein zu bringen vermag. Es lenkt ihn ab von der *eigentlichen* Mission des Heilandes, von dem, was sein Kommen aus dem Göttlichen zur Erde notwendig machte.

Das war aber nicht, um den Tod am Kreuze zu erleiden, *sondern um in den Wust* der den Menschengeist herabzerrenden *dogmatischen Starrheit und Hohlheit* hinein *die Wahrheit zu verkünden!* Die Dinge zwischen Gott, der Schöpfung und den Menschen so zu schildern, wie sie wirklich sind.

Dadurch mußte alles das, was der begrenzte Menschengeist dazu erklügelt hatte und was die Wirklichkeit verdeckte, von selbst kraftlos abfallen. Erst dann konnte der Mensch den Weg klar vor sich sehen, der ihn aufwärts führt.

Nur in dem Bringen dieser Wahrheit und der damit verbundenen Befreiung von Irrtümern *ruht die Erlösung einzig und allein!*

Es ist die Erlösung von dem unklaren Blick, von blindem Glauben. Das Wort »blind« kennzeichnet ja genug den falschen Zustand.

Das Abendmahl vor seinem Tode war ein Abschiedsmahl. Wenn Christus sagte: »Nehmet, esset, das ist mein Leib. Trinket alle daraus, das ist mein Blut des neuen Testamentes, welches vergossen wird für viele, zur Vergebung der Sünden«, so erklärte er damit, daß er sogar diesen Kreuzestod auf sich zu nehmen gewillt war, nur damit er die Gelegenheit hatte, der verirrten Menschheit die Wahrheit in seinen Erläuterungen zu bringen, die einzig und allein den Weg zur Vergebung der Sünden zeigt.

Er sagt auch ausdrücklich: »zur Vergebung für *viele«*, und nicht etwa »zur Vergebung für *alle!«* Also nur für die, die seine Aufklärungen beherzigen, lebendige Nutzanwendungen daraus ziehen.

Sein durch den Kreuzestod zerstörter Leib und sein vergossenes Blut sollen dazu beitragen, die Notwendigkeit und den Ernst der durch ihn gebrachten Aufklärung zu erkennen. Diese Dringlichkeit soll *durch die Wiederholung* des Abendmahles und in dem Abendmahle lediglich unterstrichen werden!

Daß der Gottessohn selbst vor einer solchen Feindschaft der Menschheit nicht zurückschreckte, deren *Wahrscheinlichkeit* im voraus schon vor seinem Kommen erkannt war*, sollte ganz besonders auf die verzweifelte Lage der Menschengeister hinweisen, die nur durch das Ergreifen des Rettungsseiles der unverhüllten Wahrheit vom Untergange zurückgerissen werden konnten.

Der Hinweis des Gottessohnes im Abendmahle auf seinen Kreuzestod ist lediglich eine letztmalige ausdrückliche Betonung der zwingenden Notwendigkeit seiner Lehren, die zu bringen er gekommen war!

Bei dem Genuß des Abendmahles nun soll sich ein jeder Mensch stets von neuem bewußt werden, daß der Gottessohn selbst die Voraussetzung eines Kreuzestodes durch die Menschheit nicht scheute und Leib und Blut dafür hingab, um der Menschheit das Empfangen der Schilderung des wirklichen Geschehens in dem Weltall zu ermöglichen, das die Auswirkungen der den

* Vortrag: »Weltgeschehen«.

göttlichen Willen tragenden, unverschiebbaren Schöpfungsgesetze deutlich zeigt!

Mit dieser Erkenntnis des bitteren Ernstes, der die brennende Notwendigkeit der Botschaft zur Errettung hervorhebt, soll immer wieder neue Kraft in den Menschen erstehen, neuer Antrieb, den klaren Lehren Christi *wirklich nachzuleben,* sie nicht nur richtig zu verstehen, sondern auch in allem darnach zu handeln. *Damit* wird ihm dann auch Vergebung seiner Sünden und Erlösung! Nicht anders. Auch nicht unmittelbar. Aber er findet sie unbedingt auf dem Wege, den Christus in seiner Botschaft zeigt.

Aus diesem Grunde soll das Abendmahl den Vorgang immer wieder neu beleben, damit der allein rettende Eifer zur Befolgung der unter so großem Opfer gebrachten Lehren nicht abschwächt; denn durch einsetzende Gleichgiltigkeit oder nur äußere Formen verlieren die Menschen dieses Rettungsseil und sinken zurück in die Arme der Irrungen und des Verderbens.

Es ist ein großer Fehler, wenn die Menschen glauben, durch den Kreuzestod sei die Vergebung ihrer Sünden gewährleistet. Dieser Gedanke zieht den furchtbaren Schaden nach sich, daß alle die, so daran glauben, dadurch von dem wahren Wege zur Erlösung *zurückgehalten* werden, der *einzig und allein* darin liegt, *nach dem Worte* des Heilandes *zu leben,* nach den Erläuterungen, die er als Wissender und alles Überschauender gab. Und diese Erläuterungen zeigen in praktischen Bildern die notwendige Einhaltung und Beachtung des in den Schöpfungsgesetzen liegenden göttlichen Willens, sowie deren Auswirkungen bei Einhaltung und bei Nichteinhaltung.

Sein Erlöserwerk lag in dem Bringen dieser Aufklärung, welche die Mängel und die Schäden der Religionsausübung zeigen mußte, weil sie die Wahrheit in sich trug, damit sie Licht gab in die steigende Verdunkelung des Menschengeistes. Es lag nicht in dem Tod am Kreuze, ebensowenig wie das Abendmahl oder die geweihte Hostie direkt Vergebung der Sünden bieten kann. Der Gedanke ist gegen jedes göttliche Gesetz! Damit fällt auch die Macht der Menschen, Sünden zu vergeben. Ein Mensch hat nur das Recht und auch die Macht, das zu vergeben, was ihm durch einen anderen selbst geschah, und auch nur dann, wenn sein Herz unbeeinflußt darnach drängt.

Wer ernsthaft nachdenkt, der wird auch die Wahrheit und somit den wahren Weg erkennen! Die Denkfaulen und Trägen aber, die das ihnen von dem Schöpfer überlassene Lämpchen, also die Fähigkeit des Prüfens und Durchleuchtens, gleich den törichten Jungfrauen in dem Gleichnisse nicht mit aller

Aufmerksamkeit und Mühe dauernd in Ordnung und bereit halten, können leicht die Stunde versäumen, wenn das »Wort der Wahrheit« zu ihnen kommt. Da sie sich einschläfern ließen in müde Gemächlichkeit und blinden Glauben, so werden sie durch ihre Trägheit nicht fähig sein, den Wahrheitsbringer oder Bräutigam zu erkennen. Sie müssen dann zurückbleiben, wenn die Wachsamen eingehen in das Reich der Freude.

STEIGE HERAB VOM KREUZE!

»Bist Du Gottes Sohn, so steige herab vom Kreuze! Hilf Dir selbst und uns!« Höhnend schallten diese Sätze zu dem Gottessohn hinauf, als er unter brennenden Sonnenstrahlen am Kreuze litt.

Die Menschen, welche also riefen, hielten sich für ganz besonders klug. Sie höhnten, triumphierten, lachten haßerfüllt, ohne einen eigentlichen Grund dafür zu haben; denn das Leiden Christi war doch sicherlich kein Grund zu Spott und Hohn, noch weniger zum Lachen. Es würde ihnen auch vergangen sein, wenn sie nur einen Augenblick die gleichzeitigen Vorgänge im feinstofflichen und im geistigen Reiche hätten »sehen« können; denn ihre Seelen wurden dabei schwer gebunden auf Jahrtausende. Und wenn auch grobstofflich die Strafe nicht so schnell sichtbar werden konnte, so kam sie doch in *allen* weiteren Erdenleben, zu denen die frevelnden Seelen daraufhin gezwungen waren.

Die Höhnenden dünkten sich damals klug. Sie konnten aber keinen treffenderen Ausdruck als Beweis ihrer Beschränktheit abgeben als diese Worte; denn darin liegt die kindischste Anschauung, die man sich denken kann. Weit entfernt sind also Sprechende von irgendeinem Verständnisse der Schöpfung und des Gotteswillens in der Schöpfung. Wie drückend ist deshalb das traurige Bewußtsein, daß auch heute noch ein großer Teil von denen, welche überhaupt noch an Gott glauben und an die damalige Sendung seines Sohnes, mit Bestimmtheit denken, daß Jesus von Nazareth vom Kreuze hätte steigen können, wenn er es nur wollte.

Nach zweitausend Jahren noch die gleiche, schläfrige Beschränktheit, ohne Änderung zum Fortschritt! Als von Gott gekommen, mußte Christus nach naiven Anschauungen vieler Gottgläubigen unbeschränkt in seinen Handlungen auf dieser Erde sein.

Das ist Erwarten, aus der ungesündesten Naivität entsprungen, Glaube der Denkträgheit.

Mit einer Fleischwerdung wurde der Gottessohn auch »unter das Gesetz getan«, das heißt, er unterwarf sich damit den Schöpfungsgesetzen, dem unabänderlichen Willen Gottes in der Schöpfung. Da gibt es keine Änderungen, was den irdischen und erdgebundenen Körper betrifft. Christus trat, dem Willen Gottes gehorchend, freiwillig unter dieses Gesetz, und er kam nicht, es zu stürzen, sondern mit der Fleischwerdung auf dieser Erde zu erfüllen.

Deshalb war er an alles mit gebunden, an das der Erdenmensch gebunden ist, und konnte auch als Gottessohn nicht von dem Kreuze steigen trotz seiner Gotteskraft und Macht, solange er im grobstofflichen Fleisch und Blute sich befand. Das wäre gleichbedeutend mit Umsturz des göttlichen Willens in der Schöpfung!

Dieser Wille aber ist vollkommen von Anfang an. Überall, nicht nur in dem Grobstofflich-Irdischen, sondern auch in der Feinstofflichkeit, wie in dem Wesenhaften und Geistigen mit allen Abstufungen und Übergängen. Nicht anders in dem Göttlichen und auch in Gott selbst.

Das göttliche Wirken, die göttliche Kraft und Macht zeigt sich ganz anders als in schaustellerischen Vorführungen. Gerade das Göttliche wird nur in unbedingter Erfüllung des göttlichen Willens leben, nie etwas anderes wollen. Und ebenso der Mensch, der geistig hohe Reife trägt. Je höher er entwickelt ist, desto unbedingter wird er sich den göttlichen Gesetzen in der Schöpfung beugen, freiwillig, freudig. Nie aber außerhalb der laufenden Schöpfungsgesetze liegende Willkürakte erwarten, weil er an ein Vollkommensein des göttlichen Willens glaubt.

Ist ein grobstofflicher Körper an dem Kreuze festgenagelt, so vermag er ohne fremde Hilfe, ohne grobstoffliche Hilfe, auch nicht freizukommen. Das ist Gesetz nach göttlichem Schöpfungswillen, das sich nicht überbrücken läßt. Wer anders denkt und anderes erwartet, glaubt nicht an die Vollkommenheit Gottes und an die Unabänderlichkeit seines Willens.

Daß nun die Menschen trotz ihres angeblichen Fortschreitens im Wissen und im Können noch nicht anders wurden, daß sie noch dort stehen, wo sie damals standen, zeigen sie, indem heute wiederum gerufen wird:

»Ist er der Menschensohn, so kann er Katastrophen bringen, die verkündet sind, sobald er will.« Das setzen sie als selbstverständlich voraus. Das sagt aber mit anderen Worten: »Vermag er solches nicht, so ist er nicht der Menschensohn.«

Dabei ist den Menschen gut bekannt, wie Christus als Gottessohn selbst schon darauf hinwies, daß niemand außer Gottvater allein die Stunde kennt, in welcher das Gericht beginnt. Es ist also nun doppelter Zweifel, wenn die Menschen derart sprechen. Der Zweifel an dem Menschensohn und Zweifel an dem Wort des Gottessohnes. Und außerdem gibt dieser Ausspruch wiederum nur Zeugnis für Verständnislosigkeit der ganzen Schöpfung gegenüber. Für vollkommene Unwissenheit gerade in allem dem, was jedem Menschen am dringendsten zu wissen nötig ist.

Mußte sich der Gottessohn dem Gotteswillen bei seiner Menschwerdung in der Schöpfung unterwerfen, so kann selbstverständlich der Menschensohn auch nicht über diesen Gesetzen stehen. Ein Über-den-Gesetzen-Stehen ist in der Schöpfung überhaupt nicht möglich. Wer in die Schöpfung eintritt, steht damit auch unter dem Gesetz des göttlichen Willens, der sich nie verändert. So auch der Gottessohn und der Menschensohn.

Eine große Lücke in der Begreifensmöglichkeit alles dessen bringt nur der Umstand, daß die Menschen diese Gottesgesetze in der Schöpfung noch nicht suchten, sie also bis heute noch gar nicht kennen, sondern kleine Bruchteile davon nur hier und da einmal dort fanden, wo sie gerade darüber stürzten.

Wenn Christus Wunder tat, die weitab vom Können der Erdenmenschen liegen, so berechtigt dies nicht zu dem Gedanken, daß er sich nicht um die in der Schöpfung ruhenden Gesetze des Gotteswillens zu kümmern brauchte, daß er über diese hinausgriff. Das ist ausgeschlossen. Auch bei Wundern handelte er in vollkommener Übereinstimmung mit den Gottesgesetzen und nicht willkürlich. Er bewies damit nur, daß er in *göttlicher* Kraft arbeitete, nicht in geistiger, und selbstverständlich dadurch auch in der Wirkung weit, weit über Menschenmögliches hinausging. Aber außerhalb der Gesetze in der Schöpfung lagen die Wunder nicht, sondern fügten sich vollkommen ein.

Der Mensch ist in seiner geistigen Entwickelung so weit zurückgeblieben, daß er nicht einmal die ihm zu Gebote stehenden geistigen Kräfte zu voller Entfaltung bringen kann, sonst würde auch er für heutige Begriffe an das Wunderbare grenzende Leistungen vollbringen.

Mit göttlicher Kraft aber sind natürlich noch ganz andere Werke zu schaffen, die von geistiger Kraft niemals erreicht werden können und sich schon in ihrer Art von dem höchsten geistigen Wirken unterscheiden. Aber in den Grenzen der göttlichen Gesetzmäßigkeit bleibt trotzdem alles Geschehen. Nichts geht darüber hinaus.

Die einzigen, die Willkürakte innerhalb der ihnen gegebenen Grenzen ihres freien Willens begehen, sind die Menschen; denn diese haben sich nie wirklich in den Willen Gottes eingefügt, dort, wo sie als Menschen eine gewisse Freiheit haben, nach eigenem Wollen zu handeln. Stets stellten sie ihren eigenen Willen dabei voran. Und damit lähmten sie sich selbst, konnten sich nie höher aufschwingen, als ihr eigener Verstandeswille es zugab, welcher erdgebunden ist.

Die Menschen kennen also nicht einmal die Gesetze in der Schöpfung, die ihre geistige Macht auslöst oder freimacht, in denen sie ihre geistige Macht zu entfalten vermögen.

Um so erstaunter stehen sie dann vor dem Entfalten göttlicher Kraft. Aus demselben Grund vermögen sie aber auch die göttliche Kraft nicht als solche zu erkennen oder erwarten Dinge von ihr, die außerhalb der göttlichen Gesetze innerhalb der Schöpfung liegen. Dazu aber würde das Herabsteigen eines grobstofflichen Körpers vom grobstofflichen Kreuze gehören.

Totenerweckungen durch göttliche Kraft liegen *nicht* außerhalb göttlicher Gesetze, sobald es innerhalb einer gewissen Zeit geschieht, die für jeden Menschen verschieden ist. Je geistig gereifter eine sich vom grobstofflichen Körper trennende Seele ist, desto schneller ist sie von diesem frei und desto kürzer die Zeit der gesetzmäßigen Möglichkeit des Zurückrufens, da dies nur während des Nochverbundenseins der Seele mit dem Körper geschehen kann.

Dem göttlichen Willen, also der göttlichen Kraft, muß die vom Geist belebte Seele gehorchen und auf seinen Ruf hin auf der feinstofflichen Brücke in den schon verlassenen grobstofflichen Körper zurückkehren, solange die Brücke noch nicht abgebrochen ist.

Wenn hier von göttlicher Kraft und geistiger Kraft gesprochen wird, so bestreitet das nicht die Tatsache, daß es in Wirklichkeit nur *eine* Kraft gibt, die von Gott ausgegangen ist und die die ganze Schöpfung durchdringt. Aber es ist ein Unterschied zwischen der göttlichen und der geistigen Kraft. Die geistige Kraft wird von der göttlichen beherrscht, von der sie ausgegangen ist. Sie ist nicht etwa eine abgeschwächte göttliche Kraft, sondern eine *veränderte* Kraft, die durch ihre Veränderung eine andere Art wurde und damit in ihrer Wirkungsfähigkeit engere Grenzen erhielt. Es sind also zwei verschieden wirkende Arten und in Wirklichkeit doch nur eine Kraft.

Dem schließt sich dann noch die wesenhafte Kraft an. Also drei grundlegende Kräfte, von denen die geistige und die wesenhafte Kraft von der göttlichen genährt und regiert werden. Alle drei sind eins zu nennen.

Weitere Kräfte gibt es nicht, nur viele Abarten, die durch die geistige und wesenhafte Grundart entstanden sind und die dann auch Verschiedenart in ihren Wirkungen haben. Jede Abart bringt in der Veränderung auch wieder entsprechend veränderte Gesetze, die sich jedoch stets folgerichtig an die Grundart angliedern, äußerlich aber doch der Veränderung der Kraft entsprechend fremder erscheinen.

Alle Arten aber, auch die Grundarten, sind an das oberste, göttliche Kraftgesetz gebunden und können in ihren eigenen veränderten Gesetzen nur in den äußeren Formen anders sein. Sie erscheinen deshalb anders, weil jede Art und Abart außer dem göttlichen Willen selbst nur Teilarten bildet, die dadurch Stückwerke sind, welche auch nur Teilgesetze haben können. Diese streben dem Ganzen, Vollkommenen zu, von dem sie abgeleitet sind, der reinen göttlichen Kraft, die gleichbedeutend ist mit göttlichem Willen, der als unverrückbares, ehernes Gesetz sich auswirkt.

Eine jede Kraft wirkt nun mit ihren Abarten in der vorhandenen feinstofflichen und grobstofflichen Materie der jeweiligen Art entsprechend und formt darin durch ihre eigene Verschiedenartigkeit auch *verschiedenartige* Welten oder Ebenen, die an sich einzeln beurteilt für die ganze Schöpfung nur jedesmal ein Stückwerk davon sind, weil die Kraft, die sie formte, auch nur ein jeweilig verändertes Stück der vollkommenen Gotteskraft ist, mit nicht vollkommenen, sondern nur Teilgesetzen.

Nur die ganzen Gesetze der einzelnen Weltebenen *zusammengenommen* ergeben dann wieder vollkommene Gesetze, die durch den göttlichen Willen in die Urschöpfung, das urgeistige Reich, gelegt wurden.

Deshalb muß auch ein Samenkorn des Menschengeistes alle Weltebenen durchlaufen, um deren Einzelgesetze an sich zu erleben und in sich zum Leben zu bringen. Hat er alle guten Früchte daraus dann gesammelt, so sind ihm diese Gesetze wirklich bewußt geworden, er vermag deshalb dann bei deren richtiger, gottgewollter Benutzung in das Paradies einzugehen, wird von den Gesetzen in deren Auswirkung dahin getragen, um von dort aus wissend in den unter ihm liegenden Teilebenen dann helfend und fördernd einzugreifen, als höchste Aufgabe eines jeden fertigen Menschengeistes.

Überfüllung kann niemals erfolgen, da die jetzt bestehenden Weltenebenen unbegrenzt ausgedehnt werden können; denn sie schweben ja in der Unendlichkeit.

So wird das Gottesreich dann größer und größer, von der Kraft der reinen

Menschengeister immer weiter ausgebaut und ausgedehnt, deren Arbeitsfeld die Nachschöpfung zu werden hat, die sie vom Paradies aus leiten können, weil sie selbst alle Teile vorher durchwanderten und dadurch genau kennenlernten.

Diese Erklärungen hier nur, damit keine Irrtümer durch den Hinweis auf göttliche Kraft und geistige Kraft entstehen, weil in Wirklichkeit nur eine von Gott ausgegangene Kraft besteht, aus der sich die Abarten formen.

Wer von allen diesen Vorgängen weiß, wird niemals kindisches Erwarten äußern über Dinge, welche nie geschehen können, weil sie außerhalb der einzelnen Schöpfungsgesetze liegen. So wird auch nicht der Menschensohn durch Ausstrecken seiner Hand Katastrophen herbeiführen, die sich *unmittelbar* auswirken sollen. Das wäre gegen die bestehenden und nicht zu ändernden Naturgesetze.

Das Geistige ist beweglicher und leichter, also auch schneller als das Wesenhafte. Es wird deshalb das Wesenhafte in der Auswirkung mehr Zeit benötigen als das Geistige. Deshalb muß naturgemäß das wesenhafte, also das elementare Geschehen auch später eintreffen als das geistige. Ebenso ist durch diese Kräfte das Feinstoffliche schneller zu bewegen als das Grobstoffliche. Alles Gesetze, die erfüllt sein müssen, nicht umgangen, auch nicht durchbrochen werden können.

Im Lichte sind nun alle diese Gesetze bekannt, und es wird die Absendung der ausführenden Boten oder besonderer Befehle *so* eingerichtet, daß die Endauswirkungen zusammentreffen, wie es von Gott gewollt ist.

Ein Aufwand von durch Menschen nicht zu verstehender Größe ist für das jetzige Gericht erforderlich gewesen. Doch er arbeitet genau, so daß in Wirklichkeit keine Verzögerungen eintreten ... bis auf die Punkte, wo das Menschenwollen mitarbeiten soll. Menschen allein suchen stets mit törichter Beharrlichkeit sich außerhalb jeder Erfüllung zu halten oder gar störend und feindlich sich hemmend in den Weg zu stellen ... in erdbindender Eitelkeit.

Glücklicherweise ist nach dem großen Versagen der Menschen während der Erdenzeit des Gottessohnes nun damit gerechnet worden. Die Menschen können durch ihr Versagen nur den Erdenweg des Menschensohnes bis zu einem gewissen Zeitpunkt erschweren, so daß er Nebenwege wandern muß, Umwege machen, sie vermögen aber nicht das von Gott gewollte Geschehen aufzuhalten oder gar den vorausbestimmten Ausgang irgendwie zu verschieben; denn ihnen ist bereits der für ihre Torheiten kraftspendende Hintergrund des Dunkels genommen, während die Mauern ihres Verstandeswirkens, hinter denen sie noch Deckung nehmend Giftpfeile abschießen, schnell unter dem Drucke des vordringenden Lichtes zusammenbrechen werden. Dann stürzt es über sie herein, und keine Gnade soll ihnen gewährt sein nach dem Übel, das ihr Sinnen immer wieder unheilvoll erschuf. So kommt der Tag, den Lichtstrebende heiß ersehnen, nicht eine Stunde später als er soll.

DAS IST MEIN FLEISCH! DAS IST MEIN BLUT!

»WER MEIN Wort aufnimmt, der nimmt mich auf«, sprach der Gottessohn zu seinen Jüngern, »der isset in Wirklichkeit mein Fleisch und trinket mein Blut!«

So lautet der Sinn der Worte, die der Gottessohn bei Einsetzung des Abendmahls sprach und die er mit dem Mahle zu dem Gedächtnis seines Erdenwandelns symbolisierte. Wie konnte es da vorkommen, daß heftige Streite darüber entbrannten zwischen den Gelehrten und Kirchen. Es ist der Sinn so einfach und so klar, wenn der Mensch zu Grunde legt, daß der Gottessohn Christus Jesus das *fleischgewordene* Wort Gottes war.

Wie konnte er darüber deutlicher sprechen als mit den einfachen Worten: »Wer mein Wort aufnimmt, der isset meinen Leib und trinket mein Blut!« Auch daß er sagte: »Das Wort ist wahrhaftig mein Leib und mein Blut!« Er mußte ja so sagen, weil er selbst das lebendige Wort in Fleisch und Blut war. Bei allen Weitergaben ist nur immer wieder die Hauptsache weggelassen worden: Der Hinweis auf *das Wort,* welches auf Erden *wandelte!* Weil es nicht verstanden wurde, so hielt man es für nebensächlich. Damit aber wurde die ganze Sendung Christi mißverstanden und verstümmelt, entstellt.

Auch den Jüngern des Gottessohnes war damals trotz ihres Glaubens keine Möglichkeit gegeben, die Worte ihres Meisters richtig aufzufassen, wie sie so vieles von ihm Gesagte nie richtig aufgefaßt hatten. Darüber gab Christus selbst ja oft genug seine Traurigkeit kund. Sie formten einfach den Sinn des Abendmahles in *die* Art, wie sie es in ihrer kindlichen Einfachheit aufgefaßt hatten. Dabei ist es selbstverständlich, daß sie die ihnen nicht ganz klaren Worte auch in einer ihrem eigenen Verständnis entsprechenden Weise weitergaben, nicht aber so, wie es der Gottessohn gemeint hatte. –

Jesus war das fleischgewordene Wort Gottes! Wer also sein Wort richtig in sich aufnahm, der nahm damit ihn selbst auf.

Und läßt ein Mensch das ihm gebotene Wort Gottes dann in sich lebendig werden, so, daß es ihm zur Selbstverständlichkeit wird in dem Denken und im Tun, so macht er mit dem Wort in sich auch den Christusgeist lebendig, weil der Gottessohn das fleischgewordene, lebendige Wort Gottes war!

Der Mensch muß sich nur bemühen, in diesen Gedankengang endlich einmal *richtig* einzudringen. Er darf ihn nicht nur lesen und darüber schwätzen, sondern muß auch diesen Gedankengang bildhaft lebendig zu machen versuchen, das heißt, den Sinn in lebendigen Bildern still erleben. Dann erlebt er auch das Abendmahl *wirklich*, vorausgesetzt, daß er darin das Aufnehmen des lebendigen Wortes Gottes erkennt, dessen Sinn und Wollen er natürlich vorher gründlich wissen muß.

Es ist nicht so bequem, wie es so viele Gläubige sich denken. Stumpfes Hinnehmen des Abendmahles kann ihnen keinen Nutzen bringen; denn was lebendig ist, wie das Wort Gottes, will und muß auch lebendig *genommen* werden. Die Kirche vermag dem Abendmahl kein Leben einzuhauchen für den anderen, sobald dieser Abendmahlnehmer nicht in sich selbst die Stätte vorher schon bereitet hat, es *richtig* aufzunehmen.

Man sieht auch Bilder, die den schönen Ausspruch wiedergeben wollen: »Ich klopfe an!« Die Bilder sind ganz richtig. Der Gottessohn steht an der Türe der Hütte und klopft an, Einlaß begehrend. Nun aber hat der Mensch dabei schon wieder aus seinem eigenen Denken dazugegeben, indem er durch die wenig geöffnete Tür den in der Hütte gedeckten Tisch sehen läßt. Dadurch entsteht der Gedanke, daß niemand abgewiesen werden soll, der um Speise und Trank bittet. Der Gedanke ist schön und auch dem Worte Christi entsprechend, aber darin zu klein ausgelegt. Das »Ich klopfe an« bedeutet mehr! Mildtätigkeit ist nur ein kleiner Teil des Inhaltes des Gotteswortes.

Wenn Christus sagt: »Ich klopfe an«, so meint er damit, daß das von ihm verkörperte Gotteswort anklopft an die Menschenseele, nicht um Einlaß *bittend*, sondern Einlaß *fordernd!* Das *Wort* in seinem ganzen den Menschen gegebenen Umfange soll von diesen aufgenommen werden. Die *Seele* soll ihre Türe zum Einlaß des Wortes öffnen und den Tisch in sich dazu bereitet haben! Der Ausdruck »Tisch« ist hierbei gleichbedeutend mit Altar. Folgt sie dieser Forderung, so sind die grobstofflichen Taten des Erdenmenschen dann als Selbstverständlichkeit derart, wie es das »Wort« verlangt.

Der Mensch sucht immer nur verstandesmäßiges Erfassen, was Zergliederung und damit auch Verkleinerung bedeutet, ein In-engere-Grenzen-Schlagen. Deshalb kommt er immer wieder in die Gefahr, nur Bruchstücke von allem Großen zu erkennen, wie es auch hierbei wiederum geschah.

Das Fleischwerden des lebendigen Gotteswortes wird den Erdenmenschen immer ein Mysterium bleiben müssen, weil der Beginn dieses Geschehens sich im Göttlichen abspielte. Bis ins Göttliche hinein jedoch vermag die Begriffsfähigkeit des Menschengeistes nicht zu dringen, und deshalb bleibt das erste Glied für die spätere Fleischwerdung dem Verständnis des Menschen verschlossen.

Es ist deshalb auch nicht überraschend, daß gerade *diese* symbolische Handlung des Gottessohnes, die in der Austeilung des Brotes und des Weines lag, von der Menschheit bisher noch nicht verstanden werden konnte. Wer aber nun nach dieser Erklärung, die ihn ein Bild sich vorstellen läßt, noch dagegen eifern will, der gibt nur den Beweis dafür, daß die Grenze seines Begreifens in dem Geistigen aufhört. Sein Eintreten für die bisherige direkt unnatürliche Erklärung dieser Christusworte würde nur eine skrupellose Hartnäckigkeit bezeugen.

AUFERSTEHUNG DES IRDISCHEN KÖRPERS CHRISTI

VOLLKOMMEN ist Gott, der Herr! Vollkommen sein Wille, der in ihm ist, und der aus ihm hervorgeht, um das Schöpfungswerk zu zeugen und zu erhalten. Vollkommen sind deshalb auch die Gesetze, die in seinem Willen die Schöpfung durchziehen.

Vollkommenheit aber schließt jedes Abbiegen von vornherein aus. Das ist die Grundlage, die den Zweifel an so vielen Behauptungen unbedingt *berechtigt!* Manche Lehren widersprechen sich selbst, indem sie ganz richtig die Vollkommenheit Gottes lehren, gleichzeitig aber im striktesten Gegensatze Behauptungen aufstellen und Glauben verlangen an Dinge, die eine Vollkommenheit Gottes und seines Willens, der in den Gesetzen der Schöpfung liegt, ausschließen.

Damit aber wurde der Krankheitskeim in so manche Lehre gesenkt. Ein bohrender Wurm, der den ganzen Bau einst zusammenbrechen lassen muß. Der Zusammenbruch ist dort um so unausbleiblicher, wo solche Widersprüche zu *Grundpfeilern* gemacht wurden, die die Vollkommenheit Gottes nicht nur in Zweifel ziehen, sondern sie direkt absprechen! Dieses Absprechen der Vollkommenheit Gottes gehört sogar zu bedingten Glaubensbekenntnissen, die das Eintreten in Gemeinschaften erst ermöglichen.

Da haben wir die Rede von der *Auferstehung des Fleisches,* im Hinblick auf die Auferstehung des irdischen Körpers des Gottessohnes, die von den meisten Menschen ganz gedankenlos aufgenommen wird, ohne die geringste Spur eines Verständnisses zu hinterlassen. Andere wieder machen sich diese Behauptung mit vollkommen bewußter Unkenntnis zu eigen, da ihnen der Lehrer fehlte, der eine richtige Erklärung dafür geben konnte.

Welches traurige Bild bietet sich da einem ruhig und ernst Beobachtenden. Wie kläglich stehen solche Menschen vor ihm, die sich sehr oft noch stolz als Eiferer ihrer Religion ansehen, als strenge Gläubige, wenn sie den Eifer darin zeigen, vorschnell in unwissender Überhebung auf Andersdenkende herabzusehen, nicht denkend, daß gerade das als untrügliches Zeichen hilflosen Unverständnisses genommen werden muß.

Wer *fragenlos* wichtige Dinge als seine Überzeugung aufnimmt und bekennt, zeigt damit grenzenlosen Gleichmut, aber keinen wahren Glauben.

In *diesem* Lichte steht ein solcher Mensch vor dem, was er das Höchste und das Heiligste zu nennen pflegt, was ihm den Inhalt und den Halt fürs ganze Sein bedeuten soll.

Damit ist er nicht ein lebendiges Glied seiner Religion, dem Aufstieg und Erlösung werden kann, sondern tönendes Erz, nur eine inhaltlose, klingende Schelle, einer, der die Gesetze seines Schöpfers nicht versteht und sich auch nicht darum bemüht, sie zu erkennen.

Für alle, die so handeln, bedeutet es Stillstand und Rückgang auf dem Wege, der sie zu Entwicklungs- und Förderungszwecken durch die Stofflichkeit dem Lichte der Wahrheit zuführen soll.

Auch die falsche Auffassung der Auferstehung des Fleisches ist wie jede andere irrtümliche Anschauung ein künstlich erzeugtes Hemmnis, das sie mit hinübernehmen in das Jenseits, vor dem sie dann auch dort stehenbleiben müssen und nicht weiterkommen, da sie sich nicht allein davon befreien können; denn falscher Glaube hängt an ihnen fest und bindet sie derart, daß ihnen jeder freie Ausblick zu der lichten Wahrheit abgeschnitten ist.

Sie wagen nicht anders zu denken und können deshalb auch nicht weiter. Damit kommt die Gefahr, daß die so sich-selbst-gebunden-haltenden Seelen auch noch die letzte Zeit zum Freiwerden versäumen und nicht rechtzeitig emporsteigen zum Licht, wodurch sie mit in die Zersetzung gleiten müssen und die ewige Verdammnis als ihr Endziel finden.

Ewige Verdammnis ist das Dauernd-Ausgeschaltetsein vom Licht. Ein durch sich selbst aus der Natur des folgerichtigen Geschehens heraus für immer *davon* Abgetrennt-Bleiben, in das Licht als vollbewußt entwickelte Persönlichkeit zurückkehren zu können. Dieser Umstand tritt durch das Hineingezogenwerden in die Zersetzung ein, die neben dem feinstofflichen Körper auch alles geistig als persönlich-bewußt Gewonnene zerstäubt und auflöst.* Das ist dann der sogenannte »geistige Tod«, von dem es keinen Aufstieg zu dem Lichte mehr geben kann für das bewußte »Ich«, das sich bis dahin entwickelt hatte, während es bei einem Aufstiege nicht nur verbleibt, sondern sich bis zur geistigen Vollkommenheit weiter bildet.

* Vortrag: »Die Welt«.

Ein in falschem oder gedankenlos als eigen angenommenem Glauben Hinübergegangener bleibt gehemmt, bis er *in sich selbst* durch andere Überzeugung lebendig und frei wird und damit das Hindernis sprengt, das ihn durch seinen eigenen Glauben davon zurückhält, den rechten und wahren Weg zu beschreiten und dort vorwärts zu gehen.

Diese Überwindung aber und die Kraftentfaltung, die es kostet, sich selbst von einem solchen Irrwahne zu lösen, ist ungeheuer. Schon der Schritt, einem solchen Gedanken nahezutreten, erfordert geistig einen gewaltigen Auftrieb. So halten sich Millionen selbst gefangen und können dadurch nicht mehr die Kraft gewinnen, auch nur den Fuß zu heben, in dem verderbenbringenden Wahne, damit Unrecht zu tun. Sie sind wie gelähmt und auch verloren, wenn nicht die lebendige Kraft Gottes selbst den Weg zu ihnen sucht. Doch diese kann wiederum nur dann helfend eingreifen, sobald der Funke eines Wollens dazu in der Menschenseele ruht und ihr entgegenkommt.

In diesem an sich so einfachen und natürlichen Vorgange ruht eine Lähmung, wie sie entsetzlicher und verderbenbringender nicht sein kann. Wird doch damit der Segen der dem Menschen anvertrauten freien Entschlußkraft durch falsche Anwendung zum Fluche. Ein jeder hat es stets selbst in der Hand, sich auszuschließen oder anzuschließen. Und gerade darin rächt es sich furchtbar, wenn sich ein Mensch blindlings einer Lehre anvertraut ohne sorgfältigste und ernsteste Prüfung! Die Trägheit darin kann ihm sein ganzes Sein kosten!

Der ärgste Feind des Menschen rein irdisch ist die Bequemlichkeit. Bequemlichkeit aber im Glauben wird sein geistiger Tod!

Wehe denen, die nicht bald erwachen und sich aufraffen zu schärfster Prüfung alles dessen, was sie Glauben nennen! Verderben aber wartet derer, die so großes Elend verschulden! Die als falsche Hirten ihre Schafe in trostlose Wildnis führen. Nichts anderes vermag ihnen zu helfen als das Zurückgeleiten der verirrten Schafe auf den wahren Weg. Die große Frage dabei aber ist, ob ihnen dazu noch genügend Zeit verbleibt. Es prüfe jeder deshalb sorgfältig sich selbst, bevor er seinen Nächsten zu belehren sucht.

Irrglauben ist Irrwahn! Und dieser hält den Menschengeist hier wie im Jenseits dicht und fest gebunden mit einer Stärke, die nur die lebendige Kraft des wahren Gotteswortes lösen kann. Deshalb lausche jeder seinem Rufe, den es trifft. Nur der den Ruf empfindet, für den ist er bestimmt! Ein solcher prüfe dann und wäge, und werde frei!

Er vergesse dabei nicht, daß *nur sein eigener Entschluß* die Fessel sprengen kann, die er sich vorher selbst durch falschen Glauben auferlegte. Wie er sich in Bequemlichkeit oder in Trägheit einst entschloß, blind irgendeiner Lehre anzuhängen, die er nicht in *allen Teilen* ernsthaft prüfte, oder wie er Gott vielleicht zu leugnen suchte, nur weil er bisher nicht vermochte, selbst einen Weg zu ihm zu finden, der seinem berechtigten Bedürfnisse nach einer folgerichtigen Lückenlosigkeit entsprach, so muß auch jetzt wieder das *erste Wollen von ihm selbst* ausgehen zu dem rücksichtslosen Prüfen bei dem Suchen! *Nur dann* vermag er den durch seinen eigenen Willen bisher festgehaltenen Fuß zu heben und den ersten Schritt zu tun, der ihn zur Wahrheit und damit zur Freiheit in dem Lichte führt.

Er *selbst* und immer nur er selbst *kann*, *soll* und *muß* abwägen, weil er die Gabe dazu in sich trägt. Er muß ja auch alle Verantwortung nur auf sich selbst nehmen, so oder so, gleichviel, was er auch will und was er tut.

Schon *das* Bewußtsein müßte ihn zu schärfster Prüfung zwingen.

Gerade diese Verantwortung gibt einem jeden Menschen nicht nur das unbeschränkte Recht zu einer solchen Prüfung, sondern macht sie sogar zu der zwingendsten Notwendigkeit! Mag er es ruhig als gesunden Selbsterhaltungstrieb betrachten, das ist durchaus nicht unrecht! Er unterschreibt doch auch nicht irgendeinen irdischen Vertrag, der ihm eine Verantwortung auferlegt, ohne diesen Wort für Wort genau zu prüfen und zu überlegen, ob er alles halten kann. Nicht anders ist es und viel ernster in den geistigen Beziehungen mit dem Entschluß, sich irgendeinem Glauben hinzugeben! Wenn die Menschen hierbei etwas mehr gesunden Selbsterhaltungstrieb betätigten, so würde dies nicht Sünde, sondern Segen sein!

Auferstehung des Fleisches! Wie kann das Fleisch der Grobstofflichkeit hinaufsteigen in das urgeistige Reich Gottvaters! Grobstofflichkeit, die nicht einmal in die Feinstofflichkeit des Jenseits überzutreten vermag. Alles Grobstoffliche, auch sogar das Feinstoffliche, ist nach den ewigen Naturgesetzen der Zersetzung unterworfen. Ausnahmen oder Abweichungen darin gibt es nicht, weil die Gesetze vollkommen sind. Demnach kann auch Grobstoffliches nach erfolgtem Tode nicht aufsteigen in das Reich des Vaters, oder auch nur in das der Zersetzung ebenfalls unterworfene feinstoffliche Jenseits! Derartige Abbiegungen sind aus der Vollkommenheit der göttlichen Naturgesetze heraus einfach ein Ding der Unmöglichkeit!

Im Kleinen ist das alles auch ganz deutlich in den Gesetzen der Physik zu beobachten, die ebenfalls weiter nichts zeigen als die unverrückbaren Schöpfergesetze, welche wie alles in dem ganzen Sein auch das Gebiet durchziehen.

Alles Bestehende ist doch den einheitlichen Entstehungsgesetzen unterworfen, die klar und deutlich den einfachen, aber nicht verschiebbaren göttlichen Willen in sich tragen. Nichts vermag davon abgetrennt zu werden.

Es ist deshalb um so bedauerlicher, wenn einige Lehren gerade diese sich darin zeigende gewaltige Größe Gottes nicht anerkennen wollen, womit er der Menschheit mit ihrem Verstehen sichtbar so nahe tritt!

Jede Lehre weist ganz richtig auf die Vollkommenheit Gottes hin. Ist jedoch der Ursprung oder Urquell als solcher vollkommen, so kann auch nur Vollkommenes aus ihm hervorgehen. Demnach müssen notwendigerweise auch die in den daraus hervorgegangenen Willensakten liegenden Schöpfungsgesetze vollkommen sein. Es läßt sich ganz natürlicherweise das eine nicht von dem anderen trennen. Diese vollkommenen Schöpfungsgesetze durchziehen als Naturgesetze alles Entstandene und halten es.

Vollkommenheit ist aber nun gleichbedeutend mit Unabänderlichkeit. Das ergibt, daß ein Abbiegen in diesen Grund- oder Naturgesetzen ganz unmöglich ist. Mit anderen Worten: Es können unter keinen Umständen Ausnahmen vorkommen, die allem sonstigen Geschehen in dessen Natürlichkeit widersprechen.

So kann auch keine Auferstehung des Fleisches erfolgen, das als grobstofflich unbedingt an die Grobstofflichkeit gebunden bleibt!

Da alle die Urgesetze aus der göttlichen Vollkommenheit hervorgegangen sind, wird auch nie ein neuer Willensakt Gottes in anderer Form sich entwikkeln können als in der von Urbeginn der Schöpfung an gegebenen.

Wenn sich so manche Lehre dieser Selbstverständlichkeit verschließt, die durch die Vollkommenheit Gottes unbedingt gegeben ist, so beweist sie damit, daß ihre Grundlagen *falsch* sind, daß sie auf an Raum und Zeit gebundenen Menschenverstand aufgebaut sind, und demnach keinen Anspruch machen dürfen auf Gottesbotschaft, die keine Lücken zeigen würde, da eine solche nur aus der Vollkommenheit kommen kann, aus der Wahrheit selbst, die lückenlos ist und auch in ihrer einfachen Größe verständlich. In erster Linie *natürlich*, weil die von den Menschen genannte Natur aus der Vollkommenheit des göttlichen Willens hervorging und heute noch ihre Lebendigkeit in unveränderter Art erhält, damit aber auch keinen Ausnahmen unterworfen sein kann.

Als Christus zur Erde kam, um die Gottesbotschaft der Wahrheit zu verkünden, mußte er sich deshalb auch eines grobstofflichen Körpers bedienen, also des Fleisches. Darin müßte schließlich schon jeder denkende Mensch die Unabänderlichkeit der Naturgesetze erkennen, wie auch in dem durch die Kreuzigung erfolgten körperlichen Tode.

Dieses grobstoffliche Fleisch aber konnte nach diesem Tode auch keine Ausnahme bilden, sondern mußte in der grobstofflichen Welt verbleiben! Es konnte *nicht* auferstehen, um in eine andere Welt einzugehen! Die feststehenden göttlichen oder natürlichen Gesetze lassen das durch ihre aus dem göttlichen Willen hervorgegangene Vollkommenheit nicht zu. Können es gar nicht, sonst würden sie nicht vollkommen sein, und das zöge wiederum nach sich, daß auch Gottes Wille, seine Kraft und er selbst nicht vollkommen ist.

Da dies aber ausgeschlossen bleibt, wie jede Wissenschaft in der Schöpfung selbst feststellen kann, so ist es falsch und ein Zweifel an Gottes Vollkommenheit, wenn behauptet werden soll, daß dieses grobstoffliche Fleisch auferstanden und nach vierzig Tagen in eine andere Welt eingegangen sei.

Wenn Fleisch wirklich auferstehen soll, so kann dies nur derart geschehen, daß die mit dem grobstofflichen Körper noch durch eine feinstoffliche Schnur eine Zeitlang verbundene Seele in diesen Körper zurückgerufen wird*. Das ist den natürlichen Gesetzen entsprechend nur so lange möglich, wie diese Schnur besteht. Ist diese Schnur einmal gelöst, so würde eine Auferweckung, also ein Zurückrufen der Seele in den bisherigen grobstofflichen Körper, unmöglich sein!

Auch das unterliegt streng den lückenlosen Naturgesetzen, und sogar Gott selbst vermöchte es nicht, weil es ja gegen seine eigenen vollkommenen Gesetze wäre, gegen seinen vollkommenen Willen, der selbsttätig in der Natur arbeitet. Gerade aus dieser Vollkommenheit heraus würde er auch nie auf einen so unvollkommenen Gedanken kommen können, der nur ein Willkürakt sein müßte.

Hier zeigt sich wieder eine anscheinende Gebundenheit Gottes in dem Schöpfungswerke durch seine lückenlose Vollkommenheit, die in jedem Falle erfüllt werden muß und keine Änderung zuläßt, die aber auch weder beabsichtigt noch notwendig ist. Es ist durchaus kein wirkliches Gebundensein Gottes, sondern es *erscheint* dem Menschen nur in manchen Dingen als sol-

* Vortrag: »Der Tod«.

ches, weil er nicht das *ganze* Geschehen zu überblicken vermag. Und dieses Nicht-überblicken-Können des *Ganzen* bringt ihn dazu, an sich ganz gut und ehrerbietig gemeint, von seinem Gotte Willkürakte zu erwarten, die scharf gedacht die göttliche Vollkommenheit nur verkleinern müssen.

Das von den Menschen dabei in aller Demut gemeinte Gute wird also in diesem Falle nicht zum ehrfurchtsvollen Emporblicken, sondern zum Herabziehen in die ganz natürliche Beschränkung des menschlichen Geistes.

Die unbedingte Einhaltung der göttlichen Willens- oder Naturgesetze betätigte sich auch bei der Erweckung des Lazarus, wie bei dem Jüngling zu Nain. Diese konnten erweckt werden, weil die Verbindungsschnur mit der Seele noch bestand. Auf den Ruf des Meisters konnte die Seele wieder eins werden mit dem Körper. Dieser aber war dann gezwungen, nach den Naturgesetzen in der grobstofflichen Welt zu verbleiben, bis eine neue Lösung zwischen dem grobstofflichen und dem feinstofflichen Körper kam, die dem letzteren ermöglichte, in das feinstoffliche Jenseits einzugehen, also ein neues, grobstoffliches Absterben erfolgte.

Das Hinübergehen des grobstofflichen Körpers in eine andere Welt ist aber ein Ding der Unmöglichkeit. Wäre der Geist Christi wieder in den grobstofflichen Körper zurückgekehrt, oder hätte er diesen vielleicht gar nicht verlassen, so würde er gezwungen gewesen sein, noch so lange in der Grobstofflichkeit zu bleiben, bis ein neues Absterben erfolgte, nicht anders.

Ein Auferstehen zu einer anderen Welt im Fleische ist vollkommen ausgeschlossen, für die Menschen, wie auch damals für Christus!

Der irdische Leib des Erlösers ging denselben Weg, den jeder andere grobstoffliche Leib zu gehen hat, nach den Naturgesetzen des Schöpfers.

Jesus von Nazareth, der Gottessohn, ist demnach nicht fleischlich auferstanden!

Es wird nun trotz aller Logik und der gerade darin enthaltenen viel größeren Gottesverehrung noch viele geben, die in der Blindheit und Trägheit ihres falschen Glaubens so einfachen Wegen der Wahrheit nicht folgen wollen. So manche wohl auch, die aus eigener Einengung nicht folgen können. Andere wieder, die mit voller Absicht wütend dagegen zu kämpfen versuchen, aus der begründeten Angst heraus, daß damit ihr mühsam errichtetes Gebäude bequemen Glaubens zusammenbrechen muß.

Es kann ihnen nichts nützen, wenn sie sich als Grundlage nur auf die wörtlichen Überlieferungen stützen; denn auch die Jünger waren Menschen. Es ist ja nur rein menschlich, wenn die damals durch alles furchtbare Geschehen stark erregten Jünger bei der Erinnerung in ihre Schilderungen manche eigenen Gedanken mit verwoben, die durch das vorangegangene Erschauen ihnen selbst noch unerklärlicher Wunder so manches anders wiedergaben, als es in Wirklichkeit gewesen war.

Ihre Niederschriften und Erzählungen wurzelten, wie bei der irrtümlichen Verschmelzung des Gottessohnes und des Menschensohnes, mehrfach zu stark in *eigenen* menschlichen Voraussetzungen, die dann für manche späteren Irrtümer den Grund legten.

Auch wenn ihnen die stärkste geistige Inspiration helfend zur Seite stand, so greifen trotzdem bei der Wiedergabe vorgefaßte eigene Meinungen sehr stark mit ein und trüben oft das bestgewollte und klarste Bild.

Jesus selbst hat aber keine Niederschriften vorgenommen, auf die allein man unbedingt sich streitbar stützen könnte.

Er würde nie etwas gesagt oder geschrieben haben, das sich mit den Gesetzen seines Vaters, den göttlichen Naturgesetzen oder dem schöpferischen Willen, nicht voll und ganz in Einklang stellte. Sagte er doch selbst ausdrücklich:

»Ich bin gekommen, die Gesetze Gottes zu erfüllen!«

Die Gesetze Gottes aber liegen klar in der Natur, die sich allerdings weiter erstreckt als nur auf die Grobstofflichkeit, aber doch auch in der feinstofflichen wie in der wesenhaften und geistigen Welt überall »natürlich« bleibt. Ein Denkender vermag in diesen bedeutungsvollen Worten des Erlösers sicherlich etwas zu finden, das über die verwirrenden Religionsdogmen hinausgeht und einen Weg zeigt denen, die wirklich ernsthaft suchen!

Außerdem aber kann jeder Mensch darüber auch Anhaltspunkte in der Bibel finden; denn Jesus erschien vielen. Was aber geschah? Maria erkannte ihn dabei zuerst nicht, Magdalena erkannte ihn nicht sogleich, die zwei Jünger auf dem Wege nach Emmaus erkannten ihn stundenlang nicht, trotzdem er mit ihnen ging und mit ihnen sprach … Was ist daraus zu folgern? *Daß es ein anderer Körper sein mußte,* den sie sahen, sonst hätten sie ihn alle *sofort* erkannt! –

Doch bleibe ruhig taub, wer noch nicht hören will, und blind, der zu bequem ist, seine Augen aufzutun!

Der allgemeine Begriff »Auferstehung des Fleisches« findet seine Berechtigung in den *irdischen* Geburten, die nicht aufhören zu sein, solange es

Erdenmenschen gibt. Es ist eine große Verheißung der Zulassung wiederholter Erdenleben, nochmaliger Inkarnationen zum Zwecke schnelleren Fortschrittes und notwendiger Ablösung von Wechselwirkungen niederer Arten, gleichbedeutend mit Sündenvergebung. Ein Beweis der unermeßlichen Liebe des Schöpfers, deren Gnade darin liegt, daß abgeschiedenen Seelen, die ihre Erdenzeit ganz oder zum Teil vergeudeten und deshalb unfertig zum Aufstieg in das Jenseits kamen, nochmals Gelegenheit gegeben wird, sich mit einem neuen grobstofflichen Körper oder Mantel zu umhüllen, wodurch ihr abgelegtes Fleisch in dem neuen Fleische eine Auferstehung feiert. Die schon hinübergegangene Seele erlebt damit eine neue Auferstehung *im* Fleische!

Welcher Segen in dieser sich dauernd wiederholenden Erfüllung einer so hohen Gnade ruht, vermag der nicht alles überschauende Menschengeist erst später zu erfassen!

MENSCHENSINN UND GOTTESWILLE IM GESETZ DER WECHSELWIRKUNG

Wenn von Menschensinn und Menschenanschauung gesprochen werden soll, dem auch das irdische Gericht verbunden ist, so darf nicht erwartet werden, daß dies gleichbedeutend ist mit göttlicher Gerechtigkeit oder dieser auch nur nahekommt. Es muß im Gegenteil leider gesagt werden, daß in den meisten Fällen darin sogar ein himmelweiter Unterschied besteht. Bei dieser Gegenüberstellung ist der volkstümliche Ausdruck »himmelweit« im wahrsten Sinne angebracht.

Dieser Unterschied würde sich oft mit dem an Raum und Zeit begrenzten Verstand der Menschheit erklären lassen, der in seiner Beschränktheit nicht vermag, das *eigentliche* Unrecht zu erkennen und vom Rechte zu scheiden, da dieses selten durch Äußerlichkeiten klar zu erkennen ist, sondern lediglich im Innersten eines jeden Menschen liegt, zu dessen Beurteilung starre Gesetzesparagraphen und Schulweisheit nicht ausreichen. Betrübend aber ist es, daß deshalb so manche Beurteilungen des irdischen Gerichtes der göttlichen Gerechtigkeit direkt entgegenstehen müssen.

Es soll nicht von den Zeiten des Mittelalters gesprochen werden, nicht von den traurigen Zeiten der qualvollen Folterungen, sowie der sogenannten Hexenverbrennungen und anderer Verbrechen der Justiz. Ebensowenig sollen die zahlreichen Verbrennungen berührt werden, das Foltern und Morden, welche auf das Schuldkonto der *religiösen* Gemeinschaften fallen und in ihren Wechselwirkungen die Ausübenden doppelt furchtbar treffen müssen, weil sie den Namen des vollkommenen Gottes dabei mißbrauchten, in seinem Namen alle diese Verbrechen ausführten, als angeblich ihm wohlgefällig, und damit ihn vor den Menschen als den dafür Verantwortlichen stempelten.

Mißbräuche und Greuel, die nicht so schnell vergessen werden dürften, sondern die man immer wieder auch bei heutigen Beurteilungen sich warnend ins Gedächtnis rufen sollte, namentlich da die damals Ausübenden diese Übergriffe mit dem Anschein des vollen Rechtes und besten Glaubens eifrig durchführten.

Vieles ist anders geworden. Und doch wird selbstverständlich auch die Zeit kommen, in der man auf die heutige Rechtspflege mit ähnlichem Schauder zurückblickt, wie wir heute auf die oben erwähnten Zeiten schauen, die nach unserer jetzigen Erkenntnis soviel Unrecht in sich tragen. Das ist der Lauf der Welt und ein gewisser Fortschritt.

Tiefer geschaut aber liegt der anscheinend große Fortschritt zwischen dem Damals und dem Heute *lediglich in den äußeren Formen.* Die in so manches Menschen ganzes Sein tief einschneidende Allgewalt des einzelnen ohne persönliche Verantwortung für diesen auf der Erde ist vielfach immer noch dieselbe. Auch die Menschen selbst und deren Triebfedern zu ihrem Handeln haben sich nicht sehr geändert. Und wo das *Innenleben* noch dasselbe ist, sind auch die Wechselwirkungen die gleichen, welche das *göttliche* Gericht in sich tragen.

Wenn die Menschheit *darin* plötzlich *sehend* würde, könnte nur ein einziger Verzweiflungsschrei die Folge sein. Ein Grauen, das sich über alle Völker legt. Nicht einer würde seine Hand mit Vorwurf gegen seinen Nächsten heben, da *jeder einzelne* in irgendeiner Art die gleiche Schuld auch auf sich lasten fühlen müßte. Er hat kein Recht, dem anderen darin vorwurfsvoll zu begegnen, da bisher *jeder* irrend nur nach Äußerlichkeit urteilte und alles *eigentliche Leben übersah.*

Viele würden an sich selbst verzweifeln bei dem ersten Lichtstrahle, wenn dieser ohne Vorbereitung in sie dringen könnte, während andere, die sich bisher nie Zeit zum Nachdenken genommen haben, maßlose Erbitterung empfinden müßten darüber, daß sie so lange schliefen.

Darum ist nun die Anregung zum ruhigen Nachdenken angebracht und zur Entwicklung der *eigenen gerechten Urteilsfähigkeit,* die jede blinde Anlehnung an fremde Ansichten zurückweist und nur nach *eigenem* Empfinden *aufnimmt, denkt, spricht* und *handelt!*

Nie darf der Mensch vergessen, daß er *ganz allein* alles das voll und ganz zu verantworten hat, was *er* empfindet, denkt und tut, auch wenn er es bedingungslos von anderen übernommen hat!

Wohl dem, der diese Höhe erreicht und jedem Urteile prüfend entgegentritt, um dann nach seinen *eigenen* Empfindungen zu handeln. Er macht sich so nicht mitschuldig wie Tausende, die oft nur aus Gedankenlosigkeit und Sensationslust durch Vorurteil und Nachrede schweres Karma auf sich laden, das sie in Gebiete führt, deren Leid und Schmerzen sie niemals hätten kennenzulernen brauchen. Sie lassen sich dadurch auch schon auf Erden oft von vielem wirklich Guten abhalten und versäumen damit nicht nur viel für sich selbst, sondern setzen vielleicht alles damit aufs Spiel, ihr ganzes Sein.

So war es bei dem auflodernden, sinnlosen Haß gegen Jesus von Nazareth, dessen eigentlichen Grund nur wenige der böswilligen Schreier kannten, während alle anderen sich einfach in einen vollkommen unwissenden blinden Eifer hineinarbeiteten, mitschrieen, ohne selbst je mit Jesus persönlich zusammengekommen zu sein. Nicht minder verloren sind auch alle die, die sich auf Grund falscher Ansichten anderer von ihm wandten und seine Worte nicht einmal anhörten, noch viel weniger sich die Mühe einer sachlichen Prüfung nahmen, wobei sie schließlich doch noch den Wert hätten erkennen können.

Nur so konnte die wahnsinnige Tragödie reifen, die ausgerechnet den *Gottessohn* wegen *Gotteslästerung* unter Anklage stellte und an das Kreuz brachte! Den Einzigen, der selbst direkt von Gott kam und ihnen die Wahrheit über Gott und seinen Willen kündete!

Der Vorgang ist so grotesk, daß sich darin in greller Deutlichkeit die ganze Beschränktheit der Menschen zeigt.

Und die Menschheit ist von da bis heute nicht etwa innerlich vorgeschritten, sondern gerade darin trotz aller sonstigen Entdeckungen und Erfindungen noch weiter zurückgegangen.

Vorgeschritten ist allein durch die äußeren Erfolge der damit auch mehr wissenwollende Dünkel, den gerade die Beschränktheit zeugt und großzieht, der ja eigentlich das ausgesprochene Zeichen der Beschränktheit ist.

Und diesem seit zwei Jahrtausenden immer fruchtbarer gewordenen Boden sind die jetzigen Menschheitsanschauungen entsprossen, die ausschlaggebend und *verheerend* wirken, während die Menschen selbst ahnungslos sich immer mehr darein verstricken, zu ihrem eigenen entsetzlichen Verhängnis.

Wer sich da alles durch falsche Anschauungen oft in gutem Glauben üble Auswirkungen einer Wechselströmung zuzieht, also gegen göttliche Gesetze verstößt, ist bisher selten jemand klargeworden. Die Zahl ist groß, und viele sind in ahnungsloser Hoffart sogar stolz darauf, bis sie dereinst in qualvollem Entsetzen die Wahrheit schauen müssen, die so ganz anders ist, als ihre Überzeugung sie sich denken ließ.

Dann ist es allerdings zu spät. Die Schuld, die sie sich aufgebürdet haben, muß gesühnt werden in oft jahrzehntelangem, mühseligem Ringen mit sich selbst.

Der Weg ist weit und schwer bis zur Erkenntnis, sobald ein Mensch die günstige Gelegenheit des Erdenseins versäumte und sich dabei sogar gewollt oder durch Unkenntnis noch neue Schuld auflud.

Entschuldigungen fallen dabei niemals ins Gewicht. Ein *jeder* kann es wissen, wenn er *will!*

Wen es darnach drängt, einmal in dem Gange der Wechselwirkungen die göttliche Gerechtigkeit zum Unterschied irdischer Anschauungen zu erkennen, der bemühe sich, irgendein Beispiel aus dem Erdenleben daraufhin anzusehen und dabei zu prüfen, auf welchen Seiten wirklich Recht und Unrecht liegen. Es fallen ihm täglich viele zu.

Bald wird sich seine eigene Empfindungsfähigkeit stärker und lebendiger entfalten, um zuletzt alle gelernten Vorurteile mangelhafter Anschauungen abzuwerfen. Damit ersteht ein Gerechtigkeitsempfinden, das sich auf sich selbst verlassen kann, weil es im Erkennen aller Wechselwirkungen den Gotteswillen aufnimmt, darin steht und wirkt.

DER MENSCHENSOHN

Seit dem Verbrechen an dem Gottessohne, dem Wahrheitsbringer Jesus von Nazareth, lastet es wie ein Fluch auf der Menschheit, daß sie gerade die für die Menschen bedeutendste Prophezeiung nicht erkannte und wie mit einer dichten Binde vor den Augen auch heute noch ahnungslos davorsteht. Die furchtbare Folge davon wird sein, daß ein großer Teil der Menschen an der einzigen Möglichkeit seiner Rettung vor dem Verworfenwerden vorübertaumelt, der Vernichtung entgegen.

Es ist dies die Prophezeiung von dem Kommen des Menschensohnes, die der Gottessohn unter den steten Angriffen der Massen, die im Dunkel stehend naturgemäß den Wahrheitsbringer hassen mußten, gleichsam als Hoffnungsstern und doch auch wieder ernste Warnung gab.

Dieselbe Woge irrender Gefühle und Gedanken, die den Gottessohn damals als solchen nicht erkennen ließ, verwirrte das Verständnis für die Wichtigkeit dieser Verkündung schon zur Zeit ihrer Entstehung. Der Menschengeist war zu verdunkelt, viel zu sehr von sich selber eingenommen, als daß er derart hohe Gottesbotschaften noch ungetrübt entgegennehmen konnte. Botschaften, die aus einer Höhe über seinem eigenen Entstehungskreise kamen, glitten ohne Eindruck an dem Ohr vorbei.

Zu einem Verstehen hätte Glaube bewußter Überzeugung gehört, dessen damals auch die Anhänger nicht fähig waren. Der Boden blieb noch viel zu wild verwachsen, auf den die Worte des Erlösers fielen. Dazu drängten sich die gewaltigen Erlebnisse und seelischen Erschütterungen der Umgebung des Heilandes auf nur wenige Jahre zusammen, wodurch sich deshalb alles gefühlsmäßig so auf seine Person konzentrieren mußte, daß sein Sprechen von einer anderen Person in ferner Zukunft nicht als solches beachtet, sondern auch wieder mit ihm selbst verwoben wurde.

So blieb der Irrtum bis auf den heutigen Tag in der Anschauung der Menschen bestehen, da die Ungläubigen sich nicht um die Worte des Heilandes kümmerten, die Gläubigen jedoch jede ernste, kritisierende Prüfung der

Überlieferungen gerade aus ihrer Gläubigkeit heraus gewaltsam unterdrückten, in der heiligen Scheu, diesen Worten des Heilandes nicht nahetreten zu dürfen. Sie übersahen aber dabei, daß es sich nicht um seine wirklichen ursprünglichen und eigenen Worte handelte, sondern lediglich um Überlieferungen, die lange nach seinem Erdenwallen niedergeschrieben wurden. Dadurch aber unterlagen sie auch naturgemäß den unbewußten Änderungen des menschlichen Verstandes und menschlicher, persönlicher Anschauung.

Es liegt gewiß auch eine Größe in dieser ehrfürchtigen Aufrechterhaltung rein menschlicher Überlieferung, und deshalb soll auch kein Vorwurf darüber erhoben werden.

Das alles hindert aber nicht hemmende Folgen einer darin durch irrige Überlieferung entstandenen irrtümlichen Anschauung, da die Gesetze der Wechselwirkung auch in diesem Falle nicht umzustoßen sind. Auch wenn sie in der Auslösung für den Menschengeist nur als hemmende Gitter gegen das weitere Aufwärtssteigen sich auswirken, so bedeutet es doch ein verhängnisvolles Stehenbleiben und Nicht-Vorwärtskommen, solange das befreiende Wort der Klärung nicht in ihnen lebendig werden kann.

Derjenige, der an den Gottessohn und seine Worte glaubt und diese in sich lebendig gemacht hat, sie also in *richtiger* Auslegung in sich trägt und darnach handelt, braucht selbstverständlich den verheißenen Menschensohn nicht abzuwarten, da dieser nichts anderes zu bringen hat als dasselbe, was der Gottessohn bereits gebracht hat. Aber Voraussetzung dabei ist, daß er die Worte des Gottessohnes *wirklich verstanden* hat, nicht hartnäckig an irrtümlichen Überlieferungen hängt. Hat er sich irgendwo an Irrtümer gebunden, dann wird er seinen Aufstieg nicht vollenden können, bis er Aufklärung erhält, die dem Menschensohne vorbehalten blieb, weil der begrenzte Menschengeist nicht allein fähig ist, sich loszulösen von den Schlinggewächsen, die jetzt die Wahrheit dicht umwuchern.

Jesus bezeichnete das Kommen des Menschensohnes als letzte Möglichkeit der Rettung und wies auch darauf hin, daß mit diesem das Gericht hereinbricht, daß also solche, die auch dann nicht wollen, oder anders ausgedrückt, durch ihre eigene Hartnäckigkeit oder Trägheit keine Aufklärung anzunehmen bereit sind, endgiltig verworfen werden müssen. Daraus ist der Schluß zu ziehen, daß in weiterer Folge eine nochmalige Möglichkeit des Überlegens und Entscheidens nicht mehr eintritt. Es liegt auch unverkennbar die Ankündigung eines harten Zugreifens darin, welches das Ende eines langmütigen Wartens bringt. Das wiederum bezeugt kommenden Kampf des Lichtes gegen alles Dunkle, der mit gewaltsamer Vernichtung alles Dunkels enden muß.

Daß solches sich nach menschlichen Erwartungen, Wünschen und Begriffen abspielt, ist nicht anzunehmen; denn dagegen sprechen *alle* bisherigen Geschehnisse. Noch nie in dem Vorangegangenen hat sich der Menschensinn vorher eins gezeigt mit den Auswirkungen göttlichen Willens. Stets war die Wirklichkeit anders als die Vorstellungen der Menschen, und erst lange hinterdrein kam dann manchmal langsam die Erkenntnis des Geschehenen.

Es wird auch diesmal keine Änderung darin zu erhoffen sein, da der Menschen Sinn und ihre Anschauungen nichts gewonnen haben gegen früher, sondern im Gegenteil noch viel »realer« wurden.

Der Menschensohn! Ein Schleier liegt noch über ihm und seiner Zeit. Wenn auch in manchem Geiste ein unklares Ahnen aufwacht, ein Sehnen nach dem Tage seines Kommens, so wird auch mancher Sehnende wahrscheinlich ahnungslos an ihm vorübergehen, ihn nicht kennen wollen, weil sein Erwarten ihm ein anderes Erfüllen vortäuschte. Der Mensch kann sich nun einmal nur sehr schwer in den Gedanken finden, daß Göttliches auf Erden äußerlich nicht anders sein kann als die Menschen selbst, gehorchend dem Gesetze Gottes. Er will das Göttliche durchaus nur überirdisch sehen und hat sich doch leider schon so gekettet, daß er nicht fähig wäre, Überirdisches noch *richtig* zu erschauen, viel weniger es zu ertragen. Das ist aber auch gar nicht nötig!

Der Mensch, der in den natürlichen Gesetzen aller Schöpfung seines Gottes Willen sucht, wird ihn auch bald darin erkennen und zuletzt wissen, daß ihm Göttliches nur in den Wegen dieser ehernen Gesetze kommen kann, nicht anders. Er wird als Folge davon wachsam werden und alles ihm darin Begegnende sorgfältig prüfen, aber nur im Hinblick auf die *göttlichen* Gesetze, nicht nach der Menschen Anschauung. So wird er auch zu rechter Stunde Den erkennen, der ihm Befreiung in dem Worte bringt. Durch eigenes Prüfen des Gebrachten, nicht durch das Geschrei der Massen.

Ein jeder Denkende wird schon allein darauf gekommen sein, daß Gottessohn und Menschensohn nicht eins sein können! Der Unterschied ist in den Worten selbst ganz deutlich ausgedrückt.

Die reine Göttlichkeit des Gottessohnes trug während seiner Aussendung und Menschwerdung naturgemäß gerade durch das reine Göttliche auch die *Bedingung des Wiedereinswerdens* mit der Göttlichkeit in sich. Es ist aus der Natur der Sache heraus gar nicht anders möglich. Das bestätigen auch die Hinweise des Gottessohnes selbst auf seine »Wiedereinswerdung mit dem Vater«, der Ausspruch seines »Wiedereingehens zum Vater«.

Demnach mußte des Gottessohnes Mission als Mittler zwischen der Gottheit und der Schöpfung eine *beschränkte Zeitdauer* haben. Der Gottessohn, der als rein göttlich durch die Anziehungskraft der stärkeren Gleichart unbedingt wieder zurückgezogen werden muß zu dem göttlichen Ursprunge und nach dem Ablegen alles an ihm haftenden Außergöttlichen auch dort zu verbleiben gezwungen ist, konnte deshalb nicht *ewiger* Mittler bleiben zwischen der Gottheit und der Schöpfung mit der Menschheit. Somit wäre dann mit dem Wiedereingehen des Gottessohnes zum Vater eine neue Kluft entstanden, und der Mittler zwischen der reinen Göttlichkeit und der Schöpfung hätte wieder gefehlt.

Der Gottessohn verkündete nun selbst der Menschheit das Kommen des Menschensohnes, der dann der *ewige* Mittler bleiben wird zwischen dem Göttlichen und der Schöpfung. Es liegt darin die gewaltige Liebe des Schöpfers zu seiner Schöpfung.

Der Unterschied des Menschensohnes zu dem Gottessohne liegt darin, daß der Menschensohn zwar aus dem Rein-Göttlichen geboren ist, aber gleichzeitig mit dem Bewußt-Geistigen verbunden wurde, so daß er wie mit einem Fuße in dem Göttlichen und mit dem anderen in dem höchsten Bewußt-Geistigen gleichzeitig steht. Er ist von *jedem* ein Teil und bildet so die unvergängliche Brücke zwischen dem Göttlichen und dem Gipfel der Schöpfung. Diese Verbindung aber bringt mit sich das Gebot des Getrenntbleibens von dem Rein-Göttlichen, das aber trotzdem das Eintreten in das Göttliche zuläßt, sogar bedingt.

Der geistige Zusatz zu dem Göttlichen verhindert nur eine Wiedereinswerdung, die sonst unausbleiblich wäre. Daß dies ein erneutes Liebesopfer des Schöpfers ist und die Erfüllung einer Verheißung von derartiger Größe, wie nur Gott selbst sie geben und erfüllen kann, wird die Menschheit kaum jemals erfassen. *Das* ist der Unterschied zwischen dem Gottessohne und dem Menschensohne.

Die Mission des Menschensohnes auf der Erde ist die Fortsetzung und Vollendung der Mission des Gottessohnes, da die Mission des Gottessohnes nur eine vorübergehende sein konnte. Sie ist also mit der Fortsetzung in der Vollendung gleichzeitig eine *Befestigung* derselben.

Während der Gottessohn unmittelbar in seine irdische Mission hineingeboren wurde, mußte der Lauf des Menschensohnes vor seiner Mission einen weit größeren Kreis durchmessen, bevor er in den Beginn seiner eigentlichen Mission treten konnte. Er mußte als Bedingung zur Erfüllung seiner im Verhältnis zum Gottessohne auch irdischeren Aufgabe, aus den höchsten Höhen kommend, auch die tiefsten Tiefen durchlaufen. Nicht nur jenseitig, sondern auch irdisch, um das ganze Weh, das ganze Leid der Menschen an sich selbst »erleben« zu können. Erst dadurch ist er in der Lage, dann, wenn seine Stunde kommt, wirksam in die Mängel einzugreifen und hilfebringend Änderung zu schaffen.

Aus diesem Grunde durfte er nicht *neben* dem Erleben der Menschheit stehen, sondern mußte durch eigenes Erleben auch der bitteren Seiten mitten darin sein, auch darunter leiden. Wiederum nur um der Menschen willen mußte diese seine Lehrzeit also vor sich gehen. Aber gerade dies, weil dem Menschengeiste in seiner Beschränkung derartig höhere Führung unverständlich bleibt und er nur nach dem Äußeren zu urteilen fähig ist, wird man ihm zum Vorwurfe zu machen versuchen, um auch ihm wie Christus seiner Zeit seine Aufgabe zu erschweren.

Gerade was er um der Menschen willen erleiden mußte, um die wundesten Punkte der Irrungen zu erkennen, was er also für das spätere Wohl der Menschen litt oder erlebend kennenlernte, wird man als Stein benutzen wollen, um ihn in aufsteigendem Hasse damit zu treffen, von dem in Furcht vor der Vernichtung erzitternden Dunkel dazu angefacht.

Daß so etwas Unglaubliches trotz der Erfahrungen bei dem Erdenwallen des Gottessohnes nochmals geschehen kann, ist nicht unerklärlich, weil in Wirklichkeit mehr als die Hälfte der zur Zeit auf Erden weilenden Menschen überhaupt nicht auf diese gehören, sondern in viel tieferen und dunkleren Regionen reifen müßten! Durch den dauernden seelischen Rückgang in dem Überhandnehmen der Sklaven ihres eigenen Werkzeuges, des begrenzten Verstandes, wurde der Grund dazu gelegt.

Der begrenzte Verstand als alleiniger Herrscher wird immer nur als rein irdisch alles Materielle fördern und damit auch die sich anschließenden üblen Nebenwirkungen großziehen. Der damit folgende Niedergang höheren Begreifens bildete eine Bresche und reichte die Hand nach unten, an der Seelen zur Inkarnation heraufklimmen konnten, die sonst in ihrer geistigen Schwere durch dichtere Dunkelheit nie bis zur Erdoberfläche hätten heraufkommen können.

Vor allem sind es auch die rein tierischen Empfindungen bei Zeugungen, sowie das sonstige Streben nach irdischen Genüssen, die in der demoralisierten Zeit schon seit Jahrhunderten darauf hinwirken, daß sich minderwertige Seelen hinaufschwingen können. Dann umkreisen diese dauernd die werdenden Mütter und kommen bei Gelegenheit zur Inkarnation, weil vor dem Dunkel alles Lichte bisher freiwillig zurückwich, um nicht beschmutzt zu werden.

So konnte es nach und nach geschehen, daß die feinstoffliche Umgebung der Erde immer dichter und dunkler und damit auch schwerer wurde, von solcher Schwere, die sogar die grobstoffliche Erde selbst von einer Bahn fernhält, welche höheren geistigen Einflüssen zugänglicher wäre.

Und da die Mehrzahl aller Inkarnierten eigentlich in Regionen gehört, die viel tiefer liegen als die Erde selbst, so wird deshalb auch darin nur eine göttliche Gerechtigkeit liegen, wenn solche Seelen hinweggefegt werden, um dahin zurückzusinken, wohin sie eigentlich gehören, wo sie bei ihrer absoluten Gleichart keine Gelegenheit mehr haben, sich noch neue Schuld aufzubürden, und dadurch besser einer aufsteigenden Änderung in dem Leiden ihrer Sphäre entgegenreifen.

Nicht Menschenwille wird den gottgesandten Menschensohn einst erwählen können, sondern Gotteskraft soll ihn emporheben zur Stunde, wenn die Menschheit hilflos wimmernd um Erlösung fleht. Dann werden Schmähungen verstummen, da das Grauen solche Münder schließt, und willig wird man alle Gaben nehmen, die der Schöpfer den Geschöpfen durch ihn bietet. Doch wer sie nicht von ihm empfangen will, der wird verstoßen sein in alle Ewigkeit.

DIE SEXUALKRAFT IN IHRER BEDEUTUNG ZUM GEISTIGEN AUFSTIEGE

Ich weise nochmals darauf hin, daß alles *Leben* in der Schöpfung aus zwei Gattungen besteht. Dem Sichbewußten und dem Unbewußten. Erst mit dem Bewußtwerden formt sich auch das Ebenbild des Schöpfers, das wir unter Menschenform verstehen. Die Formung geht gleichmäßig Hand in Hand mit dem Bewußtwerden.

In der *ersten* eigentlichen Schöpfung nun, die als dem schaffenden Geiste am nächsten stehend auch nur geistig sein kann, ist neben dem zuerst geschaffenen bewußten Geistesmenschen auch das noch *unbewußte* Geistige vorhanden. In diesem Unbewußten, mit den gleichen Eigenschaften des Bewußten, liegt naturgemäß der Drang zur Fortentwickelung. Diese kann aber nur in Steigerung zum Sichbewußtwerden erfolgen.

Wenn sich nun in diesem Geistig-Unbewußten der Drang zu dem Bewußtwerden bis zu einem gewissen Grade gesteigert hat, so tritt in natürlichster Entwickelung ein Vorgang ein, der einer irdischen Geburt gleichkommt. Wir brauchen nur auf unsere Umgebung zu achten. Hier stößt der grobstoffliche Körper jede reifgewordene Frucht selbsttätig aus. Bei Tier und Mensch. Auch jeder Baum stößt seine Früchte ab. Es ist der Vorgang Wiederholung einer Fortentwickelung, deren Grundzug in der *ersten* Schöpfung liegt.

In gleicher Art erfolgt auch *dort* bei einer bestimmten Reife des zum Bewußtwerden drängenden Unbewußten selbsttätige Abstoßung, Abtrennung von dem anderen, noch nicht dazu drängenden Unbewußten oder auch Ausstoßung genannt. *Diese damit ausgestoßenen geistig-unbewußten Teilchen bilden nun die Geistkeime werdender Menschen!*

Dieser Vorgang *muß* erfolgen, da in dem Unbewußten Verantwortungslosigkeit liegt, während mit dem Bewußtwerden gleichmäßig die Verantwortung heranreift.

Die Abtrennung des reifenden Unbewußten ist also notwendig für das Geistige, das sich aus natürlichem Drange heraus zu dem Bewußten entwikkeln will. Sie ist ein Fortschritt, kein Rückschritt!

Da diese lebendigen Keime nun nicht nach oben hin ausgestoßen werden können, der Vollkommenheit zu, so bleibt ihnen der einzige Weg nach unten. Hier treten sie aber in das Reich eines an Gewicht schwereren Wesenhaften, das nichts Geistiges enthält.

Dadurch steht der nach Bewußtwerden drängende Geistkeim plötzlich in einer ihm nicht gleichartigen, also *fremden* Umgebung, und damit so gut wie *unbedeckt*. Er fühlt sich als geistig seiend in dem dichteren Wesenhaften nackt und bloß. Will er darin verweilen oder weiterkommen, so wird es für ihn zur natürlichen Notwendigkeit, sich mit einer Wesens*hülle* zu bedecken, die die gleiche Art seiner Umgebung trägt. Sonst vermag er sich nicht darin zu betätigen und auch nicht zu erhalten. Er hat also nicht nur das Bedürfnis, auf dem Wege zur Erkenntnis seine Blößen zu bedecken, wie es die Bibel bildlich wiedergibt, sondern es ist auch hier ein notwendiger Werdegang.

Der Keim des werdenden Menschengeistes wird nun auf natürlichen Wegen weitergeleitet in die Stofflichkeit.

Hier schließt sich um ihn nochmals eine notwendige Hülle, von der Beschaffenheit seiner neuen, stofflichen Umgebung.

Nun steht er am äußersten Rande der Feinstofflichkeit.

Die Erde aber ist *der* grobstoffliche Punkt, auf dem *alles* zusammentrifft, was in der Schöpfung ruht. Aus *allen* Abteilungen strömt es hier zusammen, die sonst durch ihre Eigenart strengstens geschieden sind. Die ganzen Fäden, alle Wege laufen zu der Erde wie zu einem konzentrierten Treffpunkte. Sich hier verbindend und auch neue Wirkungen erzeugend, werden in starkem Aufflammen Kraftströmungen hinausgeschleudert in das All! So, wie von keiner andern Stelle aus der Stofflichkeit.

Auf dieser Erde ist das heißeste Erleben durch das Zusammenschließen *aller* Schöpfungsarten, wozu die Stofflichkeit verhilft. Doch nur das Zusammenschließen aller *Schöpfungs*arten, nichts Göttliches, nichts von dem Heiligen Geiste, das *über* und außerhalb der Schöpfung steht. –

Die letzten Ausläufer dieses Erlebens auf der Erde fluten nun dem Geisteskeime entgegen, sobald er in die Feinstofflichkeit tritt. Er wird von diesen Wirkungen umspült. Sie sind es, die ihn locken, ihm aber dabei helfend sein Bewußtwerden erwecken und zur Entwicklung bringen.

Noch ohne Bindung, also ohne Schuld, an dieser Schwelle aller Stofflichkeit, empfindet er die Ausläufer der Schwingungen starker Erlebnisse, die in dem Werden und Vergehen alles Stofflichen sich abspielen.

Dabei kommt ihm nun das Verlangen *näheren* Erkennens. Sobald er aber darin einen Wunsch formt, stellt er sich mit der Formung dieses Wunsches freiwillig auf irgendeine Schwingung ein, sei diese nun gut oder übel. Sofort wird er dann durch das wirkende Gesetz der Anziehungskraft gleicher Art von einer Gleichart angezogen, die stärker als die seine ist. Es treibt ihn einem Punkte zu, wo der erwünschten Art in stärkerer Weise gehuldigt wird, als sein eigener Wunsch es war.

Mit solchem inneren Verlangen verdichtet sich seine feinstoffliche Hülle sofort diesem Verlangen entsprechend, und das Gesetz der Schwere läßt ihn weiter abwärts sinken.

Das wirkliche *Erleben* des in ihm ruhenden Verlangens aber bietet ihm zuletzt *nur* die grobstoffliche Erde! – – Es drängt ihn deshalb weiter bis zur irdischen Geburt, weil er vom Naschen auch zum Genießen übergehen will. Je stärker des im Naschen erwachenden Geistes Wünsche nach *irdischen* Genüssen werden, desto dichter bildet sich auch die feinstoffliche Hülle, die er trägt. Dadurch erhält sie aber auch mehr Schwere und sinkt langsam herab zu dem Erdenplane, wo die Gelegenheit zu der Verwirklichung der Wünsche ist. Ist er aber bis zu diesem Erdenplan gekommen, so wurde er auch damit reif zu irdischer Geburt.

Dabei tritt das Gesetz der Anziehungskraft gleicher Art auch *deutlicher* hervor. Jeder der unfertigen Geister wird genau nach seinem Wunsche oder Hange, den er in sich trägt, von einer Stelle wie magnetisch angezogen, wo der Inhalt seines Wunsches von Erdenmenschen zur Verwirklichung gelangt. Hat er zum Beispiel einen Wunsch, zu herrschen, so wird er nicht etwa in die Verhältnisse hineingeboren, wo er nun selbst einer Erfüllung seines Wunsches leben kann, sondern er wird von einem Menschen angezogen, der starke Herrschsucht in sich trägt, der also mit ihm gleichartig empfindet, und so fort. Er sühnt damit zum Teil auch schon das Falsche oder findet Glück im Rechten. Wenigstens hat er Gelegenheit dazu.

Aus diesem Vorgange heraus wird nun irrtümlich Vererbung von Eigenschaften oder geistigen Fähigkeiten angenommen! *Das ist falsch!* Äußerlich mag es ja so erscheinen. In Wirklichkeit aber kann ein Mensch seinen Kindern *nichts* von seinem lebendigen Geiste abgeben.

Es gibt keine geistige Vererbung!

Kein Mensch ist in der Lage, von seinem lebendigen Geiste auch nur ein Stäubchen abzugeben!

In diesem Punkte wurde ein Irrtum großgezogen, der seine hemmenden und verwirrenden Schatten über vieles wirft. Kein Kind kann seinen Eltern für irgendeine geistige Fähigkeit danken, ebensowenig aber für Mängel einen Vorwurf machen! Das wäre falsch und eine Ungerechtigkeit!

So lückenhaft und unvollkommen ist dieses wunderbare Schöpfungswerk niemals, daß es Willkür- oder Zufallsakte geistiger Vererbung zuließe!

Diese bei der Geburt bedeutungsvolle Anziehungskraft aller Gleichart kann von dem Vater ausgehen, wie von der Mutter, ebenso wie von einem jeden, der in der Nähe der werdenden Mutter ist. *Deshalb sollte eine werdende Mutter darin Vorsicht walten lassen, wen sie um sich duldet.* Es muß dabei bedacht werden, daß innere Stärke vorwiegend in den *Schwächen* liegt, nicht etwa in dem äußeren Charakter. Die Schwächen bringen Hauptmomente inneren Erlebens, die starke Anziehungskraft auswirken.

Das irdische Kommen des Menschen setzt sich nun zusammen aus Zeugung, Inkarnierung und Geburt. Die Inkarnierung, also Eintritt der Seele, erfolgt *in der Mitte der Schwangerschaft.* Der gegenseitig wachsende Reifezustand, der der werdenden Mutter wie der der Inkarnierung zuneigenden Seele, führt auch noch eine besondere *irdischere* Bindung herbei. Es ist dies eine Ausstrahlung, die durch den gegenseitigen Reifezustand hervorgerufen wird und unaufhaltsam in natürlicher Auslösung einander entgegenstrebt. Diese Ausstrahlung wird immer stärker, kettet Seele und werdende Mutter in verlangender Art immer fester aneinander, bis zuletzt bei bestimmter Reife des sich entwickelnden Körpers im Mutterleibe die Seele von diesem förmlich aufgesogen wird.

Dieser Augenblick des Eintretens oder des Eingesogenwerdens bringt nun naturgemäß auch die erste Erschütterung des kleinen Körpers mit sich, die sich in Zuckungen zeigt, welche die ersten Kindesbewegungen benannt sind. Dabei tritt in der werdenden Mutter sehr oft eine Umwandlung ihrer Empfindungen ein. Je nach der Art der eingetretenen Menschenseele beglückend oder auch bedrückend. –

Mit dem kleinen Körper nimmt nun die so weit entwickelte Menschenseele den Mantel der Grobstofflichkeit um, der notwendig ist, um in der irdischen Grobstofflichkeit alles ganz erleben, hören, sehen und fühlen zu können, was nur durch eine gleichstoffliche, *gleichartige* Hülle oder durch ein Werkzeug möglich wird. Nun erst kann sie von dem Naschen zu dem eigentlichen Kosten übergehen und mit diesem *zum Beurteilen.* Daß die Seele erst lernen muß, sich dieses neuen Körpers als Werkzeug zu bedienen, ihn zu beherrschen, ist verständlich.

So, kurz gefaßt, der Werdegang des Menschen bis zu seiner ersten irdischen Geburt.

Denn schon seit langer Zeit kann in natürlichem Geschehen keine Seele mehr zur *ersten* Inkarnierung auf die Erde kommen, sondern die Geburten brachten Seelen, die *mindestens* ein Erdenleben schon durchwandert hatten. Dadurch sind sie schon bei Geburt von vielseitigem Karma eng umstrickt. *Die Möglichkeit, sich davon zu befreien, gibt die Sexualkraft.*

Durch die Umhüllung des grobstofflichen Körpers ist die Seele eines Menschen während aller Kinderjahre isoliert von den Strömungen, welche von *außen* her die Seele zu erreichen suchen. Alles Dunkle, Üble, was den Erdenplan belebt, findet seinen Weg zur Seele durch den grobstofflichen Erdenkörper abgeschnitten. Es kann dadurch auch keinen Einfluß auf das Kind gewinnen, kann ihm nicht Schaden bringen. Das Böse aber, das eine nochmals inkarnierte Seele von dem früheren Erleben mit sich brachte, bleibt ihr natürlich ebenso erhalten in der Kinderzeit.

Der Körper bildet diese Scheidewand, solange er noch unfertig und unreif ist. Es scheint, als ob die Seele sich in eine Burg zurückgezogen hätte, bei der die Zugbrücke emporgezogen ist. Eine unüberbrückbare Kluft besteht während dieser Jahre zwischen der Kinderseele und der feinstofflichen Schöpfung, in der die feinstofflichen Schwingungen von Schuld und Sühne leben.

So liegt die Seele geborgen in der irdischen Hülle, der Verantwortung entgegenreifend und des Augenblickes harrend, der das Herablassen der hochgezogenen Zugbrücke zu dem eigentlichen Leben in der Stofflichkeit bringt.

Der Schöpfer senkte durch natürliche Gesetze in *jede* Kreatur *Nachahmungstrieb* an Stelle eines freien Willens dort, wo noch kein freier Wille sich betätigt. Man nennt es allgemein »Empfänglichkeit der Jugend«. Der Trieb der Nachahmung soll die Entwickelung fürs Erdenleben vorbereiten, bis er bei Tieren durch Erfahrungen bereichert und gestützt, bei Menschen aber durch den Geist im freien Willen hochgehoben wird zu selbstbewußtem Tun!

Im Kindeskörper nun fehlt dem darein inkarnierten Geiste eine Strahlungsbrücke, die erst zur Zeit der körperlichen Reife sich mit der Sexualkraft bilden kann. Dem Geiste fehlt diese Brücke zur vollwirkenden und wirklich handelnden Tätigkeit in der Schöpfung, die nur durch die lückenlose Strahlungsmöglichkeit durch alle Arten der Schöpfung bewirkt werden kann.

Denn nur in Strahlungen liegt das Leben, und nur aus ihnen und durch sie kommt Bewegung.

Während dieser Zeit trägt das Kind, das nur voll auf seine Umwelt aus seinem *wesenhaften* Teile heraus lückenlos wirken kann, nicht aber aus dem geistigen Kerne, den Schöpfungsgesetzen gegenüber etwas mehr Verantwortung als ein höchstentwickeltes Tier.

Unterdessen reift der junge Körper heran, und nach und nach erwacht in ihm die *Sexualkraft*, die nur in der *Grobstofflichkeit* liegt. Sie ist die *feinste* und *edelste Blüte aller Grobstofflichkeit*, das Höchste, was die grobstoffliche Schöpfung bieten kann. In ihrer *Feinheit* bildet sie den *Gipfel alles Grobstofflichen*, also Irdischen, das dem Wesenhaften als äußerster lebendiger Ausläufer der Stofflichkeit am nächsten kommt. Die Sexualkraft ist das pulsierende Leben der Stofflichkeit und kann allein die *Brücke* bilden zu dem Wesenhaften, das wiederum den Fortgang zu dem Geistigen vermittelt.

Aus diesem Grunde ist das Erwachen der Sexualkraft in dem grobstofflichen Körper wie der Vorgang des Herablassens der Zugbrücke einer bisher verschlossenen Burg. Damit kann dann der Bewohner dieser Burg, also die Menschenseele, vollgerüstet streitbar hinaus, in gleichem Maße jedoch auch die diese Burg umlagernden Freunde oder Feinde zu ihm hinein. Diese Freunde oder Feinde sind in erster Linie feinstoffliche Strömungen guter oder übler Art, aber auch Jenseitige, die nur darauf warten, daß man ihnen durch irgendeinen Wunsch die Hand reicht, wodurch sie in die Lage kommen, sich fest einzuhaken und gleichartigen Einfluß auszuüben.

Die Gesetze des Schöpfers lassen aber in natürlichster Steigerung immer nur die gleiche Stärke von außen herein, die von innen entgegengesetzt werden kann, so daß ein ungleicher Kampf vollkommen ausgeschlossen ist, solange nicht dabei gesündigt wird. Denn jeder durch künstliche Reizung hervorgerufene unnatürliche Geschlechtstrieb öffnet diese feste Burg vorzeitig, wodurch die noch nicht gleichmäßig erstarkte Seele preisgegeben wird. Sie muß den anstürmenden üblen feinstofflichen Strömungen erliegen, denen sie sonst unbedingt gewachsen sein würde.

Bei normalem Heranreifen kann aus natürlichem Geschehen heraus immer nur auf beiden Seiten gleiche Stärke sein. Den Ausschlag aber gibt dabei der Wille des Burgbewohners, nicht der der Belagerer. So wird er mit gutem Wollen immer in der Feinstofflichkeit siegen. Das heißt, in den Vorgängen der jenseitigen Welt, welche der Durchschnittsmensch nicht sehen kann, solange er auf Erden weilt, und die doch eng und viel lebendiger mit ihm verbunden ist als seine grobstoffliche, ihm sichtbare Umgebung.

Wenn der Burgbewohner aber *freiwillig* einem außenbefindlichen feinstofflichen Freunde oder Feinde, auch Strömungen, die Hand reicht, also durch eigenen Wunsch oder freien Entschluß, so ist es natürlich ganz anders. Da er sich dadurch in eine bestimmte Art der außerhalb wartenden Belagerer einstellt, so können diese leicht die zehn- und hundertfache Kraft entfalten gegen ihn. Ist diese gut, erhält er Hilfe, Segen. Ist sie aber böse, erntet er Verderben.

In dieser freien Wahl liegt die Betätigung des eigenen freien Willens. Hat er sich dazu einmal entschlossen, dann ist er unbedingt den Folgen unterworfen. Für diese Folgen schaltet dann sein freier Wille aus. Es knüpft sich nach der eigenen Wahl gutes oder übles Karma an ihn, dem er selbstverständlich unterworfen ist, solange er sich innerlich nicht ändert. –

Die Sexualkraft hat die Aufgabe und auch die Fähigkeit, das ganze *geistige* Empfinden einer Seele irdisch zu *»durchglühen«*. Der Geist kann dadurch erst rechte Verbindung mit der gesamten Stofflichkeit erhalten, wird deshalb auch erst irdisch vollwertig. Nur dann vermag er alles zu umfassen, was nötig ist, um sich in dieser Stofflichkeit die volle Geltung zu verschaffen, um darin festzustehen, durchdringend einzuwirken, Schutz zu haben und in voller Ausrüstung sieghafte Abwehr auszuüben.

Es liegt etwas Gewaltiges in der Verbindung. *Das* ist der *Hauptzweck* dieses rätselhaften, unermeßlichen Naturtriebes! Er soll das Geistige in dieser Stofflichkeit zu voller Wirkungskraft entfalten helfen! Ohne diese Sexualkraft wäre es unmöglich, aus Mangel eines Überganges zur Belebung und Beherrschung aller Stofflichkeit. Der Geist müßte der Stofflichkeit zu fremd bleiben, um sich darin richtig auswirken zu können.

Damit erhält aber der Menschengeist dann auch die Vollkraft, seine Wärme und Lebendigkeit. Er wird mit diesem Vorgange erst irdisch kampfbereit.

Deshalb setzt hier nun die Verantwortlichkeit ein! Ein ernster Wendepunkt in jedes Menschen Sein.

Die weise Gerechtigkeit des Schöpfers gibt dem Menschen aber an diesem bedeutsamen Punkte auch gleichzeitig nicht nur die Möglichkeit, sondern sogar den natürlichen Antrieb dazu, alles Karma, mit dem er bis dahin seinen freien Willen belastet hat, *leicht* und *mühelos* abzuschütteln!

Wenn der Mensch die Zeit versäumt, so ist es *seine* Schuld. Denkt einmal darüber nach: Mit Eintritt der Sexualkraft regt sich in erster Linie eine gewaltige Schwungkraft nach oben, zu allem Idealen, Schönen, Reinen! Bei unverdorbener Jugend beiderlei Geschlechtes ist das deutlich zu beobachten. Daher die von Erwachsenen leider oft belächelten Schwärmereien der Jugendjahre. Deshalb auch in diesen Jahren die unerklärlichen, leicht schwermütigen Empfindungen.

Die Stunden, in denen es scheint, als ob ein Jüngling oder eine Jungfrau den ganzen Weltschmerz zu tragen hätte, wo Ahnungen eines tiefen Ernstes an sie herantreten, sind nicht unbegründet.

Auch das so häufig vorkommende Sich-nicht-verstanden-Fühlen trägt in Wirklichkeit viel Wahres in sich. Es ist das zeitweise Erkennen der falschen Gestaltung der Umwelt, die den geheiligten Ansatz zu einem reinen Höhenfluge nicht verstehen will, noch kann, und erst zufrieden ist, wenn diese so stark mahnende Empfindung in den reifenden Seelen herabgezerrt wird in das ihnen verständlichere »Realere« und Nüchterne, das sie als der Menschheit besser angepaßt erachten und in ihrem einseitigen Verstandessinne für das einzige Normale halten!

Der geheimnisvoll ausstrahlende Reiz einer unverdorbenen Jungfrau oder eines unverdorbenen Jünglings ist nichts anderes, als der von ihrer Umgebung mitempfundene *reine* Auftrieb der erwachenden Sexualkraft nach Höherem, Edelstem, in Vermählung mit der Geisteskraft!

Sorgsam hat der Schöpfer darauf Bedacht gelegt, daß dies bei dem Menschen erst in ein Alter fällt, wo er sich seines Wollens und Handelns voll bewußt sein kann. Dann ist der Zeitpunkt da, an dem er alles Zurückliegende in Verbindung mit der nun in ihm liegenden Vollkraft spielend abzuschütteln vermag und abschütteln sollte. Es würde sogar von selbst abfallen, wenn der Mensch das Wollen zu dem Guten beibehält, wozu es ihn in dieser Zeit unaufhörlich drängt. Dann könnte er, wie die Empfindungen ganz richtig andeuten, mühelos emporsteigen zu der Stufe, auf die er als Mensch gehört!

Sehet das Verträumtsein der unverdorbenen Jugend! Es ist nichts anderes als das Empfinden des Auftriebes, des Sich-losreißen-Wollens von allem Schmutz, die heiße Sehnsucht nach Idealem. Die treibende Unruhe aber ist das Zeichen, die Zeit nicht zu versäumen, sondern energisch das Karma abzuschütteln und mit dem Emporsteigen des Geistes *einzusetzen.*

Es ist etwas Herrliches, in dieser geschlossenen Kraft zu stehen, *darin* und *damit* zu wirken! Jedoch nur, solange die Richtung eine gute ist, die der

Mensch erwählt. Es gibt aber auch nichts Erbärmlicheres, als diese Kräfte einseitig in blindem Sinnestaumel zu vergeuden und seinen Geist damit zu lähmen.

Aber leider, leider versäumt der Mensch in den meisten Fällen diese so kostbare Übergangszeit, läßt sich von »wissender« Umgebung auf falsche Wege lenken, die ihn niederhalten und dann abwärts führen. Dadurch vermag er die ihm anhängenden trübenden Schwingungen *nicht* abzuwerfen, diese erhalten im Gegenteil nur neue Kräftezufuhr ihrer gleichen Art, und damit wird des Menschen freier Wille mehr und mehr eingesponnen, bis er ihn vor lauter unnötigen Überwucherungen nicht mehr zu erkennen vermag. Wie bei Schlinggewächsen, denen ein gesunder Stamm im Anfang stützend Hilfe bietet, und die dem Stamme zuletzt dessen eigenes Leben abschneiden, indem sie ihn erdrosselnd überwuchern.

Wenn der Mensch besser achtete auf sich und das Geschehen in der ganzen Schöpfung, kein Karma könnte stärker sein, als sein in Vollkraft kommender Geist, sobald er durch die Sexualkraft lückenlose Verbindung mit der Stofflichkeit erhält, zu der das Karma ja gehört.

Auch wenn der Mensch die Zeit versäumt, wenn er sich mehr verstrickt, vielleicht sogar tief sinkt, so bietet sich ihm trotzdem weiterhin Gelegenheit zum Aufstiege: durch Liebe!

Nicht die begehrende Liebe des Grobstofflichen, sondern die hohe, die reine Liebe, die nichts anderes kennt und will, als nur das Wohl des geliebten Menschen. Sie gehört auch in die Stofflichkeit und fordert kein Entsagen, kein Asketentum, aber sie will immer nur das Beste für den anderen. Und dieses Wollen, das nie *an sich selber denkt,* gibt auch den besten Schutz vor jedem Übergriffe.

Als Grundlage hat Liebe auch im höchsten Menschenalter immer wieder die ideal-sehnsüchtigen Empfindungen der unverdorbenen Jugend, die diese beim Eintreten der Sexualkraft fühlt. Doch sie zeigt sich anders: Den reifen Menschen peitscht sie bis zur Vollkraft seines ganzen Könnens auf, ja bis zum Heroismus. Hierbei ist durch das Alter keine Grenze gesetzt. Die Sexualkraft bleibt bestehen, auch wenn der niedere Geschlechtstrieb ausgeschaltet ist; denn Sexualkraft und Geschlechtstrieb ist nicht eins.

Sobald der Mensch der reinen Liebe Raum gewährt, sei es nun die des Mannes zu dem Weibe, oder umgekehrt, die zu dem Freunde, einer Freundin, zu den Eltern, zu dem Kinde, gleichviel, ist sie nur rein, so bringt sie auch als erste Gabe die Gelegenheit zum Abstoßen des Karmas, das sich sehr schnell »symbolisch« lösen kann. Es »vertrocknet«, da es keinen gleichartigen Anklang, keine Nahrung mehr im Menschen findet. Damit wird dieser frei! Und so beginnt der Aufstieg, die Erlösung von den unwürdigen Ketten, die ihn niederhalten.

Die dabei zuerst erwachende Empfindung ist das sich Unwertdünken dem geliebten Anderen gegenüber. Man kann den Vorgang eintretende Bescheidenheit und Demut nennen, also den Empfang zweier großer Tugenden. Daran schließt sich der Drang, schützend die Hände über den anderen zu halten, damit diesem von keiner Seite ein Leid geschehe. Das »Auf-den-Händen-tragen-Wollen« ist kein leerer Spruch, sondern kennzeichnet die aufsteigende Empfindung ganz richtig. Darin aber liegt ein Aufgeben der eigenen Persönlichkeit, ein großes Dienenwollen, das allein genügen könnte, alles Karma in kurzer Zeit abzuwerfen, sobald das Wollen anhält und nicht rein sinnlichen Trieben Platz macht.

Zuletzt kommt bei der reinen Liebe noch der heiße Wunsch, recht Großes für den geliebten Anderen im edlen Sinne tun zu können, ihn mit keiner Miene, keinem Gedanken, keinem Worte, noch viel weniger mit einer unschönen Handlung zu verletzen oder zu kränken. Zarteste Rücksichtnahme wird lebendig.

Dann gilt es, diese Reinheit der Empfindung festzuhalten und allem anderen voranzusetzen. Niemals wird jemand in dem Zustande noch etwas Schlechtes wollen oder tun. Er vermag es einfach nicht, sondern hat im Gegenteil in den Empfindungen den besten Schutz, die größte Kraft, den wohlmeinendsten Berater und Helfer.

Der Schöpfer gab in seiner Weisheit damit einen Rettungsring, der nicht nur einmal in dem Erdensein an *jeden* Menschen stößt, daß er sich daran halte und emporschwinge!

Die Hilfe ist für *alle* da. Sie macht nie einen Unterschied, weder im Alter noch Geschlecht, weder bei arm noch reich, auch nicht bei vornehm und gering. Deshalb ist die Liebe auch das größte Geschenk Gottes! Wer es erfaßt, der ist der Rettung sicher, aus *jeder* Not und *jeder* Tiefe!

Liebe ist fähig, ihn mit Sturmesallgewalt emporzureißen zu dem Licht, zu Gott, der selbst die Liebe ist. –

Sobald in einem Menschen Liebe rege wird, die darnach strebt, dem anderen Licht und Freude zu bereiten, ihn nicht durch unreines Begehren herabzuzerren, sondern schützend hoch emporzuheben, so *dient* er ihm, ohne sich dabei des eigentlichen Dienens bewußt zu werden; denn er macht sich dadurch zu einem selbstlosen Geber, zu einem freudigen Schenker. Und dieses Dienen ringt ihn frei!

Um den rechten Weg dabei zu finden, achte der Mensch immer nur auf eins. Über allen Erdenmenschen schwebt groß und stark ein Wunsch: *Das* wirklich vor sich selbst *sein* zu können, was sie vor *denen* gelten, von denen sie geliebt werden. Und dieses Wünschen ist der rechte Weg! Er führt unmittelbar zur Höhe.

Viele Gelegenheiten sind den Menschen nun geboten, sich aufzuraffen und emporzuschwingen, ohne daß sie sie benützen.

Der Mensch von heute ist nur wie ein Mann, welchem ein Reich gegeben ist, und der es vorzieht, seine Zeit mit Kinderspielzeug zu vergeuden.

Es ist nur selbstverständlich und nicht anders zu erwarten, daß die gewaltigen Kräfte, die dem Menschen gegeben sind, ihn *zerschmettern* müssen, wenn er sie nicht zu *lenken* versteht.

Auch die Sexualkraft muß den Einzelmenschen, ganze Völker dort vernichten, wo ihre *Hauptaufgabe* mißbraucht wird! Der Zeugungszweck kommt erst in *zweiter* Linie.

Und welche Hilfsmittel gibt die Sexualkraft jedem Menschen, daß er die Hauptaufgabe auch erkenne und sie *lebe!*

Man denke an die körperliche Schamempfindung! Diese erwacht gleichzeitig mit der Sexualkraft, ist zum *Schutze* gegeben.

Es ist auch hier wie in der ganzen Schöpfung ein Dreiklang, und im Niedersteigen auch ein immer Gröberwerden zu erkennen. Die Schamempfindung als die erste Folge der Sexualkraft soll als Übergang zu dem Geschlechtstriebe die *Hemmung* bilden, damit der Mensch auf seiner Höhe sich nicht tierisch der Geschlechtsausübung hingibt.

Wehe dem Volke, das dies nicht beachtet!

Starke Schamempfindung sorgt dafür, daß der Mensch niemals einem Sinnestaumel unterliegen kann! Sie schützt vor Leidenschaft; denn sie wird in ganz natürlichem Geschehen nie Gelegenheiten zulassen, sich nur den Bruchteil eines Augenblickes zu vergessen.

Gewaltsam nur vermag der Mensch durch seinen Willen diese herrliche Gabe zur Seite zu drängen, um sich dann *tierisch* zu ergehen! Solch gewaltsamer Eingriff in des Schöpfers Weltordnung *muß* ihm aber zum Fluche werden; denn die damit ungebunden werdende Kraft des körperlichen Geschlechtstriebes ist in ihrer Entfesselung für ihn nicht mehr natürlich.

Fehlt Schamempfindung, wird der Mensch vom Herrn zum Knecht gemacht, von seiner Menschenstufe weggerissen und noch unters Tier gesetzt.

Der Mensch bedenke, starke Scham allein verhindert die Gelegenheit zum Sturze. Ihm ist damit die stärkste Wehr gegeben.

Je größer die Scham ist, desto *edler* ist der Trieb, und desto höher steht geistig der Mensch. Es ist dies der beste *Maßstab seines inneren geistigen Wertes!* Dieser Maßstab ist untrüglich und jedem Menschen leicht erkennbar. Mit Erdrosselung oder Wegräumung des äußeren Schamgefühles werden auch gleichzeitig stets die feineren und wertvollsten seelischen Eigenschaften erstickt und damit der innere Mensch wertlos gemacht.

Ein untrügliches Zeichen tiefen Sturzes und sicheren Verfalles ist es, wenn die Menschheit beginnt, unter der Lüge des Fortschrittes sich über das in jeder Beziehung fördernde Kleinod des Schamgefühles »erheben« zu wollen! Sei es nun unter dem Deckmantel des Sportes, der Hygiene, der Mode, der Kindererziehung, oder unter vielen anderen dazu willkommenen Vorwänden. Der Niedergang und Sturz ist dann nicht aufzuhalten, und nur ein Schrecken größter Art kann einzelne noch zur Besinnung bringen.

Und doch ist es dem Erdenmenschen leicht gemacht, den Weg zur Höhe einzuschlagen.

Er braucht nur »natürlicher« zu werden. Natürlich sein heißt aber nicht, halbnackt herumzulaufen oder in außergewöhnlichen Kleidungen barfuß einherzuwandeln! Natürlich sein heißt, sorgsam achten auf die inneren Empfindungen und sich den Mahnungen derselben nicht gewaltsam entziehen!

Mehr als die Hälfte aller Menschen aber ist heute leider schon so weit, daß sie zu stumpf geworden ist, um die natürlichen Empfindungen noch zu verstehen. Sie hat sich dazu schon viel zu sehr beengt. Ein Schrei des Grauens und Entsetzens wird das Ende davon sein!

Wohl dem, der dann das Schamgefühl wieder lebendig machen kann! Es wird ihm Schild und Stütze sein, wenn alles andere in Trümmer geht.

ICH BIN DIE AUFERSTEHUNG UND DAS LEBEN, NIEMAND KOMMT ZUM VATER DENN DURCH MICH!

Jesus, aus dem Göttlichen kommend, gebrauchte mit Recht diese Worte, weil er alles überschauen und als einziger wirklich erklären konnte. Seine Botschaft, die sich von ihm selbst nicht trennen läßt, zeigt in den Wirrnissen der falschen Anschauungen den *klaren* Weg empor zum Licht. Das bedeutet für alle Menschengeister die Möglichkeit des Aufstehens oder die *Auferstehung aus dem Stofflichen*, in welches sie zu ihrer Fortentwickelung getaucht sind. Eine derartige Auferstehung ist für jeden *Leben!*

Hört einmal aufmerksam zu: Alles Niedrige und alles Üble, also alles, was man das Dunkel nennt, ist *nur* in der Stofflichkeit vorhanden, in der Grob- und in der Feinstofflichkeit! Wer *das* richtig erfaßt, der hat damit schon viel gewonnen.

Sowie der Mensch übel oder auch niedrig denkt, so schadet er *sich selbst* in ungeheurer Weise. Die Hauptkraft seines Wollens strömt dann wie ein ausgesandter magnetischer Strahl dem Niederen entgegen, zieht das dort infolge seiner Schwere dichtere und durch die Dichtheit wieder auch dunklere Feinstoffliche an, wodurch der Menschen*geist*, von dem das Wollen ausgeht, mit dieser dichten Art der Stofflichkeit umhüllt wird.

Auch wenn ein Menschensinn hauptsächlich nur nach Irdischem gerichtet ist, wie in dem Bann irgendeiner Leidenschaft, die nicht nur Unsittlichkeit, Spiel und Trunk sein muß, sondern auch ausgeprägte Vorliebe für irgend etwas Irdisches sein kann, so wird sich eine mehr oder weniger dichte feinstoffliche Hülle um seinen Geist schließen, durch den Vorgang, den ich schon erwähnte.

Diese dichte und somit auch dunkle Hülle hält den Geist von aller Möglichkeit des Aufsteigens zurück und *bleibt*, solange dieser Geist die Art seines Wollens nicht ändert.

Nur ernstes Wollen und ein ernstes Streben nach dem *hohen Geistigen* kann eine derartige Hülle lockern und zuletzt ganz lösen, da sie dann keine Kraftzufuhr der gleichen Art empfängt, langsam den Halt verliert, und zuletzt aufgelöst zurücksinkt, um den Geist damit zum Aufstieg freizugeben.

Unter Feinstofflichkeit ist nun nicht etwa eine Verfeinerung dieser sichtbaren Grobstofflichkeit gemeint, sondern es ist eine dieser Grobstofflichkeit ganz *fremde* Art, von *anderer* Beschaffenheit, die aber trotzdem Stofflichkeit genannt werden kann. Es ist ein Übergang zur Wesenhaftigkeit, welcher die Tierseele entstammt.

Verbleiben nun Menschen in der Stofflichkeit, so müssen sie naturgemäß einst mit in die Zersetzung alles Stofflichen hineingezogen werden, der dieses unterworfen ist, weil sie sich infolge ihrer Umhüllung von der Stofflichkeit nicht mehr zu rechter Zeit loslösen können.

Sie, die in die Stofflichkeit zu ihrer Entwickelung auf eigenen Wunsch hin getaucht sind, bleiben *ohne Beibehaltung des rechten Weges* in dieser gebunden! Sie vermögen nicht ein Wiederauftauchen daraus herbeizuführen, das eine Auferstehung dem Lichte entgegen bedeutet. – –

Als nähere Erklärung diene, daß *jede* Entwickelung eines nach persönlichem Ichbewußtsein verlangenden Geistkeims das Tauchen in die Stofflichkeit *bedingt. Nur in dem Erleben in der Stofflichkeit kann er sich dazu entwickeln.* Es steht ihm kein anderer Weg dafür offen. Er wird aber nicht etwa dazu gezwungen, sondern es geschieht nur, sobald in ihm das *eigene Verlangen* dazu erwacht. Sein *Wünschen* treibt ihn dann dem notwendigen Entwikkelungsgange entgegen. Hinaus aus dem sogenannten Paradiese des Unbewußten und damit auch hinaus aus dem Unverantwortlichen.

Verlieren nun die Menschen in der Stofflichkeit durch falsches Wünschen den rechten Weg, der wieder hinaufführt, zu dem Lichte zurück, so bleiben sie in der Stofflichkeit umherirrend.

Nun versucht einmal, Euch das Geschehen in der *Grobstofflichkeit* anzusehen. Das Werden und Vergehen in Eurer allernächsten und Euch sichtbaren Umgebung.

Beobachtet in dem Keimen, Wachsen, Reifen und Verwesen das Sichformen, also Zusammenschließen der Grundstoffe, das Heranreifen und wieder Zurückgehen in die Grundstoffe durch die Zersetzung, also durch das Auseinanderfallen des Geformten in der Verwesung. Ihr seht es beim Wasser, auch bei Steinen in sogenannter Verwitterung, bei Pflanzen und bei Tier- und Menschenkörpern deutlich. Wie aber hier im Kleinen, so geschieht es auch genau im Großen, zuletzt ebenso im ganzen Weltgeschehen. Nicht nur in der

Grobstofflichkeit, die dem Erdenmenschen *sichtbar* ist, sondern auch in der Feinstofflichkeit, dem sogenannten Jenseits, das ja noch nichts mit dem Paradiese zu tun hat. – –

Die ganze Stofflichkeit hängt wie ein großer Kranz als unterster Teil der Schöpfung und bewegt sich in einem Riesenkreise, dessen Umlauf Jahrmillionen umfaßt. Es dreht sich also im Geschehen der großen Schöpfung nicht nur alles um sich selbst, sondern das Ganze bewegt sich unaufhaltsam extra noch in einem ungeheueren Kreislaufe. Wie nun dieser große Lauf vom ersten Sichzusammenschließen bis zu heutiger Vollendung *sich ergab,* so zieht er auch in *gleicher Weise weiter,* unentwegt, bis zur beginnenden und sich vollziehenden Zersetzung zurück in den Urstoff. Der Kreis geht dann trotzdem auch mit diesem Urstoff ruhig weiter, um in dem daraufhin erfolgenden neuen Zusammenschließen auch wieder neue Weltteile zu bilden, die jungfräulich unverbrauchte Kräfte in sich bergen.

So ist der große Werdegang, sich ewig wiederholend, in dem Kleinsten, wie auch in dem Größten. Und *über* diesem Kreislaufe steht fest die erste, geistig reine Schöpfung, das sogenannte Paradies. Dieses ist im Gegensatz zu der geformten Stofflichkeit *nicht* der Zersetzung unterworfen.

In diesem ewigen, leuchtend über dem Kreislaufe stehenden Geistigen ruht der Ausgangspunkt des unbewußten Geistkeimes des Menschen. Das Geistige ist es auch, welches dem in der Stofflichkeit sichbewußt und damit auch *persönlich* gewordenen Menschengeiste wieder *als Endziel* gilt.

Als unbewußter und unverantwortlicher Keim geht er aus. Als eigene, bewußte und damit auch verantwortliche Persönlichkeit kehrt er wieder, wenn ... er sich auf seinem notwendigen Wege durch die Stofflichkeit nicht verirrt und dadurch darin hängen bleibt, sondern die Auferstehung daraus als voll bewußt gewordener Menschengeist feiert. Das freudige Wiederauftauchen aus der Stofflichkeit, diesem lichten, ewigen Schöpfungsteile entgegen.

Solange der Menschengeist sich nun in der Stofflichkeit befindet, macht er mit dieser einen Teil des ewigen großen Kreislaufes mit, natürlich ohne es selbst zu bemerken. Und so kommt er eines Tages endlich auch mit an jene Grenze, wo der Weltenteil, in dem er sich befindet, langsam der Zersetzung entgegentreibt.

Dann aber ist es für alle noch *in* der Stofflichkeit befindlichen Menschengeister hohe Zeit, sich zu beeilen, *so* zu werden, daß sie emporsteigen können nach dem sicheren, lichten Hafen des ewigen Reiches, also den rechten und vor allen Dingen auch *kürzesten* Weg zu finden, um aus dem Bereiche der einsetzenden Gefahren in der Stofflichkeit herauszukommen, bevor diese ihn mit ergreifen können.

Schafft er es nicht, so wird es für ihn immer schwerer und zuletzt zu spät!

Er wird mit allem anderen dann in die langsame Zersetzung hineingezogen, und dabei das von ihm gewonnene *persönliche* »Ich« zerrissen. Unter tausend Qualen wird er damit wieder zu dem unbewußten Geistsamenkorn. Das Entsetzlichste, was dem persönlich bewußtgewordenen Geiste geschehen kann.

Es sind alle die, die ihre Persönlichkeit nach falscher Richtung hin entwickelt haben. Diese müssen sie deshalb wieder als unbrauchbar und schädlich verlieren. Zersetzung ist, wohlgemerkt, nicht etwa gleichbedeutend mit Vernichtung. Vernichtet kann nichts werden. Es ist nur ein Zurückversetzen in den Urzustand. Vernichtet wird bei derartig Verlorenen das bisher gewonnene persönliche »Ich«, was unter größten Qualen vor sich geht.

Solche Verlorene oder Verdammte hören damit auf, fertige Menschengeister zu sein, während die anderen eingehen durften als sichbewußte Geister in das ewige Reich der Freude und des Lichtes, bewußt all die Herrlichkeit genießend. –

Wie ein Kornacker nach einer Reihe von Jahren immer schlechtere Früchte trägt und nur durch Abwechslung der Saaten frische Kraft erhält, nicht anders ist es in der gesamten Stofflichkeit. Auch diese ist einmal verbraucht und muß durch die Zersetzung und erneute Bindung neue Kraft erhalten. Derartiges Geschehen fordert aber Jahrmillionen. Doch auch in dem Geschehen vieler Jahrmillionen ist einmal *ein bestimmtes Jahr* als ausschlaggebende Begrenzung einer notwendigen Scheidung alles Brauchbaren vom Unbrauchbaren.

Und dieser Zeitpunkt ist für die Erde nunmehr im großen Kreislaufe erreicht. Der in der Stofflichkeit befindliche Menschengeist *muß* sich endlich zum Aufstiege entscheiden, oder die Stofflichkeit hält ihn umschlungen für die später kommende Zersetzung ..., die die ewige Verdammnis ist, aus der ein geistiges persönlich-sichbewußtes Auferstehen und Aufsteigen nach dem über solcher Zersetzung erhabenen, lichten, ewigen Schöpfungsteile nie mehr möglich wird. –

In natürlicher Entwickelung des Ganzen ist schon lange jede Möglichkeit genommen, daß sich zu dem Bewußtwerden drängende Geistkeime auf diesem überreifen Erdenplane inkarnieren können, da sie zu viel Zeit gebrauchen würden, um als sich-selbst-bewußter Geist rechtzeitig noch aus dieser Stofflichkeit zu gehen. In natürlichem Geschehen trifft die Bahn der Geistkeime nur *solche Weltenteile*, die *darin* eine Gleichart haben, daß die Entwickelungsnotwendigkeit genau so langer Zeit bedarf, wie auch ein Geistkeim in dem längsten Falle braucht zu der Vollendung. Nur Gleichart der Entwickelungsstufe gibt freien Weg dem Geistkeime, während größere Reife eines Weltenteiles für unfertige Geistkeime ganz unnahbare Grenzen schafft. Auch hierin bleibt der Vorwurf einer Ungerechtigkeit und eines Mangels ganz unmöglich. Ein *jeder* Menschengeist kann deshalb mit der höchsten Reife seiner stofflichen Umgebung, in der er sich bewegt, gleichzeitig reif an jener Grenze stehen, an der der Teil der Stofflichkeit nun steht, den wir zur Zeit bewohnen.

Es ist nicht *einer*, der nicht reif sein könnte! Die Ungleichheit unter den Menschen ist nur die notwendige Folge ihres eigenen, freien Wollens. Nun kommt die Stofflichkeit aus Überreife in Zersetzung, damit gleichzeitig ihrer Neugeburt entgegentreibend.

Für das Ährenfeld der Menschengeister aber kommt der Schnitt, die Ernte, und damit die Scheidung. Das Reife wird emporgehoben zu dem Licht durch Wirksamkeit natürlicher Gesetze, die die feinstoffliche Hülle nach und nach abstreifen läßt, damit der Geist davon befreit bewußt emporschwebt in das Reich der Gleichart, alles Ewig-Geistigen. Das Untaugliche aber wird zurückgehalten in der Stofflichkeit durch die selbstgewollte Dichtheit seines feinstofflichen Körpers.

Das Schicksal solcher ist dann so, daß ihr feinstofflicher Leib den nun einsetzenden Veränderungen in der Stofflichkeit unterworfen bleibt und darin unter tausendjähriger schmerzhaftester Zersetzung leiden muß. Die Größe solcher Qual greift zuletzt auf den Menschengeist derart über, daß dieser das Sichbewußtsein verliert. Damit zerfällt auch wieder die in dem Bewußtsein gewonnene Form des Ebenbildes Gottes, die Menschenform.

Nach vollständiger Zersetzung des Stofflichen zurück in den Urstoff wird auch das nun *unbewußt*-geistig Gewordene wieder frei und schwebt seiner Art entsprechend empor. Doch kehrt es dann nicht als bewußter Menschengeist zurück, sondern als unbewußter Samen, der einst seinen ganzen Lauf durch neu erwachenden Wunsch in einem neuen Weltenteile von vorn beginnt.

Von dieser hohen Warte aus schauend, also von *oben* herab, hat Christus, *wie immer,* seine Worte derart gewählt und damit einen ganz natürlichen Vorgang geschildert in dem Auferstehen aus der Stofflichkeit, in die das Geistsamenkorn sich senkte.

Denkt Euch nur einmal selbst *über* der Stofflichkeit stehend.

Unter Euch liegt ausgebreitet wie ein Ackerfeld die allgemeine Stofflichkeit in ihren vielen Arten. Die Geistkeime senken sich nun von oben kommend in die Stofflichkeit. Und nach und nach, in langer Zeit, tauchen daraus in vielen Zwischenräumen fertige Menschengeister auf, die in dem stofflichen Erleben sichbewußt geworden sind und mit dem Drang nach Höherstreben alles Stoffliche abstreifen und zurücklassen können. Diese feiern damit Auferstehung aus der Stofflichkeit!

Aber nicht alle Keime kommen gereift wieder an die Oberfläche. So mancher davon bleibt zurück und muß darin nutzlos vergehen. –

Es ist alles genau so, wie bei einem Kornfelde.

Wie bei dem Weizenkorn alles geheimnisvolle *eigentliche* Werden *in* der dazu notwendigen Erde vor sich geht, so ist bei einem Geistkeime das hauptsächliche Werden in der allgemeinen Stofflichkeit. –

Christus erklärt mit *jedem* seiner Sätze immer *bildhaft* irgendein natürliches Geschehen in der Schöpfung. – –

Ob er nun sagte: »Niemand kommt zum Vater denn durch meine Botschaft« oder »durch mein Wort« oder »durch mich«, ist gleich. Es heißt soviel als: »Niemand findet den Weg denn durch das, was ich sage.« Eins bedeutet dasselbe wie das andere. Ebenso, ob er sagt: »Ich bringe Euch in meiner Botschaft die Möglichkeit der Auferstehung aus der Stofflichkeit und damit auch das Leben«, oder: »Ich bin mit meinem Wort für Euch die Auferstehung und das Leben«.

Die Menschen sollen den *Sinn* erfassen, nicht aber durch Wortklauberei sich selbst immer wieder aufs neue verwirren. – –

Die hier nur in großen Zügen angedeuteten Vorgänge in dem Umlaufkreise der Stofflichkeit können auch einige Ausnahmen bringen, die als Ursache aber nicht etwa Änderungen oder Verschiebungen der wirkenden Schöpfungsgesetze haben, sondern es liegt darin ebenfalls vollkommene und unverbiegbare Erfüllung.

Um keine Irrtümer aufkommen zu lassen, will ich schon hier späteren Vorträgen vorausgreifend einige kurze Hinweise darauf geben:

Das erwähnte zeitweise Zersetzen aller Stofflichkeiten an bestimmter Stelle deren Umlaufes ist eine Folge des Umstandes, daß in den Stofflichkeiten die Menschengeist-Samenkörner sich entwickeln dürfen, welche freie Entschlußfähigkeit in sich tragen.

Da diese freie Entschlußfähigkeit nicht immer den Weg empor zum Lichte wählt, tritt eine vom Licht nicht gewollte Verdichtung der Stofflichkeiten ein, die diese schwerer werden läßt und auf eine Bahn hinabdrückt, welche zur Überreife und zu dem Trichter führt, der auf alles wie ein reinigender Filter wirkt, in dem gleichzeitig die Zersetzung vor sich geht.

Ein Weltenteil oder Weltenkörper der Stofflichkeit, auf dem die sich entwickelnden Menschengeister in allen ihren Wünschen und ihrem reinen Wollen nur dem Lichte zu eingestellt sind, bleibt lichter und dadurch leichter auf einer Höhe, die ohne Unterbrechung die lebendigen Strahlungskräfte aus dem Lichte voll aufzunehmen fähig ist und somit dauernd frisch und in den Schöpfungsgesetzen schwingend gesund bleibt, deshalb auch nicht auf die Bahn kommt, die zur Überreife und zu der Zersetzung führen muß.

Derartige Teile gehen naturgemäß, also lichtgewollt, hoch oben darüber hinweg.

Dazu gehören aber leider nur sehr wenige Teile. Dafür trägt das Menschengeistige, das sich entwickeln darf, die Schuld, weil es die falschen Wege wählte und trotz aller Ermahnungen darauf beharrt.

Wo aber nun ein Gnadenakt Gottes in der höchsten Not, also kurz vor Eintreten in die Saugkraft des Strudels der Zersetzung, noch Hilfe bieten will, dort ändert sich der Vorgang.

Mit der Verankerung des Lichtes durch das Kommen eines Gottgesandten wird die Lichtkraft ohne Zutun der Menschengeister so verstärkt, daß eine Reinigung erfolgt, welche den damit begnadeten Teil der Stofflichkeit noch im letzten Augenblicke emporreißt nach lichteren Höhen, so daß er über den Zersetzungstrichter hinweggeht und bestehen bleiben kann.

Die Reinigung fegt natürlich alles Dunkel, sowie die Ausgeburten und Trabanten des Dunkels mit deren Werken hinweg, während die dann noch verbleibenden Menschengeister dem Lichte dankbar zustreben müssen mit allen ihren Kräften.

Es ist auch dieses außergewöhnliche Geschehen vollkommen in den Schöpfungsgesetzen schwingend und weicht in seinen Auswirkungen nicht um Haaresbreite davon ab. Die mit der Lichtverankerung verbundene gewaltsame Reinigung kommt einer vollkommenen Neuerstehung gleich.

GROBSTOFFLICHKEIT, FEINSTOFFLICHKEIT, STRAHLUNGEN, RAUM UND ZEIT

Es kamen viele Anfragen über den Begriff meiner Ausdrücke Grobstofflichkeit und Feinstofflichkeit. Die Grobstofflichkeit ist alles das, was der Mensch mit seinen *irdischen* Augen sehen kann, was er *irdisch* fühlt und hört. Dazu gehört auch jenes, was er durch Vermittelung irdischer Hilfsmittel sieht und bei weiteren Erfindungen noch sehen wird. Wie zum Beispiel alles durch das Mikroskop Gesehene. Es ist das Grobstoffliche nur eine *bestimmte* Art der Stofflichkeit.

Das große Gebiet der *gesamten* Stofflichkeit umfaßt aber *mehrere* Arten, die unter sich von Grund aus ganz verschieden sind, und deshalb sich *nie miteinander vermischen.*

Die verschiedenen Arten der Stofflichkeit liegen ganz unten am Grunde oder Ende der Schöpfung. Wieder wie in der ganzen Schöpfung oben mit der leichtesten Art beginnend, und abwärtsgehend mit der schwersten und dichtesten aufhörend. Diese sämtlichen Arten der Stofflichkeit dienen lediglich als Hilfsmittel zur Entwickelung alles Geistigen, das darein wie in einen fruchtbaren Ackerboden als Keim taucht. Genau so, wie ein Samenkorn die Erde zum Keimen und Wachsen benötigt.

Die Stofflichkeit selbst ist in den einzelnen Schichten für sich allein untätig, hilflos. Erst dann, wenn sie durch das über ihr ruhende Wesenhafte durchdrungen und gebunden wird, erhält sie Wärme und Lebendigkeit, dient zu Hüllen oder Körpern der verschiedensten Formen und Arten.

Wie ich schon sagte, lassen sich die verschiedenen Arten der Stofflichkeit *nicht vermischen,* wohl aber durch das Wesenhafte binden und auch mehrfach verbinden. In dieser Bindung und Verbindung entstehen nun Wärmen und Ausstrahlungen. Jede einzelne Stofflichkeitsart erzeugt dabei ihre bestimmte, eigene Ausstrahlung, welche sich mit den Ausstrahlungen der anderen mit ihr verbundenen Arten vermischt und zusammen einen Strahlungskranz ergibt, den man heute schon kennt und Od oder auch Ausstrahlung nennt.

So hat jeder Stein, jede Pflanze, jedes Tier seine Ausstrahlung, die man beobachten kann, und die je nach dem *Zustande* des Körpers, also der Hülle oder Form, ganz verschieden ist. Deshalb lassen sich auch Störungen in dem Strahlungskranze beobachten und daran Krankheitspunkte der Hülle erkennen.

Der Strahlungskranz gibt also jeder Form eine besondere Umgebung, die einen Schutz in der Abwehr, gleichzeitig aber auch eine Brücke zu der weiteren Umgebung bildet. Auch schlägt er außerdem noch auf das Innere, um teilzunehmen an der Entwickelung des Wesenskernes, im *gröbsten* Sinne; denn in Wirklichkeit kommen noch viele Dinge zum eigentlichen Wirken in der Schöpfung hinzu, die ich nur ganz langsam schrittweise aufrollen darf, um ernsthaft Suchenden das Eindringen in die Schöpfungsgesetze leicht zu machen.

Ohne von dem Wesenhaften durchdrungen zu sein, ist die Stofflichkeit nichts. Was wir jetzt betrachteten, war aber nur die Verbindung des Wesenhaften mit den verschiedenen Arten der Stofflichkeit. Und das wiederum gibt erst den *Ackerboden* für den *Geist!* Das Wesenhafte bindet, verbindet und belebt das Stoffliche, der Geist aber beherrscht das Stoffliche *mit* dem Wesenhaften. Sobald der Geist, also Geistiges, in die durch das Wesenhafte belebte Verbindung zu seiner Entwickelung eintaucht, ist diese ihm ohne weiteres aus der Natur der Sache heraus untergeordnet, also auch das Wesenhafte mit.

Die Herrschaft wird dem Geiste damit auf die natürlichste Weise angetragen. Traurig, wenn er sie schlecht oder falsch benützt! *Das eigentliche Rüstzeug des Geistes* zu seiner Entwickelung in der Stofflichkeit *ergeben nun die Ausstrahlungen,* die wir soeben besprochen haben. Der Boden für die Entwickelung des Geistes ist vor seinem Eintauchen durch das Wesenhafte schon sorglich bereitet. Die Hüllen schließen sich selbsttätig schützend um ihn, und seine Aufgabe ist es, das ihm damit verliehene Rüstzeug richtig zu gebrauchen, zu seinem Wohle und Aufstiege, nicht aber zu seinem Schaden und Absturze.

Es ist nicht schwer, zu verstehen, daß *die* Art der Stofflichkeit von der Umhüllung des Geistes, welche am stärksten vertreten ist, auch ausschlaggebend sein muß für die Art der Strahlungsmischung; denn darin wird die Ausstrahlung der vorhandenen stärksten Stofflichkeitsart natürlich immer vorherrschen. Das Vorherrschende dabei ist aber auch wiederum das Einflußreichste nach innen und nach außen.

Die Strahlungsmischung nun hat aber eine viel größere Bedeutung, als die Menschheit bisher erforschen konnte. Es ist von deren eigentlicher Aufgabe noch nicht der zehnte Teil geahnt!

Die Beschaffenheit des Strahlungskranzes ist ausschlaggebend für die Wellenstärke, welche Schwingungen aus dem Strahlungssysteme des gesamten Weltalls aufzunehmen hat. Der Hörer und Leser gehe hier nicht leicht darüber hinweg, sondern vertiefe sich in den Gedanken, und er wird damit ganz plötzlich alle Nervenstränge in der Schöpfung vor sich liegen sehen, die er anzuschlagen, zu benützen lernen soll.

Er denke sich die Urkraft strahlend ausgegossen auf das Schöpfungswerk! Sie strömt hindurch, durch jeden Teil und jede Art. Und jeder Teil und jede Art davon wird sie verändert strahlend weitergeben. Die verschiedenartige Beschaffenheit der Schöpfungsteile bringt damit in der Urstrahlung Veränderung hervor, die auch die Farbe dieser Strahlung ändert.

So zeigt die ganze Schöpfung ein wundervolles Bild herrlichster Farbenstrahlungen, wie sie kein Maler wiedergeben könnte. Und jeder Schöpfungsteil an sich, und jeder Stern, sogar ein jeder Einzelkörper, sei er auch noch so klein und winzig, kommt einem feingeschliffenen Prisma gleich, das jeden Strahl, den es empfängt, vielfältig andersfarbig strahlend weitergibt.

Die Farben wieder tragen tönendes Klingen in sich, das wie ein rauschender Akkord erschallt.

Diesem gewaltigen Strahlungsreiche steht nun der Menschengeist mit seinem Rüstzeuge der Ausstrahlungen der ihm gegebenen Hüllen gegenüber. Bis zum Erwachen der Sexualkraft ist der Vorgang wie bei einem Säugling. Die stofflichen Hüllen saugen durch ihre Ausstrahlungen nur das auf, was sie zum Reifen benötigen. Mit Eintreten der Sexualkraft aber steht der Geist vollgerüstet da, die Tore zu ihm sind damit aufgestoßen, die unmittelbare Verbindung geschaffen. Er erhält nun vielfältig verstärkt Kontakt mit den Gewalten der Strahlungen in dem großen All!

Wie nun der Mensch, also der Geist, die Farben seiner eigenen Ausstrahlungen entwickelt und regiert, so stellt er wie beim Radio auch seine Wellen auf die gleichen Farben ein und nimmt diese dann aus dem Weltall auf. Das Aufnehmen kann ebensogut auch bezeichnet werden mit Heranziehen oder mit Anziehungskraft der Gleichart. Gleichviel, wie es benannt wird, der Vorgang bleibt an sich derselbe. Die Farben bezeichnen ja nur die Art, und die Art gibt die Farbe.

Hierin liegt nun auch der verlorengegangene Schlüssel zu der *wahren*, königlichen Kunst der Astrologie, sowie der Schlüssel zur Heilkunde der Kräuter, ebenso auch zu der umstrittenen Kunst des Heilmagnetismus, der Schlüssel zur Lebenskunst, wie auch zur Stufenleiter des geistigen Aufstieges. Denn mit der Stufenleiter, also der sogenannten Himmelsleiter, ist nichts anderes als ein einfaches *Werkzeug* gemeint, dessen man sich bedienen soll. Die Maschen dieses Strahlungsnetzes in der Schöpfung sind die Sprossen dieser Leiter. *Alles* liegt darin, das ganze Wissen und das letzte Geheimnis in der Schöpfung.

Suchende, greift in die Maschen dieses Strahlungsnetzes! Bewußt, aber mit *gutem* Wollen und in demutsvoller Anerkennung Eures Gottes, welcher diese wundervolle Schöpfung gab, die Ihr zu Eurem Glücke nützen könnt wie in kindlichem Spiele, wenn Ihr nun endlich einmal *ehrlich* wollt und allen Wissensdünkel abwerft. Erst muß die falsche Last herab von Euren Schultern, Eurem Geiste, sonst könnt Ihr Euch nicht straff und frei erheben.

Auch in der Strahlungsmischung des menschlichen Körpers muß unbedingt Harmonie herrschen, um dem Geiste zum Schutze, zur Entwickelung und zum Aufstiege vollwertige Mittel zu geben, die ihm in der normalen Schöpfungsentwickelung bestimmt sind. Gerade durch die Wahl der Kost, der Körperbetätigung, wie überhaupt die ganzen Lebensverhältnisse in vielen Dingen sind diese Strahlungen einseitig verschoben worden, was nach einem Ausgleiche verlangt, wenn ein Aufstieg möglich werden soll. *Heute krankt dabei alles.* Nichts ist gesund zu nennen. –

Der Mensch kann sich nun vorstellen, welche Einwirkung allein die Wahl der Speisen schon auf dieses Strahlensystem hat. Durch die Wahl der Speisen zur Ernährung des Körpers vermag er ausgleichend nachzuhelfen, stärkend, manches schwächend, und das Vorherrschende auch verschiebend, wenn es ungünstig oder hemmend wirkt, so daß *die* Strahlung führend wird, die *günstig* für ihn ist, und damit auch normal; denn allein das Günstige ist ein normaler Zustand.

Doch dies alles kann nicht etwa den Aufstieg selbst bedingen, noch herbeiführen, sondern es bietet nur gesunden Boden für die volle Tätigkeit des Geistes, *dessen Wollen* vorbehalten ist, den Weg nach oben, den zur Seite, oder auch den Weg nach unten zu bestimmen.

Der Körper muß aber erstarken wie der Geist, sobald man fähig ist, darauf zu achten. Jetzt aber wird fast überall in Unwissenheit schwer darin gesündigt. –

Wenn ich von Grobstofflichkeit und von Feinstofflichkeit spreche, so darf also nicht angenommen werden, daß die Feinstofflichkeit die Verfeinerung des Grobstofflichen bedeuten soll. Das Feinstoffliche ist vollkommen *anderer* Art, von anderer Beschaffenheit. Es wird nie zu Grobstofflichem werden können, sondern es bildet eine Übergangsstufe nach oben zu. Auch ist unter Feinstofflichkeit genau so wie bei der Grobstofflichkeit nur eine *Hülle* zu verstehen, die mit dem Wesenhaften verbunden werden muß, um von ihm belebt werden zu können.

Sobald ich nun auf diese Gebiete übergehe, muß ich erwähnen, daß die Einteilungen damit noch lange nicht erschöpft sind. Deshalb will ich heute schon bekannt geben, daß außer dem bewußten und dem unbewußten Geistigen und Wesenhaften zu der Belebung der Stofflichkeitsarten auch noch *Kraftströmungen* der verschiedenen Arten die Schöpfung durchziehen und nach ihren Arten ebenso verschieden zur Entwickelung und Förderung beitragen.

Die Kraftströmungen sind wieder auch nur das Nächste, was sich der Tätigkeit des Geistigen und des Wesenhaften anschließt, oder besser, ihnen vorausgehend, das Feld ihrer Wirksamkeit bereitet. Es kommt dann mehr, viel mehr, je weiter wir zergliedern und auf Einzelheiten eingehen werden.

Eins reiht sich weitergehend an das andere, um in Verbindung mit vor ihm Bestehendem auch immer neue Abstufungen zu erzeugen. Alles aber läßt sich folgerichtig auch erklären; denn es konnte nach der ersten Schöpfung nur erstehen, was folgerichtig war. Anderes ist nicht vorhanden. Und diese Tatsache gibt unbedingt auch die Gewähr für eine lückenlose Lösung, für einen klaren Überblick. In meinen Vorträgen biete ich nun den *Schlüssel!* Erschließen kann sich dann ein jeder Hörer die gesamte Schöpfung selbst.

Alles auf einmal aber müßte ein Werk ergeben, dessen Vielseitigkeit die Menschen verwirren könnte. Lasse ich jedoch wie bisher eines ruhig aus dem anderen hervorgehen, im Laufe kommender Jahrzehnte, so ist es leicht, zu folgen und zuletzt auch alles ruhig und bewußt ganz klar zu überblicken. Leicht für den, der mir bis dahin folgen will. Im Anfang will ich erst einmal die stärksten Grundfesten der Schöpfung klären, bevor ich alle Feinheiten berühre.

Dem Hörer und dem Leser wird es wohl ergehen wie einem Geschöpf, dem ich zuerst das Skelett eines Menschen zeige und dann einen lebendigen Menschen in seiner Vollkraft und Tätigkeit danebenstelle. Wenn es noch keine Ahnung von dem Menschen hätte, so würde es in dem lebenden Menschen das Skelett nicht wiedererkennen, vielleicht sogar sagen, daß das gar nicht zusammengehört, oder doch nicht dasselbe ist.

Genau so wird es denen ergehen, die mir in meinen Ausführungen nicht ruhig bis zum Ende folgen. Wer nicht von Beginn an mit ernstem Eifer zu begreifen sucht, kann *dann* die ganze Schöpfung nicht erfassen, wenn ich bis zu den letzten Klärungen gekommen bin. Er *muß* darin nur Schritt für Schritt zu folgen suchen. –

Da ich in groben Zügen sprechen mußte, leite ich nun *langsam* über auf die *neuen* Dinge. Ich würde sonst zu sprunghaft sein. Es ist mir ohnedies schon oft gesagt worden, daß ich in allem nur Extrakt biete, der einer großen Allgemeinheit nicht so leicht verständlich wird. Ich kann jedoch nicht anders, wenn ich alles das noch bringen will, was ich zu sagen habe. Wir würden sonst im vierten Teile enden müssen, da bei breiterem Erklären eine Erdenzeit kaum ausreicht für noch mehr. Es werden andere kommen, die aus jedem meiner Vorträge ein und auch mehrere Bücher schreiben können. Ich vermag mich jetzt nicht damit aufzuhalten. – –

Da nun die Feinstofflichkeit, wie ich sagte, *anderer* Art ist als die Grobstofflichkeit, so folgert hieraus etwas, was ich bisher noch nicht berührte. Um nicht zu verwirren, gebrauchte ich bisher in manchen Dingen volkstümliche Ausdrücke, die ich nunmehr erweitern muß. Dazu gehört zum Beispiel auch der Ausdruck: *»Über Zeit und Raum stehend!«*

Das betraf stets das Überirdische. Im Hinblick auf ein Weitergehen müssen wir von heute an nun sagen: Das Leben in der Feinstofflichkeit ist »über irdischen Begriffen von Raum und Zeit stehend«; denn auch in der Feinstofflichkeit gibt es einen Raum- und Zeitbegriff, doch wieder *anderer Art,* der Feinstofflichkeit angepaßt. Der Raum- und Zeitbegriff liegt sogar in der ganzen Schöpfung, doch ist er stets an die bestimmte Art gebunden! Die Schöpfung selbst hat ihre Grenzen, damit gilt auch für diese noch ein Raumbegriff.

Auch alle Grundgesetze, die sich einheitlich durch die gesamte Schöpfung ziehen, sind in ihren *Auswirkungen* immer von der jeweiligen Schöpfungsart beeinflußt, von deren Eigenheiten abhängig! Deshalb müssen sich die Folgen *eines bestimmten Gesetzes* in den verschiedenen Schöpfungsabteilungen auch *verschieden* zeigen, was zu großen Mißverständnissen, Widersprüchen,

Zweifel an der Einheitlichkeit der Schöpfungsgesetze oder des göttlichen Willens, und auch zu dem Glauben an Willkürakte des Schöpfers führte. Im Grunde aber lag und liegt doch alles nur an der Unwissenheit des Menschen über die Schöpfung selbst.

Auf diese Dinge komme ich jedoch viel später erst ausführlicher zu sprechen, da sie heute die Aufmerksamkeit der Hörer und der Leser ablenken und trüben müßten. Ich bringe es, sobald es nötig wird zu weiterem Verstehen. Es wird keine Lücke bleiben.

DER IRRTUM DES HELLSEHENS

HELLSEHEN! Welche Glorie wird darum gebaut, wieviel Spott hört man auch von der einen Seite, während von der anderen ängstliche Neugier spricht; der Rest ist ehrfurchtsvolles Schweigen. Sehende selbst schreiten wie Pfauen in dem Hühnerhofe stolz einher. Sie dünken sich als Gottbegnadete und fühlen sich darin in hochmütiger Demut weit über andere gehoben. Nur zu gern lassen sie sich bewundern für etwas, das ihnen in Wirklichkeit ebenso fremd ist wie ihrer vielfragenden Umgebung.

Ihre tatsächliche Unwissenheit hüllen sie in nichtssagendes Lächeln, das den Wissenden vortäuschen soll. Es ist jedoch viel eher der zur Gewohnheit gewordene Ausdruck ihrer Hilflosigkeit bei Fragen, die ihr eigenes Wissen über den Vorgang fordern.

Sie wissen in Wirklichkeit nicht mehr als der Hammer und der Meißel, unter denen sich durch die Hand des Künstlers irgendein Werk formt. Es sind aber auch hierbei wiederum nur die Menschen selbst, die ihre mit hellseherischen Gaben ausgestatteten Mitmenschen zu etwas anderem machen wollen, als diese wirklich sind, und ihnen damit großen Schaden bringen.

Das ist der ungesunde Zustand, den man heute überall findet. Das »Sehen« ist ja in den meisten Fällen *wirklich*, aber durchaus nichts Besonderes, das des Anstaunens und noch viel weniger des Erschauerns wert wäre, da es eigentlich das ganz Natürliche sein sollte. Natürlich bleibt es aber nur, wenn es von selbst kommt und auch ruhig der eigentlichen Entwickelung überlassen bleibt, ohne fremde oder eigene Nachhilfe. Eine *Nachhilfe* darin ist ebenso verdammenswert, wie es eine Nachhilfe beim körperlichen Sterben sein würde.

Wert erhält das Sehen aber erst durch wirkliches *Wissen.* Nur das Wissen allein vermag dieser natürlichen Fähigkeit Sicherheit zu geben und damit auch die *rechte* Einstellung mit dem rechten Ziel. Daß dies aber bei der großen Mehrheit aller hellsehenden Menschen fehlt, kann man sofort feststellen an dem ehrgeizigen Übereifer, der Überhebung mit sich führt, sowie an dem unverhüllt zur Schau getragenen und auch gern zum Ausdruck gebrachten Sich-wissend-Dünken.

Und diese Einbildung des Wissens ist gerade das, was solche Menschen abhält, nicht nur nicht weiter vorwärts zu kommen, sondern was ihnen geradezu zum Verderben dadurch wird, daß es sie in ihren Bemühungen auf Abwege bringt, die *abwärts* führen anstatt aufwärts, ohne daß der sich Mehr-wissend-Dünkende etwas davon bemerkt. Solchen kann als größte Hilfe nur hier und da widerfahren, daß ihr Hellsehen oder Hellhören sich nach und nach wieder abschwächt und verliert. Das ist Rettung! Durch irgendeinen für sie eintretenden günstigen Zustand, deren es vielerlei gibt.

Betrachten wir uns nun die hellsehenden Menschen und ihre irrende Überzeugung, die sie an andere Menschen weitergeben. Sie allein tragen die Schuld, daß dieses ganze Gebiet als falsch und unverläßlich bisher in den Kot getreten werden konnte.

Was diese Menschen sehen, ist im günstigsten und fortgeschrittensten Falle die zweite Stufe des sogenannten Jenseits, wenn man es in Stufen (nicht Sphären gedacht) einteilen will, wobei die Stufe des Lichtes ungefähr die zwanzigste sein würde, nur um ein ungefähres Bild des Unterschiedes zu bekommen. Die Menschen aber, die wirklich bis zu einer zweiten Stufe schauen können, denken etwas Gewaltiges damit zu leisten. Diejenigen jedoch, die nur bis zur ersten Stufe blicken können, bilden sich in den meisten Fällen noch viel mehr ein.

Nun muß bedacht werden, daß ein Mensch in seiner höchsten Begabung immer wirklich nur so weit schauen kann, wie es ihm seine eigene, innere Reife zuläßt. *Er ist dabei gebunden an seinen eigenen inneren Zustand!* Es ist ihm aus der Natur der Sache heraus einfach unmöglich, etwas anderes zu schauen, wirklich zu *schauen,* als seine eigene Gleichart ist. Also innerhalb des Bereiches, in dem er sich nach seinem irdischen Abscheiden ungehindert bewegen könnte. Nicht weiter; denn in dem Augenblicke, wo er die Grenze des Jenseits, die ihm der Zustand seiner eigenen Reife vorschreibt, überschreiten würde, müßte er sofort jedes Bewußtsein für seine Umgebung verlieren. Von selbst könnte er die Grenze sowieso nicht überschreiten.

Würde aber seine Seele bei einem Ausgetretensein von einem Jenseitigen, der der nächsthöheren Stufe angehört, mitgenommen, so würde er in dessen Armen beim Überschreiten der Grenze zur höheren Stufe sofort bewußtlos werden, also einschlafen. Zurückgebracht, könnte er sich immer nur trotz seiner hellseherischen Gaben bis dahin besinnen, soweit es ihm seine eigene Reife zuließ, sich wachend umzuschauen. Es würde ihm also kein Nutzen daraus erwachsen, wohl aber seinem feinstofflichen Körper schaden.

Was er darüber hinaus zu erschauen wähnt, seien es nun Landschaften oder Personen, ist niemals wirklich lebendig von ihm erlebt oder persönlich geschaut, sondern es handelt sich dabei lediglich um *Bilder*, die ihm gezeigt werden, und deren Sprache er auch zu hören vermeint. Es ist niemals die Wirklichkeit. Diese Bilder sind anscheinend so lebendig, daß er selbst nicht zu unterscheiden vermag, was ihm nur gezeigt wird, oder was er wirklich erlebt, weil der Willensakt eines stärkeren Geistes derartige lebendige Bilder erschaffen kann.

So kommt es, daß viele Hellsehende und Hellhörende wähnen, sich bei ihren jenseitigen Ausflügen bedeutend höher zu befinden, als sie es in Wirklichkeit sind. Und daraus entspringen so zahlreiche Irrtümer.

Auch wenn manche Christus zu schauen oder zu hören wähnen, so ist dies ein großer Irrtum; denn das wäre durch die riesengroße Kluft der fehlenden Gleichart nach den Schöpfungsgesetzen des göttlichen Willens ein Ding der Unmöglichkeit! Der Gottessohn kann nicht wie zu einem Kaffeestündchen in einen spiritistischen Zirkel kommen, um die Besucher dort auszeichnend zu beglücken, ebensowenig große Propheten oder höhere Geister.

So sicher und fest aber im Jenseits während des Erdenlebens zu verkehren, um alles unverschleiert zu hören und zu schauen und vielleicht die Stufen nur so hinanzueilen, ist keinem noch in Fleisch und Blut gebundenen Menschengeiste vergönnt. Derart einfach ist die Sache nicht, trotz aller Natürlichkeit. Sie bleibt an die unumgänglichen Gesetze gebunden.

Und wenn ein Hellhörender und Hellsehender seine Erdenaufgaben damit vernachlässigt, indem er nur in das Jenseits eindringen will, so versäumt er mehr, als was er damit gewinnt. Er wird, sobald dann seine Zeit für das jenseitige Reifen für ihn kommt, eine Lücke mit sich führen, die er *nur auf der Erde* auszufüllen vermag. Dadurch kann er nicht weiter aufwärts steigen, er bleibt bis zu einem gewissen Punkte gebunden und muß wieder zurück, um das Versäumte nachzuholen, bevor er an den ernsten Weiteraufstieg denken kann. Es ist auch hierbei alles einfach und natürlich, lediglich immer eine notwendige Folgerung des Zurückliegenden, die sich nie und nimmer abbiegen läßt.

Jede Stufe eines Menschenseins fordert wirklich gelebt zu werden, mit vollem Ernste, voller Aufnahmefähigkeit der jeweiligen Gegenwart. Mangel daran bringt eine Lockerung, die sich beim weiteren Wege immer fühlbarer machen muß und schließlich einen Bruch und den dadurch folgenden Zusammensturz herbeiführt, wenn man nicht rechtzeitig zurückgeht und die mangelhafte Stelle durch nochmaliges Erleben ausbessert, damit sie fest und sicher wird.

So ist es im ganzen Geschehen. Leider aber hat der Mensch die krankhafte Gewohnheit angenommen, immer über sich hinauszugreifen, weil er sich mehr zu sein dünkt, als er wirklich ist.

ARTEN DES HELLSEHENS

Lange zögerte ich mit der Beantwortung der verschiedenartigen Fragen über Hellsehen, weil ein jeder Mensch, der meine Gralsbotschaft *richtig* gelesen hat, darüber vollkommen unterrichtet sein muß. Vorausgesetzt natürlich, daß er die Botschaft nicht als eine Lektüre las, zum Zeitvertreib oder mit Vorurteilen, sondern sich ernsthaft hinein vertiefte und jeden Satz als bedeutungsvoll betrachtete, dessen Sinn an sich, sowie dessen unbedingte Zugehörigkeit zur ganzen Botschaft zu ergründen er sich schon *bemühen* muß; denn so ist es von vornherein gewollt.

Der Geist muß dabei wach sein. Oberflächliche Menschen sollen dadurch selbsttätig ausgeschaltet werden.

Ich wiederholte mehrfach, daß eine *Art* immer nur von der *gleichen Art* erkannt zu werden vermag. Mit diesen Arten sind natürlich Schöpfungsarten gemeint.

Von unten nach oben betrachtet, gibt es die Art des *Grobstofflichen,* die Art des *Feinstofflichen,* die Art des *Wesenhaften* und die Art des *Geistigen.* Jede dieser Arten zerfällt wiederum in viele Stufen, so daß leicht die Gefahr besteht, die Stufen der feinen Grobstofflichkeit schon mit den Stufen der groben Feinstofflichkeit zu verwechseln. Ganz unauffällig sind die Übergänge, welche in dem Wirken und Geschehen nicht etwa fest verbunden sind, sondern nur ineinandergreifen.

Auf jeder dieser Stufen zeigt sich andersartiges Leben. Der Mensch hat nun von jeder Schöpfungsart, die *unter* dem Geistigen steht, eine Hülle. Der Kern selbst ist geistig. Jede Hülle ist gleichbedeutend mit einem Körper. Der Mensch ist also ein geistiger Kern, der in der Entwicklung des Sich-bewußt-Werdens menschliche Form annimmt, die sich mit steigender Entwickelung dem Lichte zu immer mehr idealisiert bis zur vollendetsten Schönheit, bei einer Abwärtsentwicklung jedoch immer mehr das Gegenteil davon annimmt, bis zu den groteskesten Verunstaltungen. Um Irrtum hierbei auszuschalten, will ich besonders erwähnen, daß die grobstoffliche Hülle oder der

Körper diese Entwickelung nicht mit durchmacht. Er hat nur geringe Zeit mitzuwirken und kann auf dem grobstofflichen Erdenplane nur ganz geringen Variationen unterworfen sein. Es kann also ein äußerlich schöner Erdenmensch innerlich schlecht sein und umgekehrt.

Der Mensch auf der Erde, also in der Grobstofflichkeit, trägt die Hüllen *aller* Schöpfungsarten *gleichzeitig*. Jede Hülle, also jeder Körper der verschiedenen Arten, hat auch seine Sinnesorgane ganz für sich. Die grobstofflichen Organe zum Beispiel können *nur in der gleichen Art*, also in der grobstofflichen Art tätig sein. Eine feinere Entwickelung darin gibt im günstigsten Falle die Möglichkeit, bis zu einem gewissen Grade der feineren Grobstofflichkeit schauen zu können.

Diese feinere Grobstofflichkeit wird von den sich damit beschäftigenden Menschen »astral« genannt, ein Begriff, der nicht einmal denen wirklich richtig bekannt ist, welche diese Bezeichnung aufstellten, noch viel weniger denen, die sie nachsprechen.

Ich wende diese Begriffsbenennung an, weil sie bereits bekannt ist. Allerdings gilt dieser Name wie bei okkultistischen Forschungen üblich nur als eine Art Sammelbegriff alles dessen, was man wohl als bestehend weiß und ahnt, aber doch noch nicht richtig begreifen, noch weniger begründen kann.

Das ganze bisher aufgestellte Wissenwollen der Okkultisten ist nichts weiter als ein großer, selbstgeschaffener Irrgarten des Nichtwissens, ein Schutthaufen der Anmaßungen des für diese Dinge nicht zureichenden Verstandesdenkens. Trotzdem will ich bei der vielgebrauchten Bezeichnung »astral« bleiben. Was die Menschen aber unter »astral« sehen und meinen, gehört noch nicht einmal zur Feinstofflichkeit, sondern lediglich zur feinen Grobstofflichkeit.

Die von menschlichen Einbildungen erfüllten Forscher haben sich in diesen Gefilden noch nicht aus der Grobstofflichkeit hinausbegeben, sondern sind in der *niedersten Art* der Nachschöpfung geblieben und machen deshalb soviel Lärm mit möglichst »klingenden« Fremdwörtern! Sie schauen nicht einmal mit dem feinstofflichen Auge, sondern lediglich mit dem *Übergangsempfinden* des grobstofflichen Auges zu dem feinstofflichen. Es könnte dies ein Übergangs- oder Halbschauen genannt werden.

Legt ein Mensch nun durch irdischen Tod den grobstofflichen Körper ab, so sind damit natürlich auch die grobstofflichen Sinnesorgane mit abgelegt, weil sie nur zu der betreffenden Hülle gehören. Es ist also das irdische Sterben weiter nichts als das Abstreifen der äußersten Hülle oder Schale, die ihm das Schauen und Wirken in der Grobstofflichkeit ermöglichte. Sofort nach diesem Ablegen steht er in der sogenannten anderen Welt oder besser gesagt, in den Ebenen der Feinstofflichkeit. Hier kann er wieder nur mit den Sinnesorganen des nun für ihn als äußerste Schale verbliebenen feinstofflichen Körpers arbeiten. Er sieht also mit den Augen des feinstofflichen Körpers, hört mit dessen Ohren usw.

Es ist natürlich, daß der Menschengeist beim Eintreten in die Feinstofflichkeit die Sinnesorgane der damit plötzlich zur Betätigung gezwungenen feinstofflichen Hülle richtig entsprechend anzuwenden erlernen muß, wie einst die Organe des grobstofflichen Körpers in der Grobstofflichkeit. Der andersartigen Stofflichkeit entsprechend, die nicht so schwerfällig ist, erfolgt auch die Erlernung rechter Verwendung der Organe in schnellerer, leichterer Art. Und so ist es mit jeder weiteren Art.

Zur Erleichterung dieses Eingewöhnens in die verschiedenen Arten ist das Übergangs- oder Halbschauen gegeben auf die Zwischenebenen. Das grobstoffliche Auge vermag bei gewissen Anspannungen durch außergewöhnliche Zustände des Körpers ahnend auf die Verbindungsebene zwischen der Grobstofflichkeit und Feinstofflichkeit zu blicken, während das feinstoffliche Auge im Anfangsstadium seiner Betätigung rückblickend ebenfalls die gleiche Ebene halbschauend erreicht, wo die feine Grobstofflichkeit der groben Feinstofflichkeit die Hand reicht.

Dieses Halbschauen gibt dem Menschengeiste während seines Durchschreitens einen gewissen Halt, so daß er sich nie ganz verloren zu fühlen braucht. So ist es bei *jeder* Grenze zweier verschiedener Arten. Daß die beiden verschiedenen Stoffarten sich aneinander halten können und nicht etwa eine Kluft bilden, weil sie sich nie zu vermischen vermögen, dafür sorgen *wesenhafte* Kraftwellen, die in ihrer magnetartigen Anziehungsfähigkeit haltend und bindend wirken.

Legt der Mensch nach Durchschreiten der verschiedenen Abteilungen der Feinstofflichkeit auch den feinstofflichen Körper ab, so tritt er in das *Wesenhafte*. Ihm ist dann als äußerste Hülle der *wesenhafte* Körper geblieben, mit dessen Augen er nun sehen und mit dessen Ohren er hören muß, bis es ihm möglich wird, auch die wesenhaften Hüllen abzulegen und in das Reich des Geistes einzutreten. Hier erst ist er *allein er selbst*, unverhüllt, und muß mit seinen *geistigen* Organen sehen, hören, sprechen usw. Auch seine Gewänder und alles um ihn her sind *geistig*-wesenhafter Art.

Diese meine Angaben müssen von den Lesern scharf durchdacht werden, damit sie sich ein richtiges Bild davon machen können.

Materialisationen irdisch Abgeschiedener sind weiter nichts als Vorgänge, bei denen durch Benützung eines Mediums die irdisch Abgeschiedenen, welche den feinstofflichen Körper tragen, noch eine Hülle feiner Grobstofflichkeit um sich legen. Das dürfte wohl die einzige Ausnahme sein, wo die heutigen Erdenmenschen mit ihren grobstofflichen Augen einmal *klar* die feine Grobstofflichkeit zu schauen fähig sind, sie auch mit ihren anderen grobstofflichen Sinnen erfassen, weil dabei eine besonders starke Bindung und somit Verdichtung der feinen Grobstofflichkeit durch außergewöhnliche Blutausstrahlungen des Mediums erfolgt. Sie können es sehen und fühlen, weil es sich trotz aller Feinheit immer noch um die gleiche Art ihrer Sinnesorgane handelt, also noch um Grobstofflichkeit.

Der Mensch muß also darauf achten, daß Grobstofflichkeit nur mit Grobstofflichkeit »erfaßt« werden kann, Feinstofflichkeit nur mit Feinstofflichkeit, Wesenhaftes nur mit Wesenhaftem und Geistiges nur mit Geistigem. Darin gibt es keine Vermischungen. Unter dem soeben genannten »Wesenhaften« ist eine ganz bestimmte Art für sich selbst gemeint. Göttlich-Wesenhaft und Geistig-Wesenhaft sind wieder ganz anderer Art.

Es gibt aber eins: Ein Erdenmensch kann mit dem grobstofflichen Auge schauen und während seines Erdenseins auch schon sein feinstoffliches Auge öffnen, wenigstens zeitweise. Das heißt, nicht etwa gleichzeitig, sondern nacheinander. Wenn er mit dem feinstofflichen Auge schaut, bleibt das grobstoffliche Auge entweder ganz oder teilweise ausgeschlossen, und umgekehrt. Er wird nie fähig sein, mit dem grobstofflichen Auge richtig Feinstoffliches zu schauen, ebensowenig wie mit dem feinstofflichen Auge Grobstoffliches. Das ist unmöglich.

Gegenteilige Behauptungen würden nur auf Irrtümern beruhen, die aus Unkenntnis der Schöpfungsgesetze entspringen. Es sind Täuschungen, denen solche Menschen erliegen, wenn sie behaupten, mit dem grobstofflichen Auge Feinstoffliches erkennen zu können oder mit dem feinstofflichen Auge Geistiges.

Wer dies alles richtig überlegt, sich klar vorzustellen versucht, wird erkennen, welches unbeschreibliche Durcheinander in dem Beurteilen des Hellsehens jetzt vorhanden sein muß, daß es geradezu unmöglich bleibt, zuverlässige Angaben darin zu erhalten, solange nicht die Gesetze darüber bekannt gegeben werden, was durch Inspirationen oder Kundgebungen in spiritistischen Zirkeln *nicht* erfolgen kann, da diese inspirierenden wie auch die sich kundgebenden Jenseitigen selbst keine Übersicht besitzen, sondern ein jeder sich immer in den Grenzen bewegen muß, zu denen sein jeweiliger Reifezustand gehört.

Wirkliche Ordnung in den Erklärungen des wundervollen Gewebes der Nachschöpfung kann nur gegeben werden, wenn ein *Wissen* alles umfaßt. Sonst ist es unmöglich. Die Menschen aber in ihrem bekannten krankhaften Wissend-sein-Wollen erkennen solches niemals an, sondern stellen sich von vornherein den Belehrungen feindlich gegenüber.

Lieber stolzieren sie gespreizt in ihrem kläglichen Suchen weiter und können gerade deshalb auch nie zu einer Einigkeit, nie zu einem wirklichen Erfolge kommen. Würden sie nur *einmal* eine solche Größe zeigen, ihren Dünkel überwindend die Gralsbotschaft als Welterklärung ohne Voreingenommenheit *wirklich ernst* zu nehmen, alles Selbst-wissen-Wollen beim Studium ausschalten, so würden sich ihnen bald Ausblicke eröffnen, die in logischer Folge alles unverstandene Geschehen klären und in großem Schwunge die Wege zu bisher Unbekanntem ebnen.

Aber es ist ja bekannt, daß gerade Starrköpfigkeit *nur eines* der untrüglichsten Zeichen von wirklicher Dummheit und Beschränkung ist. Alle diese Menschen ahnen nicht, daß sie sich gerade damit einen Stempel ihrer absoluten Untauglichkeit aufdrücken, der sie schon in naher Zeit beschämend und ausschaltend brennen wird, da er dann nicht mehr zu verstecken noch zu verleugnen geht.

Zur Beurteilung eines Hellsehens müßte als Grundlage bekannt sein, mit welchem Auge der Hellsehende jeweils schaut, in welches Gebiet also sein Schauen gehört, und wie weit er darin entwickelt ist. Erst dann können weitere Schlüsse gezogen werden. Dabei müßte der solche Untersuchungen Leitende selbst unbedingt ganz klar über die einzelnen Stufen der verschiedenen Arten unterrichtet sein, ebenso über die darin sich auslösende verschiedenartige Wirkung und Betätigung. Und daran krankt die heutige Zeit, in der gerade solche Menschen sich wissend dünken, die überhaupt nichts verstehen.

Jammervoll ist es, die Flut der Veröffentlichungen in Heften und Büchern über alle möglichen okkulten Beobachtungen und Experimente mit mehr oder weniger unlogischen und haltlosen Erklärungsversuchen zu lesen, die in den meisten Fällen noch anmaßend den Stempel bestimmten Wissens aufgedrückt erhalten, während sie durchweg von den Tatsachen nicht nur weit entfernt bleiben, sondern sogar *das Gegenteil* bringen. Und wie braust das Heer solcher Klugen feindselig auf, wenn in schlichter Reihenfolge der wirklich leicht nachprüfbare Aufbau der Nachschöpfung vor sie hingestellt wird, ohne dessen genaue Kenntnis sie überhaupt nichts verstehen können. Von der Urschöpfung wollen wir dabei gar nicht sprechen.

Wer Hellsehende beurteilen oder gar verurteilen will, der muß die ganze Schöpfung kennen, wirklich kennen! Solange dies nicht der Fall ist, soll man auch darüber schweigen. Ebensowenig aber auch als eifrige Verfechter der Tatsachen des Hellsehens Behauptungen aufstellen, die ohne genaue Schöpfungskenntnis nicht zu begründen gehen.

Es sind solch unheilvolle Irrtümer über die ganzen Vorgänge außerhalb der Grobstofflichkeit verbreitet, daß es Zeit wird, endlich einmal Ordnung und Gesetzmäßigkeit hineinzubringen.

Glücklicherweise ist die Zeit nun nicht mehr fern, wo ein gesunder Kehraus unter den zahllosen direkt lächerlichen Figuren auf den an sich so ernsten okkulten Gebieten gemacht werden wird, die ja bekanntlich am meisten schreien und mit ihren Theorien am aufdringlichsten sind. Leider aber haben gerade diese Schwätzer durch ihr Gebaren viele der Suchenden schon irregeführt. Die Verantwortung dafür bleibt zwar nicht aus und wird mit furchtbarer Gewalt auf alle zurückfallen, die in so leichtfertiger Weise die ernstesten Gebiete zu behandeln versuchen, aber die dadurch Verirrten und Verführten haben davon wenig Nutzen, sondern müssen ihren Schaden ebenfalls selbst tragen dafür, daß sie sich so leicht zu falschen Ansichten verführen ließen.

Im Durchschnitt kann man ruhig sagen, daß gerade auf okkultem Gebiete vorläufig noch schwätzen mit dem schönen Ausdruck »forschen« bezeichnet wird, und sonach die meisten Forscher lediglich Schwätzer sind.

Unter den Hellsehenden gibt es also ein Schauen der feinen Grobstofflichkeit, ein Schauen der Feinstofflichkeit und ein Schauen der Wesenhaftigkeit. Alles mit dem jeweils gleichartigen Auge. Ein geistiges Schauen jedoch ist den Menschen verschlossen geblieben, und es müßte schon ein besonders Berufener dazu sein, der für einen bestimmten Zweck begnadet wird, daß er auch sein geistiges Auge schon im Erdensein öffnen kann.

Darunter befinden sich aber die zahllosen jetzigen Hellsehenden *nicht*. Die meisten vermögen überhaupt nur die Feinstofflichkeit in *einer* ihrer verschiedenen Stufen zu erkennen und mit der Zeit vielleicht auch mehrere Stufen zu umfassen. Es ist ihnen also das feinstoffliche Auge geöffnet. Nur selten kommt es vor, daß auch das Auge des wesenhaften Körpers schon sieht.

Wenn nun bei besonderen irdischen Vorgängen, wie zum Beispiel bei Kriminalfällen oder anderen, ein hellsehender Mensch zur Aufklärung benützt werden soll, so muß der dafür Interessierte folgendes wissen: Der Hellsehende schaut mit seinem feinstofflichen Auge, kann demnach *nicht* den eigentlichen stattgefundenen *grobstofflichen* Vorgang sehen. Jeder grobstoffliche Vorgang hat aber nun gleichzeitig seine feinstofflichen Begleiterscheinungen, die dem grobstofflichen Vorgange oft gleichartig sind oder doch wenigstens ähnlich.

Der Hellsehende wird also bei Ausführung eines Mordes das dabei gleichzeitig geschehende *feinstoffliche* Begeben erschauen, nicht das wirklich Grobstoffliche, was der Justiz nach den heute bestehenden irdischen Gesetzen allein maßgebend ist. Dieses feinstoffliche Geschehen kann aber nun in manchen Einzelheiten von dem grobstofflichen Geschehen mehr oder weniger abweichen. Es ist demnach falsch, dann voreilig vom Versagen des Hellsehens zu sprechen oder von falschem Sehen.

Bleiben wir einmal bei einem Morde oder Diebstahl. Der zur Aufklärung hinzugezogene Hellsehende wird teils astral, teils feinstofflich schauen. Astral, also in feiner Grobstofflichkeit, den Ort der Handlung, feinstofflich aber die Handlung selbst. Dazu kommt noch, daß er auch verschiedene Gedankenformen dabei sehen kann, die durch die Gedankengänge des Mörders wie des Ermordeten oder des Diebes erstanden. Das auseinander zu halten, muß zu dem Können des Untersuchungsleitenden gehören! Dann erst wird das Ergebnis richtig sein. Einen derartig unterrichteten Untersuchungsleiter aber gibt es vorläufig noch nicht.

So grotesk es auch klingen mag, da es in Wirklichkeit nichts Verwandtschaftliches an sich hat, so möchte ich doch ein untergeordnetes Beispiel anführen bei der Tätigkeit eines Polizeihundes, der ja auch zur Aufdeckung von Verbrechen verwendet wird. Bei diesen Polizeihunden muß ganz selbstverständlich der Polizeihundleiter die Art der Tätigkeit des Hundes genau kennen und unmittelbar mit diesem zusammenarbeiten, sogar sehr tätig dabei sein, wie Eingeweihten bekannt ist. Man braucht nun diese Art des Arbeitens nur in weit veredelterer Form anzunehmen, da haben wir die Tätigkeit der gemeinsamen Arbeit eines Untersuchungsleiters mit einem Hellsehenden zur Aufklärung von Verbrechen.

Auch hierbei muß der Untersuchungsleitende der aktiv Arbeitende und beobachtend Kombinierende sein, der den größten Teil der Tätigkeit auf sich nimmt, während der Hellsehende lediglich die passiv arbeitende Hilfskraft bleibt. Ein langes Studium einer solchen Tätigkeit muß für jeden Richter vorausgehen, bevor er sich damit befassen darf. Es ist ein weit schwereres Studium als die Rechtswissenschaft.

IM REICHE DER DÄMONEN UND PHANTOME

Zu dieser Erklärung gehört vorher das Wissen, daß sich der Erdenmensch nicht in der Urschöpfung befindet, sondern in einer Nachschöpfung. Die Urschöpfung ist einzig und allein das wirklich für sich bestehende *geistige Reich*, von den Menschen als Paradies gekannt, dessen Gipfel die Gralsburg bildet mit der Pforte zu dem außerhalb der Schöpfung seienden Göttlichen.

Die Nachschöpfung dagegen ist die sogenannte »Welt« mit ihrem ewigen Kreisumlauf *unter* der Urschöpfung, deren einzelne Sonnenwelten dem Werden und Zergehen unterworfen sind, also dem Reifen, Altern und dem Zerfall, weil sie nicht unmittelbar vom Göttlichen erzeugt wurden, wie die unvergängliche Urschöpfung, das Paradies.

Die Nachschöpfung entstand durch das Wollen der Urgeschaffenen und unterliegt dem Einfluß der sich entwickelnden Menschengeister, deren Entwicklungsweg durch diese Nachschöpfung führt. Aus diesem Grunde auch die Unvollkommenheit darin, die in der Urschöpfung nicht zu finden ist, welche dem unmittelbaren Einflusse des Göttlichen Heiligen Geistes geöffnet ist.

Zum Trost in der immer mehr wachsenden und fühlbar werdenden Unvollkommenheit der Nachschöpfung rief es deshalb den darüber ganz verzweifelnden Urgeschaffenen aus dem Göttlichen herüber zu: »Harret sein, den Ich erkor ... Euch zur Hilfe!« wie es in der Gralslegende als Überlieferung aus der Urschöpfung einigermaßen deutlich wiedergegeben ist. –

Nun zu dem eigentlichen Thema: *Jede* irdische Handlung kann nur als äußerer Ausdruck eines inneren Vorganges betrachtet werden. Unter »innerem Vorgang« ist ein geistiges Empfindungswollen gemeint. Jedes Empfindungswollen ist geistige *Handlung*, welche einschneidend wird für eines Menschen Sein, da sie Aufstieg oder Abstieg auslöst. Es darf in keinem Falle mit Gedankenwollen auf eine Stufe gestellt werden.

Empfindungswollen betrifft den Kern des eigentlichen Menschen, Gedankenwollen aber nur einen schwächeren, äußeren Kreis. Beides jedoch braucht trotz seiner unbedingten Wirkung nicht immer auch irdisch sichtbar zu werden. Die irdische, grobstoffliche Handlung ist für eine Karma-Aufbürdung nicht notwendig. Aber es gibt dagegen keine irdisch-grobstoffliche Betätigung, der nicht ein Gedankenwollen oder ein Empfindungswollen vorausgegangen sein muß. Die irdisch-sichtbare Betätigung ist deshalb entweder von dem Gedankenwollen oder dem Empfindungswollen abhängig, nicht aber umgekehrt.

Das wirklich Einschneidende für eines Menschengeistes Sein, für seinen Auf- oder Abstieg ist jedoch am *stärksten* verankert in dem *Empfindungswollen,* das der Mensch am wenigsten beachtet, vor dessen unbedingter, nie versagender Auswirkung es aber kein Entrinnen gibt, auch keinerlei Beschönigung oder Verfälschung. Darin allein ruht das wirkliche »Erleben« des Menschengeistes; denn das *Empfindungswollen ist der einzige Hebel zur Auslösung der geistigen Kraftwellen,* die in dem Werke des Schöpfers ruhen und nur auf die Anregung des Empfindungswollens der Menschengeister warten, um diese dann vielfach verstärkt sofort zur Auswirkung zu bringen. Gerade um diesen so wichtigen, sogar wichtigsten Vorgang hat sich die Menschheit bisher kaum gekümmert.

Aus diesem Grunde will ich immer wieder auf einen anscheinend einfachen, aber *alles* in sich bergenden Hauptpunkt hinweisen: Die das Schöpfungswerk durchziehende geistige *Kraft* kann *nur* Verbindung erhalten mit dem *Empfindungswollen* der Menschengeister, alles andere ist von einer Verbindung ausgeschlossen!

Schon das Gedankenwollen kann keinerlei Verbindung mehr erhalten, wieviel weniger irgendwelche *Erzeugnisse* des Gedankenwollens. Diese Tatsache schließt *jede* Hoffnung darauf aus, daß die *eigentliche* Hauptkraft in der Schöpfung jemals mit irgendeiner »Erfindung« in Zusammenhang gebracht werden könnte! Dagegen ist ein unverrückbarer Riegel vorgeschoben. Der Mensch kennt die Hauptkraft nicht, ebensowenig deren Wirkungen, trotzdem er in ihr steht.

Was dieser oder jener Denker und Erfinder unter Urkraft vermutet, ist sie nicht! Es handelt sich dann stets nur um eine weit untergeordnete Energie, von denen noch viele mit verblüffenden Wirkungen gefunden werden können, ohne daß man damit der eigentlichen Kraft auch nur einen Schritt näher kommt, welche der Menschengeist sich selbst unbewußt täglich benutzt. Leider wie spielerisch, ohne die furchtbaren Folgen dieses grenzenlosen Leichtsinnes zu beobachten! Die Verantwortung der Folgen sucht er in seiner absoluten Unwissenheit immer sträflich auf Gott abzulenken, was ihn jedoch nicht frei macht von der großen Schuld, die er sich durch sein Nichtwissenwollen aufbürdet.

Ich will versuchen, hier einmal ein klares Bild zu geben. Ein Mensch *empfindet* zum Beispiel Neid. Gewöhnlich sagt man: »Es steigt Neid in ihm auf!« Das ist zuerst ein Allgemeinempfinden, dem Menschengeiste oft sogar nicht klar bewußt. Diese Empfindung aber, noch gar nicht in bestimmte Gedanken gekleidet, also noch nicht bis zum Gehirn »aufgestiegen«, ist es schon, welche *den Schlüssel* in sich trägt, der *allein* die Fähigkeit hat, den Anschluß an die *»lebendige Kraft«* zu geben, die Brücke dahin zu bilden.

Sofort fließt dann soviel von der in der Schöpfung ruhenden »lebendigen Kraft« in die betreffende Empfindung über, wie deren Aufnahmefähigkeit ist, die durch die jeweilige Stärke der Empfindung bedingt wird. *Dadurch* erst wird die *menschliche,* das heißt *»durchgeistete«* Empfindung in sich selbst lebendig und erhält die gewaltige Zeugungsfähigkeit (nicht *Er*zeugungskraft) in der feinstofflichen Welt, die den Menschen zum Herrn unter allen Kreaturen macht, zur obersten Kreatur in der Schöpfung. Dieser Vorgang läßt ihn aber auch einen riesenhaften Einfluß auf die ganze *Nachschöpfung* ausüben und bringt damit . . . persönliche Verantwortung, die außer ihm keine Kreatur in der Nachschöpfung haben kann, da nur der Mensch die dafür maßgebende Fähigkeit besitzt, die in der Beschaffenheit des *Geistes* ruht.

Und nur *er* allein trägt in der ganzen Nachschöpfung in seinem innersten Kerne Geist und erhält *als solcher* deshalb auch allein Verbindung mit der in der Nachschöpfung ruhenden *obersten lebendigen* Kraft. Die Urgeschaffenen im Paradiese sind wieder *anderen* Geistes als die Weltenwanderer, die sogenannten Erdenmenschen, und ihre Verbindungsfähigkeit gilt deshalb auch einer anderen, höheren und noch weitaus stärkeren Kraftwelle, die sie bewußt benützen und damit natürlich auch ganz andere Dinge schaffen können als die Weltenwanderer, zu denen die Erdenmenschen gehören, deren oberste Kraftwelle nur eine Abstufung der in der Urschöpfung ruhenden Kraft ist, wie die Erdenmenschen selbst nur eine Abstufung der Urgeschaffenen sind.

Was dem Menschenwissen bisher hauptsächlich fehlte, ist die Kenntnis der vielen immer schwächer werdenden Abstufungen nach unten zu von allem dem, was in der Urschöpfung sich findet, und die Erkenntnis, daß sie selbst nur zu diesen *Abstufungen* gehören. Ist dies Verständnis einmal richtig durchgedrungen, so fällt der bisherige Hochmut, und der Weg zum Aufstieg wird dadurch frei.

Die dumme Einbildung, die Obersten zu sein, selbst sogar Göttliches in sich zu tragen, bricht dann kläglich zusammen, und es bleibt zuletzt nur befreiende Scham zurück. Die soviel höheren, wertvolleren Urgeschaffenen besitzen solchen Dünkel nicht. Sie lächeln auch nur nachsichtig über diese verirrten Erdenwürmer, wie so manche Eltern lächeln über das phantastische Geplauder ihrer Kinder.

Doch zurück zu der Empfindung. Die so erstarkte Empfindung eines Menschen zeugt nun in weiterer Abstufung unmittelbar selbsttätig ein Gebilde, das *die Art* der Empfindung ganz genau verkörpert! In diesem Falle also den Neid. Das Gebilde steht im Anfang in, dann neben seinem Erzeuger, mit diesem durch einen Ernährungsstrang verbunden. Gleichzeitig aber nimmt es selbsttätig sofort unter der Wirkung des Gesetzes der Anziehung der Gleichart Fühlung mit dem Sammelorte gleicher Arten von Gebilden und erhält von dort starken Zustrom, der mit dem jungen Gebilde nunmehr die feinstoffliche Umgebung des betreffenden Menschen gibt.

Unterdessen steigt die Empfindung höher bis zu dem Gehirn und erregt hier gleichartige *Gedanken*, die sich das Ziel scharf prägen. So werden die Gedanken zu Kanälen oder Straßen, auf denen die Gebilde einem ganz bestimmten Ziele zutreiben, um dort zu schaden, wenn sie Boden dazu finden.

Hat aber der Mensch, der als Ziel davon betroffen werden soll, in sich nur reinen Boden, also reines Wollen, so bietet er für diese Gebilde keine Angriffsfläche, keinen Verankerungsgrund. Aber damit werden sie nicht etwa wieder unschädlich, sondern irren einzeln weiter oder vereinigen sich mit den Gleicharten in deren Sammelstellen, die man »Ebenen« nennen kann, da sie ja dem Gesetze ihrer geistigen Schwere unterworfen sind und deshalb *bestimmte* Ebenen bilden müssen, die immer nur gleiche Arten zulassen und festhalten können.

Damit bleiben sie aber allen den Menschengeistern unbedingt gefährlich, die nicht genügend Reinheit starken Wollens zu dem Guten in sich tragen, und bringen schließlich auch ihren Erzeugern zuletzt das Verderben, da sie stets mit diesen in Verbindung bleiben und durch den Ernährungsstrang dauernd neue Neid-Energien auf sie zurückfließen lassen, die die Gebilde selbst aus der Ansammlung der Zentralen erhalten.

Dadurch hat es ein solcher Erzeuger nicht leicht, sich wieder reineren Empfindungen hinzugeben, weil er durch das auf ihn Zurückfließen von Neid-Energien daran sehr stark behindert bleibt. Es reißt ihn immer wieder davon ab. Er wird gezwungen, für den Aufstieg weit mehr Anstrengungen aufzubringen als ein Menschengeist, der nicht solcherart behindert ist. Und nur durch dauernd reines Wollen verkümmert ein Ernährungsstrang des Übels nach und nach, bis er zuletzt vertrocknend kraftlos abfällt.

Das ist Befreiung des Erzeugers solchen Übels, vorausgesetzt, daß sein Gebilde bis dahin keinen Schaden angerichtet hat; denn *dann* treten sofort *neue* Bindungen in Kraft, die auch gelöst sein wollen.

Zu einer Lösung solcher Fäden bedarf es dann unbedingt einer nochmaligen Wegkreuzung im Diesseits oder Jenseits mit den von dem Übel geschädigten Personen, bis dabei die Erkenntnis und Verzeihung kommt. Die Folge ist, daß ein Aufstieg des Erzeugers solcher Gebilde nicht vor dem Aufstiege der dadurch Betroffenen vor sich gehen kann. Die Verbindungs- oder Schicksalsfäden halten ihn zurück, solange keine Lösung durch Wiedergutmachung und Verzeihung sich ergibt.

Doch das ist noch nicht alles! Dieses Empfindungswollen hat unter der Verstärkung der lebenden »Kraft« noch eine weitaus größere Auswirkung; denn es bevölkert nicht nur die feinstoffliche Welt, sondern es greift auch in die Grobstofflichkeit ein. Aufbauend oder verheerend!

Dabei sollte der Mensch endlich erkennen, was er schon Unsinniges angerichtet hat, anstatt zum Segen dieser Nachschöpfung und aller Kreaturen seine Pflichten zu erfüllen, die ihm die Fähigkeiten seines Geistes geben. Der Mensch fragt oft, warum der Kampf in der Natur sich zeigt, und doch richtet sich in der Nachschöpfung das Wesenhafte . . . nach der Art der Menschen! Mit Ausnahme der Urgeschaffen-Wesenhaften. – Gehen wir aber weiter:

Die Erzeugnisse des Empfindungswollens menschlichen Geistes, die vorerwähnten Gebilde, hören aber nach der Loslösung von ihrem Erzeuger nicht auf zu sein, sondern bestehen *selbständig* weiter, solange sie Nahrung von den ihrer Art gleichgesinnten Menschengeistern erhalten! Es braucht nicht ihr Erzeuger selbst zu sein. Sie suchen Gelegenheit, sich diesem oder jenem dazu bereiten Menschen oder auch nur in der Abwehr schwachen Menschen anzuhängen. Sie sind in üblem Sinne *die Dämonen,* entstanden aus Neid,

Haß und allem Ähnlichen. In gutem Sinne sind es aber wohltätige Wesen, die nur liebend Frieden stiften und den Aufstieg fördern.

Bei allen diesen Vorgängen ist eine irdisch sichtbare Handlung der Menschen durchaus nicht notwendig, sie fügt nur weitere Ketten oder Fäden hinzu, die auf der grobstofflichen Ebene abgelöst werden müssen und eine Wiederinkarnierung nötig machen, wenn die Ablösung in einem Erdenleben nicht geschehen kann.

Diese Gebilde des menschlichen Empfindungswollens haben *in sich* Kraft, weil sie aus *geistigem* Wollen in der Verbindung mit der »neutralen Hauptkraft« erstehen und, was das Wichtigste ist, weil sie *dadurch* bei ihrer Bildung von dem *Wesenhaften* mit in sich aufnehmen, das ist *die* Beschaffenheit, aus der die Gnomen usw. sich entwickeln.

Das Wollen eines Tieres kann das nicht vollbringen, weil die Tierseele nichts Geistiges in sich hat, sondern nur Wesenhaftes. Es ist also ein Vorgang, der *nur* bei den Gebilden des menschlichen Empfindungswollens sich vollzieht, der deshalb starken Segen bringen muß bei *gutem* Wollen, aber unberechenbares Unheil durch ein übles Wollen, da ein wesenhafter Kern solcher Gebilde *eigene Triebkraft* in sich trägt, verbunden mit Einwirkungsfähigkeit auf alles Grobstoffliche. Und damit wächst nun die Verantwortung des Menschengeistes in das Ungeheuere. Sein Empfindungswollen schafft je nach seiner Art die *gutwollenden Wesen* wie auch die *Dämonen.*

Beides sind lediglich Produkte der Fähigkeit des Menschengeistes in der Nachschöpfung. Ihr selbsttätig treibender und damit unberechenbar wirkender Kern entstammt aber *nicht der Wesenhaftigkeit mit Willensfähigkeit,* aus der die Tierseelen kommen, sondern *einer Abstufung* davon, *die keine eigene Willensfähigkeit besitzt.* Es gibt auch in der Wesenhaftigkeit wie in der über dieser ruhenden Abteilung des Geistes viele Abstufungen und Sonderarten, über die ich noch besonders sprechen muß.

Zur weiteren Erklärung diene noch, daß das Wesenhafte *auch* Kontakt findet mit einer lebendigen, in der Schöpfung ruhenden Kraft, die jedoch nicht dieselbe ist, an die das Wollen des Menschengeistes Anschluß hat, sondern eine Abstufung davon.

Gerade die verschiedenartigen Verbindungsmöglichkeiten und Verbindungsunmöglichkeiten sind die schärfsten Ordnungswächter in der Nachschöpfung und ergeben eine feste, unverrückbare Gliederung in allem Werden und Zergehen.

So weit also greift das Wirken des Menschengeistes. Seht Euch die Menschen nun einmal heute daraufhin richtig beobachtend an, und Ihr könnt Euch denken, welches Unheil sie schon angerichtet haben. Namentlich wenn dabei die weiteren Folgen der Tätigkeit dieser lebendigen Gebilde bedacht werden, die ja auf alle Kreaturen losgelassen sind! Es ist wie mit dem Stein, der, einmal aus der Hand geflogen, der Kontrolle und dem Willen des Schleuderers entzogen ist. –

Neben diesen Gebilden, deren weitgehende Tätigkeit und Einfluß zu schildern ein ganzes Buch für sich beanspruchen würde, geht eine andere Art her, die eng mit diesen verbunden ist, aber eine *schwächere* Abteilung bildet. Trotzdem ist sie gerade noch gefährlich genug, um viele Menschen zu belästigen, zu hemmen und sogar zu Fall zu bringen. Es sind dies die Gebilde der Gedanken. Also die Gedankenformen, die Phantome.

Das Gedankenwollen, also das Produkt des irdischen Gehirnes, hat im Gegensatz zu dem Empfindungswollen nicht die Fähigkeit, unmittelbar Verbindung mit der in der Schöpfung ruhenden neutralen Hauptkraft zu nehmen. Dadurch fehlt diesen Formen auch der selbsttätige Kern der Empfindungsgebilde, die wir »wesenhafte Seelen*schatten*« nennen können. Gedankenformen bleiben unbedingt abhängig von ihrem Erzeuger, mit dem sie ähnlich verbunden sind wie die Gebilde des Empfindungswollens. Also durch einen Ernährungsstrang, der gleichzeitig die Straße bildet für die rücklaufende Wechselwirkung. Über diese Art habe ich bereits berichtet in dem Vortrage »Gedankenformen«. Deshalb kann ich an dieser Stelle eine Wiederholung sparen.

Die Gedankenformen sind in dem Gesetz der Wechselwirkung der schwächste Grad. Sie wirken aber trotzdem noch unheilvoll genug und können nicht nur das Verderben einzelner Menschengeister herbeiführen, sondern sogar großer Massen, wie auch zur Verheerung ganzer Weltenteile beitragen, sobald sie von den Menschen allzusehr genährt und großgezogen werden und dadurch ungeahnte Macht erhalten, wie es in den letzten Jahrtausenden geschah.

So ist das ganze Übel *nur* durch Menschen selbst entstanden. Durch deren unkontrolliertes, falsches Empfindungswollen und Gedankenwollen, sowie durch ihre Leichtfertigkeit darin! –

Diese beiden Gebiete, das Reich der Gebilde des menschlichen Empfindungswollens und das Reich der Formen des menschlichen Gedankenwollens, wo natürlich auch wirkliche Menschengeister zu leben gezwungen sind, bildeten nun ganz allein das Arbeits- und Gesichtsfeld der größten »Magier« und »Meister« aller Zeitläufe, die sich darin verwirren und zuletzt bei dem Hinübergehen auch darin gehalten werden. Und heute?

Die »großen Meister im Okkultismus«, die »Erleuchteten« so mancher Sekten und Logen . . . es geht ihnen nicht besser! Meister sind sie nur in *diesen* Reichen. Sie leben unter eigenen Gebilden. Nur *dort* können sie »Meister« sein, nicht aber in dem *eigentlichen jenseitigen Leben!* So weit geht ihre Macht und Meisterschaft niemals.

Bedauernswerte Menschen, gleichviel, ob sie sich nun zur schwarzen oder weißen Kunst bekannten, je nach der Art des üblen oder guten Wollens . . . sie dünkten und dünken sich gewaltig in der Kraft des Geistes, und sind in Wirklichkeit weniger als ein darin *unwissender* Mensch. Dieser steht in seiner kindlichen Einfalt weit *über* den an sich niederen Arbeitsfeldern solcher unwissenden »Geistesfürsten«, also *höher* im Geiste als diese.

Es wäre nun ja alles schön und gut, wenn die Auswirkungen der Tätigkeit solcher Größen rückwirkend *nur* auf diese selbst zurückfallen könnten, aber solche »Meister« machen durch ihre Anstrengungen und Betätigungen die an sich unbedeutenden Niederungen bewegter, wühlen sie unnötig auf und stärken sie damit auch zu Gefahren gegen alle in der Abwehr Schwachen. Für andere bleibt es glücklicherweise ungefährlich; denn ein harmloser Menschengeist, der sich seines Daseins kindlich freut, steigt ohne weiteres *über* diese Niederungen hinaus, in die sich die Wissenden hineinwühlen und zuletzt auch darin festgehalten werden von den von ihnen selbst gestärkten Formen und Gebilden.

So ernst das alles auch zu nehmen ist, es wirkt von oben aus geschaut unsagbar lächerlich und traurig, des Menschengeistes unwürdig. Denn in sich aufgebläht durch falschen Dünkel kriechen und krabbeln sie mit Tand geschmückt emsig umher, um einem derartigen Reiche Leben einzuhauchen. Ein Schattenreich im wahrsten Sinne, eine ganze Welt von *Schein,* die alles Mögliche und Unmögliche vorzutäuschen fähig wird. Und der, der es erst rief, kann es zuletzt nicht wieder bannen, muß erliegen!

Eifrig forschen viele nun in diesen Niederungen hin und her und denken stolz, welch ungeheure Höhe sie damit erreichten. Ein klarer und einfacher Menschengeist jedoch kann diese Niederungen achtlos ohne weiteres durchschreiten, ohne sich darin irgendwie aufhalten zu müssen.

Was soll ich da über so »Große« noch viel sagen? Nicht einer würde darauf hören, da sie in ihrem Scheinreiche für eine Zeit das scheinen können, was sie in dem wirklichen Sein *des lebendigen Geistes* niemals zu werden vermögen; denn dort heißt es für sie: »dienen«. Da hört das Meisterseinwollen schnell auf. Aus diesem Grunde streiten sie dagegen, da ihnen durch die Wahrheit viel genommen wird! Der Mut fehlt, solches zu ertragen. Wer läßt sich gern den ganzen Aufbau seiner Einbildung und Eitelkeiten stürzen? Das müßte schon ein *rechter* und ein wirklich *großer Mensch* sein! Und ein solcher wäre nicht in derartige Fallstricke der Eitelkeit versunken.

Es ist dabei nur eins betrübend: Wieviel, oder besser gesagt, wie wenige Menschen sind in sich so klar und fest, wie wenige verfügen noch über so kindliche, heitere Einfalt, daß sie *ungefährdet* diese Ebenen durchschreiten können, die von Menschenwollen leichtsinnig geschaffen werden und dauernd gestärkt. Für alle anderen aber wird damit immer mehr eine sich dauernd nur vergrößernde Gefahr heraufbeschworen.

Wenn doch die Menschen endlich *wirklich sehend* darin würden! Wieviel Unheil könnte abgewendet werden. Durch reineres Empfinden, reines Denken eines jeden Menschen müßten alle jenseitigen, düsteren und dunklen Ebenen bald so entkräftet sein, daß selbst den dort zurückgehaltenen ringenden Menschengeistern schnellere Erlösung kommt, weil sie sich aus der schwächer werdenden Umgebung leichter loszuringen vermöchten. –

Genau wie nun so viele große »Meister« hier auf Erden, so erleben auch im Jenseits Menschengeister alles als ganz *echt* in den verschiedenen Umgebungen, Formen und den Gebilden, gleichviel, ob in den niederen düsteren oder in feinstofflich schon höheren, freundlicheren Gefilden . . . die Angst wie auch die Freude, Verzweiflung wie befreiende Erlösung . . . und doch befinden sie sich dabei gar nicht in dem Reiche des wirklichen Lebens, *sondern das einzig wirklich Lebendige dabei sind nur sie selbst!* Alles andere, ihre ganz verschiedenartige und sich verändernde Umgebung, kann nur bestehen durch sie selbst und ihre Gleichgesinnten hier auf Erden.

Die Hölle selbst ist sogar nur Produkt der Menschengeister, bestehend zwar und auch ernste Gefahr in sich bergend, furchtbare Leiden auslösend, doch durchaus abhängig vom Wollen aller jener Menschen, deren Empfindungen der Hölle zum Bestehen Kraft zuführen von der neutralen Gotteskraft, die in der Schöpfung zur Benutzung durch die Menschengeister ruht. Die Hölle ist also keine Einrichtung Gottes, sondern ein Werk der Menschen!

Wer *das* richtig erkennt und die Erkenntnis dann bewußt verwertet, wird vielen helfen, auch leichter selbst aufsteigen zu dem Licht, *in dem allein alles wirkliches Leben ist.*

Wenn sich doch die Menschen wenigstens noch einmal *so weit* öffneten, daß sie zu ahnen fähig würden, welcher Schatz für sie in dieser Schöpfung ruht! Ein Schatz, welcher von einem jeden Menschengeiste aufgefunden und gehoben werden soll, das heißt, *der bewußt benützt werden soll:* die von mir so oft angeführte neutrale Hauptkraft. Sie kennt den Unterschied von Gut und Böse nicht, sondern steht außerhalb dieser Begriffe, ist einfach *»lebendige Kraft«*.

Jedes Empfindungswollen eines Menschen wirkt *als Schlüssel* zu der Schatzkammer, findet Kontakt mit dieser hohen Kraft. Das gute Wollen wie das üble Wollen. Beides wird von der »Kraft« verstärkt und lebendig gemacht, weil diese auf das Empfindungswollen des Menschengeistes sofort reagiert. Und *nur* auf dieses, sonst auf nichts. Die *Art* des Wollens gibt der Mensch an, das liegt in seiner Hand allein. Die Kraft führt weder Gutes noch Böses zu, sondern sie ist einfach »Kraft« und belebt, was der Mensch gewollt hat.

Wichtig hierbei ist jedoch zu wissen, daß der Mensch diese belebende Kraft nicht in sich selbst trägt, *sondern nur den Schlüssel dazu in der Fähigkeit seiner Empfindungen besitzt.* Er ist also Verwalter dieser schöpferisch formenden Kraft, die nach seinem Wollen arbeitet. Aus diesem Grunde hat er Rechenschaft abzulegen über die Verwaltungstätigkeit, die er zu jeder Stunde ausübt. Unbewußt aber spielt er dabei mit dem Feuer wie ein unwissendes Kind und richtet deshalb auch wie solches großen Schaden an. Er braucht jedoch nicht unwissend zu sein! Das ist *sein* Fehler! Alle Propheten und zuletzt der Gottessohn bemühten sich, in Gleichnissen und Lehren Klarheit über diesen Punkt zu geben, den Weg zu zeigen, den die Menschen gehen sollen, *wie* sie empfinden, denken, handeln müssen, um dabei *recht* zu gehen!

Es war aber umsonst. Mit dieser ungeheueren, den Menschen anvertrauten Macht spielten sie weiter nur nach *eigenem* Gutdünken, ohne auf die Warnungen und Ratschläge vom Licht zu hören, und bringen nun damit zuletzt Zusammenbruch, Vernichtung ihrer Werke und auch ihrer selbst; denn diese Kraft arbeitet ganz neutral, verstärkt das gute wie das üble Wollen eines Menschengeistes, schlägt aber dadurch ohne Zögern auch den Wagen und den

Lenker kalt in Trümmer, wie bei Kraftfahrzeugen, welche falsch geleitet werden.

Das Bild ist sicher endlich klar genug. Durch Wollen und Gedanken lenken die Menschen die Geschicke der gesamten Nachschöpfung, wie auch die eigenen, und wissen nichts davon. Sie fördern Aufblühen oder das Absterben, sie können Aufbau in der vollsten Harmonie erreichen oder auch *das* wilde Durcheinander, das sich *jetzt* ergibt! Anstatt vernünftig aufzubauen, treiben sie nur unnötige Zeit- und Kraftvergeudung in so vielen eitlen Nichtigkeiten.

Einsichtsvolle nennen es nun Strafe und Gericht, was in gewissem Sinne richtig ist, und doch sind es die Menschen *selbst* gewesen, die alles das herbeizwangen, was nun geschehen muß.

Oft schon gab es Denker und Beobachter, welche das alles bereits ahnten, doch sie gingen dabei irre in der falschen Annahme, daß diese Macht des Menschengeistes sich als ein Zeichen eigener Göttlichkeit bekunde. Das ist ein Irrtum, der nur einer einseitig-äußeren Beobachtung entspringt. Der Menschengeist ist weder Gott noch göttlich. Solche Wissend-sein-Wollenden sehen nur die Schale des Geschehens, aber nicht den Kern. In der Auswirkung verwechseln sie die Ursache.

Aus dieser Unzulänglichkeit kamen bedauerlicherweise viele Irrlehren und Überhebungen. Deshalb betone ich noch einmal: Die Gotteskraft, welche die Schöpfung stets durchzieht und in ihr ruht, ist allen Menschengeistern *nur geliehen.* Diese können sie *benützend lenken,* doch sie haben sie nicht in sich, *sie ist ihnen nicht zu eigen!* Dem Göttlichen allein ist diese Kraft zu eigen. Es verwendet sie jedoch nur zu dem Guten, weil Göttliches das Dunkel gar nicht kennt. Die Menschengeister aber, denen sie geliehen ist, schafften sich damit eine Mördergrube!

Deshalb rufe ich allen nochmals dringend zu: »Haltet den Herd des Wollens und Eurer Gedanken rein, Ihr stiftet damit Frieden und seid glücklich!« Die Nachschöpfung wird endlich damit auch der Urschöpfung noch ähnlich werden, in der nur Licht und Freude herrschen. Das alles liegt in Menschenhand, im Können eines jeden sichbewußten Menschengeistes, der kein Fremdling mehr in dieser Nachschöpfung verbleibt! – –

So mancher meiner Hörer und Leser wird im stillen wünschen, daß ich zu den Erklärungen noch irgendein treffendes Bild solchen Geschehens bringe, einen lebendigen Ausblick gebe zum besseren Verständnis. Andere wieder wird dies stören. Es mag auch solche geben, die sich sagen, daß ich damit den

Ernst des Gesagten schwäche, weil die Wiedergabe eines lebendigen Vorganges in diesen Ebenen leicht als Phantasterei oder Hellseherei aufgefaßt werden kann. Ähnliches habe ich sogar schon hören müssen, als ich meine Vorträge: »Der Heilige Gral« und »Luzifer« veröffentlichte. Tief forschende Menschen jedoch, deren geistige Ohren nicht verschlossen sind, empfinden dabei das, wozu es von mir gesagt wird. Denen ganz allein gilt auch das Bild, das ich darüber geben will; denn sie werden wissen, daß es weder Phantasie noch Hellseherei ist, sondern mehr.

Nehmen wir also ein Beispiel: Eine Mutter hat sich durch Ertränken das Leben genommen und dabei auch ihr zweijähriges Kind mit in den irdischen Tod gerissen. Beim jenseitigen Erwachen findet sie sich dann in einem düsteren schlammigen Gewässer am Versinken; denn der letzte schreckliche Augenblick der Seele ist in der Feinstofflichkeit lebendig geworden. Es ist der Ort, wo alle Gleicharten mit ihr zusammen dasselbe erleiden in andauernder Qual. Ihr Kind hält sie dabei in den Armen, es klammert sich in Todesangst an die Mutter, auch wenn sie es bei der irdischen Tat *vorher* in die Fluten schleuderte.

Diese entsetzlichen Augenblicke hat sie je nach ihrer seelischen Beschaffenheit eine kürzere oder längere Zeitdauer zu durchleben, muß also dauernd am Ertrinken sein, ohne dabei zu einem Ende zu kommen, ohne das Bewußtsein zu verlieren. Es kann Jahrzehnte und noch länger dauern, bis in ihrer Seele der echte Hilferuf erwacht, der auf reiner Demut ruht. Das ist nicht leicht geschehen; denn um sie her ist alles nur Gleichart, aber kein Licht. Sie hört nur grauenvolle Verwünschungen und Flüche, rohe Worte, sieht nur brutalste Rücksichtslosigkeit.

Nun wird mit der Zeit vielleicht zuerst der Drang in ihr erwachen, wenigstens ihr Kind davor zu schützen oder es hinauszubringen aus dieser fürchterlichen Umgebung und der immerwährenden Gefahr und Qual. Angstvoll hält sie es deshalb im eigenen Versinkenmüssen über der stinkenden, dickflüssigen Oberfläche, während so manche andere Gestalten ihrer Nähe, sich anklammernd, sie mitzureißen suchen in die Tiefe.

Dieses bleiern schwere Gewässer sind feinstofflich lebendig gewordene, noch nicht scharf umrissene Gedanken der Selbstmörder durch Ertrinken, sowie aller derer, die noch auf Erden sind und sich mit ähnlichen Gedanken befassen. Diese haben Verbindung zueinander und führen, sich gegenseitig anziehend, einander immer neue Verstärkung zu, womit die Qual endlos erneuert wird. Das Gewässer müßte austrocknen, wenn statt der gleichartigen Zufuhr frische, frohe, lebensfreudige Gedankenwellen von der Erde strömten.

Die Sorge um das Kind nun, die mütterlicher Instinkt mit der Zeit zu sorgender und bangender Liebe anwachsen lassen kann, erhält Kraft genug, um die erste Rettungsstufe zu der Treppe für die Mutter zu bilden, die sie aus dieser Qual herausführt, die sie sich durch derartige vorzeitige Beendung ihres Erdenseins schuf. Indem sie das Kind nun vor der Qual bewahren will, das sie doch erst selbst mit hineingerissen hat, nährt sie Edleres in sich, was sie zuletzt herauszuheben vermag in eine nächste, nicht so düstere Umgebung.

Das Kind in ihren Armen ist jedoch nicht in Wirklichkeit die lebendige Seele des Kindes, das sie mordend mit hineinzog in die Flut. Solche Ungerechtigkeit kann nicht vorkommen. In den meisten Fällen tummelt sich die *lebendige* Kindesseele in sonnigen Gefilden, während das Kind in den Armen der kämpfenden Mutter nur ... ein Phantom ist, ein lebendes Gebilde der Empfindung der Mörderin und auch ... der des Kindes! Es kann nun ein Schuldgebilde sein, also unter dem Drucke des Schuldbewußtseins entstanden, oder ein Verzweiflungsgebilde, Haßgebilde, Liebesgebilde, gleichviel, die Mutter wähnt, daß es das lebende Kind selbst sei, weil das Gebilde ja dem Kind vollkommen ähnlich ist und sich auch derart bewegt, schreit usw. Auf solche Einzelheiten und die vielen Abarten will ich nicht eingehen.

Es könnten zahllose Geschehen geschildert werden, deren Arten immer genau an die vorausgegangenen Taten gebunden sind.

Eins aber will ich noch nennen, als Beispiel, wie es aus dem Diesseits heraus in das Jenseits übergeht.

Nehmen wir an, eine Frau oder ein Mädchen ist unerwünscht in die Lage gekommen, Mutter zu werden, und hat, wie es leider sehr oft geschieht, etwas dagegen unternommen. Auch wenn alles in besonders günstigen Fällen ohne *körperliche* Schädigung vorüberging, so ist es doch damit gleichzeitig nicht auch gesühnt. Die feinstoffliche Welt als Umgebung nach dem irdischen Tode registriert genau und unbeeinflußbar.

Von dem Augenblicke an, wo es geschah, hat sich ein feinstofflicher Körper des werdenden Kindes an den feinstofflichen Hals der unnatürlichen Mutter geklammert, um von dieser Stelle nicht eher wegzugehen, als bis die Tat abgelöst wurde. Das merkt natürlich das betreffende Mädchen oder die

Frau nicht, solange sie in dem grobstofflichen Körper auf der Erde lebt. Sie hat höchstens hie und da einmal ein leicht beklemmendes Gefühl als Auswirkung, weil der kleine feinstoffliche Körper des Kindes im Verhältnis zu dem grobstofflichen Körper federleicht ist, und heute die meisten Mädchen viel zu abgestumpft sind, um diese kleine Last zu verspüren. Dieses Abgestumpftsein ist jedoch durchaus kein Fortschritt, ist auch kein Zeichen von robuster Gesundheit, sondern bedeutet Rückschritt, das Zeichen seelischen Vergrabenseins.

In dem Augenblicke des irdischen Sterbens aber wird die Schwere und Dichtheit des anhängenden Kindeskörperchens *gleichartig* mit dem nunmehr aus dem irdischen Körper ausgetretenen feinstofflichen Körper der Mutter und somit zur absoluten Last. Es wird dem feinstofflichen Körper der Mutter sofort dieselbe Unbequemlichkeit bereiten wie auf Erden das Anklammern eines grobstofflichen Kindeskörpers an ihren Hals. Dies kann nun je nach Art des vorangegangenen Geschehens zur atemraubenden Qual sich steigern. Die Mutter muß im Jenseits diesen Kindeskörper mit sich herumschleppen, wird nicht eher davon frei, bis bei ihr die Mutterliebe erwacht und sie treusorgend dem Kindeskörper unter Aufgabe der eigenen Bequemlichkeit mühselig alle Erleichterungen und Pflege zu bieten sucht. Bis dahin aber ist sehr oft ein weiter, dornenvoller Weg!

Diese Vorgänge entbehren natürlich auch einer gewissen Tragikomik nicht. Man braucht sich ja nur vorzustellen, daß irgendein Mensch, dem die Scheidewand zwischen dem Diesseits und dem Jenseits weggezogen ist, in eine Familie oder Gesellschaft tritt. Dort sitzen vielleicht Damen in eifrigem Gespräch. Eine der Frauen oder »Jungfrauen« fällt während der Unterhaltung in sittlicher Entrüstung wegwerfende Urteile über ihre Mitmenschen, während der Besucher gerade am Halse dieser so Eifernden oder Stolzen ein oder auch sogar mehrere Kinderkörperchen hängend beobachtet. Und nicht nur das, sondern auch an *jedem* anderen Menschen hängen die Werke seines wirklichen Wollens deutlich sichtbar, die oft in dem groteskesten Widerspruche zu seinen Worten stehen und zu dem, wie er gern scheinen möchte und sich der Welt gegenüber auch zu behaupten sucht.

Wie mancher Richter sitzt viel beladener vor einem von ihm selbst Verurteilten, als dieser es ist. Wie schnell sind die wenigen Erdenjahre dahin, und dann steht er vor *seinem* Richter, vor welchem andere Gesetze gelten. Was dann?

Die grobstoffliche Welt vermag ein Mensch leider in den meisten Fällen leicht zu täuschen, in der feinstofflichen Welt dagegen ist dies ausgeschlossen. Dort *muß* der Mensch glücklicherweise wirklich das ernten, was er gesät hat. Deshalb braucht niemand zu verzweifeln, wenn hier auf Erden doch vorübergehend Unrecht Oberhand behält. Nicht ein einziger übler Gedanke bleibt ungesühnt, auch wenn er nicht zu grobstofflicher Tat geworden ist.

OKKULTE SCHULUNG, FLEISCHKOST ODER PFLANZENKOST

Die Bestrebungen, die der okkulten Schulung wie auch die der sogenannten Lebensreform, haben sich ein hohes Ziel gesetzt, das zu erreichen eine weitere Epoche in der Entwickelung der Menschheit bedeutet. Die Zeit der Erfüllung dieser wertvollen *Ziele* wird auch kommen. Die jetzt emporschießenden Anstrengungen dazu gehören aber nur zu dem Gärungsprozeß dieser neuen Zeit.

Während jedoch nun die Führer der okkulten Bestrebungen in ihrer besten Absicht auf dem ihnen selbst unbekannten Gebiete einen vollkommen falschen Weg eingeschlagen haben, der nichts anderes erreicht, als dem Dunkel freie Bahn zu schaffen und die Menschheit verstärkten jenseitigen Gefahren auszusetzen, so greifen die sogenannten Lebensreformer zur Erreichung ihres begrüßenswerten Zieles weit über dieses hinaus, im Hinblick auf die *jetzige Zeit!*

Die Tätigkeiten beider Teile müssen anders angefaßt werden. Die Geistesübungen fordern eine *höhere* Art als die bisher getätigten, von Grund aus. Es muß hierin ein ganz anderer Weg eingeschlagen werden, um zur Höhe kommen zu können. Der jetzige Weg führt lediglich in niederes Gestrüpp des Jenseits, worin der größte Teil der Nachfolgenden vom Dunkel ganz umschlungen und hinabgezogen wird.

Der *rechte* Weg muß schon *von Anfang an empor*führen, er darf nicht erst in minderwertiger und höchstens gleichstufiger Umgebung sich verlieren. Die beiden Wege haben keine Ähnlichkeit, sind schon in ihrer Grundart ganz verschieden. Der rechte Weg hebt innerlich sofort empor, geht also schon von Anfang an aufwärts, ohne erst die gleichwertige feinstoffliche Umgebung zu berühren, noch viel weniger die minderwertigere; denn das ist nicht nötig, da es im normalen Sinne nur ein Aufwärtsstreben von der Erde geben soll. Deshalb sei nochmals ernst gewarnt vor allem Akrobatentum des Geistes.

Der Geist braucht während seines Erdenseins zur *vollen* Erfüllung seines Daseinszweckes unbedingt einen gesunden, kräftigen Körper, in irdisch normalem Zustande. Wird dieser Zustand des Körpers verschoben, so stört eine derartige Verschiebung die dringend notwendige Harmonie zwischen dem Körper und dem Geiste. *Nur solche* bringt eine gesunde, kräftige Entwickelung des Geistes, welche krankhafte Auswüchse nicht zuläßt.

Der gesunde, nicht unterdrückte Körper wird infolge seines normalen Zustandes auf ganz natürliche Weise immer mit dem Geiste harmonieren, ihm damit eine feste Grundlage in der Stofflichkeit bieten, in welcher der Geist nicht ohne Zweck steht, und dadurch ihm auch die beste Hilfe geben, diesen seinen Zweck zur Selbstentwickelung und gleichzeitigen Förderung der Schöpfung voll zu erfüllen.

Jeder Körper erzeugt bestimmte Ausstrahlungen, die der Geist zu seiner Tätigkeit in der Stofflichkeit unbedingt braucht. Es ist dies vor allem die so geheimnisvolle Sexualkraft, welche unabhängig von dem Geschlechtstriebe bleibt. Bei einer Verschiebung der Harmonie zwischen Körper und Geist wird nun diese Kraft der Durchstrahlung und Ausstrahlung nach anderer Richtung hingezogen und damit für den eigentlichen Zweck geschwächt.

Das bringt eine Hemmung oder Lähmung der Erfüllung in dem Sein des Geistes in der Stofflichkeit. Die Folge davon ist, daß auch der Geist nicht zu einer normalen Entwickelung gelangen kann und deshalb unbedingt an irgendeinem späteren Punkte seines gewollten Aufstieges ermattend zurücksinken muß, um einen großen Teil seines Werdegangs aus der Natur der Sache heraus noch einmal nachholen zu müssen. Denn was er in der Grobstofflichkeit versäumt, das kann er nicht in der Feinstofflichkeit nachholen, weil ihm dort die Ausstrahlungen des grobstofflichen Körpers dazu fehlen. Er muß zurück, um diese Lücke auszufüllen.

Auch in diesen Vorgängen liegt eine derart klare Sachlichkeit, ein natürliches und einfaches Geschehen, wie es anders gar nicht sein kann. Jedes Kind wird darüber im klaren sein und es für selbstverständlich finden, wenn es einmal die Grundgesetze richtig erfaßt hat. Es erfordert für mich noch eine ganze Reihe Vorträge, um die gewaltige Schöpfung der Menschheit so nahezubringen, daß sie alles Geschehen darin in seinen natürlichsten Folgerungen selbst rückwärts und vorwärts überblicken kann, in der unvergleichlichen, herrlichen Gesetzmäßigkeit.

Dieses Abbiegen der dem Geiste in der Stofflichkeit notwendigen Sexualkraft kann auf vielerlei Art geschehen. Durch Übertreibung der Geschlechtsausübung oder auch nur Reizung dazu. Ebenso durch die okkulten Schulungen oder falschen Geistesübungen, bei denen der Geist diese Kraft des reifen Körpers gewaltsam an sich reißt, um sie zu dieser falschen, unnötigen Art seiner Betätigung zu vergeuden. In beiden Fällen eine falsche Verwendung, die mit der Zeit auch Schwächung des Körpers nach sich ziehen muß.

Der geschwächte Körper kann dann wiederum nicht mehr so starke Ausstrahlungen bringen, wie sie der Geist wirklich benötigt, und so erkrankt einer durch den anderen mehr und mehr. Es kommt damit zu einer Einseitigkeit, die *immer* auf Kosten des rechten Zieles geht und deshalb Schaden bringt. Ich will hier nicht eingehen auf andere Abwege, bei denen der Geist ebenso zuviel der Sexualkraft für falsche Zwecke benötigt und damit für den Hauptzweck zu wenig hat, wie bei dem Lesen von Büchern, die in der Phantasie eine falsche Welt entstehen lassen, und anderes mehr.

Der Geist kommt hier in allen Fällen *unreif* in die feinstoffliche Welt und nimmt auch einen *schwachen* feinstofflichen Körper mit. Die Folgen solcher Erdensünden greifen so einschneidend in das ganze Sein, daß jeder Mensch dafür in vielfältiger Schwere büßen muß. Solche Versäumnis, derart falsches Handeln in der Erdenzeit hängt ihm dann hemmend an und wird ihm immer schwerer, bis er, wie schon gesagt, an einem Punkte seines Aufstieges nicht weiter kann und dann zurücksinkt, dorthin, wo sein falsches Handeln einsetzte. Es ist bis zu der Grenze, an welcher er noch seine Harmonie besaß.

Die Stärke eines durch okkulte Schulung auf Kosten des Körpers großgezogenen Geistes ist auch nur *scheinbar.* Der Geist ist dann *nicht stark,* sondern wie eine Treibhauspflanze, die kaum dem Winde, noch viel weniger den Stürmen standzuhalten vermag. Ein solcher Geist ist *krank,* nicht fortgeschritten. Der Zustand gleicht künstlich erzeugtem Fieber. Der Fieberkranke kann auch zeitweise über außergewöhnliche Kräfte verfügen, um dann um so mehr zurückzusinken in die Schwäche. Was aber bei dem Fieberkranken nur Sekunden und Minuten sind, das ist beim Geiste gleichbedeutend mit Jahrzehnten und Jahrhunderten. Es kommt der Augenblick, wo sich das alles bitter rächt.

Die Harmonie ist überall das einzig Richtige. Und Harmonie ergibt allein der *Mittelweg* in allem. Die Schönheit und die Kraft der Harmonie wird doch so viel besungen. Warum will man sie hier nicht gelten lassen und sie unbedingt zerstören?

Alle okkulten Schulungen in bisheriger Art sind falsch, wenn auch das Ziel ein hohes und ein notwendiges ist. –

Ganz anders bei den Führern und den Anhängern der sogenannten Lebensreformen. Hier ist der Weg wohl richtig, aber man will *das* schon *heute* tun, was *erst in Generationen* angebracht sein wird, und aus diesem Grunde ist es heute für die meisten Menschen in der Endwirkung nicht weniger gefährlich. *Es fehlt der notwendige Übergang.* Die Zeit zu dem Beginn ist da! Man darf jedoch nicht ohne weiteres mit beiden Füßen hineinspringen, sondern muß die Menschheit *langsam* durchführen. Dazu genügen nicht Jahrzehnte! Wie es heute gehandhabt wird, erfolgt in Wirklichkeit auch bei scheinbarem Wohlbefinden des Körpers eine Schwächung durch die Schnelligkeit des Überganges. Und der also geschwächte Körper wird niemals wieder erstarken können!

Pflanzenkost! Sie bringt ganz richtig die Verfeinerung des Menschenkörpers, eine Veredelung, auch die Stärkung und große Gesundung. Damit wird auch der Geist noch mehr gehoben. *Doch das ist alles nicht sofort für die Menschheit von heute.* In den Bestrebungen und in den Kämpfen vermißt man die besonnene Führerschaft.

Dem Körper von heute genügt unter keinen Umständen ganz unvermittelt Pflanzenkost, wie es so oft versucht wird. Es ist ganz gut, wenn es vorübergehend und vielleicht einmal jahrelang bei Kranken angewendet wird, sogar erforderlich, um etwas auszuheilen oder einseitig stärkend irgendwo nachzuhelfen, aber das ist nicht von Dauer. Es muß dann langsam wieder mit der den Menschen heute so gewohnten Kost begonnen werden, wenn der Körper seine volle Kraft behalten soll. Der Schein des Wohlbefindens trügt.

Gewiß, es ist sehr gut, wenn auch Gesunde einmal eine Zeitlang nur die Pflanzenkost gebrauchen. Sie werden sich dann ohne Zweifel wohl befinden und auch freien Aufschwung ihres Geistes fühlen. Das bringt aber die *Abwechselung* mit sich, wie jede Abwechselung erfrischt, auch geistig.

Behalten sie jedoch die einseitige Kost plötzlich für dauernd bei, so werden sie es nicht bemerken, daß sie in Wirklichkeit auch schwächer werden und für vieles viel empfindlicher. Die Ruhe und das Ausgeglichensein ist in den meisten Fällen keine Stärke, sondern eine Schwäche ganz bestimmter Art. Sie zeigt sich angenehm und nicht bedrückend, weil sie ihren Ursprung nicht in einer Krankheit hat.

Die Ausgeglichenheit ist ähnlich wie die Ausgeglichenheit des außer dem Schwächerwerden des Körpers noch gesunden *Alters.* Sie steht dieser Art Schwäche wenigstens bedeutend näher als der Schwäche einer Krankheit. Der

Körper kann dabei durch das plötzliche Fehlen des seit Jahrtausenden Gewohnten nicht die Sexualkraft aufbringen, die der Geist braucht zur vollen Erfüllung seines Zweckes in der Stofflichkeit. –

Viele ausgesprochene Vegetarier merken es an der leichten Mäßigung des Geschlechtstriebes, was sie als Fortschritt freudig begrüßen. Es ist dies aber durchaus nicht das Zeichen der Veredelung ihres Geistes durch die Pflanzenkost, sondern das *Herabsinken* der Sexualkraft, das ebenso auch die Verminderung ihres geistigen Aufschwunges in der Stofflichkeit nach sich ziehen muß.

Es sind hier Irrtümer über Irrtümer vorhanden, weil der Mensch fast immer nur das Nächste vor sich sieht. Gewiß, es ist zu begrüßen und ein Fortschritt, wenn durch Veredelung des Geistes der niedere Geschlechtstrieb weit gemäßigter wird, als er es heute ist. Es ist auch richtig, daß der Fleischgenuß den Geschlechtstrieb erhöht, aber wir dürfen dabei nicht nach der heutigen Menschheit messen; denn bei dieser ist der Geschlechtstrieb *einseitig krankhaft großgezogen* worden, er ist heute durchweg unnatürlich. Das ist aber nicht nur auf Kosten des Fleischgenusses zu verbuchen.

Die Mäßigung des Geschlechtstriebes ist auch durchaus nicht abhängig von der Verminderung der Sexualkraft. Im Gegenteil, diese ist fähig, dem Menschengeiste *fördernd* beizustehen, ihn von der heute ausgeprägten Abhängigkeit des rohen Triebes zu *befreien*. Die Sexualkraft ist sogar das *beste Mittel* dazu. –

Der Übergang als erste Stufe ist Beschränken auf nur *weißes Fleisch*. Das heißt: Geflügel, Kalbfleisch, Lamm und anderes neben der erhöhten Pflanzenkost.

»Übersehet Eueren Körper nicht«, möchte ich warnend dem einen Teile zurufen! Dem anderen Teile umgekehrt: »Denkt an den Geist!« Dann wird das Rechte schon noch aus den Wirrnissen der Jetztzeit reifen.

HEILMAGNETISMUS

Heilmagnetismus nimmt eine der führenden Stellungen ein in der weiteren Entwickelung des Menschengeschlechtes.

Wenn ich von Magnetopathen spreche, so sind damit nur ernste Könner gemeint, die mit ehrlichem Wollen der Menschheit zu helfen bereit sind. Nicht etwa die Schar jener, welche mit geringer Durchschnittsausstrahlung, viel Worten und geheimnisvollen Gesten Großes zu leisten wähnen.

Nervöse Unruhe geht zwar heute durch die Reihen jener Tapferen, die schon seit Jahren in so vielen Fällen ihren Mitmenschen die beste Erdengabe brachten, die sie bringen konnten: die Gesundung von so manchem Leiden durch den sogenannten Magnetismus ihres Körpers oder durch die Übertragung ähnlicher Strömungen aus der Feinstofflichkeit, dem Jenseits.

Leider wird andauernd neu versucht, die Klasse der Magnetopathen als minderwertig zu bezeichnen, wenn nicht gar noch als Schlimmeres, sie zu hemmen und zu unterdrücken. Man bauscht mit viel Geschrei einzelne Ausnahmen ins Ungeheuerliche auf, bei denen niedriger Erwerbssinn unredliche Charaktere schuf, oder wo schon von vornherein betrügerische Absichten zu Grunde lagen, indem bei Ausübenden die schöne Gabe gar nicht vorhanden war.

Seht Euch doch um: Wo sind Betrüger, Schwindler *nicht* vorhanden? Sie sind überall zu finden! In anderen Berufen sogar noch viel mehr. Aus diesem Grunde sieht ein jeder das hierin bei solchen Anfeindungen oft *gewollte* Unrecht sofort klar.

Aber der Neid, noch mehr die Furcht, läßt jetzt die Zahl der Gegner und der Feinde wachsen. Bei Bier- und Weingelagen kann natürlich *diese* Kunst der Heilung *nicht* erworben werden.

Sie fordert ernste und vor allen Dingen auch solide und gesunde Menschen!

Darin wird wohl die größte Wurzel alles Neides liegen, der die Hauptanfeindungen dann nach sich zieht; denn Bedingungen von solcher Art sind heute nicht leicht zu erfüllen. Und was darin einmal versäumt wurde, läßt sich nicht wieder einholen.

Außerdem ist *echte,* starke Heilkraft auch nicht zu erlernen. Sie ist eine Gabe, die den damit Begabten zu einem Berufenen bestimmte.

Wer solche Menschen unterdrücken will, gibt damit den Beweis, daß er das Wohl der Menschheit *nicht* vor Augen, noch viel weniger im Herzen hat. Er bürdet sich damit auch eine Schuld auf, die ihm zum Verhängnis werden muß.

Die kleine Schar der Tapferen braucht nicht zu bangen. Die Hindernisse sind vorübergehend. In Wirklichkeit bilden sie ein sicheres Zeichen des baldigen, freudigen und stolzen Aufstieges.

LEBET DER GEGENWART!

BETRACHTET man die Menschen, so finden sich verschiedene Abteilungen. Der eine Teil lebt ausschließlich in der Vergangenheit. Das heißt, sie beginnen zu begreifen erst dann, wenn etwas vorüber ist. So kommt es, daß sie sich über etwas Geschehendes weder richtig freuen können, noch die ganze Schwere einer Sache empfinden. Erst hinterdrein beginnen sie davon zu sprechen, davon zu schwärmen oder nachzutrauern. Und in diesem dauernden Nur-von-dem-Vergangenen-Sprechen und Sich-darin-Wohlfühlen oder Bedauern übersehen sie stets wieder neu das gegenwärtige Geschehen. Erst wenn es alt geworden ist, vergangen, dann beginnen sie es zu bewerten.

Ein anderer Teil wieder lebt in der Zukunft. Sie wünschen und hoffen immer nur von der Zukunft und vergessen dabei, daß die Gegenwart ihnen so viel zu bieten hat, vergessen auch, sich so zu regen, daß viele ihrer Zukunftsträume Wirklichkeit werden könnten.

Beide Teile, zu denen die größte Anzahl der Menschen gehört, haben in Wirklichkeit so gut wie gar nicht auf Erden gelebt. Sie vertändeln ihre Erdenzeit.

Es wird auch Menschen geben, die bei dem Zurufe: »Lebet der Gegenwart!« etwas ganz Falsches auffassen; vielleicht, daß ich damit zum Auskosten und Genießen eines jeden Augenblickes anspornen will, zu einem gewissen leichtsinnigen Leben aufmuntere. Es gibt deren ja genug, die in dieser Weise bejahend sinnlos durch das Leben taumeln.

Wohl fordere ich mit diesem Rufe ein unbedingtes Auskosten jeder Minute, aber *innerlich*, nicht äußerlich allein. Eine jede Stunde der Gegenwart muß zu wirklichem Erleben für den Menschen werden! Das Leid wie auch die Freude. Er soll mit seinem ganzen Sinnen und Denken, mit dem Empfinden jeder Gegenwart geöffnet sein und damit *wach*. Nur *so* hat er Gewinn vom Erdensein, der darin für ihn vorgesehen ist. Weder in den Gedanken an die Vergangenheit noch in den Träumen für die Zukunft kann er wirkliches Erleben finden, so stark, daß es seinem Geiste einen Stempel aufdrückt, den er als Gewinn mit in das Jenseits nimmt.

Lebt er nicht mit, so kann er auch nicht *reifen,* das Reifen hängt nur vom Erleben ab.

Hat er nun in dem Erdensein nicht stets die *Gegenwart* in sich erlebt, so kehrt er leer zurück und muß die so versäumte Zeit noch einmal neu durchwandern, weil er dabei nicht wach war, nichts durch Erleben sich zu eigen machte.

Das Erdenleben ist wie eine Stufe in dem ganzen Sein des Menschen, so groß, daß sie der Mensch nicht überspringen kann. Setzt er nun seinen Fuß nicht fest und sicher auf die Stufe, so kann er ganz unmöglich auf die nächste steigen; denn er braucht die vorhergehende als Grundlage dazu.

Wenn sich der Mensch sein ganzes Sein von dieser Erde aus zurück zum Licht in Stufen aufwärtsstrebend vorstellt, so muß er sich darüber klar werden, daß er nur dann zu einer nächsten Stufe kann, wenn er die vorhergehende richtig erfüllt, fest auf ihr steht. Es ist sogar noch stärker auszudrücken: Erst aus der vollen, unbedingten Erfüllung der jeweilig zu erlebenden Stufe kann sich die nächsthöhere entwickeln. Erfüllt ein Mensch nicht durch Erleben, das ihm allein zur Reife dienen kann, die Stufe, in der er sich befindet, so wird die neue Stufe ihm nicht sichtbar, weil er zu dieser das Erleben der vorherigen Stufe braucht. Nur mit der Ausrüstung dieses Erlebens erhält er die Kraft, die nächste, höhere Stufe zu erkennen und zu ersteigen.

So geht es fort, von einer Stufe zu der anderen. Wenn er *nur* nach dem hohen Ziele schauen will und nicht der Einzelstufen richtig achtet, die ihn dahin führen, so wird er das Ziel nie erreichen. Die Stufen, die er selbst zum Aufstieg bauen muß, würden dann viel zu flüchtig sein und auch zu leicht und bei dem Versuche des Hinaufsteigens zusammenbrechen.

Dieser Gefahr ist aber vorgebeugt durch das natürliche Geschehen, daß eine nächste Stufe immer nur in der vollen Erfüllung der Gegenwartsstufe sich entwickeln kann. Wer also nicht sein halbes Sein auf einer Stufe stehenbleiben und nicht immer wieder auf dieselbe zurückkehren will, der zwinge sich, stets ganz der Gegenwart zu gehören, sie in sich richtig zu erfassen, zu erleben, damit er geistig Nutzen davon hat.

Es wird ihm dabei auch der irdische Gewinn nicht fehlen; denn sein erster Vorteil davon ist, daß er von den Menschen und der Zeit nichts anderes erwartet, als sie ihm *wirklich* geben können! Dadurch wird er nie enttäuscht sein, ebenso in Harmonie mit der Umgebung bleiben.

Trägt er aber nur Vergangenheit und zukünftiges Träumen in sich, so wird er im Erwarten sehr leicht aus dem Rahmen seiner Gegenwart hinausgreifen und muß damit in Disharmonie zur Gegenwart geraten, worunter *nicht nur er* leidet, sondern *auch seine nähere Umgebung.*

Wohl soll man auch an das Vergangene denken, um Lehren daraus zu ziehen, und auch von Zukünftigem träumen, um Ansporn zu erhalten, doch *leben* soll man voll bewußt nur in der Gegenwart!

WAS HAT DER MENSCH ZU TUN, UM EINGEHEN ZU KÖNNEN IN DAS GOTTESREICH?

Es wäre falsch, die Frage, welche oft herantritt, mit einer ganz bestimmten Regel zu beantworten, zu sagen: Tue dies und tue jenes! *Damit ist noch kein Weg gezeigt!* Es würde nichts Lebendiges darin liegen, und aus diesem Grunde kann auch nichts Lebendes daraus erstehen, das unbedingt zu einem Aufwärtsschwingen nötig ist; denn *Leben* allein birgt den nötigen Schlüssel zu dem Aufstiege.

Wenn ich nun aber sage: »Tue dies und jenes, lasse das«, so gebe ich damit nur schwache, äußerliche Krücken, auf denen niemand richtig und selbständig gehen kann, weil ihm die Krücken nicht auch gleichzeitig zum »Sehen« dienen. Und doch muß er den *»Weg«* klar vor sich *sehen,* sonst nützen ihm die Krücken nichts. Ein solcher humpelt irrend wie ein Blinder auf ihm unbekanntem Wege. Nein, das ist nicht das Rechte, würde wieder nur zu einem neuen Dogma führen, welches hindernd jeden Aufstieg hemmt.

Der Mensch bedenke: Wenn er in das Reich des Geistes will, muß er naturgemäß bis dahin gehen. *Er* muß gehen, es kommt nicht zu ihm. Nun liegt es aber an dem obersten Punkte der Schöpfung, *ist* der oberste Punkt selbst.

Der Menschengeist aber befindet sich noch in den Niederungen der Grobstofflichkeit. Deshalb wird es jedem wohl verständlich sein, daß er den Weg von diesen Niederungen bis zu der ersehnten Höhe hinauf erst durchwandern muß, um das Ziel zu erreichen.

Damit er sich nun nicht verirrt, ist es auch unerläßlich, daß er die ganze Strecke *genau kennt,* welche er zu durchmessen hat. Und nicht nur diese Strecke selbst, sondern auch alles, was ihm darauf noch begegnen kann, welche Gefahren ihn dabei bedrohen und welche Hilfen er dort findet. Da diese ganze Strecke *in der Schöpfung* liegt, die Schöpfung *ist,* so muß ein Wanderer nach dem geistigen Reiche vorher also unbedingt genau die Schöpfung, die ihn dazu führt, *erkennen.* Denn er will ja hindurch, sonst kommt er nicht ans Ziel.

Bisher gab es nun keinen Menschen, der die Schöpfung *so* beschreiben kann, wie sie zu kennen für den Aufstieg nötig ist. Anders gesagt, es gab niemand, welcher *den Weg zur Gralsburg*, zu dem höchsten Punkte der Schöpfung, deutlich sichtbar machen konnte. Den Weg zu jener Burg, die in dem Reich des Geistes als der Tempel des Höchsten steht, worin allein der *reine* Gottesdienst besteht. Nicht bildlich nur gemeint, sondern in aller Wirklichkeit bestehend.

Die Botschaft des Gottessohnes wies schon einmal diesen Weg. Sie wurde aber durch der Menschen Klugseinwollen vielfach *falsch gedeutet* und somit die *Wegweiser* darin *falsch angebracht*, wodurch sie irreführend keinen Menschengeist hinaufgelangen lassen. –

Nun ist jedoch die Stunde da, in der ein *jeder* Menschengeist sich selbst entscheiden *muß*, ob Ja oder Nein, ob Tag oder Nacht, ob Aufstieg zu den lichten Höhen oder Niedergang für ihn sein soll, endgiltig und unwiderruflich, ohne spätere Möglichkeit zu einer nochmaligen Änderung. Deshalb kommt nun abermals eine Botschaft aus der lichten Burg. Die Botschaft stellt falsch angebrachte Wegweiser nun wieder *richtig*, damit den *ernsthaft* Suchenden der rechte Weg erkennbar wird.

Wohl allen denen, die sich offenen Sinnes, freien Herzens darnach richten! Sie werden darin nun *das* in der Schöpfung kennenlernen, *die* Sprossen sehen, die ihr Geist benützen muß zu dem Aufstiege, um einzugehen in das Reich des Geistes, in das Paradies.

Ein jeder einzelne wird darin finden, was *er* braucht, um mit den Fähigkeiten, welche *er* besitzt, emporzuklimmen nach dem Licht.

Das erst gibt *Leben*, Freiheit zum Emporklimmen, Entwickelung der dazu notwendigen Fähigkeiten eines jeden einzelnen und nicht nur so ein einheitliches Joch in festem Dogma, das ihn zum willenlosen Sklaven macht, selbständige Entwickelungen unterdrückt und somit auch den Aufstieg nicht nur hemmt, sondern für viele ganz vernichtet. –

Der Mensch, welcher die Schöpfung kennt in ihrer so gesetzmäßigen Tätigkeit, versteht darin auch bald den großen Gotteswillen. Stellt er sich dazu richtig ein, dann dient ihm die Schöpfung, also auch der Weg, *nur* zu dem frohen Aufstiege; denn er steht dadurch ja auch richtig in dem Gotteswillen. Sein Weg und Leben muß deshalb richtig sein! –

Es ist nicht frömmelnder Augenaufschlag, nicht sich reuig winden, knien, beten, sondern es ist das Gebet *verwirklicht*, lebend ausgeführt in frischem, frohem, reinem Tun. Es ist nicht winselnd einen Weg erbitten, sondern diesen in dankbarem Aufblick *sehen* und ihn freudig *gehen*.

Ganz anders, als bisher gedacht, sieht also alles Leben aus, welches gottwohlgefällig genannt werden kann. Viel schöner, freier! Es ist das *Richtig-in-der-Schöpfung-Stehen,* so, wie es Euer Schöpfer durch die Schöpfung will! In der man, bildlich gesagt, Gottes Hand ergreift, die er der Menschheit damit bietet.

Noch einmal rufe ich deshalb: Nehmt alles endlich nun *tatsächlich, wirklich,* nicht mehr bildlich, und Ihr werdet selbst tatsächlich sein, an Stelle der jetzt toten Schemen! Lernt die Schöpfung *in ihren Gesetzen* richtig kennen!

Darin ruht der Weg hinauf zum Licht!

DU SIEHST DEN SPLITTER IN DEINES BRUDERS AUGE UND ACHTEST NICHT DES BALKENS IN DEINEM AUGE!

Ein jeder glaubt diese einfachen Worte voll verstanden zu haben, und doch wird es wenige geben, die ihren eigentlichen Sinn erkannten. Es ist einseitig und falsch, wenn dieses Wort so ausgelegt wird, als ob es nur gesagt sei, damit der Mensch Nachsicht mit seinem Nächsten lernt. Nachsicht mit seinem Nächsten kommt bei dem Erleben dieses Ausspruchs von ganz allein als Selbstverständlichkeit, doch erst in zweiter Linie.

Wer so in den Worten Christi schürft, der schürft nicht tief genug und zeigt damit, daß er weit davon entfernt ist, die Worte des Gottessohnes lebendig machen zu können, oder daß er die Weisheit in seinen Aussprüchen von vornherein unterschätzt. Auch werden diese Worte in den Auslegungen vieler Prediger wie alles andere in die Weichlichkeit und Schlaffheit *der* Liebe eingereiht, welche die Kirche so gern als christliche Liebe hinzustellen versucht.

Der Mensch kann aber *und soll* diesen Ausspruch des Gottessohnes nur als Maßstab seiner eigenen Fehler anwenden. Schaut er mit offenen Augen um sich und beobachtet er dabei auch gleichzeitig sich selbst, so wird er bald erkennen, daß gerade diejenigen Fehler, die ihn bei seinen Nebenmenschen am meisten stören, bei ihm selbst in ganz besonderem Grade und für andere lästig ausgeprägt sind.

Um nun das richtige Beobachten zu lernen, achtet Ihr am besten zuerst einmal aufmerksam nur auf Eure Nebenmenschen. Es wird darunter wohl kaum einen geben, der nicht an anderen dies oder jenes auszusetzen hat und sich auch offen oder versteckt darüber ausspricht. Sobald dies geschieht, so nehmt diesen Menschen, der sich über anderer Fehler aufhält oder gar empört, daraufhin einmal genau unter Euere Beobachtung. Es wird nicht lange währen, bis Ihr zu Eurem Erstaunen entdeckt, daß gerade diese Fehler, die der Betreffende an den anderen so scharf rügt, bei diesem selbst in weit höherem Ausmaße vorhanden sind!

Es ist dies eine Tatsache, die Euch im Anfang verblüffen wird, die aber *stets* sich zeigt, ohne Ausnahme. Bei Beurteilung von Menschen könnt Ihr dies in Zukunft ruhig als feststehend annehmen, ohne dabei befürchten zu müssen, daß Ihr irrt. Es bleibt bestehen, daß ein Mensch, der sich über diese oder jene Fehler eines anderen aufregt, bestimmt gerade diese Fehler in weit größerer Stärke selbst in sich trägt.

Tretet einmal in Ruhe an solche Prüfungen heran. Ihr werdet es fertigbringen und die Wahrheit sofort erkennen, weil Ihr selbst nicht dabei beteiligt seid und deshalb auch bei beiden Teilen nichts zu beschönigen versucht.

Nehmt einmal einen Menschen, der in sich die Ungezogenheit gepflegt hat, vorwiegend mürrisch und unhöflich zu sein, selten ein freundliches Gesicht zu zeigen, den man also gern meiden möchte. Gerade diese nehmen für sich in Anspruch, besonders freundlich behandelt werden zu wollen, und geraten außer sich, Mädchen und Frauen sogar zum Weinen, wenn sie in berechtigter Weise einmal auch nur einem vorwurfsvollen Blick begegnen. Das wirkt auf einen ernsten Beobachter so unsagbar lächerlich-traurig, daß man vergißt, darüber empört zu sein.

Und so ist es in tausend und mehr verschiedenen Arten. Es wird Euch das Erlernen und Erkennen leicht. Seid Ihr dann aber so weit, so habt auch den Mut anzunehmen, daß Ihr selbst darin keine Ausnahme bildet, da Ihr den Beweis bei allen anderen gefunden habt. Und damit werden Euch dann die Augen über Euch selbst endlich geöffnet. Das ist gleichbedeutend mit einem großen Schritt, vielleicht sogar dem größten zu Euerer Entwicklung! Ihr zerschneidet damit einen Knoten, der heute die gesamte Menschheit niederhält! Löst Euch und helft freudig dann auch anderen in gleicher Art.

Das wollte der Gottessohn mit diesen einfachen Worten sagen. Solche Erziehungswerte gab er in seinen schlichten Sätzen. Die Menschen aber *suchten* nicht ehrlich darin. Sie wollten wie immer sich darüber erhebend nur nachsichtig auf andere blicken lernen. Das schmeichelte ihrem widerlichen Hochmut.

Die ganze Erbärmlichkeit ihres falschen Denkens kommt in den bisherigen Auslegungen überall zum Durchbruch, das unverhüllte heuchlerische Pharisäertum. Es hat sich unverändert in das Christentum verpflanzt. Denn auch die sich suchend Nennenden nahmen und nehmen alles viel zu leichtfertig entgegen in ihrem üblichen Gewohnheitswahne, daß sie wirklich mit dem Lesen auch den Sinn verstanden haben müssen, weil sie es sich also glauben machen, ganz nach *ihrem* jeweiligen Gutdünken.

Das ist kein ehrlich Suchen. Deshalb können sie den eigentlichen Schatz nicht finden. Deshalb konnte es auch keinen Fortschritt geben. Das Wort blieb tot für die, die es in sich *lebendig* machen sollten, um Werte für sich daraus zu erlangen, die zur Höhe tragen.

Und jeder Satz, welchen der Gottessohn der Menschheit gab, birgt solche Werte, die man nur nicht fand, weil man sie niemals darin richtig sucht!

DER KAMPF IN DER NATUR

Toren, die Ihr immer wieder fragt, ob der Kampf in der Schöpfung richtig sei, die Ihr ihn nur als Grausamkeit empfindet, wißt Ihr nicht, daß Ihr Euch damit als Schwächlinge bezeichnet, als Schädlinge für jede *heutige* Aufstiegsmöglichkeit?

Wacht endlich einmal auf aus dieser unerhörten Weichlichkeit, welche den Körper und den Geist nur langsam *sinken* läßt, niemals aber sich erheben!

Blickt Euch doch sehend um, erkennend, und Ihr müßt die große Triebkraft *segnen,* die zum Kampfe drängt und damit zur Verteidigung, zur Vorsicht, zu dem *Wachsein* und zum *Leben!* Sie schützt die Kreatur vor der Umklammerung tötender Trägheit!

Kann je ein Künstler einen Höhepunkt erreichen, ihn sich erhalten, wenn er nicht dauernd übt und darum kämpft? Gleichviel, worin er sich betätigt, wie stark die Fähigkeiten sind, die er besitzt. Die Stimme eines Sängers würde bald abschwächen, ihre Sicherheit verlieren, wenn er sich nicht auch überwinden könnte, stets erneut zu üben und zu lernen.

Ein Arm kann nur erstarken, wenn er sich dauernd müht. Im Nachlassen darin muß er erschlaffen. Und so auch jeder Körper, jeder Geist! Freiwillig aber ist kein Mensch dazu zu bringen. Irgendein Zwang muß vorhanden sein!

Wenn Du gesund sein willst, so *pflege* Deinen Körper und den Geist. Das heißt, erhalte ihn in strenger Tätigkeit!

Was der Mensch heute und von jeher aber unter »Pflegen« denkt, ist nicht das Rechte. Entweder er meint unter »Pflegen« süßes Nichtstun, worin allein schon das Erschlaffende, Lähmende liegt, oder er betreibt die »Pflege« wie bei jedem Sport nur einseitig, das heißt, das Pflegen wird zum »Sport«, zur *einseitigen Übertreibung* und damit zu leichtsinnigen, ehrgeizigen Auswüchsen, die ernsten Menschentums gar nicht würdig sind.

Wirkliches Menschentum muß doch das *höchste Ziel* vor Augen haben, das man durch Hochsprung, Schwimmen, Laufen, Reiten, unsinniges Fahren nicht erreichen kann. Die Menschheit und die ganze Schöpfung hat keinen

Gewinn an solchen Einzelleistungen, für die so mancher Mensch sehr oft den größten Teil seiner Gedanken, seiner Zeit und seines Erdenlebens opfert!

Daß solche Auswüchse sich bilden konnten, zeigt, wie falsch der Weg ist, den die Menschheit geht, und wie sie wiederum auch diese große Triebkraft in der Schöpfung nur auf falsche Bahnen drängt und sie damit vergeudet in nutzloser Spielerei, wenn nicht sogar zum Schaden durch die Hemmung des gesunden Fortschrittes, zu dem die Mittel alle in der Schöpfung ruhen.

Den Lauf der starken Strömungen des Geistes, die den Auftrieb fördern sollen, verbiegen sie in ihrem Menschheitsdünkel so, daß an Stelle der gewollten Förderung Stauungen eintreten, die sich als Hemmnisse betätigen, die rückwirkend den Kampftrieb steigern und zuletzt berstend alles mit sich in die Tiefe reißen.

Das ist es, worin sich der Mensch in seinen inhaltlosen wissenschaftlich sein sollenden Spielereien und Ehrgeizereien heute vorwiegend beschäftigt. Als *Störenfried* in jeder Schöpfungsharmonie!

Er würde längst in trägen Schlaf des Nichtstuns verfallen sein, welchem die Fäulnis folgen muß, wenn nicht glücklicherweise noch der Kampftrieb in der Schöpfung läge, der ihn *zwingt*, sich *doch* zu regen! Schon lange wäre er sonst zu der Anmaßung gekommen, daß Gott durch seine Schöpfung für ihn sorgen muß, wie in dem Traume des Schlaraffenlandes. Und wenn er dafür seinen Dank in einem geistlosen Gebete spricht, so ist das seinem Gotte überreich gelohnt, gibt es doch viele, die ihm überhaupt nicht dafür danken!

So ist der Mensch und tatsächlich nicht anders!

Er spricht von Grausamkeit in der Natur! Auf den Gedanken, sich vor allen Dingen selbst einmal zu prüfen, kommt er dabei nicht. Er will nur immer kritisieren.

Auch in dem Kampfe unter Tieren ist nur Segen, keine Grausamkeit.

Man braucht nur irgendein Tier gut zu beobachten. Nehmen wir einmal den Hund. Je rücksichtsvoller so ein Hund behandelt wird, desto bequemer wird er werden, träger. Ist ein Hund im Arbeitszimmer seines Herrn, und dieser achtet sorgfältig darauf, daß das Tier nie getreten oder nur gestoßen wird, auch wenn es sich an solche Stellen legt, wo es in dauernder Gefahr ist, ohne Absicht verletzt werden zu können, wie bei der Türe usw., so ist das nur zum *Nachteile* des Tieres.

Der Hund wird in ganz kurzer Zeit seine eigene Achtsamkeit verlieren. »Gutmütige« Menschen sagen »liebevoll« beschönigend, vielleicht sogar gerührt, daß er darin unsagbares »Vertrauen« zeigt! Er weiß, es tut ihm niemand weh! In Wirklichkeit ist es jedoch nichts weiter als ein grobes Nachlassen der Fähigkeit des *»Wachseins«*, ein starker Rückgang der seelischen Tätigkeit.

Muß ein Tier jedoch dauernd auf seiner Hut und in Verteidigungsbereitschaft sein, so wird und bleibt es nicht nur seelisch wach, sondern es nimmt an Intelligenz ständig zu, *gewinnt* in aller Art. Es bleibt lebendig in jeder Beziehung. Und das ist Fortschritt! So ist es mit *jeder* Kreatur! Sonst geht sie zugrunde; denn auch der Körper erschlafft dabei nach und nach, wird leichter krankheitsanfällig, hat keine Widerstandsfähigkeit mehr.

Daß der Mensch auch hierbei dem Tiere gegenüber eine vollkommen falsche Einstellung hat und ausübt, nach verschiedenen Richtungen hin, wird einen scharfen Beobachter nicht in Erstaunen setzen, da der Mensch ja gegen *alles*, auch gegen sich selbst und gegen die ganze Schöpfung sich vollständig falsch einstellte, überall geistig nur Schaden anrichtet, anstatt Nutzen zu bringen.

Wenn heute der Kampftrieb nicht mehr in der Schöpfung läge, den so viele Träge grausam nennen, so befände sich die Stofflichkeit sehr lange schon in Fäulnis und Zersetzung. Er wirkt noch als seelisch und körperlich *Erhaltendes*, durchaus nicht als Vernichtendes, wie es oberflächlich nur den Anschein hat. Es würde sonst nichts anderes mehr diese träge Grobstofflichkeit in Bewegung und damit Gesundheit und Frische erhalten, nachdem der Mensch die eigentlich dazu bestimmte erquickende Wirkung der alles durchströmenden *geistigen Kraft* durch seine Verirrung so schmählich abgebogen hat, daß sie nicht *so* wirken kann, wie sie eigentlich sollte!

Hätte der Mensch nicht so arg in seiner Bestimmung versagt, so würde vieles, *alles* heute anders aussehen! Auch der sogenannte »Kampf« wäre nicht in *dieser* Form zu finden, wie er *jetzt* sich zeigt.

Der Kampftrieb wäre veredelt, vergeistigt durch den aufstrebenden Willen der Menschen. Die ursprüngliche rohe Auswirkung hätte sich, anstatt wie jetzt sich zu verstärken, durch den geistigen, *rechten* Einfluß mit der Zeit gewandelt zu gemeinsamem, freudigem Antriebe der gegenseitigen Förderung, welche derselben Kraftstärke bedarf wie der heftigste Kampf. Nur mit dem Unterschiede, daß bei dem Kampf Ermattung kommt, bei Förderung jedoch in Rückwirkung noch hohe Steigerung.

Zuletzt würde dadurch auch in der Nachbildung der Schöpfung, in der der *geistige* Wille des Menschen der stärkste Einfluß ist, der paradiesische

Zustand der wirklichen Schöpfung eingetreten sein, für *alle* Kreaturen, wo kein Kampf und keine anscheinende Grausamkeit mehr nötig ist! Der paradiesische Zustand ist jedoch nicht etwa Nichtstun, sondern gleichbedeutend mit stärkstem *Sichregen,* mit wirklichem, persönlich-vollbewußtem Leben!

Daß dies nicht eintreten konnte, ist die Schuld des Menschengeistes! Ich komme dabei immer wieder auf den einschneidenden Sündenfall zurück, den ich im Vortrage »Es war einmal . . .« ausführlich schildere.

Nur das vollkommene Versagen des Menschengeistes in der Schöpfung mit dem *Mißbrauch* der ihm überlassenen Geisteskraft durch Abbiegen der Wirkungen *nach unten zu* anstatt zu lichter Höhe hat es zu den heutigen fehlerhaften Auswüchsen gebracht!

Sogar die Fähigkeit, den Fehler einzusehen, hat sich der Mensch bereits verscherzt, hat sie verspielt. So würde ich nur *tauben Ohren predigen,* wollte ich noch mehr darüber sagen. Wer wirklich »hören« *will* und ernsthaft suchen *kann,* findet in meiner Botschaft *alles,* was er braucht! Überall steht auch Erklärung über das große Versagen aufgezeichnet, das so unsagbar Schweres in so vielerlei Gestaltung nach sich zog.

Wer jedoch *geistig taub* ist, wie so viele, hat doch nur das stupide Lachen der Verständnislosigkeit, das *wissend scheinen* soll, aber in Wirklichkeit nur leichtsinnige Oberflächlichkeit verkündet, die gleichbedeutend mit größter Beschränktheit ist. Auf wen das blöde Lachen geistig Eingeengter heute noch irgendwelchen Eindruck macht, der ist selbst nichts wert. *Hierher* gehört das Christuswort: »Laßt doch die Toten ihre Toten begraben!« Denn wer *geistig* taub und blind ist, gilt als geistig tot!

Der Menschengeist konnte mit seiner Fähigkeit die Erdenwelt als Nachbildung der Schöpfung zum Paradiese machen! Er hat es nicht getan und sieht die Welt deshalb nun *so* vor sich, wie er sie durch sein falsches Einwirken verbog. *Darin liegt alles!* Deshalb schmäht nun nicht in falscher Weichlichkeit ein so bedeutsames Geschehen wie den Kampf in der Natur, der noch notwendig etwas ausgleicht, was der Mensch versäumte! Vermeßt Euch nicht, Euere süßlich-schwüle Weichlichkeit noch mit dem Ausdruck »Liebe« zu bezeichnen, in die der Mensch so gerne seine Schwächen einzureihen sucht! Die Falschheit und die Heuchelei müssen sich bitter rächen!

Drum wehe Dir, Du Mensch, als morsches Machwerk Deiner Einbildung! Du Zerrbild dessen, was Du *solltest* sein!

Seht Euch in Ruhe einmal an, was Ihr Natur zu nennen pflegt: die Berge,

Seen, Wälder, Matten! Zu allen Jahreszeiten. Trunken kann das Auge werden an der Schönheit alles dessen, was es sieht. Und nun bedenkt: Was Euch so zu erfreuen weiß und Euch Erholung gibt, das sind die Früchte eines Wirkens alles *Wesenhaften,* welches in der Schöpfung *unter* dem Geistigen steht, dessen Kraft Euch zu eigen wurde!

Dann sucht die Früchte *Eures* Schaffens, die Ihr geistig seid und Höheres zu wirken hättet als das vor Euch hergehende Wesenhafte.

Was seht Ihr da? Nur kalten Abklatsch alles dessen, was das Wesenhafte bereits fertigbrachte, aber keine Fortentwickelung zu idealer Höhe im Lebendigen und damit in der Schöpfung! Mit nur verkümmerten Schöpfungsinstinkten sucht die Menschheit Formen leblos nachzubilden, während sie freien und bewußten Geistes mit dem Aufblicke zum Göttlichen ganz anderes, viel Größeres zu formen fähig wäre!

Die Größe, die nur aus dem *freien Geiste* kommt, haben die Menschen freventlich sich unterbunden und können deshalb außer kinderhaften Nachbildungen nur noch ... Maschinen, Konstruktionen, Technik fertigbringen. Alles, wie sie selber: erdgebunden, niedrigstehend, hohl und tot!

Das sind die Früchte, die die Menschen nun als geistig-seiend der Tätigkeit des Wesenhaften gegenüberstellen können. *So* haben sie die Geistesaufgabe erfüllt in der ihnen dazu geschenkten Nachschöpfung!

Wie wollen sie nun bei der Abrechnung bestehen? Kann es denn dabei in Erstaunen setzen, daß den Menschen mit dem Hang nach Niederem das hohe Paradies verschlossen bleiben *muß?* Darf es noch Wunder nehmen, wenn nunmehr das Wesenhafte bei dem Ende das durch Menschengeist so falsch geführte Werk rückwirkend vollständig zerstört? –

Wenn es nun über Euch infolge Euerer betätigten Unfähigkeit zusammenbrechen wird, dann verhüllet Euer Angesicht, erkennet schamerfüllt die ungeheuere Schuld, die *Ihr* auf Euch geladen habt! Sucht dafür nicht schon wieder Euren Schöpfer anzuklagen oder ihn als grausam zu bezeichnen, ungerecht!

Du aber, Suchender, prüfe Dich ernsthaft, schonungslos, und dann versuche es, Dein ganzes Denken und Empfinden, ja, Dein ganzes Sein *neu* einzustellen auf *geistigen* Grund, der nicht mehr wanken wird wie der bisherige verstandesmäßige und damit arg beschränkte!

AUSGIESSUNG DES HEILIGEN GEISTES

Der in der Bibel geschilderte Vorgang der Ausgießung des Heiligen Geistes auf die Jünger des Gottessohnes ist vielen Menschen noch ein unerklärliches Geschehen und wird vielfach als außergewöhnlich, nur dies eine Mal vorkommend, und demnach als willkürlich erfolgt, betrachtet.

In dieser irrtümlichen Betrachtung liegt aber auch gerade die Ursache des anscheinend »Unerklärlichen«.

Der Vorgang war nicht einzelnstehend, nicht für die Jünger besonders herbeigeführt, sondern er war ein schon seit Bestehen der Schöpfung sich *regelmäßig wiederholendes* Geschehen! Mit *der* Erkenntnis wird es auch sofort das Unerklärliche verlieren und für die ernsthaft suchenden Leser der Gralsbotschaft verständlich werden, ohne dabei an Größe einzubüßen, sondern im Gegenteil viel eher noch gewaltiger werden.

Wer meine Gralsbotschaft aufmerksam studierte, kann auch die Lösung hierfür darin schon gefunden haben; denn er las auch die Erklärung »Der Heilige Gral«. Darin erwähnte ich die sich alljährlich *regelmäßig wiederholende* Krafterneuerung für die gesamte Schöpfung. Es ist der Augenblick, in dem in den Heiligen Gral neue göttliche Kraft strömt zur Erhaltung der Schöpfung!

Damit erscheint für Augenblicke über dem Grale die »Heilige Taube«, welche die geistig sichtbare Form der Gegenwart des Heiligen Geistes ist, die zu der »Form« des Heiligen Geistes unmittelbar gehört, also einen Teil seiner »Form« bildet.

Wie das Kreuz die geistig sichtbare Form der göttlichen Wahrheit ist, so ist die »Taube« die sichtbare Form des Heiligen Geistes. Sie *ist* die Form tatsächlich, wird nicht nur als Form gedacht!

Diese Krafterneuerung durch den Heiligen Geist, also den lebendigen Gotteswillen, der die Kraft ist, erfolgt jedes Jahr zu einer ganz bestimmten Zeit in dem Allerheiligsten der höchsten Burg oder des Tempels, der den Heiligen Gral birgt, dem einzigen Verbindungspunkt der Schöpfung mit dem Schöpfer, und deshalb auch die *Gralsburg* genannt.

Die Erneuerung kann auch mit Kraftausgießung bezeichnet werden, also

Ausgießung des Heiligen Geistes, oder noch deutlicher, Kraftausgießung *durch* den Heiligen Geist; denn der Heilige Geist wird nicht etwa ausgegossen, sondern er gießt Kraft aus!

Da nun die Jünger an diesem Tage versammelt waren im Gedenken an ihren aufgestiegenen Herrn, welcher versprochen hatte, den Geist zu senden, also die lebendige Kraft, so war in diesem Gedenken ein Ankergrund *dazu* gegeben, bei dem zu dieser Zeit im Urgeistigen erfolgenden Vorgange in gewissem und entsprechendem Grade unmittelbar bis auf die in Andacht darauf eingestellten versammelten Jünger auf Erden herabzuwirken! Namentlich da der Weg zu diesen Jüngern durch das Erdensein des Gottessohnes ermöglicht und geebnet war.

Und aus *diesem* Grunde geschah das Wunderbare, sonst auf Erden nicht möglich Gewesene, dessen Erleben in der Bibel wiedergegeben ist. Das *Erleben* konnten die Evangelisten schildern, nicht aber den eigentlichen Vorgang, den sie selbst nicht kannten.

Das Pfingstfest nun gilt den Christen als Erinnerung an diesen Vorgang, ohne daß sie eine Ahnung davon haben, daß tatsächlich in dieser ungefähren Zeit jedesmal der Tag der Heiligen Taube in der Gralsburg ist, das heißt, der Tag der Krafterneuerung für die Schöpfung durch den Heiligen Geist! Natürlich nicht immer genau an dem auf Erden dafür errechneten Pfingstfeiertage, wohl aber zu dessen ungefährer Zeit.

Damals traf die Versammlung der Jünger gerade *genau* mit dem wirklichen Vorgange zusammen! Er wird auch später hier auf Erden regelmäßig und zu *richtiger* Zeit mitgefeiert werden als oberster und heiligster Feiertag der Menschheit, an dem der Schöpfer seine erhaltende Kraft stets neu der Schöpfung schenkt, als »Tag der Heiligen Taube«, also Tag des Heiligen Geistes, als großes Dankgebet zu Gottvater!

Er wird von *den* Menschen gefeiert werden, die endlich *bewußt* in dieser Schöpfung stehen, welche sie in deren ganzen Auswirkungen nun richtig kennenlernten. Durch deren andachtsvolle Einstellung zu der genauen Zeit wird es auch möglich, daß in dem Sichöffnen wechselwirkend der lebende Segen wieder bis herab zur Erde führt und sich ergießt in die dürstenden Seelen, wie einst bei den Jüngern.

Frieden und Freude bringt dann diese Zeit, die nicht mehr allzu ferne ist, sobald die Menschen nicht versagen und nicht verloren sein wollen für alle Ewigkeit.

GESCHLECHT

Ein grosser Teil der Erdenmenschen läßt sich schwer bedrücken von den Gedanken über den Verkehr zwischen den zwei Geschlechtern, dem männlichen und dem weiblichen. Ausgenommen davon sind wohl nur die Leichtsinnigen, die sich überhaupt durch nichts bedrücken lassen. Alle anderen, so verschiedenartig sie auch sein mögen, suchen offen oder still in sich zurückgezogen irgendeine Lösung.

Es gibt glücklicherweise viele Menschen, die gerade darin einen rechten Wegweiser ersehnen. Ob sie sich dann darnach richten würden, bleibt allerdings dahingestellt. Tatsache ist jedoch, daß sie sich sehr damit beschäftigen und auch zum großen Teile sich bedrücken lassen von dem Bewußtsein, daß sie dieser Frage unwissend gegenüberstehen.

Man suchte es in Eheproblemen zu lösen oder zu verankern, kam aber damit einem befriedigenden Grundgedanken noch nicht näher, da auch hier wie überall lediglich die Hauptsache ist, daß der Mensch weiß, womit er es zu tun hat! Sonst kann er damit niemals fertig werden. Es bleibt ihm Unruhe.

Dabei verwechseln viele schon von vornherein sehr oft den richtigen Begriff für dieses Wort »Geschlecht«. Man nimmt es allgemein, während der eigentliche Sinn dafür viel tiefer liegt.

Wollen wir ein rechtes Bild darüber haben, so dürfen wir nicht so einseitig sein, es in Bestimmungen zu zwingen, die lediglich einer rein irdischen, gesellschaftlichen Ordnung dienen können und den Gesetzen in der Schöpfung vielfach ganz entgegenstehen. Bei so schwerwiegenden Dingen ist es notwendig, sich in die Schöpfung zu vertiefen, um den *Grundgedanken* zu erfassen.

Wir nennen den Begriff weiblich und männlich schlechthin zweierlei Geschlecht. Das Wort Geschlecht aber läßt die Mehrzahl der Menschen von Anfang an einschneidend irreführen, da unwillkürlich in mancher Gedanken die Verbindung mit der Fortpflanzung ersteht. Und das ist falsch. Die Trennung von weiblich und männlich in *diesem* Sinne hat in dem großen Schöpfungsgedanken nur bei der äußersten, dichtesten Grobstofflichkeit etwas zu tun. In dem *hauptsächlichen* Geschehen nicht.

Was ist ein Geschlecht? Der Geistkeim ist bei seinem Ausgange aus dem geistigen Reiche geschlechtslos. Es tritt auch keine Spaltung ein, wie vielfach angenommen wird. Im Grunde bleibt ein Geistkeim immer für sich abgeschlossen. Mit dem Bewußtwerden des Geistkeimes bei seiner Wanderung durch die Nachschöpfung, also die selbsttätige Nachbildung der eigentlichen Schöpfung, nimmt er, wie ich schon mehrfach sagte, je nach dem Grade seines Bewußtwerdens die uns bekannten menschlichen Formen an, welche Nachbildungen der Ebenbilder Gottes sind, der Urgeschaffenen.

Hierbei ist nun entscheidend die *Art der Aktivität* eines Geistkeimes. Das ist, nach welcher Richtung hin ein solcher Geistkeim während des Bewußtwerdens die in ihm ruhenden Fähigkeiten vorwiegend zu entwickeln bestrebt ist, ob in positiver, kraftvoll treibender Art, oder in negativer, still erhaltender Art. Wohin sein Hauptverlangen treibt. Und in der nun durch ihn erfolgenden Betätigung, auch wenn diese Betätigung im Anfang nur im starken Wünschen liegt, das sich zum Drange steigert, *bildet sich die Form.*

Das Positive bildet die männliche Form, das Negative die weibliche Form. Hier bereits zeigt sich das Männliche und Weibliche nach außen hin durch seine Form erkennbar. Beides ist in seiner Form der bestimmte Ausdruck der *Art* ihrer Betätigung, die sie sich wählen oder wünschen. Diese Wünsche sind in Wirklichkeit ursprünglich nur die Ausdrücke der eigentlichen Beschaffenheit der betreffenden Geistkeime, also negativ oder positiv.

Weiblich und männlich hat also mit dem üblichen Begriff eines Geschlechts nichts zu tun, sondern zeigt lediglich *die Art der Betätigung in der Schöpfung an.* Erst in der den Menschen so bekannten Grobstofflichkeit bilden sich aus der Form heraus die Fortpflanzungsorgane, die wir unter männlich und weiblich verstehen. Nur der grobstoffliche Körper, also der Erdenkörper, bedarf zu seiner Fortpflanzung dieser Organe.

Die Art der Betätigung in der Schöpfung bildet also die Form des eigentlichen Körpers, die männliche oder die weibliche, von dem der grobstoffliche Erdenkörper wiederum nur ein grobgefügtes Abbild ist.

Somit wird auch die Geschlechtsausübung auf die Stufe gesetzt, wohin sie gehört, also auf die niederste Stufe, die es in der Schöpfung gibt, auf die grobstoffliche, die weitab vom Geistigen liegt.

Um so trauriger ist es nun, wenn ein Menschengeist sich unter das Joch dieser zur äußersten Schale gehörenden Betätigung derart beugt, daß er ein Sklave davon wird! Und das ist heute leider so allgemein geworden, daß es ein Bild ergibt, welches zeigt, wie das unschätzbare und hochstehende Geistige unter der Decke der gröbsten Stofflichkeit sich freiwillig treten und niederhalten lassen muß.

Daß solches naturwidrige Geschehen einen bösen Ausgang bringen muß, ist selbstverständlich. Naturwidrig, weil von Natur aus das Geistige das Höchste in der ganzen Schöpfung ist, und eine Harmonie in dieser nur sein kann, solange Geistiges als Höchstes herrscht, alles andere jedoch *unter* ihm bleibt, auch bei der Verbindung mit dem Grobstofflich-Irdischen.

Ich brauche hierbei wohl nicht besonders darauf hinzuweisen, welch traurige Rolle demnach ein Mensch spielt, der seinen Geist unter die Herrschaft des gröbsten stofflichen Mantels beugt. Eines Mantels, der erst durch ihn seine Empfindsamkeit gewinnt und mit dem Ablegen wieder verlieren muß, ein Werkzeug in der Hand des Geistes, das wohl der Pflege bedarf, um es nutzbar zu erhalten, aber immer doch nur beherrschtes Werkzeug bleiben kann.

Die geistige, wesenhafte und feinstoffliche Form des Körpers verändert sich, sobald ein Geistkeim seine Tätigkeit verändert. Geht er aus Negativem vorwiegend in Positives über, so muß sich die weibliche Formung in eine männliche verwandeln und umgekehrt; denn die *vorwiegende* Art in der Aktivität bildet die Form.

Zur Veränderung kann jedoch die Schale irdischer Grobstofflichkeit nicht so schnell folgen. Diese ist nicht derart wandlungsfähig, deshalb ja auch nur für ganz kurze Zeit bestimmt. Hier zeigt sich eine Wendung dann bei *Wiederinkarnierungen,* deren in den meisten Fällen viele sind.

So kommt es, daß ein Menschengeist manchmal *abwechselnd* in männlichen und weiblichen Körpern seine Erdenleben durchwandert, je nach seiner sich verändernden inneren Einstellung. Doch das ist dann ein unnatürlicher Zustand, durch eigensinnige, gewaltsame Verbiegung herbeigeführt.

Die Anschauung der Menschen, daß es zu einem jeden Menschen eine ergänzende Seele gibt, ist an sich richtig, aber nicht in dem Sinne einer vorausgegangenen Spaltung. Die Dualseele ist lediglich die zu einer anderen Seele *passende.* Das heißt, eine Seele, welche gerade *die* Fähigkeiten entwickelt hat, die die andere Seele in sich schlummern ließ. Dadurch kommt dann eine volle Ergänzung, ergibt sich ein gemeinsames Arbeiten sämtlicher Fähigkeiten des

Geistes, aller positiven und aller negativen. Solche Ergänzungen aber gibt es nicht nur einmal, sondern viele Male, so daß nicht etwa ein Mensch bei einem Ergänzenwollen auf nur einen ganz bestimmten anderen Menschen angewiesen ist. Er kann deren vielen in seinem Erdensein begegnen, sobald er nur seine Empfindungsfähigkeit rein und wachsam hält.

Die Bedingungen des Lebens zum Glück sind also durchaus nicht so schwer zu erfüllen, als es im ersten Augenblick den nur halb Wissenden erscheint. Das Glück ist viel leichter zu haben, als so viele denken. Die Menschheit muß nur erst die Gesetze kennen, welche in der Schöpfung liegen. Lebt sie darnach, so *muß* sie glücklich werden! Heute steht sie aber noch sehr weit entfernt davon, und deshalb werden sich vorerst noch die, welche der Wahrheit in der Schöpfung näherkommen, meistens einsam fühlen müssen, was jedoch durchaus nicht unglücklich macht, sondern einen großen Frieden in sich trägt.

KANN ALTER EIN HEMMNIS ZU GEISTIGEM AUFSTIEG BILDEN?

Das Alter bildet keine Hemmung, sondern *Ansporn,* da in dem Alter die Stunde des Hinübergehens sichtbar näherrückt! Es ist nur die von mir schon oft als ärgsten Feind genannte Trägheit und Bequemlichkeit, mit der sich solche Zögernde belasten und damit untergehen.

Die Zeit des geistigen Landstreichertums hat aufgehört, wie die Zeit der Bequemlichkeit und des behaglichen Erwartens. Mit unheimlicher Furchtbarkeit und Härte wird es binnen kurzem in die Schläfer und Faulenzer hineinschlagen, daß auch der Taubste dann erwacht.

Das Studieren meiner Vorträge bedingt jedoch von vornherein ein Sichbemühen, gewaltsames Zusammenreißen aller Sinne, damit geistige Lebendigkeit und *volles* Wachsein! Erst *dann* gelingt es, sich in meine Worte zu vertiefen, sie auch wirklich zu erfassen.

Und das ist so gewollt! Ich lehne jeden Geistesträgen ab.

Wenn Menschen aber nur ein Körnchen Wahrheit aus der Heimat des geistigen Reiches in sich *nicht* verschüttet haben, so *muß* sie das Wort treffen, als ein Ruf, vorausgesetzt, daß sie sich auch die Mühe nehmen, es einmal unbeeinflußt und mit vollem Ernste zu lesen. Empfinden sie *dann* nichts, was Widerhall in ihnen weckt, so wird es auch im Jenseits kaum noch möglich sein, sie aufzuwecken, weil sie auch dort *nichts anderes* erhalten können. Sie bleiben stehen, wo sie sich selbst hinstellen, durch ihren eignen Willen. Es wird sie niemand zwingen, davon abzugehen, doch sie kommen auch nicht rechtzeitig aus dieser Stofflichkeit hinaus, um sich vor der Zersetzung zu bewahren, also vor der ewigen Verdammnis.

Das »Nichthörenwollen« nehmen sie natürlich mit von dieser Erde zur Feinstofflichkeit, und werden dort nicht anders sich gebärden, als es hier geschah.

Wie kann das Alter gar ein Hemmnis bilden? Es ist ein Ewigkeitsruf, der sie aus dem Worte trifft, den sie jedoch nicht hören wollen, weil es ihnen so bequemer ist. Bequemlichkeit jedoch wird sie zuletzt vernichten, wenn sie nicht rechtzeitig lebendig werden wollen. Die Frage zeigt aber diese Bequemlichkeit sehr deutlich. Es ist die gleiche Art so vieler Menschen, die sich dauernd selbst betrügen wollen, unter irgendeinem halbwegs annehmbaren Vorwande. Sie gehören zu der Spreu, die von den kommenden Reinigungsstürmen nicht gefestigt wird, sondern weggeweht, weil für den Ernst des eigentlichen Seins unbrauchbar.

Sie würden immer neue Zeit zum Überlegen von dem Schöpfer fordern, ohne je zu einem Aufstiege zu kommen, bei dem sie sich geistig aufzuraffen haben. Aus diesem Grunde hat es keinen Zweck, sich lange damit zu befassen. Es sind die Ewigwollenden und nie an sich Vollbringenden. Und damit auch Verlorenen.

VATER, VERGIB IHNEN;
DENN SIE WISSEN NICHT, WAS SIE TUN!

Wer kennt diese bedeutungsvollen Worte nicht, die Jesus von Nazareth am Kreuze hängend rief. Eine der größten Fürbitten, die je gesprochen wurden. Deutlich und klar. Doch trotzdem stand man zwei Jahrtausende verständnislos den Worten gegenüber. *Einseitig* legte man sie aus. Nur nach *der* Richtung hin, wie sie den Menschen angenehm erschien. Nicht einer war, der seine Stimme für den eigentlichen Sinn erhob und ihn der Menschheit, insbesondere den Christen, in aller Deutlichkeit entgegenschrie!

Doch nicht nur das. *Alles* erschütternde Geschehen in dem Erdensein des Gottessohnes wurde durch die Einseitigkeit in der Weitergabe in ein falsches Licht gebracht. Das sind aber nun Fehler, die nicht nur das Christentum aufweist, sondern man findet sie in *jeder* Religion.

Wenn Jünger rein Persönliches des Lehrers und des Meisters über alles stellen und weit in den Vordergrund vorschieben, so ist das zu verstehen, namentlich wenn dieser Meister so brutal und jäh aus ihrer Mitte weggerissen wird, um dann in vollster Unschuld schwerstem Leiden, dabei gröbstem Spott, zuletzt dem martervollsten Tode ausgesetzt zu sein.

So etwas prägt sich tief in Seelen ein, die ihren Lehrer in der idealsten Weise im gemeinsamen Zusammenleben kennenlernen konnten, und bewirkt, daß das Persönliche dann in den Vordergrund alles Gedenkens tritt. So etwas ist ganz selbstverständlich. Aber die heilige *Mission* des Gottessohnes war sein *Wort*, das Wahrheitbringen aus der lichten Höhe, um damit der Menschheit ihren Weg zum Licht zu zeigen, der ihr bis dahin verschlossen war, weil ihr geistiger Zustand in seiner Entwickelung es vorher nicht ermöglichte, den Weg zu *gehen!*

Das diesem großen Wahrheitsbringer durch die Menschheit dabei zugefügte Leiden stehet ganz für sich!

Was bei den Jüngern aber selbstverständlich und natürlich war, erwuchs bei der späteren Religion zu manchen großen Irrtümern. Das *Sachliche* der Gottesbotschaft trat weit in den Hintergrund vor dem Kult des Persönlichen des Wahrheitsbringers, den Christus niemals wollte.

Aus diesem Grunde zeigen sich nun Fehler in dem Christentume, die zu der Gefahr eines Zusammenbruches führen, wenn nicht rechtzeitig die Irrtümer erkannt und unter offenem Bekennen mutvoll abgeändert werden.

Es ist nicht anders zu erwarten, als daß geringster ernster Fortschritt solche Lücken sichtbar werden lassen muß. Dann ist es doch entschieden besser, man geht ihnen nicht aus dem Wege, sondern packt herzhaft zu! Warum soll denn die Reinigung nicht von der Führung selbst ausgehen, frisch und froh, in freiem Aufblick zu der großen Gottheit! Dankbar würden große Scharen aus der Menschheit, wie von einem bisher wohl empfundenen, doch nie erkannten Druck befreit, dem Rufe folgen, der sie in das Licht freudiger Überzeugung führt! –

Aller Gewohnheit *jener* Menschen folgend, die sich einer unbeschränkten Herrschaft ihres eigenen Verstandes blindlings unterwerfen und damit auch ihr Begriffsvermögen stark beengen, legte man den gleichen Wert auf Christi Erdenleben wie auf seine Mission. Man kümmerte sich um Familienverhältnisse und alle irdischen Geschehnisse dabei sogar noch mehr als um den Hauptzweck seines Kommens, der darin bestand, gereiften Menschengeistern Aufklärung zu geben über alles *wirkliche* Geschehen in der Schöpfung, worin allein sie Gottes Willen finden, der darein verwoben und damit für sie verbrieft wurde.

Das Bringen dieser bis dahin noch unbekannten Wahrheit machte *ganz allein* das Kommen Christi auf die Erde notwendig. Nichts anderes. Denn ohne Gottes Willen in der Schöpfung richtig zu erkennen, vermag kein Mensch den Weg zum Aufstiege ins lichte Reich zu finden, noch viel weniger zu gehen.

Statt diese Tatsachen als solche einfach hinzunehmen, sich in die *Botschaft* zu vertiefen und darnach zu *leben,* wie es der Wahrheitsbringer wiederholt und eindringlich verlangte, schufen Gründer der christlichen Religion und Kirchen als hauptsächlichste der Grundlagen einen *persönlichen* Kult, der sie zwang, das Leiden Christi zu etwas ganz anderem zu machen, als es wirklich war.

Sie brauchten es für diesen Kult! Daraus ergab sich zuletzt ganz naturgemäß in seiner Fortentwickelung ein großer Irrtum nach dem anderen, die für so viele Menschen zu Verhinderungen anwachsen, den *rechten Weg* überhaupt noch richtig zu erkennen.

Der falsche Aufbau in *Unsachlichkeit* allein brachte es mit sich, daß Entstellung alles Geschehens seinen Einzug hielt. Die rein sachliche Unbefangenheit mußte ja in dem Augenblicke untergehen, sobald der Hauptkult rein persönlich wurde! Dabei erstand der Drang, eine Mission des Gottessohnes hauptsächlich in dem *Erdenleben* zu verankern. Ja, es ergibt sich eigentlich eine Notwendigkeit dazu.

Daß damit aber *falsch* gegangen wird, hat Christus selbst in seiner ganzen Einstellung bewiesen. Mehr als einmal wies er das Persönliche ihm gegenüber klar und scharf zurück. Immer verwies er auf Gottvater, dessen Willen er erfüllte, in dessen Kraft er stand und wirkte, bei jedem Wort und jeder Handlung. Er erklärte, wie die Menschen nunmehr lernen sollten, zu *Gottvater* aufzuschauen, niemals sprach er aber dabei von sich selbst.

Da man aber seine Worte darin nicht befolgte, konnte es zuletzt nicht ausbleiben, daß man das *Erdenleiden* Christi als *notwendig* und von Gott gewollt ansehen ließ, es sogar mit zur Hauptaufgabe seines Erden*kommens* stempelte! Er kam nach der daraus entstandenen Anschauung nur aus lichter Höhe, um auf Erden hier zu leiden!

Da er nun selbst nicht *eine* Schuld auf sich geladen hatte, blieb zur Begründung wieder nur der eine Weg: es mußten dann die Sünden Fremder sein, die er auf sich geladen hat, um sie für diese abzubüßen!

Was blieb denn anderes übrig, als *so* auf dem gelegten Grunde weiter aufzubauen.

Nährende Kraft und guten Boden gab dann noch die ja nicht mehr so unbekannte innere Wertüberschätzung, an welcher die gesamte Menschheit krankt. Die Folge jenes großen Sündenfalles, der wider den Geist gerichtet war, und den ich oft ausführlich schon erklärte. In dem Zuhochbewerten des Verstandes kennt der Mensch nur sich, nicht seinen Gott, zu dem er damit alle Brücken abgebrochen hat. Nur wenige haben noch hier und da ganz kümmerliche Stege nach dem Geistigen hinüber, die aber auch nur noch ganz wenig ahnen, *niemals wissen* lassen können.

Deshalb kam niemand auf den richtigen, natürlichen Gedanken, *Christi Erdenleiden als gesondertes Geschehen von der Gottesbotschaft ganz zu trennen.* Alle Anfeindungen, Verfolgungen und Martern als die schweren, gröbsten Verbrechen zu erkennen, die sie wirklich waren. Es ist ein neues, großes Unrecht, sie als Notwendigkeit zu verschönen!

Sehr wohl gebührt diesen Leiden und dem martervollen Kreuzestode strahlendes Licht der höchsten Glorie, weil sich der Gottessohn durch diese nach dem Sündenfalle voraus zu erwartende so üble Aufnahme unter den herrsch- und rachsüchtigen Menschen nicht abschrecken ließ, sondern trotzdem um der wenigen Guten willen seine so notwendige Wahrheitsbotschaft auf die Erde brachte.

Die Tat ist um so höher einzuschätzen, da es sich wirklich nur um einen kleinen Teil der Menschheit handelt, die sich dadurch retten will.

Aber es ist neuer Frevel gegen Gott, wenn die damaligen Verbrechen dieser Menschheit durch falsche Voraussetzungen so gemildert werden sollen, als ob die Menschen dabei nur die Werkzeuge einer notwendigen Erfüllung waren.

Aus dieser *Unrichtigkeit* heraus ersteht ja auch bei vielen *denkenden* Menschen die Unsicherheit über die Folgen der Handlungsweise des Judas Ischariot! Mit vollem Rechte. Denn wenn der Kreuzestod die Notwendigkeit für die Menschheit war, so gab Judas mit dem Verrat das notwendige Werkzeug dazu ab, dürfte also in Wirklichkeit dafür nicht strafbar sein in dem geistigen Sinne. Die Wahrheit über das tatsächliche Geschehen beseitigt aber alle diese Zwiespalte, deren berechtigtes Auftauchen nur die Bestätigung dafür ergibt, daß die bisher gepflegte Annahme wirklich falsch sein muß. Denn wo das *Rechte* ist, gibt es nicht Raum für solche ungeklärten Fragen, sondern es kann nach *jeder* Seite hin das ganz natürliche Geschehen in Betracht gezogen werden, ohne dabei auf ein Hindernis zu stoßen.

Man soll doch endlich jetzt den Mut besitzen, in der Beschönigung die Feigheit zu erkennen, die nur von der Klugheit des erdgebundenen Verstandes verdeckt gehalten wird, des größten Feindes alles dessen, was sich *über* ihn erheben kann, wie es bei jedem niederen Gesellen sich stets deutlich zeigt. Oder als verhüllte Selbsterhebung, welche aus der gleichen Quelle stammt! Es ist doch schön, sich einbilden zu können, so wertvoll eingeschätzt zu sein, daß eine Gottheit darum kämpfend alle Leiden auf sich nimmt, nur um dem Menschlein dann in dem göttlichen Freudenreiche einen Ehrenplatz bieten zu dürfen!

So ist die Grundanschauung *wirklich*, nackt und herb gesagt! Sie sieht nicht anders aus, sobald man ihr mit fester Hand einmal den Flitter von den Formen reißt!

Daß eine solche Anschauung nur aus engster Beschränkung des Begreifens alles außerirdischen Geschehens kommen kann, brauche ich wohl kaum noch zu erwähnen. Es ist immer wieder eine der schweren Folgen der Verherrlichung des irdischen Verstandes, der jeden freien, weiten Ausblick unterbindet. Die Anbetung dieses Verstandesgötzen ist nach dem Sündenfall ganz natürlich stetig angewachsen, bis er sich nun zu dem irdisch starken Antichrist entwickelt hat, oder, noch deutlicher gesagt, zu allem *Antigeistigen!* Das ist ja heute deutlich zu erkennen, wohin man sieht. Dazu bedarf es keines scharfen Blickes mehr.

Und da das Geistige *allein* die Brücke zur Annäherung und zu dem Verständnis alles Göttlichen ergeben kann, so ist also die Einräumung der Oberherrschaft irdischen Verstandes, zu der sich heute alle Wissenschaften stolz bekennen, nichts anderes als die *offene Kampferklärung gegen Gott!*

Aber nicht nur die Wissenschaften, sondern die *gesamte Menschheit* bewegt sich heute unter diesem Zeichen! Sogar ein jeder, der sich ernster Sucher nennt, trägt dieses Gift mit sich herum.

Es ist deshalb nicht unnatürlich, daß auch die Kirche davon vieles in sich haben muß. Deshalb hat sich bei Wiedergabe und den Auslegungen aller Heilandsworte vieles eingeschlichen, das allein in Erdenklugheit des Verstandes seinen Ursprung hat!

Das ist auch die den Menschen immer wieder neu verführende Schlange, vor der die Aufzeichnung der Bibel warnt! Diese Verstandesklugheits-Schlange ganz allein stellt jeden Menschen vor die irreführende Entscheidung: *»Sollte Gott gesagt haben . . .?«*

Sie wird, sobald ihr, also dem Verstand allein, jede Entscheidung überlassen bleibt, stets, wie auch richtig in der Bibel angedeutet, das Gott*feindliche* oder Gott*abgewandte* wählen, das Reinirdische, viel Niederere, wozu ja der Verstand als dessen Blüte selbst gehört. Deshalb vermag er Höheres nicht zu begreifen.

Verstand erhielt der Mensch, damit er ihm für jedes *Erden*leben *nach unten zu ein Gegengewicht gibt* für das nach oben strebende *Geistige,* zu dem Zweck, daß der Mensch auf Erden nicht nur in geistigen Höhen schwebt, und seine Erdenaufgabe dabei vergißt. Verstand soll ihm auch zur Erleichterung alles Erdenlebens dienen. Vor allen Dingen aber dazu, um den im Geiste *als dessen ureigenste Beschaffenheit* ruhenden starken Auftrieb nach dem Hohen, Reinen und Vollkommenen ins kleine Irdische zu übertragen, im Stofflichen zur irdisch sichtbaren Auswirkung zu bringen. Als Handlanger des lebendigen Geistes, als dessen Diener! Nicht als Entscheidender und nicht als alles Führender. Er soll irdische, also die stofflichen Möglichkeiten schaffen helfen zur Durchführung geistigen Dranges. Er soll das Werkzeug und der Knecht des Geistes sein.

Wird ihm aber *allein* jede Entscheidung überlassen, wie es jetzt geschieht, so bleibt er nicht mehr nur das Gegengewicht, nicht mehr der Helfer, sondern legt in die Waagschale jeder Entscheidung *nur sein eigenes Gewicht allein,* und das muß ganz natürlich *nur Herabsinken* zur Folge haben, weil er nach unten zieht. Etwas anderes kann dabei nicht geschehen, da er ja zu der Stofflichkeit gehört und an sie fest gebunden bleibt, während das Geistige von oben kommt. Anstatt dem Geistigen dann helfend noch die Hand zu reichen, darin zu erstarken, groß zu werden, stößt er die vom Geistigen ihm dargebotene stärkere Hand zurück und schließt sie aus, sobald ihm alles überlassen wird. Er kann nicht anders, handelt darin nur nach den Gesetzen seiner eigenen Beschaffenheit.

Doch wohlgemerkt, der irdische Verstand ist *dann* erst Feind des Geistes, sobald er *über* diesen hochgehoben wird! Nicht früher. Denn steht er *unter* der Herrschaft des Geistes, wie es von Natur aus nach dem Schöpferwillen eingerichtet ist, so bleibt er ein getreuer Diener, den man als solchen *schätzen* kann. Aber gibt man ihm entgegen den Naturgesetzen einen Herrscherplatz, auf den er nicht gehört, so unterdrückt er als die nächste Folge alles, was ihn darin stören könnte, um sich auf dem geborgten Throne zu erhalten. Er schließt die Tore automatisch, die beim Offenbleiben Licht auf seine Mängel und enge Beschränkung werfen müßten.

Ein Ebenbild der Handlungen *der* Menschen, die in geordneten Verhältnissen und unter guter Führung ihr Können wachsen fühlen, überschätzen, und im Umsturz dann durch die Unfähigkeit zu Höherem ein Volk in Not und Elend stürzen. Wie diese nie zu einem Einsehen gelangen können und alle Schuld des eigenen Unvermögens immer nur auf das Vergangene zu wälzen suchen, vor sich selbst und vor den anderen, genau so wenig wird der menschliche Verstand erkennen, daß er niemals an der Stelle des höheren Geistes wirken kann, ohne den schwersten Schaden und zuletzt den Untergang herbeizuführen. Es ist in allem stets das gleiche Bild, gleiches Geschehen in ewiger Wiederholung.

Der Mensch denke sich nur einmal ruhig und klar in diesen Vorgang selbst hinein. Es wird ihm schnell alles verständlich sein und auch als das Natürlichste erscheinen müssen.

Der Umstand zog auch bei den Kirchen- und Religionsgründern den Vorhang über die so große Einfachheit göttlicher Wahrheit, breitete einen Schleier über jede Möglichkeit des richtigen Begreifens.

Die Menschheit konnte sich nichts Schrecklicheres aufbürden als diese freiwillige Einengung, das Unvermögen des Begreifens alles dessen, was außerirdisch liegt, also des weitaus größten Teiles sämtlichen Geschehens. Es liegt aber buchstäblich dadurch *über* ihrem so verengten Horizont.

Nun kämpfe einmal ein Mensch gegen diese Undurchdringlichkeit der Mauer. Er wird sehr schnell erkennen müssen, wie sich das Dichterwort bewahrheitet, daß gegen Dummheit Götter selbst *vergebens* kämpfen würden!

Die zähe Mauer kann nur von dem Einzelmenschen selbst für sich allein von innen durchgestoßen werden, weil sie von innen aufgebaut wurde. *Aber sie wollen nicht!*

Daher ist heute das Versagen überall. Wohin man blickt, ein Bild trostlosester Verwirrungen und vielen Elendes!

Und auf dem Trümmerhaufen steht hohl, aufgeblasen, stolz der Urheber des wüsten Durcheinanders . . . der »moderne Mensch«, wie er sich selbst am liebsten zu bezeichnen pflegt. Der »Fortgeschrittene«, welcher in Wirklichkeit dauernd zurückgegangen ist! Bewunderung erheischend nennt er sich auch noch »nüchterner Materialist«. –

Zu allem kommen nun auch noch die vielen Spaltungen, der immer stärker aufstrebende Haß gegeneinander, trotz der Einheitlichkeit ihrer freiwilligen Versklavung! Nicht Arbeitgeber noch die Arbeitnehmer tragen die Schuld daran, nicht Kapital noch dessen Mangel, auch nicht die Kirche noch der Staat, nicht die verschiedenen Nationen, sondern nur die falsche Einstellung der Einzelmenschen ganz allein hat es so weit gebracht!

Sogar die sogenannten Wahrheitssucher sind jetzt selten auf dem rechten Wege. Neun Zehntel davon werden nur zu Pharisäern, die kritisierend hochmütig auf ihre Nebenmenschen schauen, dabei noch eifrig sich befehdend. Alles ist falsch! Es muß erst noch die unausbleibliche Erfüllung eines fürchterlichen Endes kommen, bevor noch einige aus diesem Schlaf erwachen können.

Noch ist die Umkehr möglich. Jedermann! Doch bald kommt endlich das »zu spät« für immer, entgegen allen Hoffnungen so vieler Gläubigen, welche den irrtümlichen Anschauungen huldigen, daß es wohl einer mehr oder weniger langen Zeit der notwendigen Läuterung bedarf, je nach dem Menschen selbst, daß aber zuletzt sein Weg doch wieder nach dem Lichte führen muß, zu der ewigen Freude, dem Glück göttlichen Naheseins!

Dieser Gedanke ist ein angenehmer Trost, jedoch nicht richtig, und der Wahrheit nicht entsprechend. –

Überblicken wir noch einmal ruhig, klar, aber in groben Zügen den großen Werdegang der Schöpfung und der Menschen, die dazu gehören. Beachtet dabei genau das *Urgesetz der Gleichart,* das ich oft erklärte, mit allem, was es in sich birgt an unabänderlichen, notwendigen Folgerungen im Geschehen:

Die Stofflichkeit zieht einem großen Acker gleich im Riesenkreislaufe an dem *untersten* Rande der gesamten Schöpfung als das Schwerste dahin. Von dem Ursamen an sich in steter Bewegung andauernd entwickelnd, immer mehr zusammenschließend, bildend bis zu den uns sichtbaren Gestirnen, denen diese Erde zugehört. Also heranreifend bis zu der höchsten Blüte und der Frucht, welche unserer Zeit entspricht, um dann in der kommenden Überreife ganz aus sich selbst heraus nach den Schöpfungsgesetzen wieder zu zerfallen, sich aufzulösen in den Ursamen zurück, der weitergehend immer wieder die Gelegenheit erhält, sich frisch zu binden, neu zu formen. –

So das Gesamtbild, ruhig von der Höhe aus betrachtet.

Das Stoffliche an sich ist weiter nichts als die Materie, welche zum *Formen* dient, zu Hüllen, und nur zu Leben kommt, sobald das *über* ihm lagernde Nichtstofflich-Wesenhafte es durchdringt und durch die Bindung dann durchglüht.

Die Bindung dieses Stofflichen mit dem Nichtstofflich-Wesenhaften bildet eine Grundlage zu weiterer Entwickelung. Aus dem Wesenhaften bilden sich auch alle Tierseelen.

Über den beiden Grundabteilungen, dem Stofflichen und auch dem Wesenhaften, liegt als höchste Abteilung der Schöpfung noch das *Geistige.* Es ist eine Beschaffenheit für sich, wie meine Hörer ja schon wissen. Aus diesem Geistigen heraus gehen die Samenkörner, die sich zu den selbstbewußten Menschengeistern bilden wollen.

Nur in dem Ackerfeld der Stofflichkeit vermag ein derartiges Samenkorn des Geistes heranzureifen zu dem selbstbewußten Menschengeiste, gleich dem Weizenkorn im Feldboden zu einer reifen Ähre.

Sein Eindringen in den stofflichen Acker ist jedoch erst dann möglich, wenn dieser eine gewisse Entwickelungshöhe erreicht hat, die in ihrer

Beschaffenheit dem Aufnehmenkönnen des in der ganzen Schöpfung am höchsten stehenden Geistigen entspricht.

Das ist *die* Zeit, in der die Schöpfung den höchstentwickelten Tierkörper hervorbringt, bei dem eine Steigerung durch die Tierseele aus dem Wesenhaften nicht mehr möglich ist.

Ein kleines Abbild, eine Wiederholung dieses großen Weltgeschehens, gibt zum Beispiel später auch die irdische Geburt der Menschenseele immer wieder, wie sich ja überhaupt bei einem Menschen als der Krone der Schöpfung, also als höchster geschaffener Kreatur, das ganze Weltgeschehen widerspiegelt. Auch eine Menschenseele kann erst in den im Mutterleibe werdenden Kindeskörper eindringen, wenn dieser Körper eine ganz bestimmte Reife erlangt hat. Nicht früher. Der notwendige Reifezustand gibt der Seele erst den Weg zum Eindringen frei. Dieser Zeitpunkt liegt *in der Mitte* einer Schwangerschaft.

So fällt auch in dem großen Weltgeschehen die Zeit der Höchstentwickelung des Tierkörpers ebenfalls in die Mitte, also in die Hälfte des Kreislaufes aller Stofflichkeit! Der Hörer beachte dies genau.

Da an diesem Punkte damals das *Wesenhafte* der Tierseele in der Entwikkelung des Körpers aus der Stofflichkeit das *Höchste* erreicht hatte, gab es in diesem Umstande automatisch erst den Weg frei für das Eindringen des *über ihm* stehenden *Geistigen!*

Das Geistsamenkorn nun als Geringstes in seiner geistigen Gleichart konnte wiederum nur in das höchste Meisterwerk des unter ihm stehenden Wesenhaften eintreten, also in den von diesem höchstentwickelten Tierkörper.

Bei diesem Eindringen nimmt es durch seine höhere Beschaffenheit naturgemäß sofort alle Regierung in die Hand und kann nun den von ihm bewohnten Körper sowie seine ganze irdische Umgebung zu noch weiterer Entwikkelung führen, was Wesenhaftes nicht vermocht hätte. Dabei entwickelt sich ganz selbstverständlich auch das Geistige gleichzeitig mit.

So das flüchtige Bild alles Geschehens *in* der Schöpfung, dessen genaue Einzelheiten ich in späteren Vorträgen noch geben werde, bis in alle kleinsten Teile.

Gehen wir zurück zum ersten Eintreten der Menschengeistkeime in diese Stofflichkeit, also zur Hälfte des Stofflichkeitsumlaufes. Die damaligen höchstentwickelten Tiere, die man heute irrtümlich als Urmenschen bezeichnet, starben aus. Nur *die* Körper von ihnen wurden der Veredelung zugeführt, in welche an Stelle der wesenhaften Tierseelen *Geistkeime* eingedrungen waren. Die Geistkeime reiften darin heran in vielerlei Erleben, hoben den Tierkörper bis zu dem uns nun bekannten Menschenkörper, sonderten sich zu Rassen und zu Völkern. –

Der große Sündenfall lag hinter ihnen. Er war die erste Handlung des freiwilligen Entscheidens nach dem Sichbewußtwerden der Geistkeime, lag in dem Höherstellen des Verstandes *über* den Geist, und ließ die folgenschwere Erbsünde heranwachsen, welche sehr bald die hohlen Früchte der Verstandesherrschaft deutlich und auch leicht erkennbar zeitigte. Die Erbsünde ist das durch die einseitige Verstandestätigkeit auch einseitig entwickelte Gehirn, das sich als solches dauernd forterbt. Ich habe diese Tatsache schon oft erwähnt und werde mit der Zeit noch viel eingehender darüber sprechen. Es werden sich wohl auch noch Menschen finden, die an Hand der so gezeigten Richtung freudig helfen können an dem großen Werk der Aufklärung. – –

Unaufhaltsam ging der Umlauf seine Bahn. Aber die abirrende Menschheit brachte in den notwendigen Fortschritt Stockung und Verwirrung. Mitten in dem Wirrwarr kam das Volk der Juden unter die bekannte schwere Geißel der Ägypter. Die Not und starke Sehnsucht nach Befreiung ließ die Seelen schneller reifen. Sie eilten geistig dadurch allen anderen voran, weil sie durch dieses starke Aufwühlen erst einmal richtig in sich selber und auch in die Seelen ihrer Unterdrücker blickten!

Nachdem sie klar empfanden, daß alles Irdische und auch die schärfste Klugheit des Verstandes nicht mehr helfen konnte, wobei sie auch die Leere ihrer Seele mit erkannten, lernte das geistige Auge schärfer sehen, und langsam schwebte endlich ein Begriff der eigentlichen Gottheit auf, wahrer und höher, als sie ihn bisher hatten. Und die Gebete stiegen schmerzdurchdrungen wieder viel inniger empor.

Dadurch konnte das Volk der Juden das berufene, das allen anderen geistig eine Zeit vorangehende werden, weil es eine bis dahin reinste Anschauung für den Begriff der Gottheit hatte. Soweit es damals bei dem Reifezustande der Menschenseele möglich war.

Geistesreife darf nicht mit dem erlernten Wissen verwechselt werden, sondern Ihr müßt immer wieder bedenken, daß *geistvoll* gleichbedeutend mit *gemütvoll* ist!

Der Juden damalige größte Geistesreife nun befähigte sie auch, durch Moses einen klaren Gotteswillen in Gesetzesformen zu erhalten, die zu der weiteren Entwickelung den höchsten Schatz bedeuteten, die beste und kraftvollste Stütze gaben.

Wie sich das Weltgeschehen ganz naturgemäß nur immer auf die reifste Stelle zusammendrängen wird, so vereinigte es sich damals nach und nach auf dieses geistig immer mehr reifende Menschenvolk der Juden. –

Aber hier darf wiederum das Weltgeschehen nicht verwechselt werden mit irdischer Weltgeschichte, welche weitab vom eigentlichen Weltgeschehen liegt und meistens nur die Auswirkungen des so oft falsch angewandten *freien Willens* des menschlichen Geistes wiedergibt, der immer nur viel Steine in das wirkliche Geschehen wirft und damit oft vorübergehende Verbiegungen und irdische Verwirrungen erzeugt.

Das Volk der Juden stand damals den anderen voran in seinem religiösen Kult, in seiner Anschauung damit der Wahrheit auch am nächsten.

Natürliche Folge davon war, daß wechselwirkend die Ankündigung einer Inkarnierung aus dem Lichte auch auf diesem Wege kommen mußte, weil er als richtigster bis in die nächste Nähe kommen konnte. Die anderen Wege konnten durch ihre weitere Entfernung von der Wahrheit für solche Möglichkeiten nicht frei sein, weil sie in Irrungen verliefen.

Es war auch wiederum nach dem Gesetz der für ein Wirken notwendigsten Gleichart gar nicht anders möglich, als daß ein Wahrheitsbringer aus dem Lichte nur *den* Weg beschreiten kann bei seiner Inkarnierung, welcher dieser Wahrheit unbedingt am nächsten liegt, am weitesten in seiner Ähnlichkeit entgegenkommt. Nur das gibt einen notwendigen Halt, zieht an, während die falschen Anschauungen abstoßen und einen Weg zum Eindringen und Kommen aus dem Lichte regelrecht verschließen.

Das Gesetz der Wechselwirkung und der Gleichart muß auch hier unweigerlich zu voller Geltung kommen. Die Urgesetze öffnen oder schließen einen Weg in ihren gleichmäßigen unentwegten Auswirkungen.

Als unterdessen aber auch unter den Juden in der Religion das Herrschen des Verstandes wieder einsetzte und unlauteres Strebertum erzog, da half die schwere Faust des Römers wieder nach, daß noch ein Häuflein in rechter Erkenntnis blieb, auf daß das Wort erfüllet werden konnte.

Gleichwie ein Geistkeim nur in einen seiner noch unfertigen, aber immerhin höheren geistigen Art gegenüber im richtigen Verhältnis stehenden Weltenteil eindringen kann, niemals aber in einen dafür noch zu unreifen, ebensowenig auch in einen dafür zu gereiften, wie es heute unser Weltenteil ist, in dem nur noch schon mehrfach inkarnierte Seelen leben können, nicht anders ist der Vorgang bei der Inkarnierung eines Wahrheitsbringers aus dem Licht. Sein Kommen kann nur in den dazu reifsten Teil der Menschheit sein. Am *schärfsten* mußten dabei die Bedingungen aller Gesetze bei dem Boten aus dem *Göttlichen* heraus erfüllt werden. Er konnte also nur in *die* Anschauungen hineingeboren werden, welche der Wahrheit am meisten entgegenkamen.

Wie nun der Geistkeim in die Stofflichkeit erst *dann* eindringen kann, nachdem das Wesenhafte in dem Wirken bis zu seinem höchsten Punkt gekommen ist, wo ohne Eindringen des Geisteskeimes ein Stillstand und damit ein Rückgang vor sich gehen muß, so war vor Christi Kommen hier im Stofflichen ein Punkt erreicht, daß Geistiges in *der Verirrung* durch die Erbsünde *nicht weiter konnte!* Der in dem Geistigen ruhende freie Wille hatte, anstatt alles Bestehende zu fördern, die in der Schöpfung gewollte Entwickelung hinauf zur Höhe *unterbunden*, alle seine Fähigkeiten durch Erheben des Verstandes *einseitig* nur auf das Stoffliche gelenkt.

Das Wesenhafte *ohne* den Besitz des freien Willens hatte die Entwickelung der Schöpfung ganz naturgemäß, also nach dem göttlichen Schöpferwillen, *richtig* durchgeführt. Das Geistige jedoch *mit* seinem freien Willen hatte durch den Sündenfall sich unfähig dazu gemacht, brachte nur Verwirrung und Aufenthalt in die Weiterentwickelung des Stofflichen. Die falsche Anwendung der ihm zu eigen mitgegebenen Gewalt zum Lenken der göttlichen Schöpfungskraft als notwendige Steigerung in der gereiften Stofflichkeit mußte sogar zum *Abstieg* führen, anstatt zu der Höchstentwickelung. Der Menschengeist hielt durch den Sündenfall jede *wirkliche* Fortentwickelung gewaltsam auf; denn irdisch-technische Errungenschaften sind kein eigentlicher Fortschritt in dem Sinne des von Gott gewollten Weltgeschehens! *Die schnellste Hilfe, Einschreiten des Schöpfers selbst tat deshalb not!*

Jedes weitere Jahrhundert hätte dann das Unheil so vergrößert, daß eine Möglichkeit des Weges zu göttlicher Hilfe mit der Zeit ganz ausgeschlossen blieb, da die Verstandesherrschaft nach und nach jedes Verstehen alles wirklich Geistigen, noch mehr des Göttlichen, vollständig abgeschnitten haben würde. Zu einer Inkarnierung aus dem Licht hätte dann jeder Ankergrund gefehlt!

Aus dieser Not heraus erstand das große, göttliche Mysterium, daß Gott in seiner Liebe der Schöpfung jenes Opfer brachte, ein Stück der Göttlichkeit zur Erde zu senden, um Licht zu bringen den Verirrten!

Das *Wesenhafte* in der Stofflichkeit hatte am Fortwirken der Schöpfung seine Aufgabe *erfüllt*, das *Geistige* jedoch durch die Menschen ganz *versagt!* Sogar noch schlimmer; denn es verwendete die ihm zugebilligte Entschlußkraft direkt zum Gegenteil und wurde damit dem göttlichen Wollen *feindlich*, mit dessen eigener, dem Geistigen zur Anwendung überlassenen Kraft. Wie groß die Schuld ist, kann sich der Mensch selbst ausdenken.

Christi Geburt war ein göttlicher *Liebesakt* für die ganze Schöpfung, die von dem abirrenden Menschengeiste untergraben zu werden bedroht wurde.

Das bringt auch mit sich, daß der damals in Jesus von Nazareth inkarnierte göttliche Teil wieder ganz eingehen muß zum Vater, wie Christus selbst vielfach betonte. Er muß wieder eins mit ihm werden.

Die Tore zu dem Paradiese wurden für die *reifen* Menschengeister erst durch Christi Botschaft aufgeschlossen. Die Fähigkeit, den Weg dahin auch richtig zu verstehen, war bis dahin noch nicht da. Die Botschaft galt für Erdenmenschen wie auch für die Abgeschiedenen, wie *jede* Gottesbotschaft, jedes Wort der lichten Wahrheit!

Die Menschen hörten darin nach der Strenge der Gesetze auch von einer Liebe, die zu begreifen sie bisher noch nicht vermocht hätten, die sie jedoch nunmehr in sich entwickeln sollten. Aber durch diese Liebesbotschaft wurden die Gesetze nicht gestürzt, sondern nur ausgebaut. Sie sollten bleiben als die feste Grundlage, deren Auswirkung solche Liebe in sich barg. –

Auf dieses Wort des Gottessohnes suchte man auch später aufzubauen, doch welche Irrungen dabei entstanden sind durch viel falsche Voraussetzungen, darauf wies ich schon im Anfang meines Vortrages hin. –

Betrachten wir uns einmal noch die christliche Geschichte. Man kann daraus die besten Lehren ziehen und damit Strahlen gleich *alle* Religionen ableuchten. Wir finden überall dieselben Fehler.

Jeder kleine und große Wahrheitsbringer ohne Ausnahme hatte unter Spott und Hohn sowie Verfolgungen und Angriffen der lieben Mitmenschen zu leiden, die sich wie ja auch heute noch stets viel zu klug und weise dünkten, um durch Boten ihres Schöpfers die Erklärung dessen Willens anzunehmen, namentlich da diese Boten tatsächlich niemals aus den hohen Schulen dieser Menschheit kamen!

Erklärung des göttlichen Willens ist im Grunde immer nur die Auslegung des Ganges seiner Schöpfung, in der die Menschen leben, zu der sie mit gehören. Die Schöpfung zu kennen aber bedeutet alles! Kennt sie der Mensch, so ist es ihm sehr leicht, alles zu nützen, was sie in sich birgt und bietet. Das Nützenkönnen wieder bringt ihm *jeden* Vorteil. Damit wird er auch bald den eigentlichen Daseinszweck erkennen und erfüllen und, alles fördernd, aufwärts steigen zu dem Licht, sich selbst zur Freude, seiner Umwelt nur zum Segen.

Doch jeden Boten höhnten sie, und damit auch die Botschaft selbst. Nicht einmal kam es vor, daß er ihnen willkommen war, und wenn er noch so Gutes tat. Immer blieb er Ärgernis, was sich natürlich dem so gottesfeindlichen Verstande gegenüber leicht erklären läßt und in sich den Beweis der Tatsache der Gottesfeindlichkeit erbringt. Christus faßt das Geschehen klar zusammen in dem Hinweise, daß der Herr die Diener aussandte zu allen seinen Pächtern, deren Abgaben zu holen. Statt der Erfüllung aber wurden seine Diener nur verhöhnt, gestäupt, bevor man sie mit Spott und leerer Hand zurücksandte.

Beschönigend nennt man das wieder *Gleichnis*. In lieblicher Behaglichkeit setzt man sich selbst stets *neben* diese Tatsachen, bezieht sie nie auf sich! Oder hat das Bedürfnis zu erklären, daß es zu einer *Auszeichnung* durch Gott gehört, wenn seine Boten also leiden müssen, anstatt es als ein von Gott ungewolltes Verbrechen dieser Menschheit anzusehen.

Weil der Verstand zu der Verdeckung seiner sonst zu sichtbaren Beschränkung Flittergold und Tand benötigt, bemüht er sich fast krampfhaft, unbedingt verächtlich auf die Einfachheit der Wahrheit hinzublicken, da *diese* ihm gefährlich werden kann. Er selbst braucht ja klingende Schellen zu der Kappe, die er trägt. Viel große Worte, um die Aufmerksamkeit auf sich wachzuhalten. Doch die Verächtlichkeit der schlichten Einfachheit der Wahrheit gegenüber ist heute längst zur Ängstlichkeit geworden. Man hängt an diese notwendige bunte Narrenkappe immer mehr klingende Schellen, die durch krampfartige Verdrehungen und Sprünge lauter, immer lauter tönen sollen, um sich noch eine Zeit auf dem erborgten Throne zu erhalten.

Doch diese Sprünge sind in letzter Zeit schon zum Verzweiflungstanz geworden, der im Begriff steht, bald der letzte Todestanz zu sein! Die Anstrengungen werden größer, *müssen* größer werden, weil durch all das Klingen immer deutlicher die Hohlheit dringt. Und bei dem gewaltsam größten

Sprunge, den man vorbereitet, wird die bunte Kappe endlich von dem Haupte fallen!

Dann hebt sich strahlend und beruhigend die Krone schlichter Wahrheit auf den Platz, der ihr allein gebührt.

Die, durch alles so grotesk in schwer verständliche Höhe Geschraubte, ganz verwirrt gewordenen ernst Suchenden erhalten darin endlich für den Blick den festen Stützpunkt, einen Halt. Sie werden ohne Anstrengung die *ganze* Wahrheit voll erfassen können, während bisher schon ein kleines Splitterchen zu finden große Mühe machen mußte.

Zurück zur Einfachheit im Denken! Sonst kann niemand das Große *ganz* erfassen, und deshalb nie erreichen. Einfach denken wie die Kinder! Darin ruht der Sinn des großen Wortes: »Wenn Ihr nicht werdet wie die Kinder, könnt Ihr nicht in das Reich Gottes kommen!«

Der Weg dazu wird mit dem heutigen so komplizierten Denken niemals aufgefunden werden können. Auch in den Kirchen und Religionen ist es noch nicht anders. Wenn es dort heißt, daß *Leiden aufwärts* helfen, daß sie deshalb Begnadigungen Gottes sind, so ist damit ein kleines Wahrheitskörnchen aufgenommen, aber in beschönigender Weise arg entstellt. *Denn Gott will keine Leiden seines Volkes!* Er will nur Freude, Liebe, Glück! Der Weg *im* Licht kann gar nicht anders sein. Der Weg *zum* Licht hat auch nur Steine, wenn sie der Mensch erst darauf legt.

Das Körnchen Wahrheit in der Leidenslehre ist, daß mit dem Leiden irgendeine Schuld gelöst sein kann. Das tritt aber nur dort ein, wo ein Mensch das Leiden als bewußt verdient *erkennt!* Gleich dem bittenden Schächer an dem Kreuze.

Sinnlos lebt heute alle Welt dahin. Auch die, welche so klug von Karma-Ablösungen reden. Die irren darin, weil es noch viel schwerer ist, als diese Wissendseinwollenden es sich denken. Denn Karma-*Rückwirkungen* sind nicht immer auch die *Ablösungen!* Darauf achte jeder Mensch genau. Es kann mit ihm im Gegenteil dabei sehr oft *noch tiefer abwärts gehen!*

Ein Aufstieg ist trotz Rückwirkung von Schuld allein abhängig von der inneren Einstellung eines jeden Menschen. Wie er das große Steuer in sich stellt, ob aufwärts, ob geradeaus, oder ob abwärts, *so*, nicht anders wird er treiben trotz allen Erlebens!

Hier zeigt es sich, daß er kein Spielball ist oder sein kann, sondern den eigentlichen Weg allein durch die Kraft seines *freien* Willens *lenken muß.*

Hierin bleibt dieser Wille immer frei bis zu dem letzten Augenblick! Darin ist jeder Mensch wirklich sein freier Herr, nur muß er unbedingt auch mit den . . . gleichen Folgen seiner Einstellungen rechnen, die ihn aufwärts oder abwärts führen.

Stellt er aber sein Steuer *aufwärts* ein, durch Einsicht und durch festes Wollen, so treffen ihn die üblen Rückwirkungen immer weniger, werden sich zuletzt sogar nur symbolisch an ihm auswirken, weil er den Niederungen übler Rückwirkungen durch das Aufwärtsstreben schon entrückt wurde, auch wenn er noch auf dieser Erde weilt. Es ist durchaus nicht notwendig, daß ein Mensch *leiden* muß, wenn er dem Licht zustrebt.

Deshalb die Binde von den Augen, die man anlegte, um vor dem Abgrund nicht zu zittern, der sich seit langem aufgeschlossen hat. Vorübergehende Beruhigung ist keine Stärkung, sie bedeutet nur Versäumnis, deren Zeit nie wieder einzuholen ist.

Man hatte für das Erdenleid noch nie die richtige Erklärung und Begründung. Deshalb brachte man als ein Narkotikum Beschönigungen, die gedankenlos den Leidtragenden immer wieder überliefert werden, in mehr oder weniger geschickten Worten. Der große Einseitigkeitsfehler aller Religionen!

Und wenn ein ganz verzweifelt Suchender einmal *zu* klare Antwort fordert, so wird Nichtverstandenes einfach in das Reich göttlichen Mysteriums geschoben. In dieses müssen alle Wege ungelöster Fragen münden, als Rettungshafen. Doch dadurch offenbaren sie sich deutlich als die *falschen* Wege!

Denn jeder rechte Weg hat auch ein klares Ende, darf nicht in Undurchdringlichkeiten führen. Es ist dort eine Flucht unverkennbarer Unwissenheit, wo »unerforschliche Wege Gottes« zur Erklärung dienen sollen.

Für den Menschen braucht es *in* der Schöpfung *kein* Mysterium zu geben, darf es nicht; denn Gott will, daß seine Gesetze, die in der Schöpfung wirken, dem Menschen gut *bekannt* sind, damit er sich darnach richten kann und durch sie leichter seinen Weltenlauf vollendet und erfüllt, ohne in Unwissenheit abzuirren.

Eine der verhängnisvollsten Auffassungen aber bleibt es, den groben Mord des Gottessohnes *als ein notwendiges Sühneopfer* für die Menschheit anzusehen!

Zu denken, daß dieser brutale Mord des Sohnes einen Gott versöhnen soll!

Weil man für diese sonderbare Anschauung logischerweise keine Klärung finden kann, schlüpft man damit verlegen wieder hinter die so oft gebrauchte

Schutzmauer des göttlichen Mysteriums, also eines Vorganges, der einem Menschen nicht verständlich werden kann!

Dabei ist Gott so klar in allem, was er tut. Die Klarheit selbst! Er schuf doch die Natur aus seinem Willen. Also muß das Natürliche gerade auch das Rechte sein! Da doch der Wille Gottes ganz vollkommen ist.

Aber das Kreuzessühneopfer muß jedem geraden Sinne *unnatürlich* sein, weil gegen den schuldlosen Gottessohn auch ungerecht. Da gibt es weder Drehen noch ein Wenden. Der Mensch mag doch nur lieber einmal frei heraus bekennen, daß etwas Derartiges wirklich unbegreiflich ist! Er kann sich Mühe geben, wie er will, er kommt dabei zu keinem Schluß, und kann in diesem Falle seinen Gott nicht mehr verstehen. *Gott aber will verstanden sein!* Er kann es auch, da seine Willensäußerung klar in der Schöpfung ruht, sich niemals widersprechend. Nur Menschen sind es, die sich Mühe geben, in ihrem religiösen Forschen Unverständliches hineinzubringen.

Der mühselige Aufbau für den falschen Grundgedanken eines *notwendigen* Sühneopfers in dem Kreuzestode wird ja schon zerschlagen durch die Worte des Heilandes selbst, zu der Zeit, während man ihn kreuzigte.

»Vater, vergib ihnen; denn sie wissen nicht, was sie tun!«

Wäre diese Fürbitte denn nötig, wenn der Kreuzestod ein notwendiges Opfer zur Versöhnung sein sollte? »Sie wissen nicht, was sie tun!« ist doch eine Anklage der schwersten Art. Ein deutlicher Hinweis, daß es *falsch* ist, was sie tun. Daß diese Tat nur ein gewöhnliches Verbrechen war.

Hätte Christus in Gethsemane gebetet, daß der Leidenskelch vorübergehen möge, wenn sein Tod am Kreuze als ein Sühneopfer nötig war? Niemals! Das hätte Christus nicht getan! So aber wußte er, daß diese ihm bevorstehende Qual *nur eine Folge freien Menschenwillens* war. Und *deshalb* sein Gebet.

Verblendet ging man zwei Jahrtausende daran vorüber, gedankenleer nahm man dafür das Unmöglichste hin.

Schmerzvoll muß man sehr oft die Anschauungen hören, daß Bevorzugte unter heutigen Jüngern und Jüngerinnen Jesu durch körperliche Leiden, wie zum Beispiel Stigmata*, begnadet sind!

Das kommt natürlich alles nur von dieser falschen Auslegung des Erdenleidens Christi. Es kann darauf ja gar nicht anders sein. Welche persönlich

* Wundmale.

schweren Folgen das aber nach sich ziehen kann, will ich dann noch erwähnen.

Wieviel Gedankenlosigkeit gehört dazu und welch niederer Sklavensinn, sich den allmächtigen Schöpfer derart vorzustellen, daß er also handeln würde! Es ist doch ohne jeden Zweifel sündhafteste Erniedrigung der erhabenen Gottheit, für deren Wesensvorstellung das Schönste noch nicht schön genug, das Beste viel zu wenig gut sein kann, um einer Wirklichkeit darin nur etwas sich zu nähern! Und diesem großen Gotte traut man zu, daß er verlangt, der Mensch, den er geschaffen hat, soll sich in Schmerzen vor ihm winden, wenn er ihn begnadet?

Wie soll hierauf ein Aufstieg folgen können!

Die Menschen formen ihren Gott, wie *sie* ihn haben wollen, *sie* geben ihm die Richtung seines Wollens! Und wehe, wenn er nicht so ist, wie sie sich denken, dann wird er ohne weiteres verworfen, so wie man *die* verwirft, bekämpft, welche es wagen, Gott viel größer und erhabener zu sehen. Größe liegt in den menschlichen bisherigen Anschauungen nicht. Diese zeugen im Gegenteil nur von dem unerschütterlichen Glauben an den *eigenen* Wert. Um der Menschen Gunst hat ein Gott zu betteln, aus ihren blutbefleckten Händen durfte er seinen Sohn, den er mit der rettenden Botschaft einst zur Hilfe sandte, verspottet und verhöhnt, gemartert und gequält zurückempfangen!

Und man will heute noch aufrechterhalten, daß alles das ein für Gott nötiges Versöhnungsopfer war? Wo Christus unter seinen Qualen selbst schon ganz verzweifelt über diese Blindheit rief: »Sie wissen ja nicht, *was* sie damit tun!«

Gibt es dann überhaupt noch eine Möglichkeit, die Menschheit auf den rechten Weg zu bringen? Schärfstes Geschehen ist ja immer noch zu schwach dazu. Wann wird der Mensch endlich erkennen, wie tief er eigentlich gesunken ist! Wie leer und hohl die Einbildungen sind, die er sich schuf!

Sobald man aber nur ein wenig tiefer schürft, so findet man die Selbstsucht eingekapselt in der reinsten Form. Wenn auch an allen Enden jetzt mit hochtönenden Worten vom Gottsuchen gesprochen wird, so ist das *wieder* große Heuchelei in der üblichen Selbstgefälligkeit, der jeder wirklich ernste Drang nach reiner Wahrheit gänzlich fehlt. Man sucht nur Selbstvergöttlichung, sonst nichts. Kein Mensch bemüht sich ernstlich um das *Gottverstehen!*

Mit hoheitsvollem Lächeln schieben sie die Einfachheit der Wahrheit schnell zur Seite, unbeachtet; denn sie dünken sich ja viel zu wissend, viel zu hoch und zu bedeutungsvoll, als daß *ihr* Gott sich noch mit Einfachheit befassen dürfte. Er muß zu ihrer Ehre viel komplizierter sein. Sonst ist es ja nicht wert, an ihn zu glauben! Wie kann man denn nach ihrer Auffassung noch etwas anerkennen, das jedem Ungelehrten leicht verständlich ist. So etwas ist nicht *groß* zu finden. Damit darf man sich heute gar nicht mehr befassen, sonst blamiert man sich. Laßt dies den Kindern, alten Frauen, Ungelehrten. Es ist doch nicht für Menschen mit derartig ausgebildetem Verstande, der Intelligenz, die man bei den Gebildeten jetzt findet. Mag sich das *Volk* damit befassen! Die Bildung und das Wissen können nur ihren Größenmaßstab *an die Schwere der Begreifensmöglichkeiten legen!* –

Nichtwisser aber sind es, welche also denken! Sie sind nicht wert, noch einen Tropfen Wasser aus der Hand des Schöpfers durch die Schöpfung zu empfangen!

Durch Einengung haben sie sich die Möglichkeit verschlossen, die blendende Größe in der Einfachheit der göttlichen Gesetze zu erkennen! Sie sind im buchstäblichen Sinne unfähig dazu, ganz deutsch gesagt, zu dumm, durch ihr einseitig so verkümmertes Gehirn, das sie bis heute wie eine Trophäe der größten Errungenschaft mit sich herumtragen schon von der Stunde der Geburt an.

Es ist ein Gnadenakt des Schöpfers, wenn er sie in dem Baue, den sie schufen, wird verkümmern lassen; denn wohin man blickt, ist alles gottesfeindlich, entstellt durch den krankhaften Größenwahn aller Verstandesmenschen, deren Unfähigkeit sich überall erweist.

Und das geht nun schon wachsend durch Jahrtausende! Es brachte die Vergiftung unabwendbar mit in Kirchen und Religionen, da es als fressendes Unheil die unbedingte Folge jenes Sündenfalles war, wo sich der Mensch für Herrschaft des Verstandes unbeschränkt entschied.

Und diese falsche Herrschaft betrog seine ihm versklavten Menschen jederzeit in allem, was das Göttliche betrifft! Sogar in allem Geistigen.

Wer diesen Thron nicht in sich stürzt und dadurch frei wird, muß mit ihm zugrunde gehen!

Man darf jetzt nicht mehr *arme* Menschheit sagen; denn sie sind *wissend* schuldig, wie nur je die Kreatur schuldig zu sein vermag! Das Wort: »Vergib ihnen; sie wissen nicht, was sie tun!« ist für die heutige Menschheit *nicht* mehr angebracht! Sie hatten mehr denn einmal die Gelegenheit, die Augen und die Ohren aufzutun. Sie handeln voll bewußt, und alle Rückwirkung muß sie deshalb in vollstem Maße treffen, unverkürzt! –

Wenn sich nun der Ring alles bisherigen Geschehens schließt, so tritt damit für diesen Schöpfungsteil der Schnitt, die Ernte und die Scheidung ein. Noch niemals seit Bestehen der gesamten Stofflichkeit ist dies bisher geschehen.

GÖTTER – OLYMP – WALHALL

Wie lange versucht man schon, eine rechte Deutung und Verbindung mit der Jetztzeit zu erhalten über die bekannten Götter der vergangenen Zeiten. Berufene und studierte Köpfe suchen eine Lösung, die vollständige Klärung bringt.

Das kann jedoch nur sein, wenn diese Lösung gleichzeitig einen lückenlosen Gesamtüberblick gibt über *alle* Zeiten! Von Anfang der Menschheit an bis jetzt. Sonst bleibt es wiederum Stückwerk. Es hat keinen Zweck, einfach die Zeit herauszunehmen, in der der allen bekannte Götterkult der Griechen, Römer und auch der Germanen seine Blüten trieb. Solange die Erklärungen nicht gleichzeitig auch alles Werden und Vergehen mit umfassen, aus sich heraus, als ganz natürlich, sind sie falsch. Die bis jetzt trotz vieler angewandten Klugheit eingeleiteten Versuche zeigten zuletzt immer wieder nur Erfolglosigkeit, konnten vor dem tieferen Empfinden nicht bestehen, schwebten in der Luft, ohne Verbindung mit den vorherigen und den nachfolgenden Perioden.

Es ist auch gar nicht anders zu erwarten, wenn man den Werdegang der Menschen scharf ins Auge faßt. –

Die Hörer und die Leser meiner Gralsbotschaft müßten selbst schon darauf kommen können, wie es sich mit diesen Dingen eigentlich verhält, die man zum Teil sogar schon in das Reich der Sagen und Legenden schob oder nur als Phantasiegebilde religiöser Anschauungen anzunehmen suchte, geformt, erdacht aus den Beobachtungen der Natur und im Zusammenhange mit dem täglichen Geschehen.

Es darf dem Denkenden und Forschenden nicht schwerfallen, in alten Götterlehren *mehr* zu finden als nur Götter*sagen*. Er muß sogar das *wirkliche Geschehen* deutlich sehen! Wer will, der folge mir einmal.

Ich greife hier zurück auf meinen Vortrag: »Vater, vergib ihnen; denn sie wissen nicht, was sie tun.« Darin schilderte ich kurz die Geschichte der Menschheit auf Erden von Anfang an bis heute. Gab auch einen Ausblick auf weitere Folge. Dabei zeigte sich, wie in der Mitte eines Kreislaufes der Schöpfung das tiefer als das Geistige stehende Wesenhafte in dem noch tiefer liegenden Stofflichen sein höchstes Können erfüllt hat und in dieser Erfüllung dem Eindringen des höheren Geistigen freie Bahn schuf, welcher Vorgang in der Schöpfung sich dauernd wiederholt. Auch erklärte ich, wie in dem durch das Wesenhafte höchstentwickelten Tierkörper, Urmensch genannt, *dann erst* in dessen höchster Entwickelung die Möglichkeit des Eindringens eines Geistkeimes gegeben war, was auch erfolgte, und an dieser Stelle der Schöpfungsentwickelung auch immer wieder neu gegeben werden wird. In das damalige höchstentwickelte Tier kam damit also etwas Neues, das Geistige, welches bis dahin nicht in ihm war.

Nun darf aus diesem Vorgange nicht etwa wieder voreilig der Schluß gezogen werden, daß sich solches Geschehen in dem *gleichen* Weltenteile bei dessen Weiterentwickelung dauernd wiederholt; denn dem ist nicht so! Sondern es geschieht *nur einmal* in dem *gleichen* Teile.

Das Gesetz der Anziehung der Gleichart schiebt bei der Fortentwickelung hier ebenfalls einen unverrückbaren Riegel vor gegen eine Wiederholung in demselben Weltenteil. Anziehung der Gleichart ist in diesem Falle gleichbedeutend mit *Zulassung* während einer ganz bestimmten Entwickelungsperiode, in der sich durch einen gewissen Halbreifezustand der Stofflichkeit an der Grenze umherschwirrende Geistsamenkörner wie Sternschnuppen in die dafür im Aufnahmezustande befindliche Stofflichkeit stürzen können, um dort von den dafür empfangsbereiten Stellen, in diesem Falle den derzeitigen höchstentwickelten Tierkörpern, aufgesogen, umschlossen, also eingekapselt und festgehalten zu werden.

Genau wie im Kleinen bei einem chemischen Verbindungsvorgange die Verbindung eines fremden Stoffes nur bei ganz bestimmtem Wärme- oder Hitzegrade der aufnehmenden Masse möglich wird, nachdem diese Wärme oder Hitze ebenfalls wieder einen ganz besonderen, nur bei dem bestimmten Grade erreichbaren Sonderzustand der Masse hervorrief. Die kleinste Veränderung darin macht den Zusammenschluß wieder unmöglich, und die Stoffe stehen sich abweisend, unnahbar gegenüber.

Hier liegt die Gleichart in einem bestimmten Zustande der gegenseitigen Reife, die nur *anscheinend* große Gegensätze aufweist, weil sie ausbalanciert ist durch die Verschiedenheit in der Höhen- und Tiefenlage der beiden sich verbindenden Teile. Der niederste Punkt des Geistigen ist in der Reife ähnlich dem höchsten Punkte des unter ihm befindlichen Wesenhaften. Nur an der Stelle dieses *genauen* Zusammentreffens ist eine Verbindung möglich. Und da die Stofflichkeit sich in ihrer Entwickelung stets im großen Kreislaufe bewegt, im Aufgehen, Blühen, Reifen und überreifenden Zerfallen, während das Geistige über ihm lagert, kann dieser Vorgang stets nur an einer ganz bestimmten Stelle während des Vorüberwälzens der Stofflichkeit in zündender Verbindung erfolgen. Eine geistige Befruchtung der ihm durch das Wirken des Wesenhaften entgegenschwellenden dafür brünstigen Stofflichkeit.

Ist dieser Punkt von einem sich vorwärtswälzenden Weltenteile überschritten, so hört für diesen die geistige Befruchtungsmöglichkeit *durch Geistkeime* auf, während der ihm nachfolgende an seine Stelle kommt, für ihn aber ein neues Stadium einsetzt, in dem reifende Geister Zutritt finden können und so fort. Das ganze Weltbild zu entrollen, finde ich nicht Raum in diesem Vortrage. Doch kann sich wohl ein ernsthaft Forschender ganz gut den Fortgang denken. –

Das Geistige nun machte infolge seiner höheren Beschaffenheit bei Eintritt in die Stofflichkeit sofort seinen lebendigen Einfluß auf alles andere fühlbar, auch schon in seinem damaligen *unbewußten* Zustand, begann mit dem Eintreten in die Stofflichkeit zu herrschen. Wie dieses Geistige dann nach und nach den Tierkörper hob bis zum jetzigen Menschenkörper, ist ja keinem Leser mehr unverständlich.

Die Tierkörper jedoch der damals höchstentwickelten Rasse, in die keine Geistsamenkörner tauchten, kamen in ihrer Entwickelung zum Stillstand, da in ihnen das Wesenhafte bereits das Höchste erreicht hatte und zu Weiterem die Kraft des Geistigen fehlte, und mit dem Stillstand trat schnell Überreife ein, der sich der Rückgang zur Zersetzung anschloß. Es gab für diese Rasse nur zwei Möglichkeiten, entweder Hebung durch den Geist zum Menschenkörper oder Aussterben, Zerfall. Und damit hörte diese reife Tierart völlig auf zu sein. –

Verfolgen wir nun einmal das langsame *Sichbewußtwerden* dieses erst unbewußten Geistkeimes zu einem Menschengeist, und *machen wir sein stufenartiges Durchdringen der ihn umschließenden Hüllen und Umgebungen im Geiste mit.*

Es ist dies nicht so schwer, weil der Entwicklungsgang sich nach außen hin ganz deutlich zeigt. Man braucht nur Menschenrassen zu beobachten, die *heute noch* auf Erden sind.

Der Geist der primitivsten Menschen zum Beispiel, zu denen die sogenannten wilden Völker zu rechnen sind, und auch die Buschmänner, Hottentotten usw. gehören, ist an Zeit nicht etwa weniger lange in der Stofflichkeit, sondern sie haben sich nicht mit entwickelt, *oder sind nach schon erfolgtem Aufstiege im Diesseits oder in dem Jenseits wieder so weit zurückgegangen*, daß sie *nur* in derart *niedere* Umgebung inkarniert werden konnten! Sie sind also aus *eigener Schuld* in natürlichem Geschehen entweder *noch* oder *wieder* auf sehr niederer Stufe, wodurch auch ihr Ausblick auf die *nicht-grobstoffliche* Umgebung nicht gerade erhebender Art sein kann.

Der geistige Drang, mehr zu schauen als die eigene Stufe, liegt bereits im Geistsamenkorn, gehört zu dessen eigenster Beschaffenheit und wirkt sich deshalb auch schon auf den niedersten Stufen der Entwickelung kräftig aus. Das ist das Lebendig-Treibende *im Geist*, das Besondere, das anderen Beschaffenheiten oder Arten in der Schöpfung fehlt. Die Möglichkeit aber dieses Ahnen- oder Schauenwollens ist immer nur für *eine* Stufe *über* die jeweilig eigene Stufe gegeben, nicht weiter. Aus diesem Grunde kommt es, daß diese auf niederer Stufe stehenden Menschenseelen, die sich in ihrer Entwikkelung derart vernachlässigt oder versündigt haben, ebenfalls nur *niedere* Wesen ahnen oder durch Hellsehen schauen können.

Medial Veranlagte oder Hellsehende gibt es ja unter *allen* Rassen, gleichviel, welcher Stufe sie angehören!

Hier will ich nochmals besonders erwähnen, daß ich unter »Schauen« oder »Ahnen« bei dieser Erklärung immer nur wirklich *»Selbst*geschautes« der Hellsehenden meine. Selbstgeschaut aber ist von den »Sehenden« aller Zeiten immer nur *höchstens* der vierte Teil dessen, was sie sehen. Und dieses kann wiederum nur eine Stufe über der eigenen inneren Reife sein, nicht mehr. Es ist nicht anders möglich. Dieser Umstand bedeutet aber gleichzeitig einen großen natürlichen Schutz jedes Hellsehenden, wie ich schon vielfach erwähnte.

Die Hörer sollen also Medien und Hellsehende nicht unbedingt für innerlich so weit gereift und hochstehend einschätzen, wie das ist, was diese als »gesehen« schildern; denn die reineren und lichten Höhen, Vorgänge und Geister werden ihnen von geistigen Führern und Höheren nur in *lebendigen Bildern gezeigt!* Die Hellsehenden wähnen jedoch irrtümlich, alles das wirklich zu erleben, und täuschen sich darüber selbst. Deshalb kommt so oft das große Verwundern über häufige Minderwertigkeit der Charaktere mancher

Medien, welche Dinge als erlebt und gesehen schildern, die zu ihrem eigenen Charakter gar nicht oder nur wenig passen wollen. –

Hier spreche ich also nur von der geringen Spannweite des *wirklichen Selbstschauens* der Medien und Hellsehenden. Das andere kommt dabei nicht in Betracht.

Hellsehende und Medien *aller* Zeiten sollen eigentlich nur dazu dienen, der Menschheit durch ihre Begabung immer weiter aufwärts zu helfen, wenn auch nicht als Führer, so doch als Werkzeuge. Ein medialer Mensch würde ja niemals Führer sein können, da er viel zu abhängig von Strömungen und anderen Dingen ist. Sie sollen zeitweise geöffnete Tore sein zum Zwecke weiterer Entwickelung. Sprossen zur Leiter des Aufsteigens.

Wenn nun bedacht wird, daß den auf niederer Geistentwickelungsstufe stehenden Rassen nur ein Ausblick auf gleich niedere Umgebung möglich ist, mit wenig Spielraum nach oben zu, so ist es nicht schwer zu verstehen, daß wir unter den *niederen* Menschenrassen vorwiegend nur Dämonenfurcht und Dämonenanbetung finden können. Es ist das, was sie schauen und zu ahnen vermögen.

So die oberflächliche Betrachtung. Doch ich will mit der Erklärung tiefer gehen, trotzdem wir damit von dem klaren Überblicke abzweigen.

Der unentwickelt gelassene oder wieder verkümmerte Geist der niederen Menschenrassen ist natürlich auch noch oder wieder *geistig blind* und *taub*. Ein solcher Mensch vermag nicht mit dem geistigen Auge zu schauen, *was überdies leider auch bis heute noch keinem Menschen möglich wurde.*

Der noch Tiefstehende vermag aber auch nicht mit dem wesenhaften Auge zu schauen, ebensowenig mit dem feinstofflichen, sondern lediglich mit dem grobstofflichen Auge, das in der Wildnis mehr und mehr geschärft wird durch den notwendigen persönlichen Kampf gegen den Mitmenschen, die Tiere und die Elemente, wobei er nach und nach auch die *feinere* und *feinste Grobstofflichkeit* unterscheiden kann.

Dabei bemerkt er zuerst *Phantome!* Gebilde, die durch Furcht und Angst der Menschen erst *geformt* wurden und auch davon erhalten bleiben.

Diese Phantome, *ohne eigenes Leben,* sind ganz abhängig von den Empfindungen der Menschen. Sie werden von diesen angezogen oder abgestoßen. Hier wirkt sich das Gesetz der Anziehungskraft aller Gleichart aus. Furcht zieht diese Gebilde der Furcht und Angst stets an, so daß sie sich auf die sich fürchtenden Menschen anscheinend förmlich stürzen.

Da die Phantome nun mit den Erzeugern, also sich ebenfalls stark fürchtenden Menschen, durch dehnbare Ernährungsfäden zusammenhängen, kommt jeder Furchtsame stets indirekt auch mit der Masse der sich Fürchtenden und Angstvollen in Verbindung, erhält von diesen neuen Zustrom, der die eigene Furcht und Angst nur noch vermehrt und ihn zuletzt sogar bis zur Verzweiflung treiben kann, zum Irrsinn.

Furchtlosigkeit dagegen, also Mut, stößt derartige Phantome in natürlicher Weise unbedingt ab. Deshalb hat der Furchtlose, wie ja genug bekannt, immer den Vorteil für sich.

Ist es dann sonderlich, wenn sich unter den niederen Rassen sogenannte Medizinmänner und Zauberer heranbildeten, deren Kaste von *Hellsehenden* begründet wurde, da diese zu beobachten befähigt waren, wie derartige irrtümlich für eigene Lebewesen gehaltenen Gebilde durch etwas innere Sammlung, mit Ablenkung der Furcht durch Sprünge und Verrenkungen, oder durch Konzentration oder Mut erweckende Beschwörungen »vertrieben« werden?

Wenn sie dabei auch auf für uns unmögliche Ideen verfallen, uns lächerlich erscheinen, so ändert dies nichts an der Tatsache, daß sie *für ihren Gesichtskreis* und ihr Begriffsvermögen etwas *ganz Richtiges* tun und *wir* nur diejenigen sind, denen ein Verständnis dafür durch Unwissenheit fehlt.

In der Nachfolge dieser Zauberer und Medizinmänner kommt es nun natürlich vor, daß viele Nachfolger weder mediale Begabung haben noch irgendwie hellsehend sind, namentlich da mit dem Amte gleichzeitig Einfluß und Einnahmen sich verbinden, denen nachzujagen die Menschen niederster Stufen ebenso skrupellos bemüht sind wie die der hohen weißen Rasse. Diese Nichtsehenden ahmten dann einfach alle Handlungen ihrer Vorgänger verständnislos nach, fügten sogar noch einige Unsinnigkeiten hinzu, um mehr Eindruck zu machen, da sie nur Wert auf das Wohlgefallen ihrer Mitmenschen legten, und wurden so die schlauen Betrüger, die nur ihren Vorteil dabei suchen, von der wirklichen Bedeutung aber selbst keine Ahnung haben, nach denen man die ganze Kaste heute einzuschätzen und abzutun sucht.

So kommt es also, daß wir unter den niederen Menschenrassen in erster Linie nur Dämonenfurcht und Dämonenanbetung finden können. Es ist das, was sie zu schauen vermögen, und als andere Wesensart fürchten. –

Gehen wir nun zu etwas höheren Entwickelungsstufen, die weiterzuschauen vermögen, sei es nun durch Hellsehende oder nur unbewußt durch Ahnen, was ja auch zum inneren Schauen gehört. Bei diesen Höherentwikkelten sind weitere Umhüllungsschichten von dem eingekapselten, immer mehr erwachenden Geiste von innen durchstoßen, nach oben zu.

Sie sehen deshalb schon gutmütigere Wesen, oder wissen davon durch Ahnen, und werden damit nach und nach die Dämonenanbetung verlieren. So geht es weiter. Immer höher. Es wird lichter und lichter. Der Geist stößt bei normaler Entwickelung immer weiter vor.

Die Griechen, Römer, die Germanen zum Beispiel sahen dann noch mehr! Ihr inneres Schauen drang über die Stofflichkeit hinaus bis in das höher liegende Wesenhafte. Sie konnten mit ihrer weiteren Entwickelung zuletzt auch *die Führer der Wesenhaften und der Elemente* schauen. Einige mediale Menschen in ihrer Begabung sogar in näheren Verkehr mit ihnen treten, da diese als bewußt-wesenhaft Geschaffenen immerhin Verwandtes haben mit *der* Wesenhaftigkeit, von der auch der Mensch außer dem Geistigen einen Teil in sich trägt.

Die Wesenhaften zu schauen, zu fühlen und zu hören, war für die *damalige* Entwickelung der Völker das Höchste, was sie erreichen konnten. Es ist selbstverständlich, daß dann diese Völker die gewaltigen Führer der Elemente in deren Tätigkeit und Andersart als das Höchste ansahen und sie Götter nannten. Deren hohen, wirklich bestehenden burgartigen Sitz Olymp und Walhall.

Das innere Schauen und Hören der Menschen aber verbindet sich beim Zum-Ausdruck-Bringen immer mit deren jeweilig *persönlichem* Begriffs- und Ausdrucksvermögen. Daraus ergibt sich, daß die Griechen, Römer und Germanen die *gleichen* Führer der Elemente und alles Wesenhaften nach Form und Begriff in der jeweiligen Anschauung ihrer derzeitigen Umgebung schilderten. Es waren jedoch bei allen trotz einiger Verschiedenheiten in den Schilderungen dieselben!

Wenn heute zum Beispiel fünf oder mehr wirklich gut Hellhörende versammelt sind und alle gleichzeitig einen ganz bestimmten Satz *jenseitig Gesagtes* aufnehmen, so wird bei Wiedergabe nur *der Sinn* des Gehörten einheitlich sein, nicht aber die Wiedergabe der Worte! Jeder wird die Worte anders wiedergeben und auch anders hören, weil bei der Aufnahme schon viel *Persönliches* mit in die Waagschale fällt, genau, wie die Musik von Hörern ganz verschieden empfunden wird, im Grunde aber doch die gleiche Richtung auslöst. Über alle diese weittragenden Nebenerscheinungen in der Verbindung des Erdenmenschen mit dem All muß ich erst mit der Zeit ausführlicher berichten. Heute würde es uns viel zu weit vom Thema ablenken. –

Als dann später *berufene* Völker, also die innerlich höchstentwickelten (Verstandesentwickelung zählt dabei *nicht*), diese Grenze der Wesenhaftigkeit durch Erleben reifend sprengen konnten, drang ihr Schauen oder Ahnen bis *zur Schwelle* des *geistigen* Reiches.

Die natürliche Folge war, daß damit bei diesen die bisherigen Götter als solche stürzen mußten und Höheres an deren Stelle trat. Sie kamen aber dabei trotzdem leider *nicht* so weit, fähig zu werden, *geistig zu schauen.*

So blieb ihnen das geistige Reich *unerschlossen,* da der normale Entwickelungslauf an dieser Stelle nicht weiter vorwärts ging, gehemmt durch den immer schärfer sich erhebenden Verstandesdünkel.

Nur wenige Ausnahmen konnten sich vor diesem Stillstande bewahren, wie zum Beispiel Buddha und noch andere, denen es durch Weltentsagung gelang, ihre Entwickelung in normaler Weise fortzusetzen und auch geistig bis zu einem gewissen Grade sehend zu werden!

Diese Weltentsagung, also das Menschenabgewendetsein zum Zwecke weiterer Entwickelung des Geistes, machte sich nur nötig durch die im allgemeinen immer mehr herrschende geistesfeindliche einseitige Verstandeszucht. Es war natürliches Sichschützen vor der vordringenden geistigen Verflachung, was bei *allgemeiner* normaler Entwickelung durchaus nicht nötig sein darf. Im Gegenteil; denn wenn der Mensch in geistiger Entwickelung eine bestimmte Höhe erreicht, so muß er, sich darin betätigend, weiter erstarken, sonst tritt Schlaffheit ein, und damit hört die Möglichkeit zu weiterer Entwickelung schnell auf. Stillstand entsteht, woraus der Rückgang leicht erwächst.

Trotzdem die geistige Weiterentwickelung bei Buddha und auch bei anderen nur bis zu einem ganz gewissen Grad gelang, also nicht vollständig, so wurde damit doch der Abstand von den Menschen groß, so daß diese derart normal Entwickelte als Gottgesandte ansahen, während doch durch deren weiteren Vorstoß des Geistes ganz naturgemäß nur eine neue Anschauung erstand.

Diese sich aus der geistig stehengebliebenen und zum Teil zurückgehenden Menschenmasse Hervorhebenden standen aber immer nur an der offenen Türe zu dem Geistigen, konnten wohl dabei einiges verschwommen wahrnehmen, *ohne jedoch klar* zu sehen! Doch ahnten und empfanden sie deutlich eine gewaltige, bewußte *einheitliche* Führung, die von oben kam, aus einer Welt, in die zu schauen sie nicht fähig wurden.

Dieser Empfindung nachgebend, formten sie nun den *einen, unsichtbaren Gott!* Ohne Näheres davon zu wissen.

Es ist deshalb verständlich, daß sie diesen nur geahnten Gott als höchstes *geistiges* Wesen wähnten, weil das Geistige die neue Region war, an deren *Schwelle* sie noch standen.

So kam es, daß bei dieser neuen Anschauung vom unsichtbaren Gotte nur die Tatsache an sich richtig getroffen wurde, *nicht aber der Begriff;* denn ihr Begriff davon war falsch! Es wurde von dem Menschengeiste *nie der* Gott gedacht, *welcher er wirklich ist!* Sondern er wähnte ihn nur als ein *höchstes geistiges* Wesen. Dieser Mangel der fehlenden Weiterentwickelung zeigt sich auch heute noch darin, daß viele Menschen unbedingt daran festhalten wollen, *Gleichartiges* in sich zu tragen von Dem, Den sie als ihren Gott empfinden!

Der Fehler liegt am *Stehenbleiben geistiger Entwickelung.*

Wäre diese *weiter* fortgeschritten, so hätte die reifende Menschheit in dem Übergange von den alten Göttern aus dem Wesenhaften nicht gleich diesen einen Gott als unsichtbar gedacht, sondern zuerst wieder die über den als Götter benannten Führern aller Elemente stehenden *geistigen Urgeschaffenen* ahnend schauen können, *deren Sitz die Gralsburg ist,* als höchste Burg des *Geistigen!* Und hätten diese anfangs wiederum als Götter angesehen, bis sie dann *in sich so* wurden, daß sie die Urgeschaffenen, die eigentlichen Eben*bilder* Gottes, nicht nur ahnend schauen, sondern geistig durch Mittler *hören* konnten. Von diesen würden sie die Kunde vom Bestehen des außerhalb der Schöpfung *»Seienden Einen Gottes«* empfangen haben!

In solcher Weise ihr Empfinden dann darauf gelenkt, wären sie zuletzt geistig in sich noch zu der Fähigkeit gereift, als weitere Entwickelung von einem Gottgesandten *göttliche Botschaft* aus dem wirklich Göttlichen mit Freude aufzunehmen! Also von außerhalb der Schöpfung und somit auch ihrer Schauensmöglichkeit.

Das wäre der normale Weg gewesen!

So aber blieb ihre Entwickelung schon an der Schwelle des Geistigen stehen, ging sogar wieder durch der Menschen Fehler schnell zurück.

Damit entstand die Zeit, in der als *Notakt* ein starker Gottgesandter in

Jesus von Nazareth inkarniert werden mußte, um eine Botschaft aus dem Göttlichen zur Aufklärung der dazu noch nicht reifen Menschheit hilfreich zu gewähren, damit sich Suchende in ihrer Unreife *vorläufig wenigstens im Glauben* daran halten konnten.

Aus diesem Grunde blieb dem der sich verlierenden Menschheit zu Hilfe gesandten Gottessohne nichts anderes übrig, als vorläufig nur *Glauben* und *Vertrauen* auf sein Wort zu fordern.

Eine verzweifelte Aufgabe. *Christus konnte nicht einmal alles das sagen, was er hatte sagen wollen.* Deshalb sprach er von vielen Dingen *nicht*, wie von irdischen Wiederinkarnierungen und anderem. Er stand für diese Dinge einer zu großen geistigen Unreife gegenüber. Und traurig sprach er selbst zu seinen Jüngern: *»Vieles hätte ich Euch noch zu sagen, doch Ihr würdet nicht verstehen!«*

Also auch die Jünger nicht, die ihn in vielen Dingen mißverstanden. Und wenn Christus selbst sich schon zu seiner Erdenzeit *von seinen Jüngern* nicht verstanden wußte, so ist doch offenbar, daß in der Weitergabe seines Wortes später viele Irrungen entstanden, an denen man noch jetzt leider mit Zähigkeit sich festzuklammern sucht. Trotzdem nun Christus von der damaligen Unreifheit nur *Glauben* an sein Wort forderte, so verlangte er doch von den ernsthaft Wollenden, daß dieser anfängliche Glaube in ihnen auch »lebendig« werden sollte!

Das heißt, daß sie darin zur Überzeugung kamen. Denn wer seinem Worte vertrauend folgte, in dem schritt die geistige Entwickelung wieder vorwärts, und er mußte dabei aus dem Glauben in der Entwickelung langsam zur Überzeugung des von ihm Gesagten kommen!

Deshalb wird nun der Menschensohn die *Überzeugung* anstatt Glauben fordern! Auch von allen denen, welche Christi Botschaft in sich tragen wollen und ihr zu folgen vorgeben! Denn wer die *Überzeugung* von der Wahrheit der göttlichen Botschaft Christi, welche *eins* ist mit der Gralsbotschaft und unzertrennlich, nun an Stelle eines Glaubens noch nicht in sich tragen kann, hat auch die Reife seines Geistes nicht erlangt, die nötig ist zum Eingang in das Paradies! Ein solcher wird verworfen sein!

Da schafft ihm auch größtes Verstandeswissen keinen Durchschlupf! Er muß naturgemäß zurückbleiben und ist verloren immerdar. – –

Daß nun die Menschheit dieses Weltenteiles in ihrer Entwickelung noch an der *Schwelle* des geistigen Reiches steht, zum größten Teile sogar noch weit *unter* dieser, liegt lediglich am eigenen Nichtwollen, an dem Eigendünkel eines Besserwissenwollens im Verstande. Daran mußte die Erfüllung der Normalentwickelung vollkommen scheitern, wie wohl so manchem unterdessen klargeworden ist. –

Die Religionskulte der Menschheit in ihren Verschiedenheiten entspringen durchaus keiner Phantasie, sondern sie zeigen Abteilungen aus dem *Leben* in dem sogenannten Jenseits. Selbst der Medizinmann eines Neger- oder Indianerstammes hat seine Berechtigung auf *der niederen Stufe* seines Volkes. Daß sich darunter Gauner und Betrüger mischen, kann die Sache selbst nicht in den Staub ziehen.

Dämonen, Wald- und Luftwesen, und auch die sogenannten alten Götter sind noch heute unverändert an denselben Plätzen, in derselben Tätigkeit wie früher. Auch die höchste Veste dieser großen Führer aller Elemente, der Olymp oder Walhall, war niemals Märchen, sondern in Wirklichkeit geschaut. Was aber die in der Entwickelung stehengebliebenen Menschen *nicht mehr* schauen konnten, sind die urgeistigen urgeschaffenen Ebenbilder Gottes, die ebenfalls eine hochstehende Veste haben und diese Gralsburg nennen, die höchste Burg in dem Urgeistigen, und somit auch in der ganzen Schöpfung!

Von dem Bestehen dieser Burg konnte den an der Schwelle alles Geistigen stehenden Menschen nur noch durch Inspirationen Kunde kommen, da sie nicht so weit geistig reiften, um auch *das* ahnend zu erschauen.

Alles ist Leben! Nur die Menschen, die sich fortgeschritten dünken, sind statt vorzuschreiten seitwärts abgebogen, wieder zurück nach der Tiefe. –

Nun darf nicht etwa noch erwartet werden, daß mit einer weiteren Entwikkelung der von Christus und in meiner Gralsbotschaft gelehrte Gottesbegriff sich wiederum verändern würde! Dies bleibt nunmehr bestehen, da es Weiteres nicht gibt.

Mit einem heute noch fehlenden Eintritt in das Geistige und der Vervollkommnung darin kann jeder Menschengeist so weit emporsteigen, daß er die Überzeugung dieser Tatsache im inneren Erleben zuletzt unbedingt gewinnt. Dann könnte er bewußt in Gotteskraft stehend das Große wirken, zu dem er schon von Anfang an berufen war. Er würde aber dann auch niemals mehr sich einbilden, Göttlichkeit in sich zu tragen. Dieser Irrwahn ist lediglich nur der Stempel und das Siegel seiner heutigen Unfertigkeit!

Im *richtigen* Bewußtsein aber würde dann die große Demut liegen, das befreiende Dienen erstehen, was der reinen Christuslehre stets *als Forderung* gegeben ist.

Erst wenn die Missionare, Prediger und Lehrer auf Grund des Wissens der natürlichen Entwickelung in aller Schöpfung, und damit auch der genauen Kenntnis der Gesetze des göttlichen Willens, ihre Tätigkeit beginnen, ohne Sprunghaftes, Lückenlassendes, werden sie wirkliche *geistig lebendige* Erfolge verzeichnen können.

Jetzt ist jede Religion leider nichts anderes als eine starre Form, die einen trägen Inhalt mühselig zusammenhält. Nach der notwendigen Veränderung jedoch wird im Lebendigwerden dieser bisher träge Inhalt kraftvoll, sprengt die kalten, toten, starren Formen und ergießt sich jubilierend brausend über alle Welt und unter alle Völker!

KREATUR MENSCH

IMMER wieder erstehen neue Wellen der Entrüstung und werfen ihre Kreise über Staaten und Länder, hervorgerufen durch meine Erklärung, daß die Menschheit nichts Göttliches in sich trägt. Es zeigt, wie tief der Dünkel in den Menschenseelen Wurzel gefaßt hat und wie ungern sie sich davon trennen wollen, auch wenn ihr Empfinden schon warnend hier und da emporschlägt und sie erkennen läßt, daß es doch schließlich so sein muß.

Das Sträuben jedoch ändert an der Sache nichts. Die Menschengeister sind sogar *noch* kleiner, noch geringer, als sie wähnen, wenn sie sich innerlich schon zu der Überzeugung durchgerungen haben, daß jedes Göttliche in ihnen fehlt.

Deshalb will ich noch weiter gehen als bisher, das Bild der Schöpfung noch weiter auseinanderziehen, um zu zeigen, welcher Stufe der Mensch zugehört. Es ist ja nicht gut möglich, daß er mit dem Aufstiege beginnen kann, ohne vorher genau zu wissen, was er *ist* und was er *kann.* Ist er einmal damit im klaren, so weiß er zuletzt auch noch, was er *soll!*

Das aber ist ein großer Unterschied zu allem, was er heute *will!* Und welch ein Unterschied!

Erbarmen erweckt es in demjenigen nicht mehr, dem vergönnt ist, klar zu schauen. Ich meine damit unter »Schauen« nicht das Schauen eines Sehers, sondern eines Wissenden. Statt des Erbarmens und des Mitleidens muß heute nur noch *Zorn* erstehen. Zorn und Verachtung ob des ungeheuerlichen Überhebens gegen Gott, das Hunderttausende in ihrem Dünkel täglich, stündlich neu begehen. In einem Dünkel, der nicht einen Hauch von Wissen birgt. Es lohnt der Mühe nicht, auch nur ein Wort darüber zu verlieren.

Was ich nun künftig sage, gilt den wenigen, die in der reinen Demut noch zu einer Art Erkenntnis kommen können, ohne vorher so zermürbt werden zu müssen, wie es nach göttlichen Gesetzen bald geschehen wird, um endlich seinem *wahren* Worte Eingang zu verschaffen, fruchtbaren Boden dafür aufzureißen!

Alles leere und wortreiche Machwerk irdischer Sichwissenddünkender wird mit dem jetzigen ganz unfruchtbaren Boden gleichzeitig in Trümmer gehen!

Es ist auch allerhöchste Zeit, daß dieser leere Wortschwall, der wie Gift für alles Aufstrebende wirkt, in seiner ganzen Hohlheit in sich selbst zusammenbricht. –

Kaum habe ich die Trennung zwischen Gottessohn und Menschensohn als zwei Persönlichkeiten aufgestellt, so tauchen Abhandlungen auf, welche in theologisch-philosophischen Verwickelungen *klären* wollen, daß dem nicht so ist. Ohne sachlich auf den Hinweis von mir einzugehen, wird versucht, den alten Irrtum aufrecht zu erhalten, *um jeden Preis,* auch um den Preis logischer Sachlichkeit, in unklarer Weise bisherigen Dogmas. Hartnäckig pocht man auf einzelne Sätze alter Schriften, unter Ausschluß jedes eigenen Gedankens, und damit auch unter der nicht ausgesprochenen Bedingung, daß die Hörer und die Leser ebenfalls nichts denken noch weniger empfinden dürfen; denn sonst wird ja schnell erkannt, daß mit den vielen Worten nichts begründet ist, weil rückwärts und auch vorwärts eine rechte Folgerung unmöglich bleibt. Noch sichtbarer aber fehlt den vielen Worten ein Zusammenhang mit wirklichem Geschehen.

Wer seine Ohren und die Augen dabei endlich aufzumachen fähig wird, muß ohne weiteres die Nichtigkeit solcher »Belehrungen« erkennen; es ist ein letztes Ankrampfen, das man schon nicht mehr Anklammern bezeichnen kann, an einen bisherigen Halt, der sich nun bald als *Nichts* erweisen wird.

Die einzige Begründung bilden Sätze, deren rechte Überlieferung nicht zu erweisen ist, sondern welche im Gegenteil durch die Unmöglichkeit logischen Einverleibens in das Weltgeschehen ganz deutlich zeigen, daß ihr Sinn durch Menschenhirn entstellt zur Weitergabe kam. Nicht einer davon läßt sich lückenlos in das Geschehen und Empfinden fügen. Aber nur, wo sich alles schließt *zu einem ganzen Ring,* ohne Phantasterei und ohne blindgläubige Worte, *dort* ist alles Geschehen *recht* erklärt! –

Doch warum sich bemühen, wenn der Mensch von solch einer Verbissenheit *nicht* los sein *will!* Es mag deshalb ruhig geschehen, was unter den Verhältnissen nunmehr geschehen *muß.*

Mit Grauen wende ich mich von den Gläubigen und allen, die in ihrer falschen Demut vor lauter Besserwissen eine schlichte Wahrheit nicht erkennen, sie sogar belächeln, oder wohlwollend auch noch verbessern wollen. Wie schnell werden gerade sie so klein, ganz klein werden und jeden Halt verlieren, weil sie weder im Glauben noch in ihrem Wissen einen solchen haben. Es *wird* ihnen der Weg, den sie beharrlich halten wollen, auf dem sie nicht mehr wiederkehren können zu dem Leben. Das Recht der Wahl ist ihnen niemals vorenthalten worden. –

Die, die mir bisher folgten, wissen, daß der Mensch der höchsten Schöpfungsabteilung entstammt: dem Geistigen. Doch viele Unterschiede sind in dem Gebiet des Geistigen noch zu verzeichnen. Der Erdenmensch, der sich vermißt, groß sein zu wollen, der oft auch nicht davor zurückschreckt, seinen Gott herabzuzerren als das Höchste *jener* Stufe, der *er* angehört, der sich manchmal sogar erkühnt, ihn zu verleugnen oder auch zu schmähen, er ist in Wirklichkeit nicht einmal das, was mancher Demutsvolle in dem besten Sinne zu sein vermeint. Der Erdenmensch ist *kein Geschaffener,* sondern nur ein *Entwickelter.* Das ist ein Unterschied, wie ihn der Mensch nicht auszudenken vermag. Ein Unterschied, den frei zu überblicken er nie fertigbringen wird.

Schön sind die Worte und vielen willkommen, die zahlreiche Lehrer auf den Lippen tragen, um die Zahl der Anhänger zu fördern. Doch diese unwissenden Lehrer sind sogar selbst noch überzeugt von allen Irrtümern, die sie verbreiten, und wissen nicht, wie groß der Schaden ist, den sie damit den Menschen zufügen!

Zu einem *Aufstiege* kann nur Gewißheit über jene große Frage führen: *»Was bin ich?«* Ist diese nicht vorher ganz rücksichtslos gelöst, erkannt, dann wird der Aufstieg bitter schwer; denn *freiwillig* bequemen sich die Menschen nicht zu einer solchen Demut, die ihnen zu dem richtigen Weg verhilft, den sie auch wirklich gehen können! Das hat alles Geschehen bis zur Jetztzeit klar bewiesen.

Selbst Demut machte diese Menschen entweder sklavisch, was genau so falsch ist wie das Überheben, oder sie griffen auch in dieser Demut weit über das eigentliche Ziel hinaus und stellten sich auf einen Weg, zu dessen Ende sie nie kommen können, weil die Beschaffenheit des Geistes dazu nicht genügt. Sie stürzen deshalb ab in eine Tiefe, welche sie zerschmettern läßt, weil sie vorher zu hoch sein wollten. –

Nur die *Geschaffenen* sind Ebenbilder Gottes. Es sind die Urgeschaffenen, Urgeistigen, in jener eigentlichen Schöpfung, aus der sich alles andere entwickeln konnte. In deren Händen liegt die Hauptführung von allem Geistigen. Sie sind die Ideale, ewige Vorbilder für alles Menschentum. Der Erdenmensch dagegen hat sich erst aus dieser fertigen Schöpfung heraus nachbildend entwickeln können. Vom unbewußten Geisteskeimchen zu einer sichbewußten Persönlichkeit.

Vollendet durch die Einhaltung des rechten Weges in der Schöpfung wird er erst zum Abbilde der Ebenbilder Gottes! Er selbst ist nie das eigentliche Ebenbild! Dazwischen liegt noch eine große Kluft bis herab zu ihm!

Aber auch von den wirklichen Ebenbildern aus ist nun der nächste Schritt noch lange nicht zu Gott. Deshalb sollte ein Erdenmensch endlich einmal erkennen, was alles zwischen ihm und der Erhabenheit der Gottheit liegt, die er sich anzumaßen so bemüht. Der Erdenmensch dünkt sich in einstiger Vollendung einmal göttlich oder doch als Teil davon, während er in seiner größten Höhe doch nur das *Abbild* eines *Ebenbildes* Gottes wird! Er darf bis in den Vorhof, in die Vorhallen einer Gralsburg, als die höchste Auszeichnung, die einem Menschengeiste werden kann. –

Werft endlich diesen Dünkel ab, der Euch nur hemmen kann, da Ihr damit den lichten Weg verfehlt. Jenseitige, welche in Spiritistenkreisen gutmeinende Belehrungen erteilen wollen, wissen *nicht* Bescheid darin; denn ihnen fehlt noch selbst die dazu nötige Erkenntnis. Sie könnten jubeln, wenn sie davon hören dürften. Auch unter denen wird das große Wehklagen nicht ausbleiben, wenn die Erkenntnis kommt von der in Spielerei und Eigensinn versäumten Zeit.

Wie in dem geistigen Gebiete, so ist es auch im Wesenhaften. Hier sind die Führer aller Elemente wesenhaft *Urgeschaffene.* Alle bewußt-werdenden Wesenhaften, wie Nixen, Elfen, Gnomen, Salamander usw., sind *nicht* Geschaffene, sondern aus der Schöpfung nur Entwickelte. Sie haben sich also aus dem wesenhaften Teile heraus vom unbewußten *wesenhaften* Samenkorn zum bewußten Wesenhaften entwickelt, wodurch sie im Bewußtwerden auch menschliche Formen annehmen. Das geht stets gleichmäßig vor sich mit dem Bewußtwerden. Es ist dieselbe Abstufung hier in dem Wesenhaften, wie in dem Geistigen.

Die Urgeschaffenen der Elemente sind in dem Wesenhaften, wie auch die Urgeschaffenen in dem Geistigen, je nach Art ihrer Betätigung in männlicher und in weiblicher Form. Daher in der alten Zeit der Begriff der *Götter* und *Göttinnen.* Es ist das, worauf ich schon in meinem Vortrage »Götter – Olymp – Walhall« hinwies. –

Ein großer, einheitlicher Zug geht durch die Schöpfung und die Welt!

Der Hörer und der Leser meiner Vorträge arbeite stets in sich, lege Sonden und Brücken von dem einen Vortrage zum anderen, sowie hinaus in das große und kleine Weltgeschehen! *Erst dann* kann er die Gralsbotschaft verstehen, und wird finden, daß sie sich mit der Zeit zu einem vollkommenen Ganzen schließt, ohne Lücken zu lassen. Immer wieder kommt der Leser im Geschehen auf die Grundzüge zurück. Alles kann er klären, alles folgern, ohne auch nur einen Satz ändern zu müssen. Wer Lücken sieht, dem fehlt volles Verständnis. Wer die große Tiefe nicht erkennt, das Allumfassende, ist oberflächlich und hat nie versucht, lebendig einzudringen in den Geist der hier gebrachten Wahrheit.

Er mag sich jenen Massen beigesellen, die in Selbstgefälligkeit und in der Einbildung, das größte Wissen schon zu haben, die breite Straße ziehen. Einbildung des Wissens hält derart Verlorene davon zurück, in anderem Gesagten die Lebendigkeit zu sehen, welche ihrem Scheinwissen noch fehlt. Wohin sie schauen, was sie hören, überall stellt sich davor das eigene Befriedigtsein in dem, was sie fest in der Hand zu halten wähnen.

Erst wenn sie dann zu jener Grenze kommen, die unerbittlich alles Unwahre und allen Schein verwirft, erkennen sie beim Öffnen ihrer Hand, daß diese *nichts* enthält, was ihnen eine Fortsetzung des Weges und damit zuletzt den Eintritt in das Reich des Geistes möglich macht. Dann aber ist es schon zu spät, den Weg zurückzugehen, das Verworfene und nicht Beachtete noch aufzunehmen. Die Zeit reicht dazu nicht mehr aus. Das Tor zum Eingang ist verschlossen. Die letzte Möglichkeit versäumt. –

Bevor der Mensch nicht *so* wird, wie er *soll,* sondern noch daran hängenbleibt, wie er es wünscht, kann er von wahrem Menschentum nicht reden. Er muß immer bedenken, daß er aus der *Schöpfung* erst hervorging, nicht aber direkt aus des Schöpfers Hand.

»Wortklauberei, es ist im Grunde eins, nur anders ausgedrückt«, sagen Sichüberhebende und faule, taube Früchte dieses Menschentums, weil sie stets unfähig sein werden, den großen Spalt nachzuempfinden, welcher darin liegt. Die Einfachheit der Worte läßt sie sich wieder täuschen.

Nur wer lebendig in sich ist, wird nicht sorglos darüber hingehen, sondern die unermeßlichen Entfernungen und scharfen Abgrenzungen nachempfinden.

Wollte ich nun *alle* Spaltungen der Schöpfung jetzt schon zeigen, so würde mancher heute »in sich« große Mensch bei der Erkenntnis, daß die Worte

Wahrheit bergen, bald verzweifelt nur am Boden liegen. Erdrückt von dem Erfassen seiner Nichtigkeit und Kleinheit. Der so oft gebrauchte Ausdruck »Erdenwurm« steht nicht zu Unrecht für die heute noch in Klugheit prahlenden »Geistigerhabenen«, die bald, sehr bald die Niedrigsten werden sein müssen in der ganzen Schöpfung, wenn sie nicht gar zu den Verworfenen gehören. –

Es ist nun an der Zeit, die Welt als solche richtig zu erkennen. Nicht mit Unrecht trennt man Weltliches vom Geistigen, auch im irdischen Leben. Die Bezeichnungen sind wohl erstanden aus dem richtigen Ahnungsvermögen mancher Menschen; denn sie geben auch den Unterschied in der ganzen Schöpfung als Spiegelbild wieder. Auch die Schöpfung können wir einteilen in das Paradies und in die Welt, also in das Geistige und in das Weltliche. Auch hierbei ist in dem Weltlichen Geistiges nicht ausgeschlossen, wohl aber in dem Geistigen das Weltliche.

Die Welt müssen wir die Stofflichkeit nennen, die auch vom Geistigen durchpulst ist. Das Geistige ist das geistige Reich der Schöpfung, das Paradies, in dem alles Stoffliche ausgeschlossen ist. Wir haben also Paradies und Welt, Geistiges und Stoffliches, Urschöpfung und Entwickelung, auch selbsttätige Nachformung zu nennen.

Die eigentliche Schöpfung ist lediglich das Paradies, das heutige geistige Reich. Alles andere ist nur *Entwickeltes,* also nicht mehr Erschaffenes. Und das *Entwickelte* muß mit dem Ausdruck *Welt* bezeichnet werden. Die Welt ist vergänglich, sie entwickelt sich aus den Ausströmungen der Schöpfung, diese bildhaft nachahmend, getrieben und gehalten durch geistige Ausströmungen. Sie reift heran, um dann in Überreife wieder zu zerfallen. Das Geistige jedoch altert nicht mit, sondern bleibt ewig jung, oder, anders ausgedrückt, ewig sich gleich.

Nur in der *Welt* ist Schuld und Sühne möglich! Das bringt die Mangelhaftigkeit der Nachentwickelung mit sich. Schuld irgendeiner Art ist in dem Reich des Geistes ganz unmöglich.

Wer meine Vorträge ernsthaft gelesen hat, dem ist dies völlig klar. Er weiß, daß nichts von allem Geistigen, welches die Welt durchströmt, zurück in den Ursprung vermag, solange noch ein *Stäubchen* einer Andersart von der Wanderung an dem Geistigen haftet. Das kleinste Stäubchen macht das Überschreiten einer Grenze in das Geistige unmöglich. Es hält zurück, auch wenn der Geist bis an die Schwelle vorgedrungen ist. Mit diesem letzten

Stäubchen kann er nicht hinein, weil dieses Stäubchen durch die andere niedere Beschaffenheit das Eintreten nicht zuläßt, solange es noch festhaftet am Geistigen.

Erst in dem Augenblicke, wo sich solches Stäubchen löst, zurücksinkt, wird der Geist ganz frei, erhält damit dieselbe Leichtigkeit, die in der *untersten* Schicht des Geistigen vorhanden ist, und somit für diese unterste Schicht des Geistigen zum Gesetz besteht, und *kann* nicht nur, sondern *muß* dann hinein über die Schwelle, an der er vorerst noch zurückgehalten wurde durch das letzte Stäubchen.

Der Vorgang kann von so vielen Seiten aus betrachtet und geschildert werden, gleichviel, mit welchen Worten man es bildhaft wiedergibt, es bleibt an sich genau dasselbe. Ich kann es ausschmücken mit den phantastischsten Erzählungen, kann zur Verständlichmachung viele Gleichnisse benützen, die Tatsache an sich jedoch ist schlicht, ganz einfach, und hervorgerufen durch die Auswirkung der drei Gesetze, die ich oft erwähnte.

Man kann schließlich mit Recht auch sagen, in dem Paradiese vermag nie eine Sünde aufzukommen, es wird von keiner Schuld berührt. Demnach ist das Erschaffene allein vollwertig, während später dann in dem, was sich daraus weiter entwickelt hat als Nachbild der Schöpfung, welches dem Menschengeist zu seiner Ausbildung und zur Erstarkung als Tummelplatz ganz überlassen bleibt, durch falsches Wollen dieser trägen Menschengeister eine Schuld erstehen kann, die sühnend wieder ausgeglichen werden muß, bevor das Geistige zurückzukehren fähig ist.

Wenn aus der Schöpfung, also aus dem Paradiese, einem selbstgewählten Drange folgend Geistsamenkörner ausgehen, um eine Wanderung durch jene Welt zu machen, so kann man selbstverständlich bildhaft sagen, Kinder gehen aus der Heimat, um zu lernen, und dann vollgereift zurückzukehren. Der Ausdruck hat seine Berechtigung, wenn man es *bildhaft* nimmt. Es muß jedoch alles stets bildhaft bleiben, darf nicht umgeformt werden in das Persönliche, wie man es überall versucht.

Da sich der Menschengeist erst in der Welt die Schuld aufbürdet, weil so etwas im Geistigen nicht möglich ist, so kann er selbstverständlich auch nicht eher wieder heim in das geistige Reich, bevor er sich von dieser Schuld, die ihn belastet, löst. Ich könnte dafür tausenderlei Bilder nehmen, *alle* würden in sich nur den einen Grundsinn haben können, den ich schon oft in Auswirkung der einfachen drei Grundgesetze gab.

Es klingt so manchem fremd, wenn ich den Vorgang *sachlich* schildere, weil das Bildhafte seinem Dünkel und der Eigenliebe schmeichelt. Er will lieber in seiner Traumwelt sein; denn darin hört es sich viel schöner an, er kommt sich darin selbst viel mehr vor, als er wirklich ist. Dabei macht er dann den Fehler, daß er das Sachliche darin nicht schauen will, er steigert sich in das Phantastische hinein, verliert damit den Weg und seinen Halt, und ist entsetzt, vielleicht sogar empört, wenn ich ihm nun in aller Einfachheit und nüchtern zeige, *wie* die Schöpfung ist, und was er darin eigentlich für eine Rolle spielt.

Es ist für ihn ein Übergang wie der des kleinen Kindes, welches unter den zärtlichen Händen einer Mutter oder Großmutter leuchtenden Auges und mit vor Begeisterung erhitzten Wangen beglückt Märchen anhören konnte, um dann endlich die Welt und Menschen in der Wirklichkeit zu sehen. Ganz anders, als es in den schönen Märchen klingt, und doch bei schärferer, rückwärtiger Betrachtung dieser Märchen im Grunde ebenso. Der Augenblick ist bitter, aber nötig, sonst würde ja ein Kind nicht weiter vorwärts kommen können und unter großem Leid als »weltfremd« untergehen.

Nicht anders hier. Wer weiter aufwärts will, der muß die Schöpfung endlich kennen in ihrer ganzen *Wirklichkeit.* Er muß fest auf den Füßen schreiten, darf nicht mehr schweben in Empfindungen, welche wohl für ein unverantwortliches Kind, nicht aber für den reifen Menschen taugen, dessen Kraft des Wollens fördernd oder störend in die Schöpfung dringt und ihn dadurch entweder hebt oder vernichtet.

Mädchen, die Romane lesen, welche unwahr dargestellt wirkliches Leben nur verschleiern, werden in der damit erweckten Schwärmerei sehr schnell im Leben bittere Enttäuschungen erfahren, sehr oft sogar gebrochen sein für ihre ganze Erdenzeit, als leichte Beute skrupelloser Falschheit, der sie sich vertrauend näherten. Nichts anderes ist es beim Werdegange eines Menschengeistes in der Schöpfung.

Deshalb hinweg mit allem Bildhaften, welches der Mensch nie verstehen lernte, weil er viel zu bequem für den Ernst rechter Deutung war. Nun wird es Zeit, daß Schleier fallen, und er klar sieht, woher er kam, was seine Aufgabe für Pflichten auferlegt, und auch wohin er wieder gehen muß. *Er braucht dazu den Weg!* Und diesen Weg sieht er in meiner Gralsbotschaft klar vorgezeichnet, vorausgesetzt, daß er ihn sehen *will.*

Das Wort der Gralsbotschaft ist lebendig, so daß es nur solche Menschen überreichlich finden läßt, die wirklich ehrliches Verlangen in der Seele tragen! Alles andere stößt es selbsttätig ab. Die Botschaft bleibt den Eingebildeten und den nur oberflächlich Suchenden das Buch mit sieben Siegeln!

Nur wer sich willig öffnet, wird empfangen. Geht er von vornherein geraden, unverfälschten Sinnes an das Lesen, so erblüht ihm alles, was er sucht, in herrlicher Erfüllung! Doch die, die nicht ganz reinen Herzens sind, werden von diesem Worte abgestoßen, oder es verschließt sich vor den falschen Blikken. Sie finden nichts!

UND TAUSEND JAHRE SIND WIE EIN TAG!

Wer von den Menschen hat den Sinn der Worte schon erfaßt, in welcher Kirche wird er recht gedeutet? In vielen Fällen wird er nur als ein Begriff zeitlosen Lebens genommen. Doch in der Schöpfung ist nichts zeitlos und nichts raumlos. Schon der Begriff des Wortes Schöpfung muß dem widersprechen; denn was geschaffen ist, das ist ein Werk, und jedes Werk hat eine Grenze. Was aber eine Grenze hat, das ist nicht raumlos. Und was nicht raumlos ist, kann auch nicht zeitlos sein.

Es gibt verschiedenartige Welten, die den Aufenthalt von Menschengeistern bilden, je nach ihrer geistigen Reife. Diese Welten sind mehr oder weniger dicht, dem Paradiese näher und von ihm entfernter. Je weiter entfernt, desto dichter und damit schwerer.

Der Zeit- und Raumbegriff verengt sich mit der zunehmenden Dichtheit, mit dem festeren Geschlossensein der Stofflichkeit, mit der weiteren Entfernung von dem geistigen Reiche.

Der verschiedenartige Zeit- und Raumbegriff ersteht durch die mehr oder weniger dehnbare Aufnahmefähigkeit des Erlebens durch das Menschenhirn, das wiederum dem Grad der Dichtheit der jeweiligen Umgebung angepaßt ist, also der Art des Weltenteiles, in dem der Körper sich befindet. So kommt es, daß wir von Verschiedenheit der Begriffe für Raum und Zeit in den verschiedenen Weltenteilen sprechen müssen.

Es gibt nun dem Paradiese viel näher gelegene Weltenteile als dieser, dem die Erde zugehört. Diese näherliegenden sind von einer anderen Art der Stofflichkeit, die leichter und weniger fest geschlossen ist. Folge davon ist die ausgedehntere Erlebensmöglichkeit im vollen Bewußtsein. Hier nennen wir es tagbewußtes Erleben.

Die Stofflichkeiten anderer Art gehören zu der feineren Grobstofflichkeit wie zu der groben Feinstofflichkeit und dann auch zu der absoluten Feinstofflichkeit selbst, während wir zur Zeit in der Welt der absoluten Grobstofflichkeit uns befinden. Je mehr verfeinert nun die Stofflichkeit ist, desto durchlässiger ist sie auch. Je durchlässiger aber eine Stofflichkeit ist, desto weiter und ausgedehnter wird auch für den im Körper wohnenden Menschengeist das Feld der bewußten Erlebensmöglichkeit, oder nennen wir es Eindrucksmöglichkeit.

In einem gröberen, dichteren Körper mit dem entsprechend dichteren Gehirn als Durchgangsstation äußerer Vorgänge ist der darin wohnende Menschengeist natürlich fester abgeschlossen oder ummauert als in einer durchlässigeren, weniger verdichteten Stoffart. Er kann in der dichteren demnach auch nur bis zu einer enger gezogenen Begrenzung Vorgänge in sich wahrnehmen oder sich von diesen beeindrucken lassen.

Je weniger dicht aber eine Stoffart ist, desto leichter ist sie naturgemäß auch und damit muß sie desto höher sich befinden, ebenso wird sie auch lichtdurchlässiger sein und somit selbst auch heller. Je näher sie infolge ihrer Leichtigkeit dem Paradiese liegt, desto lichter, sonniger wird sie aus diesem Grunde auch sein, weil sie die vom Paradies ausgehenden Strahlungen durchläßt.

Je weiter nun ein Menschengeist aus seinem Körper heraus durch eine leichtere, weniger dichte Umgebung die Möglichkeit des lebendigen Erfühlens erhält, desto mehr wird er in sich zu erleben fähig sein, so, daß er in der Zeit eines Erdentages in seiner Umgebung weit mehr Erlebnisse aufnehmen kann, als ein Erdenmensch mit seinem dichteren Gehirn in seiner schweren und damit fester geschlossenen Umgebung. Je nach Art der Durchlässigkeit, also je nach der leichteren, lichteren Art der Umgebung, vermag ein Menschengeist in der Zeit eines Erdentages dann soviel wie in einem Erden*jahre* durch leichteres Aufnehmen zu erleben, in dem geistigen Reiche selbst in der Zeit eines Erdentages soviel wie in tausend Erdenjahren!

Deshalb heißt es: »Dort sind tausend Jahre soviel wie ein *Tag.*« *Also im Reichtum des Erlebens,* dessen Steigerung sich nach der wachsenden Reife des Menschengeistes richtet.

Der Mensch kann sich das am besten vorstellen, wenn er an seine *Träume* denkt! Darin vermag er oft in einer einzigen Minute Erdenzeit ein ganzes Menschenleben durchzuempfinden, im Geiste wirklich zu erleben! Er durchlebt dabei die freudigsten wie die schmerzvollsten Dinge, lacht und weint, erlebt sein Altern, und hat dabei doch nur die Zeit einer einzigen Minute verbraucht. Im Erdenleben selbst würde er zu diesem gleichen Erleben viele Jahrzehnte benötigen, weil Zeit und Raum des irdischen Erlebens zu eng begrenzt sind und dadurch jede einzelne Stufe langsamer vorwärtsschreitet.

Und wie der Mensch auf Erden nur im Traume so schnell erleben kann, weil dabei von dem Geiste durch den Schlaf die Fessel des Gehirnes teilweise abgestreift ist, so steht er in den lichteren Weltenteilen als nicht mehr so stark gefesselter und später ganz freier Geist *immer* in diesem regen und schnellen Erleben. Er braucht für das tatsächliche Erleben von tausend Erdenjahren nicht mehr Zeit als einen Tag!

EMPFINDUNG

JEDE Empfindung formt sofort ein Bild. Bei dieser Bildformung beteiligt sich das kleine Gehirn, das die Brücke der Seele zu deren Beherrschung des Körpers sein soll. Es ist *der* Teil des Gehirnes, der Euch den Traum vermittelt. Dieser Teil steht wieder in Verbindung mit dem Vorderhirn, durch dessen Tätigkeit die mehr an Raum und Zeit gebundenen Gedanken erstehen, aus denen zuletzt der Verstand zusammengestellt wird.

Nun achtet genau auf den Werdegang! Ihr könnt dabei scharf unterscheiden, wenn die Empfindung zu Euch spricht durch den Geist, oder das Gefühl durch den Verstand!

Die Tätigkeit des Menschengeistes ruft in dem Sonnengeflecht die Empfindung hervor und beeindruckt dadurch gleichzeitig das kleine Gehirn. Die *Auswirkung* des Geistes. Also eine Kraftwelle, die von dem Geiste *aus*geht. Diese Welle empfindet der Mensch natürlich dort, wo der Geist in der Seele mit dem Körper in Verbindung steht, in dem Zentrum des sogenannten Sonnengeflechts, das die Bewegung weitergibt nach dem kleinen Gehirn, welches davon beeindruckt wird.

Dieses kleine Gehirn formt je nach der bestimmten Art der verschiedenartigen Beeindruckung einer photographischen Platte gleich das Bild des Vorganges, den der Geist gewollt hat, oder den der Geist in seiner starken Kraft durch sein Wollen formte. *Ein Bild ohne Worte!* Das Vorderhirn nimmt nun dieses Bild auf und sucht es in Worten zu beschreiben, wodurch die Zeugung der Gedanken vor sich geht, die in der Sprache dann zum Ausdruck kommen.

Der ganze Vorgang ist in Wirklichkeit sehr einfach. Ich will noch einmal wiederholen: Der Geist beeindruckt mit Hilfe des Sonnengeflechtes die ihm gegebene Brücke, drückt also ein bestimmtes Wollen in Kraftwellen auf das ihm dafür gegebene Instrument des kleinen Gehirnes, das das Aufgenommene sofort weitergibt an das Vorderhirn. Bei diesem Weitergeben ist bereits eine kleine Veränderung durch Verdichtung erfolgt, da ja das kleine Gehirn die ihm eigene Art beimischt.

Wie ineinandergreifende Glieder einer Kette arbeiten die Instrumente in dem Menschenkörper, die dem Geiste zur Benützung zur Verfügung stehen. Sie alle betätigen sich aber *nur formend,* anders können sie nicht. Alles ihnen Übertragene formen sie nach ihrer eigenen besonderen Art. So nimmt auch das Vorderhirn das ihm vom Kleinhirn zugeschobene Bild auf und preßt es seiner etwas gröberen Art entsprechend erstmalig in engere Begriffe von Raum und Zeit, verdichtet es damit und bringt es so in die schon greifbarere feinstoffliche Welt der Gedankenformen.

Anschließend formt es aber auch schon Worte und Sätze, die dann durch die Sprechorgane in die feine Grobstofflichkeit als geformte Klangwellen dringen, um darin wiederum eine neue Auswirkung hervorzurufen, welche die Bewegung dieser Wellen nach sich zieht.

Das gesprochene Wort ist also eine Auswirkung der Bilder durch das Vorderhirn. Dieses vermag die Richtung der Auswirkung aber auch anstatt nach den Sprechorganen nach den Bewegungsorganen zu richten, wodurch an Stelle des Wortes die Schrift oder die Tat entsteht.

Das ist der normale Gang der vom Schöpfer gewollten Betätigung des Menschengeistes in der Grobstofflichkeit.

Es ist der *rechte* Weg, der die gesunde Nachentwickelung in der Schöpfung gebracht haben würde, wobei ein Verirren für die Menschheit gar nicht möglich war.

Der Mensch jedoch trat freiwillig aus dieser Bahn, welche ihm durch die Beschaffenheit des Körpers vorgeschrieben war. Mit Eigensinn griff er in den normalen Lauf der Kette seiner Instrumente, indem er den Verstand zu seinem Götzen machte. Dadurch warf er die ganze Kraft auf die Erziehung des Verstandes, einseitig nur auf diesen einen Punkt. Das Vorderhirn als der Erzeuger wurde nun im Hinblick auf alle anderen mitarbeitenden Instrumente unverhältnismäßig angestrengt.

Das rächte sich naturgemäß. Die gleichmäßige und gemeinschaftliche Arbeit aller Einzelglieder wurde umgeworfen und gehemmt, damit auch jede richtige Entwickelung. Die Höchstanspannung *nur* des Vorderhirns Jahrtausende hindurch trieb dessen Wachstum weit über alles andere hinaus.

Die Folge ist Zurückdrängung der Tätigkeit aller vernachlässigten Teile, welche schwächer bleiben mußten in geringerer Benutzung. Dazu gehört in erster Linie das Kleingehirn, welches das Instrument des Geistes ist. Daraus geht nun hervor, daß die Betätigung des eigentlichen Menschengeistes nicht nur stark behindert wurde, sondern oft ganz unterbunden ist und ausgeschaltet bleibt. Die Möglichkeit rechten Verkehres mit dem Vorderhirn über die Brücke des kleinen Gehirnes ist verschüttet, während eine Verbindung des menschlichen Geistes direkt mit dem Vorderhirn vollkommen ausgeschlossen bleibt, da dessen Beschaffenheit gar nicht dazu geeignet ist. Es ist durchaus auf Vollarbeit des Kleingehirnes angewiesen, in dessen *Nachfolge* es nach dem Willen Gottes steht, wenn es die ihm zukommende Betätigung richtig erfüllen will.

Die Schwingungen des Geistes zu empfangen, dazu gehört die Art des kleinen Gehirnes. Es kann gar nicht umgangen werden; denn das vordere Gehirn hat in der Tätigkeit bereits den Übergang zur feinen Grobstofflichkeit zu bereiten und ist deshalb auch von ganz anderer, viel gröberer Beschaffenheit.

In dem einseitigen Großzüchten des vorderen Gehirnes liegt nun die Erbsünde des Erdenmenschen gegen Gott oder, deutlicher gesagt, gegen die göttlichen Gesetze, die in der richtigen Verteilung aller körperlichen Instrumente ebenso niedergelegt sind wie in der ganzen Schöpfung.

Die Einhaltung der *richtigen* Verteilung hätte auch den rechten und geraden Weg zum Aufstieg für den Menschengeist in sich getragen. So aber griff der Mensch in seinem ehrgeizigen Dünkel in die Maschen des gesunden Wirkens, hob einen Teil davon heraus und pflegte ihn besonders, aller anderen nicht achtend. Das *mußte* Ungleichheit und Stockung mit sich bringen. Ist aber der Lauf natürlichen Geschehens solcherart gehemmt, so muß Erkrankung und Versagen, als Letztes wirres Durcheinander und Zusammenbruch die unbedingte Folge sein.

Hier aber kommt nicht nur der Körper in Betracht, sondern in erster Linie der Geist! Mit diesem Übergriff der ungleichmäßigen Erziehung der beiden Gehirne wurde das hintere Gehirn im Laufe der Jahrtausende durch die Vernachlässigung unterdrückt, damit der Geist in seiner Tätigkeit gehemmt. *Erbsünde* wurde es, weil die einseitige Überzüchtung des Vorderhirnes mit der Zeit schon jedem Kinde als grobstoffliche Vererbung mitgegeben wird, wodurch es diesem geistiges Erwachen und Erstarken unglaublich erschwert von vornherein, weil ihm die dazu notwendige Brücke des hinteren Gehirnes nicht mehr so leicht gangbar blieb und sehr oft sogar abgeschnitten wurde.

Der Mensch ahnt nicht einmal, welche ihn stark verurteilende Ironie in den von ihm geschaffenen Ausdrücken »Groß- und Kleinhirn« liegt! Die Anklage kann nicht furchtbarer gegen seinen Übergriff in göttliche Bestimmung ausgesprochen sein! Er kennzeichnet damit genau das Schlimmste seiner Erdenschuld, da er das feine Instrument des grobstofflichen Körpers, das ihm auf dieser Erde helfen soll, in frevelhaftem Eigensinn derart verstümmelte, daß es ihm nicht nur nicht *so* dienen kann, wie es vom Schöpfer vorgesehen war, sondern daß es ihn sogar nach den Tiefen des Verderbens führen *muß!* Weit schlimmer haben sie damit gefehlt als Trinker oder solche, die ihren Körper in dem Frönen aller Leidenschaften zugrunde richten!

Und nun besitzen sie dazu auch noch die Anmaßung, daß Gott sich ihnen *so* verständlich machen soll, wie sie es in dem mutwillig verbogenen Gehäuse ihres Körpers auch verstehen können! Auf diesen schon getanen Frevel hin auch noch *die* Forderung!

Der Mensch hätte in der natürlichen Entwickelung die Stufen nach der lichten Höhe leicht und freudevoll ersteigen können, wenn er nicht mit frevelnder Hand in das Werk Gottes eingegriffen haben würde!

Der Mensch der Zukunft wird *normale* Hirne haben, die sich gleichmäßig arbeitend dann gegenseitig harmonisch unterstützen. Das hintere Gehirn, das man das kleine nennt, weil es verkümmert ist, wird nun erstarken, weil es zu rechter Tätigkeit gelangt, bis es in richtigem Verhältnis zu dem vorderen Gehirne steht. Dann ist auch wieder Harmonie vorhanden, und das Verkrampfte, Ungesunde muß verschwinden!

Doch nun zu den *weiteren* Folgen der bisher so falschen Lebensweise: Das im Verhältnis viel zu kleine hintere Gehirn macht es den heute wirklich ernsthaft Suchenden auch schwer, zu unterscheiden, was echte Empfindung in ihm ist, und was nur lediglich Gefühl. Ich sagte früher schon: Gefühl wird von dem Vorderhirn erzeugt, indem dessen Gedanken auf des Körpers Nerven wirken, die rückstrahlend dem Vorderhirn die Anregung zur sogenannten Phantasie aufzwingen.

Phantasie sind Bilder, die das Vorderhirn erzeugt. Sie sind nicht zu vergleichen mit den Bildern, die das Kleingehirn unter des Geistes Drucke formt! Hier haben wir den Unterschied zwischen dem Ausdruck der Empfindung als Folge einer Tätigkeit des Geistes, und den Ergebnissen des aus den körperlichen Nerven hervorgehenden Gefühles. Beides bringt Bilder, die für den Nichtwissenden schwer oder überhaupt nicht zu unterscheiden sind, trotzdem ein so gewaltiger Unterschied darin vorhanden ist. Die Bilder der Empfindung sind echt und bergen lebendige Kraft, die Bilder des Gefühles aber, die Phantasie, sind Vortäuschungen aus erborgter Kraft.

Der Unterschied ist aber leicht für den, welcher den Werdegang in der gesamten Schöpfung kennt und dann sich selbst genau beobachtet.

Bei den Empfindungsbildern, der Tätigkeit des Kleingehirns als Brücke für den Geist, erscheint *zuerst* das Bild unmittelbar, und dann erst geht es in Gedanken über, wobei durch die Gedanken das Gefühlsleben des Körpers dann beeinflußt wird.

Bei den durch das Vorderhirn gezeugten Bildern aber ist es umgekehrt. Da müssen Gedanken *vorausgehen,* um die Grundlage der Bilder abzugeben. Dies geschieht aber alles so schnell, daß es fast wie eins erscheint. Bei einiger Übung im Beobachten jedoch kann der Mensch sehr bald genau unterscheiden, welcher Art der Vorgang ist.

Eine weitere Folge dieser Erbsünde ist Verwirrung der Träume! Aus diesem Grunde können die Menschen heute nicht mehr *den* Wert auf Träume legen, der diesen eigentlich zukommen soll. Das normale kleine Gehirn würde die Träume, durch den Geist beeinflußt, klar und unverwirrt geben. Das heißt, es würden überhaupt nicht *Träume* sein, sondern *Erleben* des Geistes, das von dem kleinen Gehirn aufgenommen und wiedergegeben wird, während das vordere Gehirn im Schlafe ruht. Die jetzt überragende Stärke des Vorder- oder Tagesgehirnes aber übt auch noch während der Nacht ausstrahlend auf das so empfindsame hintere Gehirn seinen Einfluß aus. Dieses nimmt in seinem heutigen geschwächten Zustande die starken Ausstrahlungen des Vorderhirnes gleichzeitig mit dem Erleben des Geistes auf, wodurch ein Gemisch entsteht, wie die doppelte Belichtung einer photographischen Platte. Das ergibt dann die jetzigen unklaren Träume.

Der beste Beweis dafür ist, daß oft in den Träumen auch Worte und Sätze mit vorkommen, die *nur* aus der Tätigkeit des *vorderen* Gehirnes stammen, das ja allein Worte und Sätze formt, weil es enger an Raum und Zeit gebunden ist.

Deshalb ist der Mensch nun auch geistigen Warnungen und Belehrungen durch das hintere Gehirn nicht mehr oder doch nur unzulänglich zugängig und dadurch viel mehr Gefahren preisgegeben, denen er durch geistige Warnungen sonst entgehen könnte!

So gibt es außer diesen genannten üblen Folgen noch viele, die der Eingriff des Menschen in die göttlichen Bestimmungen nach sich zog; denn in Wirklichkeit erstand *alles* Übel nur aus diesem einen doch jedermann heute so sichtbaren Verfehlen, das lediglich eine Frucht der Eitelkeit war, die durch das Erscheinen des Weibes in der Schöpfung erstand.

Der Mensch reiße sich deshalb endlich von den Folgen des Erbübels los, wenn er nicht verlorengehen will.

Mühe kostet natürlich alles, so auch dies. Der Mensch *soll* ja erwachen aus seiner Behaglichkeit, um endlich das zu werden, was er schon von Anfang an sein sollte! Förderer der Schöpfung und Lichtvermittler aller Kreatur!

DAS LEBEN

Der Begriff des Menschen vom Leben war bisher falsch. Alles, was er Leben nannte, ist nichts weiter als eine getriebene Bewegung, die nur als natürliche Auswirkung des eigentlichen Lebens angesehen werden darf.

In der ganzen Schöpfung ist also formend, reifend, erhaltend und zersetzend nur die Nachwirkung der mehr oder weniger starken Bewegung. Der Menschenverstand hat diese Bewegung als das Höchste erforscht und darin seine Grenze gefunden. Weiter kann er nicht in seiner Forschung kommen, weil er selbst ein Produkt dieser Bewegung ist. Deshalb nannte er sie als das Höchste seiner Erkenntnis einfach »Kraft« oder »lebende Kraft«, oder er nannte es auch »Leben«.

Es ist aber weder Kraft noch Leben, sondern nur eine natürliche, unvermeidliche Auswirkung davon; denn Kraft ist nur im Leben selbst, ist eins mit ihm, unzertrennlich. Da nun die Kraft und das Leben unzertrennlich sind, die Schöpfung aber nur aus Bewegung geformt, erhalten und wieder zersetzt wird, kann auch innerhalb der Schöpfung weder von Kraft noch von Leben gesprochen werden.

Wer also von Urkraft-Entdeckung oder gar Urkraft-Ausnützung durch Maschinen sprechen will, befindet sich in einem Irrtume, weil er diese innerhalb der Schöpfung gar nicht finden kann. Er hält etwas anderes dafür und bezeichnet es nur nach seiner Anschauung fälschlich mit »Kraft«. Ein solcher Mensch beweist aber damit, daß er keine Ahnung von den Vorgängen in der Schöpfung oder von dieser selbst hat, wofür ihm jedoch kein Vorwurf gemacht werden kann; denn er teilt dieses Nichtwissen mit *allen* seinen Mitmenschen, ob gelehrt oder ungelehrt.

Deshalb habe ich in meiner Botschaft von Anfang an von einer die Schöpfung durchströmenden »Kraft« gesprochen, weil ich vieles nur auf diese Weise den Menschen verständlich machen konnte.

Sie würden meine Darlegungen sonst überhaupt nicht begriffen haben. Nun aber kann ich darin weitergehen und ein Bild geben, das die Vorgänge alles Geschehens in nüchterner Weise widerspiegelt. Neuartig ist diese Schilderung, aber sie verändert *nichts* an meinen bisher gegebenen Erklärungen, sondern alles bleibt genau so, wie ich sagte, und *ist wirklich*. Das Neue an meiner jetzigen Wiedergabe ist nur anscheinend, weil ich es diesmal anders beleuchte.

Ich gebe damit eine feste Grundlage, eine große Schale, in die der Mensch alles in der vorstehenden Botschaft Gesagte als sich dauernd bewegende, brodelnde Füllung hineinsetzen kann, wodurch es dann ein Ganzes wird, etwas unbedingt Zusammengehörendes, Ineinanderfließendes. Dadurch erhält der Mensch eine für ihn unerschöpfliche, in allem harmonisierende Gesamtübersicht des ihm bis dahin unbekannt gewesenen großen Geschehens, welches sein eigenes Werden und Sein mit in sich trägt.

Der Hörer und der Leser suche sich nun bildhaft vorzustellen, was ich ihm entrolle:

Leben, wirkliches Leben ist etwas vollkommen Selbständiges, vollkommen Unabhängiges. Sonst dürfte es nicht mit »Leben« bezeichnet werden. Das aber ist allein nur in *Gott!* Und da außer Gott nichts wirklich »lebendig« ist, hat auch er allein die Kraft, welche im Leben liegt. Er ganz allein ist demnach auch die oft genannte Urkraft oder überhaupt »die Kraft«! Und in der Kraft liegt wiederum das Licht! Der Ausdruck »Urlicht« dafür ist ebenso falsch wie der Ausdruck »Urkraft«; denn es gibt einfach nur das eine Licht und die eine Kraft: *Gott!*

Das Sein Gottes, der Kraft, des Lichtes, also des Lebens, bedingt allein schon die Schöpfungen! Denn das lebendige Licht, die lebendige Kraft kann *Ausstrahlungen* nicht vermeiden. *Und diese Ausstrahlungen nun bergen alles für die Schöpfung Nötige.*

Ausstrahlung aber ist nicht das Licht selbst!

Also alles außer Gott Bestehende hat seinen Ursprung nur in der Ausstrahlung Gottes! Es ist diese Ausstrahlung jedoch eine für das Licht selbstverständliche Wirkung. Und diese Wirkung war *immer* da, von Ewigkeit an.

Die Stärke der Ausstrahlung ist nun in der Nähe des Lichtes natürlich die größte, derart, daß keine andere Bewegung darin sein kann als die unbedingte, straffe *Vorwärtsbewegung*, die in der Ausstrahlung ruht. So geht es von Gott aus weit, in sagenhafte Fernen, deren Ausdehnung sich ein Menschengeist nicht vorzustellen vermag.

Dort aber, wo dann dieses unbedingte Vorwärtsstoßen, das einem andauernden, ungeheurem Drucke gleichkommt, endlich einmal etwas nachläßt, kommt die bisher nur vorwärtsstoßende Bewegung *in eine kreisende* Art. Diese kreisende Art wird dadurch hervorgerufen, daß die gleichzeitig wirkende Anziehung der lebendigen Kraft alles über die Grenze der Vollausstrahlung Geschleuderte wieder anziehend zurückreißt bis zu dem Punkte, wo die nur vorwärtsstoßende Bewegung vorherrscht. Dadurch entstehen die kreisenden Bewegungen in *elliptischer* Form, weil es ja *keine eigene* Bewegung ist, sondern diese nur durch das über einen gewissen Punkt Hinausgeschleudertsein mit anschließendem Wiederherangerissenwerden durch die Anziehung hervorgerufen wird, die in der Kraft, also in Gott selbst, ruht.

Außerdem wirkt hierbei noch der Vorgang der Spaltung der Strahlung in positive und negative Art mit, die bei Austritt aus der göttlichen Weißglutsphäre erfolgt.

In diesen kreisenden Bewegungen nun, bei denen der ungeheuere Druck der unmittelbaren Ausstrahlung nachgelassen hat, entsteht naturgemäß auch leichte Abkühlung und daraus wieder ein gewisser Niederschlag.

Der Niederschlag sinkt tiefer oder weiter ab von der ursprünglichen stärksten Ausstrahlung, wird jedoch immer noch gehalten von der alles durchdringenden Anziehung der Kraft, enthält aber gleichzeitig immer noch genügend Vorstoßkraft der Ausstrahlung, wodurch wiederum neue, in immer anderen, aber ganz bestimmten Grenzen verbleibende kreisende Bewegungen erstehen. So erfolgt Niederschlag auf Niederschlag, bildet sich darin eine elliptisch kreisende Bewegungsebene nach der anderen, die Ansammlungen und zuletzt immer festere Formen bringen, mehr und mehr entfernt von der Anfangsausstrahlung und deren ungeheuerem vorstoßendem Drucke.

Die daraus entstehenden Abstufungen geben Ebenen, in denen sich bestimmte Arten zusammenschließen und halten, je nach dem Grade ihrer Abkühlung. Diese Ebenen oder Arten habe ich bereits in meiner Botschaft geschildert, als die großen Grundebenen des Geistigen an oberster Stelle in der Schöpfung, dann des sich daran anschließenden Wesenhaften, des Feinstofflichen und zuletzt des Grobstofflichen mit ihren vielen Abstufungen. Daß dabei alle vollkommeneren Arten höher, dem Ausgangspunkte am nächsten bleiben, weil sie diesem am ähnlichsten sind, ist selbstverständlich, da auf solche die Anziehung der lebendigen Kraft am stärksten wirken muß. – –

Wie ich schon sagte, war die so unfaßbar wirkende Ausstrahlung des Lichtes immer da, von Ewigkeit an.

Doch Gott ließ diese Ausstrahlung nicht weiter wirken und gelangen, als bis zu der Grenze, an welcher der unbedingt vorwärtstreibende Strom noch eine gerade Linie bildete, so daß die reine göttliche Ausstrahlung ohne Abkühlung und die damit verbundenen Niederschläge in aller Klarheit leuchtend noch erhalten blieb. Das bildete die mit Gott selbst ewigseiende, göttliche Sphäre! In dieser Klarheit konnte niemals Trübung kommen, demnach auch kein Abbiegen, keine Veränderung. Nur volle Harmonie mit dem Ursprung, dem Lichte selbst, war möglich. Und sie ist untrennbar mit Gott verbunden, weil *diese* Ausstrahlung von der lebendigen Kraft als deren natürliche Auswirkung nicht zu vermeiden möglich wird.

Zu dieser unter dem für den Menschengeist unfaßbaren Drucke der nächsten Nähe der lebendigen Kraft stehenden göttlichen Sphäre gehört als äußerster Grenz- und Verankerungspunkt die eigentliche Gralsburg, auch als abschließender Gegenpol zu denken. Sie steht also noch im Kreise des Göttlichen, ist deshalb von Ewigkeit her und wird in alle Ewigkeit unverändert bleiben, auch wenn die Schöpfung einst in Trümmer gehen müßte.

So war es von Ewigkeit an. Etwas für den Menschengeist nicht zu Begreifendes.

Erst als Gott in seinem Wollen das große Wort: *»Es werde Licht!«* hinaussandte, schossen die Strahlen über die bisher gewollte Grenze weiter in das lichtlose All hinaus, Bewegung, Wärme bringend. Und damit setzte der Beginn der Schöpfung ein, die den Menschengeist gebärend ihm zur Heimat werden konnte.

Gott, das Licht, braucht diese Schöpfung nicht. Wenn er die Ausstrahlung wieder begrenzt auf ihre Unvermeidlichkeit, so daß nur eine Sphäre der göttlichen Reinheit übrig bleibt, in welcher niemals Trübung kommen kann, wie es zuvor schon war, so ist das Ende für das Weitere gekommen. Damit würde aber auch das Sein des Menschen aufhören, der nur *darin* bewußt sein kann! –

Die unmittelbare Ausstrahlung des Lichtes kann *nur* Vollkommenes zeugen. In den Veränderungen dieses ersten Druckes jedoch, die durch die immer weiteren Entfernungen entstehen, läßt diese ursprüngliche Vollkommenheit nach, weil sich in der fortschreitenden Abkühlung dauernd Einzelteile trennen und zurückbleiben. Reinheit in Vollkommenheit bedingt den *Druck göttlicher Ausstrahlung in seiner höchsten Stärke,* wie er nur in der Nähe Gottes möglich ist. Der Druck erzeugt Bewegung, daraus folgernd Wärme, Hitze, Glut.

Druck aber ist nur Auswirkung der Kraft, nicht die Kraft selbst; wie auch die Strahlungen nur unter dem Drucke der Kraft erstehen, nicht aber die Kraft selbst sind. Deshalb sind die Strahlungen in der Schöpfung auch nur die Folge einer entsprechenden Bewegung, die wiederum sich nach dem jeweiligen Drucke richten muß. Wo also keine Strahlungen in der Schöpfung sind, dort ist auch keine Bewegung oder, wie die Menschen irrtümlich sagen, kein »Leben«. Denn jede Bewegung strahlt, und Stillstand ist das Nichts, die Unbeweglichkeit, die von den Menschen Tod genannt wird.

So erfolgt auch das große Gericht nur durch den erhöhten Druck eines göttlichen Strahles, der vermittelt wird durch einen in die Grobstofflichkeit inkarnierten Gesandten Gottes, dem Gott einen Funken *seiner lebendigen Kraft* gegeben hat. Dem Druck dieses lebendigen Kraft*funkens,* der natürlich nicht so stark sein kann wie der gewaltige Druck der lebendigen Kraft in Gottvater selbst, kann nur alles das standhalten, was in den Gesetzen der Auswirkung der Gotteskraft *richtig* schwingt! Denn dieses wird dadurch gestärkt, aber nicht in Weißglut versetzt, weil dazu die Strahlung der Funkenkraft nicht ausreicht.

Alles Störende aber wird aus den Angeln gehoben, aus seinen falschen Bewegungen gestoßen, zertrümmert und zersetzt, wozu die Strahlung der Funkenkraft vollkommen genügt. So erfolgt das große Gottesgericht ganz selbsttätig und ist nicht etwa einer Willkür des Gottgesandten unterworfen. Es geschieht einfach auf Grund des Strahlengesetzes, das sich als Folge der Gottkraftausstrahlung bilden mußte; denn alles, was sich *recht* bewegt im Denken und im Tun, strahlt in der Grobstofflichkeit violette Farbe aus.

Aber was Dunkel ist, vom Übel, oder darnach strebt, sei es im Denken oder dem Verlangen, hat trübes *Gelb.* Diese zwei Farben sind nun grundlegend für das Gericht! Je nach der Stärke eines Wollens oder Tuns sind auch die Ausstrahlungen dann schwach oder stark. Es kommt mit dem Gesandten Gottes ein Strahl *göttlichen* Lichtes unverändert in die Schöpfung, damit auch hier zur Erde! Göttliches Licht stärkt und hebt das Gute, also alles irdisch Violette, während das irdisch-trübe Gelb davon zersetzt und vernichtet wird.

Je nach der Art und Stärke eines Wollens oder Tuns ist die Ausstrahlung stark oder schwächer. Und darnach bildet sich dann auch die Art und Stärke der richtenden Auswirkung des göttlichen Lichtstrahles in unbeirrbarer Gerechtigkeit!

Es kann ganz gut gesagt werden, daß die Schöpfung von einem riesenhaften vielfarbigen Strahlungsgeäst umschlossen und durchzogen ist. Diese Strahlungen sind aber nur der Ausdruck der verschiedenartigen Bewegungen, welche aus dem Druck der lebendigen Kraft in Gott ihre Ursache haben. Mit anderen Worten: Gott in seiner lebendigen Kraft hält die Schöpfung. Alles das ist richtig, gleichviel, welche Ausdrucksform dafür gewählt wird, nur muß der rechte Ursprung und Weiterentwickelungsgang genau gekannt sein, wenn man damit etwas anfangen will.

Wie nun der höchste Grad der Hitze *weiß* erglühen läßt, so ist es auch in der göttlichen Sphäre, während bei Abnahme der Grade nach und nach andere Farben erstehen und sich in dem Erkalten alles mehr und mehr verdichtet!

In diesen irdischen Begriffen weiter zu erklären, will ich sagen, daß der Menschengeist niemals weißglühend werden kann, da er in einer Ebene erstand, in der der Druck sich in Abschwächung befand und diesen höchsten Grad der Hitze nicht mehr zu erzeugen fähig ist. Damit ist er in seinem Ursprung von einer Art, die diesen höchsten Grad der Kraft nicht mehr bewußt ertragen kann. Oder, man kann auch sagen: erst bei einer ganz bestimmten Abkühlung ersteht Geistiges und kann sich bewußt werden. Auch ist die Art, der »Geist« entstammt, nur noch ein *Niederschlag* aus der göttlichen Sphäre, der durch die leichte Abkühlung sich bilden mußte, und so fort.

Nun dehnt es sich aber noch stufenartig weiter aus. Der erste Niederschlag aus der göttlichen Sphäre bildet das Urgeistige, welchem die Urgeschaffenen entstammen. Und deren Niederschlag erst bringt die Art, aus der die Menschengeister sich entwickeln können. Der Niederschlag von dieser Art wieder bringt das Wesenhafte, aus ihm fällt das Feinstoffliche ab, das wiederum als Letztes Grobstoffliches bringt. Doch dabei gibt es noch sehr viele Zwischenstufen jeder der hier genannten Grundarten, auch in dem Göttlichen, welche als Übergänge die Verbindung möglich machen müssen.

Der *erste* Niederschlag aus der göttlichen Sphäre ist, wie leicht verständlich, auch der inhaltsreichste, konnte deshalb sich selbst sofort bewußt sein, und bildete die sogenannten Urgeschaffenen, während der dann aus diesem ersten Niederschlage folgende weitere Niederschlag nicht mehr so stark ist und sich erst nach und nach zu einem Bewußtwerden entwickeln muß. Diesem entstammen die Menschengeister.

Durch den reicheren Inhalt ihrer Art stehen die Urgeschaffenen deshalb an höchster Stelle in der Schöpfung, da sie den *ersten* Niederschlag aus der göttlichen Sphäre bilden, während die Menschengeister erst aus dem weiteren Niederschlage ihren Anfang nahmen und selbstverständlich auch bei voller Reife nicht bis zur Höhe der artlich inhaltsreicheren Urgeschaffenen gelangen können, sondern in der Höhe ihrer eigenen Art verbleiben müssen.

Zum Höhersteigen fehlt ihnen etwas, das nicht zu ergänzen möglich ist. Außer, es würde ihnen von der lebendigen Gotteskraft direkt etwas zugeführt, was aber nicht auf dem naturgemäßen Durchgangswege zu geschehen vermag, sondern von einem in die Schöpfung versetzten lebendigen Gottesteile ausgehen müßte, da mit diesem als eigene, wirklich *lebendige Kraft* die im Übergange sonst unbedingt erfolgende Abkühlung der Ausstrahlung aufgehoben ist. Er allein ist deshalb in der Lage, einem Menschengeiste durch seine unmittelbare eigene Ausstrahlung etwas beizufügen, was diesem ermöglicht, die Grenze der Region der Urgeschaffenen zu beschreiten.

Bei dem Hinausschleudern der Ausstrahlung über die Grenze der göttlichen Sphäre, also bei Beginn der Schöpfung, erstand nun an der an der äußersten Grenze befindlichen, ewigen Gralsburg auf der anderen Seite, also in der Schöpfung geistigstem Teile, eine Erweiterung, so daß auch die Urgeschaffenen auf ihrer Seite den neuen Teil der Burg im Geistigen besuchen können, bis zu der ihnen durch ihre Art nach oben zu gesetzten Grenze.

Ein Schritt darüber, also in die göttliche Sphäre, würde für sie sofortige Bewußtlosigkeit, Aufgehen in Weißglut bedeuten, wenn . . . sie diesen Schritt tun könnten. Aber das ist unmöglich, da sie durch den ihnen ungewohnten, viel stärkeren Druck der göttlichen Sphäre einfach zurückgeschleudert werden, oder, anders gesagt, dieser Druck läßt sie nicht eintreten. Er wehrt ihnen in ganz natürlicher Form den Eingang, ohne daß weiteres dabei zu geschehen braucht.

Ähnlich ergeht es den entwickelten Menschengeistern den Urgeschaffenen gegenüber und deren Aufenthaltsebene.

So steht die Gralsburg heute mit ihrem geistigen Anbau als Mittlerin zwischen dem Göttlichen und der Schöpfung. Durch sie muß alle für die Schöpfung notwendige Strahlung fließen, und der Menschensohn als Gralskönig ist der einzige Mittler, der die Grenze in das Göttliche aus der Schöpfung überschreiten kann durch seine Ursprungsart, welche das Göttliche mit dem Geistigen verbindet. Aus diesem Grunde *mußte* das Mysterium dieser Verbindung sein.

Weit unter dieser Gralsburg und der Region der Urgeschaffenen liegt erst das Paradies, als höchster, schönster Punkt für Menschengeister, welche sich zu voller Reife im göttlichen Willen, den Gesetzen seiner Ausstrahlungen fügten. – –

In Einzelheiten will ich hier nicht gehen, damit das Bild an sich von dem Geschehen nicht zu breit gezogen wird. Darüber gebe ich noch Bücher für die Erdenwissenschaft heraus zum Studium der Einzelvorgänge, wie zum Beispiel die Entwickelung in den einzelnen Ebenen, deren Wirken untereinander und so fort. Nichts darf übergangen werden, sonst bringt es eine Lücke, die dem Menschenwissen sofort Halt gebietet.

Kommt also nun ein Erdenmenschengeist in seiner Reife nach langer Wanderung zurück an die für seine Art bestimmte Grenze, also das Einsetzen stärkeren Druckes, so kann er nicht noch mehr erglühen, als seine Vollreife ihn schon erglühen läßt. Der erhöhte Druck einer weiterhin verstärkten Kraft müßte die Art seiner Beschaffenheit zerfließen und verbrennen lassen, umwandeln in den Grad erhöhter Hitze, wodurch sein Ich verloren geht. Er könnte dann als Menschengeist nicht mehr bestehen und müßte in dem Weißlicht aufgehend verbrennen, während er schon in der Region der Urgeschaffenen durch den darin höheren Druck bewußtlos wird.

Das Weißlicht, also Gottes Ausstrahlung, in der nur Göttliches bewußt bestehen kann, *trägt also in sich alle Grundbestandteile der Schöpfung,* die bei langsamer Abkühlung nach unten zu sich absetzen, in der Bewegung formen und geformt zusammenschließen, doch nicht mehr ineinander aufgehen, weil der dazugehörende Druck fehlt. Bei jedem Grad der Abkühlung bildet sich eine bestimmte Ausscheidung und bleibt zurück. Zuerst das Göttliche, später das Geistige und dann das Wesenhafte, bis zuletzt nur die Fein- und Grobstofflichkeit weiter sinkt.

So ist die Schöpfung eigentlich der Niederschlag bei zunehmender Abkühlung des Weißlichtes, der Ausstrahlung des lebendigen Lichtes. Das Geistige, sowie das Wesenhafte, kann sich nur bilden und bewußt werden bei einem ganz bestimmten Grad der Abkühlung, was gleichbedeutend ist mit der Verringerung des Druckes der Ausstrahlung Gottes.

Wenn ich hier von Zerfließen oder Aufgelöstwerden des Menschengeistes bei zu starkem Druck der Ausstrahlung des Lichtes spreche, so ist damit bei dieser Grenze nicht etwa das Nirwana der Buddhisten anzusehen, wie diese vielleicht meine Erklärung deuten möchten. Meine jetzige Erklärung ist nur das Geschehen in der Richtung von dem Lichte aus nach unten, während das Nirwana der Höhepunkt sein soll für den Weg aufwärts.

Da würde sich ein Riegel vorschieben; denn um von dieser Erde bis hinauf in das geistige Reich zu kommen, das Paradies, an dessen höchster Grenze dieser Punkt zu suchen ist, muß jeder Menschengeist als »ichbewußt« die höchste Reife schon erreicht haben. Reife nach göttlichem Willen, nicht etwa nach Menschendünken. Sonst kann er nicht in dieses Reich. Ist er aber als Geist sich selbst bewußt so weit gereift, so wird er von dem erhöhten Drucke der göttlichen Sphäre an der Grenze streng zurückgehalten, abgestoßen. Er *kann* nicht weiter! Und er will auch nicht. In der göttlichen Sphäre vermöchte er Freuden nie zu genießen, weil er dort nicht mehr Menschengeist sein kann, sondern zerschmolzen wäre, während er in dem geistigen Reich, dem Paradiese, ewige Freuden findet, und mit Dank gar nicht mehr daran denkt, ganz aufgelöst werden zu wollen.

Außerdem ist er in seiner Vollreife *notwendig* zu der Hebung und Vervollkommnung der unter ihm liegenden Ebenen, die in weiteren Niederschlägen einem noch weniger starken Drucke standzuhalten fähig sind als er. Dort ist *er*, der Menschengeist, der Größte, weil er stärkerem Drucke widersteht, ihn sogar braucht. – –

Die Aufgabe des Menschengeistes nun in diesen Niederungen ist, alles, was unter ihm steht, mit der ihm innewohnenden Stärke soviel als möglich dem Einflusse der reinen Lichtausstrahlungen zu öffnen, und dadurch als ein Mittler, durch den stärkerer Druck dringen kann, segenspendend für alles andere zu wirken, weil er diesen höheren Druck aufnehmen und diesen verteilend weitergeben kann, der reinigend alles Unreine zersetzt.

Nun hat der Mensch darin leider schlecht gewirtschaftet. Wohl hat sich alles in den Schöpfungen entwickelt, was sich dem Drucke oder Drange folgend bis zur Zeit entwickeln sollte, aber falsch, weil hier der Mensch nicht nur versagte, sondern sogar irreleitend statt nach oben zu nach unten führte! Aus diesem Grunde wurden nur häßliche Zerrbilder von allem, anstatt natürliche Schönheit.

Natürlich sein heißt aber aufwärtsgehen, aufwärtsstreben, der Anziehung der lebenden Kraft folgend. Denn in Natürlichkeit strebt alles nur nach oben, wie jeder Grashalm, jede Blume, jeder Baum. So hat leider nur noch nach außen hin das, was das Menschenwollen führte, *Ähnlichkeit* mit dem, was es fördern sollte.

Reiches Innenleben ist zum Beispiel nach außen hin mit Hohlheit, die sich in Blasiertheit zeigt, im oberflächlichen Betrachten oft zu verwechseln. Reine Verehrung aller Schönheit ist in ihren Äußerungen im Anfang auch ähnlich der niederen Lüsternheit; denn beides zeigt einen gewissen Grad von Schwärmerei, nur ist die eine echt, die andre falsch und dient lediglich nur als Mittel zu dem Zweck. So wird wirklicher Liebreiz durch die Eitelkeit ersetzt, das wahre Dienen von dem Strebertum vorgetäuscht. In solcher Weise geht es fort in allem, was der Mensch erzog. Nur selten führen seine Wege nach dem Licht. Fast alles neigt zum Dunkel.

Das muß ausgerottet sein, damit aus diesem Sodom und Gomorra jetzt das Gottesreich auf Erden kommt! Alles endlich dem Licht entgegen, wozu der Mensch der Mittler ist!

– – –

Vom Licht selbst, von Gott, spreche ich hierbei nicht. Es ist mir zu heilig! Außerdem würde es der Mensch doch nie erfassen können, er muß sich damit ewiglich begnügen, *daß Gott ist!*

INHALTSÜBERSICHT
IN DER REIHENFOLGE DER VORTRÄGE

INHALTSÜBERSICHT
IN ALPHABETISCHER FOLGE DER VORTRÄGE

INHALTSÜBERSICHT DER BÄNDE I UND III DIESES WERKES

BAND I

BAND III

WEITERE SCHRIFTEN:

Die zehn Gebote Gottes und das Vaterunser
den Menschen gedeutet von Abd-ru-shin.
Leinen, 68 Seiten.

Fragenbeantwortungen
Antworten von Abd-ru-shin auf Fragen aus den Jahren 1924 – 1937.
Leinen, 238 Seiten.

Gebete
den Menschen gegeben von Abd-ru-shin.
Geheftet, 16 Seiten.

Denkst Du daran?
Eine Zusammenstellung von Zitaten aus der Gralsbotschaft »Im Lichte der Wahrheit«.
Leinen, 56 Seiten.

Vom Gralswirken auf Erden
von Herbert Vollmann.
Geheftet, 28 Seiten.

Bitte fordern Sie Prospekt an.